Reihe
Germanistische
Linguistik

230 Kollegbuch

Herausgegeben von Helmut Henne, Horst Sitta
und Herbert Ernst Wiegand

Margot Heinemann /
Wolfgang Heinemann

Grundlagen der Textlinguistik

Interaktion – Text – Diskurs

Max Niemeyer Verlag
Tübingen 2002

Die Deutsche Bibliothek – CIP-Einheitsaufnahme

Heinemann, Margot / Heinemann, Wolfgang : Grundlagen der Textlinguistik : Interaktion –
Text – Diskurs / Margot Heinemann/Wolfgang Heinemann. – Tübingen : Niemeyer, 2002
  (Reihe Germanistische Linguistik ; 230 : Kollegbuch)
  (Studienbuch)

ISBN 3-484-31230-0   ISSN 0344-6778

© Max Niemeyer Verlag GmbH, Tübingen 2002
Gedruckt auf alterungsbeständigem Papier.
Satz: Linsen mit Spektrum, Kirchentellinsfurt
Druck: AZ Druck und Datentechnik, Kempten
Buchbinder: Nädele Verlags- und Industriebuchbinderei, Nehren

Inhaltsverzeichnis

Vorwort

Probleme der Textlinguistik stehen seit etwa 1970 im Zentrum eines breiten Spektrums der linguistischen Forschung. Die vorliegende Darstellung kann an wichtige Ergebnisse dieser Forschungen unmittelbar anknüpfen. In den letzten zehn Jahren aber sind zahlreiche neue Einsichten für die Kennzeichnung von Textphänomenen entwickelt worden, ist vor allem immer stärker deutlich geworden, dass mit der Textebene nicht nur eine neue Dimension für die Linguistik erschlossen worden ist, sondern dass die linguistische Forschung selbst – zumindest in den Basisbereichen – eine grundlegende Veränderung erfahren hat. Als Basispostulat der nun schon ‚traditionell' zu nennenden Textlinguistik darf ja gelten, dass nicht mehr ausschließlich vom Sprachsystem her determinierte Einheiten den Bezugspunkt für linguistische Analysen bilden sollten, sondern die unmittelbare Bindung der Makroeinheit ‚Text' und deren Teileinheiten an das interaktionale soziale Handeln der Kommunizierenden. Dieser methodologische Grundansatz implizierte mit Notwendigkeit, gesellschaftliche Bedingungen und soziale Interessen der Handelnden in die Charakterisierung von Texten mit einzubeziehen, ja sie sogar in letzter Konsequenz zur Grundlage – zum Ausgangs- und Zielpunkt – textueller Untersuchungen zu machen. Vor diesem Hintergrund konnten Texte nicht mehr nur als mehr oder minder autochthone und isolierte Repräsentationsformen des Kommunizierens gefasst werden; vielmehr stand seither jeder Versuch einer auch nur annähernd adäquaten Kennzeichnung von Texten vor der Aufgabe, immer ebenfalls deren Instrumentcharakter im Rahmen komplexer interaktionaler Zusammenhänge auszuweisen.

Aus dieser grundlegenden Veränderung der Perspektive auf das ‚Linguistische' ergab sich für die neuere Textlinguistik eine zweite obligatio, nämlich die die sozialen und sprachlichen Handlungen der Individuen fundierenden psychischen Einheiten und Prozesse in die Kennzeichnung von komplexen textuellen Strukturen einzubeziehen, zumindest soweit sie für jeweils aktuelle kognitive Prozesse der Produktion und des Verarbeitens von Texten von Bedeutung sind. Die immer wieder geforderte grundlegende Pragmatisierung der Textlinguistik führte daher – das wurde vor allem seit dem Ende der 80er Jahre deutlich – nicht nur zu einer Ausweitung des Gegenstandsbereichs, sie schloss vielmehr auch Bemühungen ein, zu einer Integration unterschiedlicher methodischer Konzepte verschiedener Wissenschaftsdisziplinen zu gelangen.

Gemessen an solchen übergreifenden Postulaten weist die traditionelle Textlinguistik, die sich erst sukzessive in einem Prozess steter Ausweitung und Präzisierung des Gegenstandes herausgebildet hatte, auch noch um 1990 eine Reihe grundlegender Defizite auf. Es sind dies vor allem die nur zögerlichen Versuche der Einbeziehung von pragmatischen Gegebenheiten, die ausschließlich vom konkreten Text aus als bloße

Bezugspunkte, nicht aber als Prämissen für die Textkonstitution schlechthin gesehen und interpretiert wurden. Damit im Zusammenhang stand die Konzentration auf den Einzeltext und seine Dimensionierung. Textkomplexe dagegen, Verknüpfungen von mehreren Einzeltexten zu komplexeren Ganzheiten, wurden in der tradierten Textlinguistik völlig ausgeblendet, ebenso das Zusammenspiel verschiedener Texte im Sinne von teils obligatorischen Abfolgeregeln im Rahmen übergreifender interaktionaler Zusammenhänge. Die daraus abzuleitenden weitreichenden Konsequenzen machten zugleich deutlich, dass eine neu zu konzipierende Textsortenlinguistik althergebrachte Grenzen vor allem im Hinblick auf Klassifizierungsaspekte überschreiten muss.

Aufbauend auf den soliden Fundamenten der ‚klassischen' Textlinguistik wird die vorliegende Darstellung versuchen, die hier apostrophierten neuen Aspekte einer konsequent funktional-pragmatisch orientierten Text- und Kommunikationslinguistik im Einzelnen zu charakterisieren und in jeweils größere Zusammenhänge einzubetten. Interaktionsereignisse mit ihren spezifischen sozialen und kognitiven Dimensionen bilden daher den Ausgangspol und zugleich den Rahmen für die Kennzeichnung aller kommunikativen Prozesse. Die Texte wiederum werden stets in ihrer Bindung an das jeweilige interaktionale Netz oder entsprechende Interaktionskomplexe/Diskurse charakterisiert, als Basiseinheiten für das Erreichen vielfältiger sozialer Ziele, das Verstehen von Interaktionszusammenhängen und das zweckmäßige Reagieren auf interaktionale Anforderungen und damit als grundlegende Einheiten einer funktionsorientierten Textlinguistik.

Im *einleitenden Kapitel* „Interaktion – Kommunikation – Text" wird zunächst der konzeptionelle Rahmen für den Gesamtansatz abgesteckt. Er ist erstens sozial und funktional geprägt, da die soziale Interaktion nicht nur zum allgemeinen Bezugspunkt, sondern auch zum das Textuelle dominierenden Ausgangs- und Zielpunkt der Darstellung gemacht wird. Der Rahmen ist zweitens prozedural angelegt, da mentale Prozesse für die Textkonstitution und das Textverstehen von zentraler Bedeutung sind. Und dieser Ansatz lässt sich schließlich drittens als integrativ charakterisieren, weil hier die Ergebnisse verschiedener Einzeldisziplinen, immer auf Texte und Diskurse bezogen, auf höherer Stufe integriert und damit ‚aufgehoben' werden: Teileinsichten der Grammatik und der Semantik, der Handlungstheorie und der Tätigkeitstheorie, der Kommunikationswissenschaften und der Soziologie und nicht zuletzt der Psychologie und der kognitiven Linguistik.

Dennoch muss betont werden, dass von einer stringenten und umfassenden Interaktionstheorie oder auch nur einer Kommunikations- oder Texttheorie beim gegenwärtigen Stand der Forschung nicht gesprochen werden kann. Zwar gibt es vielfältige Bemühungen, kommunikationstheoretische Basismodelle, etwa das der Sprechakttheorie, auf komplexe Textganzheiten zu beziehen und damit eine Art Sprechakt-Theorie der Texte zu konstituieren, doch werden solche Modelle dem spezifisch Textuellen nur in ersten Ansätzen gerecht. Für die Ausarbeitung einer umfassenden Theorie der Interaktion, der Kommunikation oder der Texte aber fehlt es derzeit noch an grundlegenden Einsichten in nahezu allen Teildisziplinen. Probleme der Vernetzung der elementaren kommunikativen Einheiten miteinander und untereinander, also Phänomene der sogenannten Intertextualität, sind bisher ebenso wenig systematisch und regelhaft eruiert worden. Und offen muss vor allem die Frage bleiben, ob ein solches umfassendes theoretisches Modell bei der Komplexität des Gegenstands mit den derzeit verfügbaren Instrumentarien überhaupt sinnvoll und aufstellbar ist.

Als aktuelle Teilaufgabe und Vorstufe einer Theoriebildung ergibt sich, aus der interdisziplinären Analyse komplexer Interaktionsprozesse Daten für systemhafte Regelhaftigkeiten abzuleiten und diese zu Teilsystemen geordnet in interaktive Rahmenstrukturen einzubetten. Als Teilaspekt erweist sich dabei das Aufeinander-Beziehen und Abgrenzen von teils homonym benannten Begriffen aus verschiedenen Wissenschaftsbereichen. Vor allem aber muss es darauf ankommen, ermittelte Teileinsichten didaktisch so aufzuarbeiten, dass diese in unterschiedlichen Bereichen und bei unterschiedlichen Zielstellungen ein überschaubares Potenzial für praktische kommunikative Effizienz darstellen. Die entsprechenden Teilabschnitte vor allem des Einleitungskapitels dieses Buches können daher als ein Beitrag der Autoren zur Diskussion eines solchen Rahmenmodells des Kommunizierens verstanden werden.

Im *Kapitel 2* geht es den Autoren um die detaillierte Kennzeichnung der Begriffe ‚Text' und ‚Diskurs'. Ausgehend von den für eine Beschreibung von Texten notwendigen Dimensionen werden unterschiedliche Beschreibungsansätze mit ihrem Erklärungspotenzial und ihren Begrenztheiten erörtert. Eine wie auch immer geartete Vollständigkeit kann dabei weder erreicht noch angestrebt werden. Die Darstellung muss sich vielmehr auf jene Modelle konzentrieren, die sich als charakteristisch für eine bestimmte Art des methodischen Vorgehens erwiesen haben oder einen ‚Entwicklungsschub' auslösten. Auch Hypothesen vom ‚Tod des Textes' und aktuelle Diskussionen um eine Erweiterung des Textbegriffs mit dem Blick auf Hyper-Texte werden aufgegriffen. Darüber hinaus wird eine Summierung und hierarchische Abstufung von relevanten Textmerkmalen vermittelt, darauf aufbauend eine didaktisch orientierte Merkmalsdefinition von Texten und Diskursen sowie schließlich der Versuch einer weiter ausgreifenden verbalen Umschreibung des Wesens von ‚Textualität', so wie der Begriff in der vorliegenden Darstellung gebraucht wird. Den Abschluss des Kapitels bildet eine Charakterisierung von Diskursen unter dem Aspekt, dass das Kommunizieren vielfach ein Ineinandergreifen von Textproduktions- und Textrezeptionsprozessen fordert. Insbesondere dabei kommt der interaktionale Leitaspekt der Gesamtdarstellung zum Tragen.

Im *dritten Kapitel* werden methodologische Grundlagen für das Erfassen und Beschreiben von Texten und Textkomplexen thematisiert. Ausgehend von der Kennzeichnung der kognitiven Grundlagen von Texten (3.1) wird das Kognizieren von Partner und Situation thematisiert (3.2), und im Teilkapitel 3.3 steht das Umgehen der Kommunizierenden mit Mustern unterschiedlicher Ebenen bei der Konstitution und Rezeption von Texten sowie das Verhältnis von Textmustern und Textsorten auf dem Prüfstand.

Da Texte in Abhängigkeit von konkreten Zwecken in ganz unterschiedlicher Weise, d.h. mit teils völlig voneinander abweichenden Strukturen und teils mit einem Höchstmaß an lexikalischer Variabilität konstituiert werden, sollen im Teilkapitel 3.3.4 Versuche zur Aufgliederung der faktisch unendlichen Menge potenzieller und realer Textexemplare in Textklassen vorgestellt werden. Außerdem werden Kriterien für die Konstitution von Textklassen auf unterschiedlichen Ebenen erörtert und Textsorten als

Basisklassen für Text-Klassifikationen charakterisiert. Von Relevanz ist dabei das Bemühen, individuelle, auf globale Texte bezogene Wissens-/Textmuster, die sowohl bei der Konstitution von Texten als auch beim Textverstehen aktiviert werden, in ihrer gesellschaftlichen Bedingtheit zu erfassen und den Spielraum für deren verbale Ausfüllung bei der Erreichung spezifischer Ziele unter bestimmten Bedingungen einzugrenzen.

Dabei präferieren die Autoren im Gegensatz zu den vielfach empfohlenen eindimensionalen Ansätzen ein modifiziertes und erweitertes, von Heinemann/Viehweger schon 1991 vorgestelltes Mehrebenen-Modell, das es erlaubt, in Abhängigkeit vom jeweiligen Klassifizierungszweck umfassendere Textkomplexe sowie regelhafte Abfolgen heterogener Texte in bestimmten Interaktionszusammenhängen (Diskursen) in die Klassenbildung einzubeziehen, und das darüber hinaus vor allem offen ist für praktische Klassifizierungsansätze unterschiedlicher Provenienz.

Im Teilkapitel 3.4 schließlich werden Grundfragen der Textproduktion und der Textverarbeitung erörtert. Ausgangspunkt der Darstellung sind grundlegende und unterschiedliche Verfahren/Strategien der Kommunizierenden beim Verstehen und Generieren von Texten.

Das *Kapitel 4* vermittelt Einblicke in das praktische Umgehen mit Texten. Dabei wird versucht, die außerordentlich vielgestaltige und vielfältige kommunikative Praxis aus der Sicht der Interagierenden deskriptiv zu erfassen. Methodologische und didaktische Überlegungen bilden die Grundlage für den Versuch, den Kommunizierenden Anregung und Anleitung zu geben bei der Analyse und Beschreibung von Texten und Diskursen und darüber hinaus für die Produktion von Texten textsortenspezifische Muster vorzugeben. Dabei kommen vor allem detaillierte linguistische Kennzeichnungen von Einzeltexten und Diskursen zum Tragen; denn das Sprachliche, das eigentlich Substanzielle der Texte, kann natürlich auch bei situativ-pragmatischer und psychologischer Einbettung nicht vernachlässigt werden. Im Gegenteil: Lexikalische, syntaktische und stilistische Fragestellungen werden in ihrem komplexen Zusammenwirken letztlich zur Grundlage aller text- und kommunikationslinguistischen Interpretationen. Leider bleibt für die praktische Illustration dieser Phänomene nur relativ wenig Spielraum.

Im abschließenden *5. Kapitel* geht es um den Status der Textlinguistik als eigenständige Wissenschaftsdisziplin. Zugleich werden Perspektiven und weiterführende Aufgaben textlinguistischer Forschung skizziert.

Den Abschluss des Buches bildet ein *Anhang*, bestehend aus einem Literaturverzeichnis, das Anregungen zur vertiefenden oder weiterführenden Lektüre bieten will, und einem Register, in dem sich der Nutzer schnell über Sachfragen und Terminologie-Probleme orientieren kann.

Gesamtansatz und Aufbau sowie inhaltliche und methodische Ausgestaltung machen evident, dass sich dieses Buch deutlich von älteren ‚Einführungen in die Textlinguistik' abhebt. Andererseits soll keineswegs der Eindruck erweckt werden, als ob erst mit dieser Darstellung die Textlinguistik gleichsam neu konstituiert worden wäre. Die Autoren knüpfen vielmehr bewusst und selbstverständlich an das Tradierte an, versuchen aber, textlinguistische Phänomene gleichsam aus einer übergeordneten Perspektive zu erfassen.

Die vorliegende Darstellung versteht sich als Kollegbuch und ist insbesondere für die Zwecke des Hochschulunterrichts konzipiert worden. Nicht Einzelaspekte textlinguistischer Forschung stehen daher im Zentrum der Darlegungen; vielmehr soll versucht werden, einen Überblick über grundlegende Tendenzen der neueren textlinguistischen Forschung und der Forschung angrenzender Wissenschaftsdisziplinen zu vermitteln, wobei allerdings jede Form von Exhaustivität bei diesem Gegenstand von vornherein auszuschließen ist. Dennoch könnte das Buch insbesondere von Linguisten, Studenten und Lehrern als eine Art Orientierungshilfe in der verwirrenden Menge und Vielfalt der text- und kommunikationswissenschaftlichen Fachliteratur genutzt werden, zudem von all jenen, die sich mit Textgestaltungs-, Textrezeptions- und Textoptimierungsprozessen befassen, erwähnt seien hier Medienwissenschaftler und -praktiker, daneben auch Politiker, Juristen, Ärzte und Verwaltungsangestellte.

Wir danken für wertvolle Anregungen und Gespräche vor allem Horst Sitta (Zürich), Klaus Brinker (Hamburg), Kirsten Adamzik (Genf) und Sven Sager (Hamburg). Außerdem richtet sich unser Dank an die Mitarbeiter des Verlags für die sorgfältige Betreuung des Manuskripts.

1 Interaktion – Kommunikation – Text

1.1 Ausgangspositionen

Menschen sind gesellschaftliche und damit kommunikative Wesen. Robinsons, Tarzans u.a. erweisen sich als bloße gedankliche Konstrukte, als Überlegungen darüber, was wäre, wenn ein Mensch nur für sich allein leben wollte oder müsste. Dann aber käme ihm *ein* grundlegendes Kriterium des Menschseins nicht mehr zu.

Menschen werden in soziale Gemeinschaften hineingeboren, sie werden „in eine historische Gesellschaft hineinsozialisiert" (Luckmann 1992,95). Sie entwickeln sich in einem vorgegebenen gesellschaftlichen Rahmen, sie haben Freunde, Partner; sie werden in die gesellschaftliche Arbeitswelt integriert. Denken, Fühlen und Handeln der Menschen ist folglich großenteils partnerbezogen; sie sind Produkt und zugleich integrierter Bestandteil zahlloser fester und flexibler sozialer Gemeinschaften. Sie erleben tagaus tagein immer neue Formen der flüchtigen Integration in eher zufällig entstehende, instabile Gruppierungen, etwa die ‚Wartegemeinschaft‘ an einer Bushaltestelle oder auf einer Parkbank. All diese Typen sozialer Gruppierungen stellen aber nicht nur die äußere Umgebung der Individuen im Sinne eines sozialen Rahmens dar; über dieses eher passive Integriertsein hinaus schaffen die Handelnden solche ‚Partnerschaften‘ immer wieder neu, wenn sie zur Erreichung eines bestimmten Ziels ein Arbeitsteam bilden oder wenn sie nur nach dem Weg zu einem erwünschten Zielpunkt fragen. Menschen brauchen in fast allen Lebenssituationen Partner; soziale und kommunikative Kontakte erweisen sich als notwendiges Konstituens des zoon politicon. Nicht zuletzt wegen der im Lebensalltag der Individuen relativ schnell wechselnden Partner und Gemeinschaften haben sich die Menschen, wenngleich in unterschiedlichem Grade, die Fähigkeit angeeignet, von einer sozialen Basisrolle in eine andere oder eine Sekundärrolle zu schlüpfen.

Die grundsätzliche gesellschaftliche Geprägt- und Gebundenheit der Handelnden schließt nicht aus, dass Menschen natürlich auch die Freiheit individuellen **Verhaltens** und Tuns haben: Aber selbst dieses subjektive Verhalten ist, zumindest in einem weiten Sinne, an gesellschaftliche Voraussetzungen oder Ziele gebunden: Ein Individuum raucht in einer Kaminecke eine Zigarette – doch haben andere eben diese Zigarette erzeugt und vertrieben. Er hört sich in einem Sessel ein Beethoven-Konzert an – das kann er nur, weil andere dieses Konzert produziert und konserviert haben. Er ruht sich einfach aus, vielleicht auf seiner Couch; aber selbst in diesem Falle eines nicht gerichteten, eher ziellosen Verhaltens ist er an das gesellschaftliche Umfeld gebunden, denn die Couch wurde von anderen produziert, er hat sie von anderen erworben, selbst sein Ausruhen dient letzten Endes nur dazu, sich wieder zu erholen für die Zeit danach, für künftiges – aktives oder passives – Verhalten mit anderen, in relativ festen oder sich schnell konstituierenden und wieder auflösenden Gruppen der Gesellschaft.

Verhalten darf daher verallgemeinernd zunächst als ein Sich-Anpassen an gegebene Situationen verstanden werden (s. Sager 1999). Das bloße Regenerierungsverhalten, das Menschen und Tieren gemeinsam ist, kann hier, ebenso wie das eher instinktive und reflexhafte unbewusste Reagieren auf Reize, übergangen werden; denn als das eigentliche Spezifikum des Menschen darf das aktive Sich-Auseinandersetzen mit der Umwelt gelten, das organisierte Verhalten also mit dem Ziel der erfolgreichen Lösung von Problemen. Dieses zielgerichtete aktive Verhalten lässt sich als **Handeln** charakterisieren. Es wird häufig individuell vollzogen (das Fenster öffnen, einen Fahrradschlauch reparieren, Blumen gießen ...), meistens aber trägt das Handeln unmittelbar sozialen Charakter, ist also unter bestimmten sozialen Rahmenbedingungen auf Partner gerichtet. Für dieses soziale Handeln der Individuen ist der Terminus **Interaktion** geprägt worden, das wechselseitige Aufeinanderbezogensein des Handelns von Individuen und Gruppen (lat. *interactio* – wechselseitiges, aufeinander bezogenes Handeln.) In anderen Zusammenhängen wird der Terminus in einem umfassenderen Sinne verwendet, bezogen auf das wechselseitige Zusammenwirken von Organen, Geräten oder komplexen Systemen. Tagaus, tagein interagieren Partner miteinander: beim Autofahren (wenn einer dem anderen die Vorfahrt gewährt), beim Einkaufen im Supermarkt (wenn einer sich nach dem anderen an der Kasse anstellt), bei kooperativer Arbeit (beim Tapezieren eines Zimmers) ... Es zeigt sich also, dass das Erreichen zahlloser Ziele der Individuen vielfach nicht ohne das ‚Zu-Tun‘, das Mithandeln von Partnern bewirkt werden kann. Interaktion ist daher stets partnerbezogenes Handeln, das mit der Konstitution einer sozialen Situation und einer sozialen Beziehung einhergeht (s. dazu Kap. 1.2.1).

Diese Interaktion zwischen Partnern aber kommt nicht nur (wie in den oben genannten Beispielen) alltäglich bei praktischen Handlungen der Menschen zustande, sie wird auch – zusätzlich oder ausschließlich – mittels verbaler (oder nonverbaler) Zeichensysteme bewirkt. Diese Sonderform interaktionalen Handelns nennen wir **Kommunikation**. Kommunikatives Handeln ist folglich gleichfalls aktives Handeln, auf Ziele und Partner gerichtet, aber mit der Besonderheit, dass die Handelnden ihre Ziele nur mit Hilfe der Übermittlung von Informationen an Partner, gleichsam mittelbar erreichen können. Verständigung in einem sehr weiten Sinne darf daher als Prämisse und wesentlicher Inhalt von Kommunikation gekennzeichnet werden (dazu Kap. 1.2.2).

Diese Verständigung wird fast ausschließlich mittels strukturierter Zeichenketten, mit Hilfe von **Texten** also, erreicht, so dass Texte – hier in erster Annäherung und ganz allgemein – als Instrumente kommunikativen Handelns der Menschen bezeichnet werden können. Sie sind daher die Grundeinheiten der sprachlichen Kommunikation. Aber nur in Einzelfällen treten Texte isoliert auf; vielmehr sind sie in der Regel involviert in umfassendere kommunikative Komplexe/Diskurse, die wiederum – in erster Annäherung – als Textbündel oder Textkonglomerate gekennzeichnet werden können.

Das Ineinandergreifen der hier apostrophierten Basisbegriffe des Kommunizierens lässt sich durch das folgende Schema verdeutlichen.

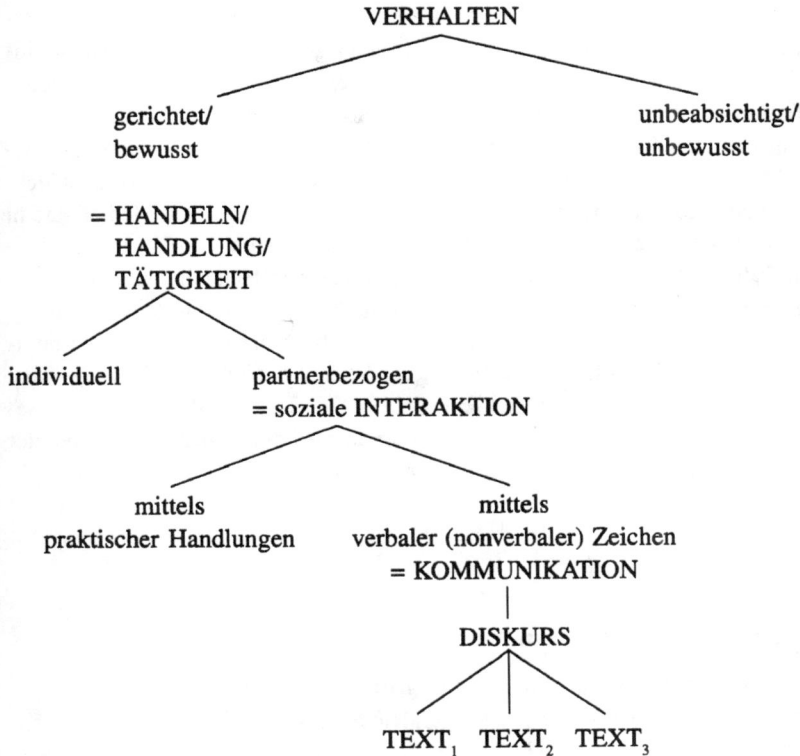

```
                          VERHALTEN


         gerichtet/                          unbeabsichtigt/
         bewusst                             unbewusst

      = HANDELN/
        HANDLUNG/
        TÄTIGKEIT

 individuell          partnerbezogen
                      = soziale INTERAKTION


            mittels                    mittels
      praktischer Handlungen    verbaler (nonverbaler) Zeichen
                                   = KOMMUNIKATION
                                         |
                                      DISKURS


                          TEXT₁  TEXT₂  TEXT₃
```

Abb. 1: Grundbegriffe im Umfeld der sprachlichen Kommunikation

Dieses begriffliche Grobschema soll durch eine Alltagssituation exemplifiziert werden. Ein Jugendlicher sitzt auf einer Bank an einer Straßenbahnhaltestelle und wartet auf die nächste Bahn. Er schaut eher planlos und gelangweilt auf die Umstehenden, auf vor- überfahrende Fahrzeuge, auf eine Häuserfront gegenüber der Haltestelle. Dieses *ungerichtete* **Verhalten** des Jugendlichen endet mit dem Herannahen der Straßenbahn. Nun handelt er gezielt, d.h. er steht auf, geht in Richtung Bahn und steigt ein, zugleich Rücksicht nehmend auf andere Personen, ihnen ausweichend, Damen und älteren Per- sonen den Vortritt lassend. Dieses *gezielte* **Handeln** ist zugleich partnerbezogen und damit **interaktiv**. Und wenn er dann einem ihm bekannten Jugendlichen zuwinkt, han- delt er schon *kommunikativ*, wenngleich noch ohne Verwendung sprachlicher Zeichen- ketten. Sieht er dann in der Bahn einen Mitschüler, den er mit Handschlag und *Hallo du! Wie geht's?* begrüßt, wird schon – zusammen mit dessen gleichfalls formelhafter Antwort-reaktion (*Danke. Bescheiden wär' geprahlt!*) – ein Mini-**Text** in Kontaktfunktion konstituiert. Diese kommunikativen Formeln können zu einem komplexeren informativen Wechselgespräch ausgeweitet werden, etwa über Erlebnisse des Tages oder über ein Ereignis, das für beide Partner in irgendeiner Form relevant oder interessant ist oder sein könnte. Ein solcher *komplexer Text* wäre dann nicht nur Ausdruck des gerichteten Verhaltens der Sprecher, sondern zugleich Ausdruck einer gezielten partnerbezogenen interaktiven Tätigkeit mit Hilfe sprachlicher Zeichenketten in einer bestimmten kommunikativen Funktion, mithin also *sprachliche* **Kommunikation** par excellence.

Diese einführenden Bemerkungen zu den Basisbegriffen des Kommunizierens bedürfen sowohl aus linguistischer als auch aus psychologischer und soziologischer Sicht der Ergänzung und Präzisierung, nicht zuletzt, weil man vor allem in den Medien und in der populärwissenschaftlichen Literatur relativ sorglos mit diesen begrifflichen Einheiten umgeht. Daher sollen die Grundbegriffe kommunikativen Handelns in den folgenden Abschnitten noch einmal detaillierter – immer nur bezogen auf das Anliegen dieser Darstellung – erfasst werden. Dabei klammern wir allerdings das außerordentlich interessante und umfangreiche Feld der Ethologie, der Verhaltensforschung i.e.S. (s. dazu vor allem Lorenz 1984; 1990; 1991; Eibl-Eibesfeld [5]1978; Sager 1995; 1999) aus unserer Detaildarstellung aus. Diese Phänomene werden nur beiläufig berührt, etwa bei der Beschreibung von komplexeren Kommunikationsereignissen.

1.2 Interaktionales Handeln

1.2.1 Zur Kennzeichnung von Handlungen

Am Anfang dieser Ergänzungen steht jener Begriff, der im Rahmen der sogenannten pragmatischen Wende zur Basis der grundlegenden Umgestaltung zahlreicher Wissenschaftsdisziplinen wurde: das Handeln der Menschen, ihr Tätigsein. Der homo sapiens ist ja immer zugleich ein homo actans. Das aktive Handeln, im engeren Sinne die Arbeit, darf sogar als conditio sine qua non für die Herausbildung des Menschengeschlechts, für die Menschwerdung schlechthin angesehen werden.

Worin aber besteht dieses aktive Handeln, das menschliche Tätigsein? Kann jede Bewegung eines Menschen, jede Veränderung eines Zustands (etwa das Spazierengehen, das Autofahren, das Husten, Niesen oder das Schnarchen, das Sich-Bewegen im Schlaf) schon als ‚Handeln' bezeichnet werden? Müssen Handlungen (wie etwa das Arbeiten) stets objektgerichtet sein? Sind außer den vielfältigen praktischen Tätigkeiten (das Gießen von Blumen, das Hacken von Holz ...) auch psychische und kommunikative Aktivitäten (das Aufstellen einer Hypothese, das Schreiben eines Mahnbriefs ...) dem Gesamtkomplex von ‚Handlungen' zuzuordnen? Welche generellen Konstituenten lassen sich für das Handeln bestimmen, wie kann man die differentia specifica unterschiedlicher Handlungen kennzeichnen? Wie weit reicht eine Handlung? Gibt es Grenzmarkierungen für den Beginn einer neuen Handlung? Gehören auch die Folgen von Handlungen zum Handlungsbegriff?

Fragen dieser Art haben Wissenschaftler verschiedener Disziplinen seit langem beschäftigt. Daher gibt es eine außerordentlich umfangreiche Spezialliteratur zu dieser Thematik, zudem handlungstheoretische Ansätze unterschiedlicher Provenienz, von denen hier nur behavioristische, soziologische (s. Weber 1978; Schütz 1974), kulturhistorisch-psychologische (dazu zusammenfassend Lumer 1990,511) und philosophische, insbesondere die im Rahmen der englischen Sprachphilosophie entwickelte Sprechakt-Theorie, herausgegriffen seien. Einen Überblick über diese unterschiedlichen Ansätze zur Kennzeichnung des ‚Handelns' vermitteln u.a. Burkart/Hömberg 1992; Luckmann 1992; Auer 1999.

Für unser Anliegen dürfte die detaillierte Kennzeichnung der einzelnen Forschungsansätze zunächst von untergeordneter Bedeutung sein. Auf einzelne Modelle greifen wir noch bei der Kennzeichnung der verbalen Interaktion zurück. Wichtiger erscheint es uns in diesem Zusammenhang, gleichsam als eine Art Resümee der unterschiedlichen Ansätze, grundlegende Gemeinsamkeiten dieser Modelle vorzustellen und damit relevante **Merkmale** jeglichen Handelns zu erfassen.

Damit sich aber die Darstellung nicht in einer Auflistung abstrakter Begriffe und Merkmale erschöpft, gehen wir von einem konkreten Beispielfall aus: dem Schließen einer Tür durch eine Person. Im Alltagsverständnis kommt einer solchen Abfolge von Akten eindeutig Handlungscharakter zu. Der ‚Handelnde' bewegt sich zunächst auf die Tür zu, indem er zahlreiche Muskelgruppen koordiniert bewegt, versetzt der Türklinke mit Hilfe einer Hand oder der Tür insgesamt mittels eines anderen Körperteils wie beispielsweise dem Ellenbogen oder dem Knie einen Stoß, so dass sich die Position der Tür verändert und sie ins Schloss fällt. Oder er drückt die Türklinke mit der Hand nach unten und schiebt die Tür in Richtung des Türrahmens, bis der Schnapper in die dafür vorgesehene Öffnung des Schlosses gelangt, und hebt schließlich die Türklinke wieder bis in die Ausgangshöhe an.

Schon aus diesem einfachsten Beispiel wird deutlich, dass Handeln immer als ein komplexer Akt des Vollzugs von Elementarprozessen gekennzeichnet werden muss, dass jeder dieser Elementarakte weitaus detaillierter beschrieben werden kann und – bei gegebenem Anlass, etwa bei der Darstellung eines nicht mehr voll funktionsfähigen Handgelenks – im einzelnen erfasst werden muss, dass für den Vollzug des Gesamtprozesses häufig verschiedene Möglichkeiten, in der Regel in Abhängigkeit von bestimmten situativen Faktoren, gegeben sind.

In jedem Fall aber lässt sich festhalten, dass es sich bei diesem Prozess des Türschließens um eine menschliche *Aktivität*, um menschliches Tun, handelt. Jedem Handeln kommt folglich *Akt- und Prozesscharakter* zu. Ausgangspunkt ist ein von einem potenziell Handelnden als defizitär bewerteter Weltzustand, der ohne sein Zutun nicht anders würde (Kohl 1986,55). Er erfasst den Handlungsraum und damit in der Regel mehrere Alternativen zur Veränderung dieses ihn wenig befriedigenden Zustands. Entsprechend einem von ihm im Laufe der Sozialisation interiorisierten und großenteils konventionalisierten *Handlungsmuster* vollzieht er nun die eigentliche Handlung, meist differenziert in einen Initial-Akt, mehrere Zwischen-Akte und einen Resultats-Akt, so dass schließlich, erfolgreiches Handeln vorausgesetzt, der vom Handelnden erstrebte Weltzustand erreicht wird. Damit erweist sich zugleich, dass das Handeln immer in sich *strukturiert* ist, also als Abfolge einzelner Handlungsphasen bestimmt werden kann. Und nicht zuletzt ist jedes Handeln *auf bestimmte Objekte gerichtet,* genauer: auf die Veränderung eines bestimmten Zustands von Objekten, in unserem Fall auf das Versetzen der Tür in die ‚Schlossposition'. Damit lässt sich jedes Handeln als ein Einwirken auf die Welt kennzeichnen, wobei anzumerken ist, dass dieses Handeln Konsequenzen hat, und zwar sowohl für die Welt als auch für den Handelnden selbst (s. Rehbein 1977,82).

Allein mit Hilfe dieser *äußeren Strukturmerkmale* aber lässt sich das Wesen von Handlungen nicht erfassen. Derselbe Prozess des Türschließens könnte beispielsweise ebenso durch das Stolpern einer Person oder durch deren Gestoßen-Werden bewirkt werden, so dass die Veränderung des Zustands der Tür eher zufällig – oder versehentlich, z.B. mit dem Rücken – zustande kommen kann. Zu den genannten äußeren Strukturmerkmalen des Handelns müssen daher stets auch *innerpsychische Momente* (Lumer 1990,599) hinzukommen, die aus dem bloßen Reagieren auf Reize ein Handeln werden lassen. Es sind dies zunächst „Absichten, Ziele und Bewertungen von Handlungsplänen" (Lumer 1990, ebd.), die als relevante Konstituenten in die Kennzeichnung des Begriffs ‚Handeln' eingehen. Das Tür-Schließen oder das Blumen-Gießen oder das Auto-Fahren muss also vom Handelnden *bewusst* vollzogen werden und mit der *Absicht,* ein bestimmtes *Ziel* zu erreichen. Erst durch diese ‚innerpsychischen Momente' wird aus einfachem Verhalten eine zielgerichtete und zugleich sinnvolle Handlung. Daher ist eine bestimmte Menge der oben genannten nicht-willentlichen, vitalen Reflex-Aktivitäten (Bewegung im Schlaf, reflexhaftes Reagieren auf X ...) aus dem Handlungsbegriff auszuschließen, während umgekehrt dem Großteil unserer Aktivitäten (Essen, Küssen, Radfahren ...) Handlungscharakter zukommt.

Die besondere Relevanz dieser Zielkomponente ergibt sich u.a. daraus, dass ein und dieselbe Handlung mit denselben Handlungsphasen – z.B. das in kurzen Zeitabständen erfolgende Auf- und Nieder-Bewegen der Fingerspitzen in Augenhöhe an der Reling eines Passagierschiffs kurz vor dem Ablegen – mit unterschiedlichen Zielen des Handelnden verknüpft sein kann: einem Abschiedsgruß für Freunde/Bekannte als Zuwinken; die Aufforderung an eine vor dem Handelnden stehende Person zum Weitergehen; das Ziel des in dieser Weise Handelnden könnte in einer bestimmten Situation aber auch einfach in der Abwehr von lästigen Insekten bestehen. Insofern ist Handeln immer ein Interpretationskonstrukt, eine als Handlung interpretierte Aktivität (Keller 1977,611). Umgekehrt aber kann sogar ein auf bestimmte äußere Struktur-Merkmale bezogenes und erwartbares Nicht-Tun, also die Unterlassung von Aktivitäten, als zielgerichtete Aktivität interpretiert werden, wenn dieses Nicht-Tun als bewusster Nicht-Vollzug erwartbarer Aktivitäten fungiert (z.B. der Nicht-Vollzug des Rauchens seitens einer passionierten Raucherin, die dem Nicht-Raucher-Partner auf diese Weise bei einem Wiedersehen nach langer Zeit eine Freude machen will).

Die psychischen Aspekte des Handelns lassen sich in der Form eines Phasen-Ablauf-Modells zusammenfassen (s. Clauß 1978,221f.):
– Motivation, als Antrieb auf eine äußere Anforderung (einen sozialen Anlass) oder auf der Grundlage eigener Bedürfnisse;

– Orientierung und Entscheidungsvorbereitung (Zielorientierung);
– Entschluss und Entscheidung (für bestimmte Ziele und Mittel zur Erreichung der Ziele);
– Konzipierung eines Handlungsprogramms;
– Vollzug der Handlung unter ständiger Bezugnahme auf Handlungsziele und Realisierungswege;
– Kontrolle (Vergleich von Handlungsziel und Ergebnis).

Für alle Handlungen sind darüber hinaus psychische Begleitfunktionen zu berücksichtigen:
– kognitive Abbilder von Gegenständen und Vorgängen;
– psychische Zustände des handelnden Individuums (Freude, Erregtheit, Angst ...);
– psychisches Bewerten der Handlung.

Harras (1983,11) umschreibt das Handeln allgemein als „ein Tun mit Absicht", Luckmann (1997,125 anknüpfend an Max Weber 1968,281) als „zielgerichtetes, sinnvolles Verhalten" und Leont'ev (1984) bestimmt Handlungen in diesem Sinne weiter ausgreifend als „bewusste, zielgesteuerte, objektbezogene Prozesse der Aktivität".

Doch die oben genannten ‚innerpsychischen Momente' des Handelns bedürfen ebenfalls noch einer näheren Charakterisierung, da sie für jedes Handeln – auch für das kommunikative, wie noch zu zeigen sein wird – von grundlegender Bedeutung sind.

Eine *Absicht* lässt sich als handlungsauslösendes Element charakterisieren, als Entscheidung eines Handelnden für eine von mehreren Handlungsmöglichkeiten, und zwar für jene, die das Individuum für sich als günstig bewertet (s. Lumer 1990,501). Verkürzt: Eine Absicht kann als Anstoß/Veranlassung zu einem bestimmten Handeln umschrieben werden: „Ich will ab morgen nicht mehr rauchen; ich will den Zaun streichen ..."

Ziele und *Zwecke* können als handlungsplanende Parameter eingestuft werden, da es dabei nicht um einen Stimulus zu künftigem Handeln geht, sondern um die Antizipation eines vom Handelnden positiv bewerteten Ergebnisses von Handlungen/Handlungsfolgen im Bewusstsein eines Individuums, mithin um die gedankliche Vorwegnahme des Resultats der noch zu vollziehenden Veränderung eines gegebenen Weltzustands.

Vereinfacht: Ein gegebener Ausgangszustand Z soll mittels kognitiver Operationen durch den erwünschten Zustand Z' substituiert werden (s. Lumer 1980,503).

Beispiele:
(1) Z Ich bin Student mit bestimmten finanziellen und Wissensdefiziten.
     Z' Ich habe einen festen Job in der Redaktion einer Tageszeitung.
(2) Z Ich fahre ein 14 Jahre altes, nicht mehr voll funktionstüchtiges Auto.
     Z' Ich besitze ein wenngleich nicht neues, aber doch funktionstüchtiges Auto.
(3) Z Der Zaun vor unserem Haus ist durch Witterungseinwirkungen unansehnlich geworden.
     Z' Der Zaun ist frisch gestrichen.

Zwecke stellen dann nach diesem Begriffsverständnis spezielle Ziele dar, zu deren Erreichung die Mittel M festgelegt sind. Hier lassen sich folglich dieselben Beispiele wie
oben anführen, lediglich ergänzt durch ein M, eine Menge genau festgelegter Mittel/
Instrumente.

(1) M Praktika in mehreren Redaktionen. Ein erfolgreiches Abschlussexamen.
    Bewerbungs- und Vorstellungsgespräche.

(2) M Zusätzliche Arbeit übernehmen, Geld sparen u.ä.
    (Das Lotto-Spielen und Auf-einen-Supergewinn-Warten scheidet hier aus,
    da es sich dabei um ein nur wenig Erfolg versprechendes Mittel handelt.)

(3) M 3 Büchsen Farbe, 2 Pinsel, 4 Stunden Streichen des Zauns.

Diese allgemeinen Bestimmungen einzelner innerpsychischer Momente des Handelns
stellen zwar wichtige Prämissen für die Charakterisierung von Handlungen dar; für die
konkrete Kennzeichnung von Handlungen aber reichen sie nicht aus. Vor allem für die
Beschreibung des *Zielfelds* müssen weitere inhaltliche Differenzierungen hinzukommen. So ist es oft wichtig, zwischen *Nah-* und *Fernzielen* zu unterscheiden, wobei vor
allem ein temporärer Aspekt zur differentia specifica erhoben wird. Eine solche Unterscheidung kann, muss aber nicht mit einer Differenzierung nach dem jeweiligen
substanziellen Gewicht der Ziele zusammenfallen. Dabei geht es um die Abhebung *pri-
märer/fundamentaler/eigentlicher Ziele* von *sekundären/auxiliaren/subsidiären Zielen*.
Die zuerst genannte Gruppe markiert das erstrebte Ergebnis des Handelns und erweist
sich folglich als konstitutiv für das Erreichen des Gesamtziels (Heinemann 1990,20).
Sekundärziele hingegen sind für Erfolg oder Misserfolg des Handelns nicht oder erst in
zweiter Linie relevant (van Wright 1977,40; Viehweger 1983,167). Dabei handelt es
sich vielfach um psychische Begleitaffekte (die Steigerung des Selbstwertgefühls, das
eigene Ansehen bei Partnern ...), aber auch um eher vorbereitende oder Begleit-Handlungen, die als Voraussetzung zur Erreichung eines Primärziels dienen. Man denke z.B.
nur an das unerlässliche und gründliche Säubern des Zauns vor Beginn der eigentlichen
Malerarbeiten im Beispiel (3).

Zum *Zielfeld* i.w.S. gehören die Begriffe der *Handlungsplanung* und der *Strategie
des Handelns*. Diese wichtigen Basisbegriffe jedes Handelns werden an anderer Stelle
im Zusammenhang mit der Kennzeichnung von Texten und Diskursen in der kommunikativen Praxis wieder aufgegriffen (Kapitel 4; auch 3.4.2; 3.4.3). Hier soll daher nur ein
Hinweis auf den Kern dieser Phänomene gegeben werden. Sie lassen sich allgemein
bestimmen als „das systematische Vorausbestimmen zukünftigen menschlichen Handelns bzw. Verhaltens" (Böttcher 1990,726), wobei alle oben erörterten Komponenten
des Handelns in Planungen und Strategien integriert sind.

Trotz dieser teils sehr detaillierten Bestimmung der Basiskomponenten des Handelns erweist sich die *Konkretisierung des Begriffs*, also die praktische Fixierung einzelner Handlungen, als problematisch. Ist etwa das Anziehen einer Schraube schon als
Handlung zu werten oder erst das Befestigen eines Gegenstands auf einer Unterlage?
Hier empfiehlt sich eine Anlehnung an das Alltagsverständnis: Dort werden in der Regel
mehrere ‚elementare Handlungen' (besser: elementare Akte) zu einer ‚Gesamt-Handlung' zusammengefasst. Als Beispiel stehe hier die Zusammenfassung der Elementar-

Akte des Sich-Bückens, des Zu-einem-Eimer-Langens, des Zugreifens mit einer Hand/ mit beiden Händen, des Sich-Aufrichtens gegen erhöhten Widerstand zur Gesamt-Handlung ‚einen Eimer mit Wasser heben' (s. Lumer 1990,503).

Und doch: Der Umfang solcher ‚Gesamt-Handlungen' ist keineswegs einheitlich und absolut fixierbar; er wird stark durch das jeweils aktuelle Ziel der Handelnden mitbestimmt und ist daher in relativ hohem Maße variabel. So könnte z.B. das Ziel eines Handelnden im eben genannten Beispiel weiter gefasst sein, außer dem Heben des Eimers auch das Wegtransportieren des Eimers und das Wieder-Entleeren an einer bestimmten Stelle umfassen, etwa zum Zwecke des nachhaltigen Befeuchtens einer Anpflanzung. Aus diesem Grunde muss der Begriff ‚Handlung' im Hinblick auf seine Extension letztlich relativ vage bleiben, da er gebunden ist an die jeweilige Interpretation des Individuums im Hinblick auf das vom Handelnden erstrebte konkrete Einzelziel.

1.2.2 Handeln/Handlung und Tätigkeit

Als Problemfeld der besonderen Art erweist sich die Abgrenzung von ‚Handlung' und ‚Tätigkeit'. In der Alltagskommunikation, vielfach auch in der einschlägigen Fachliteratur, werden die beiden Begriffe weitgehend undifferenziert und vielfach synonym nebeneinander verwendet (s. Jantzen 1990,509). Das ist nicht verwunderlich, da beiden Begriffen dieselben konstitutiven Merkmale zugeschrieben werden können: Bewusstheit, Motiviertheit, Planmäßigkeit, Intentionalität, Strukturiertheit und Gerichtetheit. Daher werden die beiden Lemmata in Bedeutungswörterbüchern zur wechselseitigen Charakterisierung herangezogen, wird also *Tätigkeit* als ein ‚*Handeln*, Wirken, Schaffen' (z.B. Wahrig 1972,3531) umschrieben. Und wir können von praktischen oder zielgerichteten Tätigkeiten ebenso sprechen wie von praktischen oder zielgerichteten Handlungen, wenngleich damit gewisse Bedeutungsnuancierungen verbunden sind. Andererseits kann nicht übersehen werden, dass bestimmte Verwendungsweisen der beiden Lexeme im Sprachusus fest geworden sind. Es gibt – bezogen auf den Beruf – anstrengende oder interessante *Tätigkeiten*, nicht aber entsprechende *Handlungen*. Umgekehrt kann ein Film oder ein Roman eine spannende *Handlung* haben; niemals aber könnte der Begriff *Tätigkeit* mit dem „sich entwickelnden Geschehen in einem Kunstwerk" (Kempcke 1984,528) verknüpft werden.

Für den wissenschaftlichen Gebrauch wäre es wünschenswert, die beiden in der Alltagssprache präsenten Lexeme im Sinne einer Bedeutungsdifferenzierung zu nutzen. Ansätze dazu finden sich schon bei van Wright (1963,41): "To close a window or to kill a person is to perform an *act*. To smoke or to run or to read is to be engaged in *activity* … As acts are related to *events*, so are activities related to *processes*. Events happen, processes go on. Acts effect the happening of events, activities keep processes going …" (Hervorhebungen MWH). Damit werden *Handlungen (acts)* als einmalige Akte deutlich von *Tätigkeiten (activities)* als prozessualen Größen abgehoben.

Diese Unterscheidung korrespondiert zumindest partiell mit Abgrenzungen, wie sie etwa in der Psychologie vorgenommen werden. Im Anschluss an Leont'ev (1979) formulieren Rickheit/Strohner (1993,44): „Während *Tätigkeit* das abstrakte Konzept menschlichen Verhaltens meint, bezieht sich der Begriff der *Handlung* auf die konkret fassbaren Einheiten mit angebbarem Motiv, Ziel und einer Folge von *Operationen. Operationen* sind demzufolge Teilprozesse von *Handlungen,* die bloßen Mittel-Zweck-Charakter besitzen und nur als Komponenten von *Handlungen* auftreten. Diese Einheiten bilden die Mikrostruktur der sprachlichen *Tätigkeit.*" Ähnlich Jantzen (1990,701): „*Tätigkeit* lässt sich als spezifisches und grundsätzlich aktives Verhalten kennzeichnen, bezogen auf die bedürfnisorientierte Seite der Aktivität, die sich jedoch nur in Form von *Handlungen* realisieren kann". (Hervorhebungen wieder MWH).

Im Anschluss an Überlegungen dieser Art und die Feststellung Conrads (1985,243: „… *Handlungen* … sind … in die *Gesamttätigkeit* eingebettet …") kennzeichnen wir im Folgenden *Handlungen* als elementare Basiseinheiten von Aktivitäten, als Teileinheiten von komplexen *Tätigkeiten,* die immer motivationale und emotionale Aspekte mit einschließen. ‚Tätigkeit' lässt sich dann mit Welke (1980,361) bestimmen als „die Gesamtheit aller zielgerichteten komplexen Aktivitäten, die auf die Veränderung eines Zustands gerichtet sind." Für deren Kennzeichnung müssen bestimmte Voraussetzungen berücksichtigt werden wie Zeit und Raum, die Subjekt-Objekt-Relation, spezifische Kenntnissysteme der Partner sowie die allgemeinen sozialen Rahmenbedingungen (M. Heinemann 2000a, 606). Aber selbst bei der Setzung einer solchen allgemeinen Implikationsrelation, die für alle Tätigkeitstypen (die praktisch-gegenständliche, die geistig-theoretische und die kommunikative Tätigkeit) anzusetzen ist, bleiben die Konkretisierungen ein offenes Problem.

1.2.3 Praktisch-gegenständliche soziale Interaktion

Bei diesen Darlegungen sind wir zunächst von allgemeinsten, mehr oder minder isoliert von Partnern vollzogenen Handlungen und Tätigkeiten ausgegangen, von sogenannten „selbstbezogenen Handlungen" (Kallmeyer u.a. 1980,15). Ein entscheidendes Wesensmerkmal des Menschen aber besteht ja gerade darin, dass seine Aktivitäten überwiegend nicht nur objektgerichtet, sondern vor allem auch partnerorientiert sind. Es handelt sich dabei um Handlungen, deren subjektiver Sinn „ausdrücklich an anderen Menschen oder ihren Handlungen ausgerichtet ist" (Luckmann 1992,103). Nicht die Kategorien individuellen Handelns sind daher primär relevant für das Interagieren von Partnern, sondern die Gemeinsamkeit und Wechselseitigkeit der psychischen Gerichtetheit und des Agierens von Partnern, die *soziale Interaktion,* die „interaktive Herstellung ('accomplishment') von Intersubjektivität" (Paul 2001,905). Sie ist von außerordentlicher Relevanz für die Gesellschaft, denn letztlich werden alle Gesellschaften erst durch solche sozialen Handlungen „aufgebaut, aufrechterhalten, fortgesetzt und verändert" (Luckmann 1992,93). Und die sozialen Beziehungen wiederum entstehen in gesellschaftlichen Handlungen und bestehen aus sozialen Interaktionen. Auf einzelne Interaktionsmodelle (vgl. Auer 1999) gehen wir hier zunächst noch nicht ein; die Grundmodelle werden im Zusammenhang mit der verbalen Interaktion (Kap. 1.3.4) erörtert. Wir versuchen an dieser Stelle vielmehr, den Begriff der Interaktion selbst einzugrenzen und auf die ihn konstituierenden Merkmale zurückzuführen.

Ganz allgemein lässt sich festhalten, dass jedes koordinierte Zusammenwirken von Partnern und jedes „wechselseitige Sich-Aufeinander-Einstimmen" (Schütz II 1971,130) als Interaktion bezeichnet werden kann. Das bezieht sich sowohl auf Handlungen i.e.S. als auch auf die psychische Beeinflussung der Partner: Jedes äußerlich sichtbare „wechselseitige Aufeinanderwirken zwischen Individuen zum Zwecke der Abstimmung des Verhaltens der Beteiligten bzw. des konkreten Handelns der Kooperationspartner" (Clauß 1978,259) kann daher als soziale Interaktion gefasst werden.

Rothkegel (1984,257) hat versucht, die relevanten Konstituenten der sozialen Interaktion in folgendem Schema zusammenzufassen:

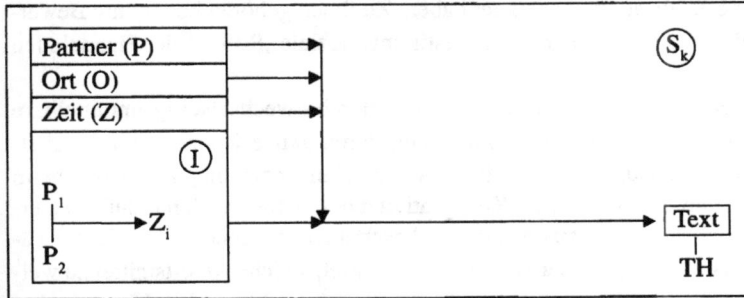

wobei: I = spezifische Interaktionen   TH = Texthandlungen
       Z_i = Interaktionsziele S_k = Kommunikationssituation

Abb. 2: Soziale Interaktion

Wir ergänzen diese Darstellung durch eine Auflistung der grundlegenden *Merkmale* jeder Interaktion:
- das zielgerichtete und *partnerbezogene Handeln* von Individuen (und Gruppen);
- die damit verknüpfte *Konstitution von Handlungszusammenhängen;*
- die durch die interaktiven Handlungen bewirkte *Konstitution einer sozialen Situation,* die den konkreten Handlungsraum absteckt und die Aufmerksamkeit der Partner auf eine ‚Mitte' fokussiert;
- die wiederum mit dieser sozialen Situation verknüpfte *Konstitution einer sozialen Beziehung* (einer ‚Gemeinschaft', deren Existenz u.U. allerdings von sehr kurzer Dauer sein kann). Mittelbar wird schon bei dieser Form des Handelns (nicht erst bei der kommunikativen Interaktion, s. 1.3) das eigene Image zu einer relevanten Größe für das Handeln der Partner, das Streben nach sozialer Beachtung und/oder Achtung durch den Partner;
- das aus all diesen Faktoren resultierende spezifische Charakteristikum der sozialen Interaktion, die *Reziprozität/*Wechselseitigkeit *des Handelns,* die die innere Orientierung auf den Partner (seine Einstellungen, Ziele) und das jeweilige Handlungsfeld zwischen den Partnern einschließt. Und genau dieses mediale Handlungsfeld erweist sich als die konkrete soziale Situation des Kommunikationsereignisses i.e.S., durch die die Bedingungen für zielgerichtetes und erfolgreiches Handeln mit abgesteckt werden. Das jedem Verhalten von Lebewesen eigene Wesensmerkmal der Anpassung an die Umwelt wird somit bei interaktivem menschlichem Handeln zur Anpassung an das soziale Umfeld.

Das soziale Umfeld und damit die Reziprozität des Handelns variiert allerdings von Situation zu Situation. Es kann sich dabei als ein eher passives Rücksichtnehmen auf den Partner äußern, ein „einseitig unmittelbares Handeln" (nach Luckmann 1992,110), wenn ein Individuum beispielsweise dem Partner beim Betreten eines Hauses, beim Einnehmen eines Sitzplatzes in der Straßenbahn oder beim Anstellen an der Kasse im Supermarkt den Vorrang lässt, was ein Warten auf den Abschluss von Kaufhandlungen anderer Partner impliziert. Gerade diese Form des Sozialverhaltens ist stark von Konventionen geprägt. Das hängt mit Handlungsmustern zusammen, die sich die Individuen im Laufe ihrer Sozialisation angeeignet haben. Zu ihnen gehören bestimmte Bewertungsmaßstäbe, die vielfach wiederum an bestimmte soziale ‚Rollen' der Handelnden gebunden sind.

Das mediale Handlungsfeld kann aber ebenso durch „wechselseitig unmittelbare Handlungen" (Luckmann 1992,113) geprägt sein, durch aktive Kooperation der Partner. Dabei kann es durchaus eine Abstufung der sozialen Beziehung geben wie beim Tapezieren eines Zimmers, wo sich die Kooperativität des Helfers u.U. nur auf das Herbeiholen und Zureichen von Arbeitsmaterialien beschränkt, während der produktiv Tätige durch Zeichen unterschiedlicher Art zu erkennen gibt, welche Arbeitsmittel zu welchem Zeitpunkt, gegebenenfalls in welchem Zustand, gebraucht werden. Vielfach aber sind die Partner annähernd mit gleicher Gewichtung produktiv tätig, etwa beim Einsetzen einer Tür, wo jeder Handelnde auf das exakte und zeitgenaue interaktive Handeln des Partners angewiesen ist. (Auf Formen des nur mittelbaren Kooperierens gehen wir hier nicht ein.)

1.3 Verbale Interaktion – sprachlich-kommunikatives Handeln

1.3.1 Allgemeine Charakteristik der verbalen Interaktion

Praktische Interaktion zwischen Handelnden ist, wie wir gezeigt haben, ein ganz alltäglicher Vorgang/Prozess, obwohl wir uns das nicht immer bewusst machen. Es gibt daneben Situationen, in denen sich ein solches Interagieren eher zufällig ergibt, ohne besonderes Zu-Tun der Individuen. Natürlich hält man in einem Fahrstuhl wenn möglich den gebotenen Abstand zu anderen Personen. Dabei ist anzumerken, dass dieses Abstand-Halten vom Partner, die übliche körperliche Distanz der Beteiligten, nicht nur individuell unterschiedlich ist, sondern kulturspezifisch geprägt wird. Zu verweisen ist in diesem Zusammenhang zum Beispiel auf das größere Nähe suchende proxemische Verhalten von Handelnden in den arabischen Ländern.

Aber gerade eine solche Situation – das Nebeneinander-Stehen oder -Sitzen im Fahrstuhl, in einem Eisenbahnabteil oder im Wartezimmer eines Arztes – veranlasst Beteiligte häufig, vom eher passiven Neben- und Miteinander zum aktiven, wenn auch nur beiläufigen Kommunizieren überzugehen. Schon wenige Floskeln sind dann geeignet, die von vielen als peinlich empfundene Situation zu überbrücken, zu einer Art ‚sozialer Entspannung' zu gelangen. Damit aber ist der Übergang von der praktisch-gegenständlichen Interaktion zur verbalen Interaktion markiert, denn immer dann, wenn die soziale

Interaktion über das Medium Sprache oder andere Zeichensysteme erfolgt, handelt es sich um kommunikative Handlungen und Tätigkeiten und, im Hinblick auf das Zusammenwirken der Partner, um **verbale Interaktion**.

Als *Voraussetzungen und Basismerkmale* für das Zustandekommen von sprachlich-kommunikativer Interaktion dürfen gelten:

- die allgemeine Sprachfähigkeit der Partner;
- die allgemeine Fähigkeit der Partner oder dritter Personen zum Vollzug bestimmter Handlungen und kognitiver Operationen, die zur Erreichung des jeweiligen kommunikativen Anliegens relevant sind;
- die Interiorisierung mindestens eines konventionellen sprachlichen Zeichensystems durch beide Partner (s. Franck 1980,42);
- das gezielte Aktivieren komplexer sprachlicher und anderer Signale durch die Interagierenden zur Erreichung bestimmter Ziele;
- die generelle Partner-Orientierung aller Aktivitäten der kommunikativ Handelnden, also auch des Partners, das bewusste Sich-Einstellen auf den Partner und das Miteinander-Agieren der Partner, verbunden mit einer grundsätzlichen Kooperationsbereitschaft, zumindest im Hinblick auf das Produzieren und Rezipieren von Texten; das identische oder ähnliche Wahrnehmen der sozialen und kommunikativen Situation;
- die Reziprozität aller psychischen und kommunikativen Aktivitäten beider Partner. „Das Interaktive in der Interaktion ... liegt nicht so sehr darin, dass zwei Partner wechselseitig agieren, sondern dass bei jeder Handlung die möglichen Rezipienten-Reaktionen antizipiert und in die Handlung schon eingearbeitet werden." (Zimmermann 1984,138) Das impliziert u.a. die Auswahl des geeigneten Partners zur Erreichung des jeweiligen Ziels sowie die Kognizierung von Partner und Situation (s. auch Heinemann/ Viehweger 1991,113).

Aber nicht alle sprachlichen Äußerungen können schon als kommunikative Handlungen i.e.S. eingestuft werden. Das gilt insbesondere für expressive, der psychischen Entlastung dienende und daher nicht partnerorientierte (!) Formulierungen zum Ausdruck von Flüchen, von Ärger (*So'n Mist!*), Freude (*Wunderbar! Klasse!*) oder Schmerz (*Au!*). Umgekehrt kann Interaktion, wie oben gezeigt wurde, durchaus auch ohne Sprachhandlungen (oder/und Begleit-Handlungen) zustande kommen: z.B. jemandem Feuer geben, der sich eine Zigarette anzünden will; ein Händedruck am Grab zum Ausdruck des Beileids ... Vor diesem Hintergrund können der oben erwähnte Informationstransfer mit Hilfe sprachlicher, teils auch nonverbaler Mittel und Interaktionalität als substanzielle Kerne von Kommunikation angesehen werden.

Wir konzentrieren uns hier auf den ‚Normalfall' des Kommunizierens, die verbale Interaktion mit Hilfe von Texten. Dabei treten Menschen zur Erreichung sozialer Ziele unterschiedlicher Art in *kommunikative Beziehungen* zueinander, die übrigens keineswegs mit den gegebenen sozialen Beziehungen der Partner zueinander korrespondieren müssen. Diese kommunikativen Beziehungen sind, vor allem in der institutionellen Kommunikation, konventionell geprägt. So „ist ... weitgehend festgelegt, wer mit wem worüber und auf welche Art eine Kommunikation anfängt." (Hartung 1983,358). Man weiß vielfach, wer die Kommunikation eröffnen darf, unter welchen Bedingungen ein Sprecher-Wechsel erfolgt, zu welchen Zeiten, in welchem Rahmen, in welcher Reihenfolge bestimmte Themen erörtert werden. Das heißt, dass sich bestimmte *Normen kommunikativen Verhaltens* herausgebildet haben, die letztlich in ganz unterschiedlicher Form und unter unterschiedlichen Bedingungen soziale Beziehungen der Partner möglichst effektiv machen sollen. „So gesehen besteht das Wesen der Kommunikation nicht darin, dass Individuen aufeinander einwirken; vielmehr vollziehen sich verschiedene Prozesse sozialer Wechselwirkung auf der Grundlage des Systems vorgefundener, zu realisierender oder neu zu schaffender sozialer Beziehungen, mit der Aufgabe, Kooperation im weitesten Sinne zu vermitteln, und natürlich verwirklicht in einer Vielzahl gerichteter Akte von zusammen handelnden Subjekten." (Lomov 1981)

Auch für die verbale Interaktion gelten daher die schon oben genannten *äußeren Strukturmerkmale* jedes Handelns sowie die *innerpsychischen Momente*, mit der Besonderheit freilich, dass dabei die Ziele der Individuen nur über den sozialen und kommunikativen Kontakt zu einem Partner oder mehreren realisierbar erscheinen. Dabei zeigte sich (und das war das Ergebnis vor allem sprechakttheoretischer Überlegungen), dass dem Sprechen und selbstverständlich auch dem Schreiben dieselben konstitutiven Merkmale kooperativen Handelns zukommen wie gegenständlich-praktischen Handlungen. Das Medium Sprache erweist sich sogar als besonders geeignet und effizient für die erwähnte Herstellung von Intersubjektivität.

Kommunikative Ereignisse haben daher gleichfalls Akt- und *Prozess-Charakter*; sie werden auf der Grundlage von Elementarprozessen vollzogen und weisen eine spezifische *Strukturierung* auf, die wenigstens partiell im Text ihren Niederschlag findet. Hervorhebung aber verdient vor allem, dass sich jede verbale Interaktion auf einen *sozialen Anlass* (P_1 will etwas von P_2) in einer konkreten *sozialen Situation* zurückführen lässt: „Am Anfang einer Interaktion steht nicht die Absicht des Individuums, sondern eine Notwendigkeit, zu kommunizieren." (Hartung 1981,227). Dieser Anlass, vor dem Hintergrund des Eingebettetseins der Individuen in soziale Gruppen und Institutionen, wird dann zum Stimulus für ein spezifisches, auf die Veränderung von Welt gerichtetes *Ziel* des kommunikativ Handelnden, das allerdings nur über die ‚Zwischeninstanz' eines ‚Ansprech-Partners' im ursprünglichen Sinne des Wortes realisierbar erscheint (s. Goffman 1985,6;38). An diese Subjekt-Subjekt-Relation, die hier auf den Austausch von Bewusstseinsinhalten gegründet ist und mittels sprachlicher und nichtsprachlicher Zeichen realisiert wird, ist kommunikatives Handeln in der Interaktion wesentlich gebunden. Es darf daher als Spezifikum wechselseitigen interpersonellen Verhaltens in der kommunikativen Interaktion gelten, dass das Produkt der kommunikativen Tätigkeit vor allem als Träger von Information genutzt wird.

Wegen dieser allgemeinen Besonderheiten kommunikativen Verhaltens in der verbalen Interaktion ergeben sich weitere Spezifika für die Konkretisierung interaktiver Prozesse. Das betrifft insbesondere die Zielkomponente, auf die wir in diesem Zusammenhang genauer eingehen wollen, aber auch die Inhalte des Handelns und die spezifischen Realisierungsformen, von denen im Kapitel 4 zu handeln sein wird.

1.3.2 Zur Zielkomponente sprachlich-kommunikativer Prozesse

Während das eigentliche Ziel eines Handelnden bei gegenständlich-praktischer Interaktion durch irgendeine Form praktischen oder symbolischen Handelns bei mittelbarer oder direkter Kooperation mit dem Partner erreicht wird (das Herüberreichen der Zuckerdose, erste Hilfe für einen Spaziergänger, der plötzlich von einer Kreislaufschwäche erfasst wird ...), liegt das eigentliche Ziel des kommunikativ Handelnden im Normalfall jenseits des Partners. Um dieses fundamentale Ziel zu erreichen, muss er sein spezifisches Anliegen, seine **Intention**, dem Partner zunächst in irgendeiner Form mittels sprachlicher Zeichenketten, gegebenenfalls begleitet von bedeutungstragenden kinetischen Signalen, z.B. bestimmten Körperhaltungen, Gesten oder Blicken ..., verdeutlichen, das heißt, für den Partner verständlich und damit nachvollziehbar machen.

Dabei erwartet der ‚Texter' vom Partner zunächst die grundsätzliche Bereitschaft, auf das Interaktionsangebot (den Text) des Textproduzenten einzugehen, vor allem aber auch das akustisch-visuelle und semantische Verstehen und Verarbeiten des Textes, damit der Partner in gewünschter Weise auf das Anliegen des ‚Texters' re-agieren kann.

Das grundlegende Ziel des kommunikativ Handelnden lässt sich daher generalisierend als gedankliche „Antizipation von Eigenschaften künftiger Zustände" (Hartung 1981,224; s. auch Viehweger 1983,377; Schnotz u.a. 1981,45) kennzeichnen. Die Herausbildung des kommunikativen Ziels vollzieht sich beim Textproduzenten phasenweise mittels folgender kognitiver Operationen:
– der Motivierung (durch übertragene Aufgaben oder durch eigenen Antrieb);
– der Orientierung (durch Kognizierung mehrerer möglicher Zielzustände sowie Überlegungen zu deren Realisierung);
– der Entscheidung (Festlegung eines Ziels von mehreren möglichen).

Und dem erstrebten Zielzustand Z' kommen dann die Komponenten zu:
– *fut* auf einen künftigen Zustand bezogen;
– *vol* vom ‚Texter' erwünscht, gewollt – sonst könnte ja auch die Antizipation eines Schreckbilds als ‚Ziel' verstanden werden;
– *real* durch eigene Handlungen oder Handlungen anderer real herbeiführbar, realisierbar, um utopische Wünsche von Zielvorgaben auszuschließen.

Diese allgemeinsten Bestimmungsgrößen von Zielen stellen aber nur den Rahmen für eine außerordentliche Vielzahl und Vielgestaltigkeit kommunikativer Ziele dar. Diese Mannigfaltigkeit von Zielen resultiert vor allem daraus, dass diese durch ebenso viele konkrete soziale Anlässe und eigene Bedürfnisse geprägt sind (s. dazu Kap. 3.2). Hinzu kommt das fundamentale und schematisch kaum fassbare Faktum, dass die meisten Ziele direkt oder mittelbar durch den Partner beeinflusst werden, ja dass zahlreiche Ziele erst im Interaktionsprozess selbst ausgehandelt werden. Nicht zuletzt sind diese kommunikativen Ziele von den Fähigkeiten und Interessen der am Kommunikationsprozess Beteiligten abhängig. In der kommunikativen Praxis ergeben sich daher vielfältige Kombinationen objektiver und subjektiver Ziele und Teilziele. Eine strikte Abgrenzung hypothetischer Zielklassen erscheint daher von vornherein ausgeschlossen, ebenso die

Aufstellung einer stringenten Zieltypologie. Wir beschränken uns daher darauf, allgemeinste Grundtypen von kommunikativen Zielen auszuweisen, die in der Praxis als Basiselemente und Komponenten mannigfaltiger konkreter Einzel-Ziele und -Intentionen fungieren.

Es wurde schon darauf verwiesen, dass der ‚Texter‘ (=TP) auch in der verbalen Interaktion *fundamentale Ziele Z'* anstrebt, die auf materielle Objekte, soziale Beziehungen oder emotive Zustände eines oder beider Partner gerichtet sein können:

WILL (TP, Z')

Der Ausdruck ‚fundamental‘ darf hier nicht wörtlich genommen werden; es kann sich dabei durchaus auch um alltägliche Anliegen eines Textproduzenten handeln. Angemessener wäre in diesem Zusammenhang die Bezeichnung ‚eigentliche Ziele‘, doch ist diese Verwendungsweise in der Fachliteratur nicht üblich. In jedem Falle aber sind es, um mit Kohl (1986,39) zu sprechen, „antizipierte ... Zustände oder Ereignisse, die ein Individuum gegenüber anderen möglichen Zuständen oder Ereignissen präferiert und die sich von allein, ohne ein Tun des Individuums, nicht einstellen würden." Diese fundamentalen Ziele liegen also jenseits der durch den Textproduzente selbst bewirkbaren Zustände oder Ereignisse.

Das Besondere der verbalen Interaktion besteht nun darin, dass der TP zur Realisierung eines solchen fundamentalen Ziels einen oder mehrere Partner braucht. Daraus ergibt sich, dass sich seine *Intention* – der Wille, ein fundamentales Ziel über Partner zu realisieren – zunächst und primär auf Partner richtet. Dabei muss er von vornherein unterscheiden, ob es sich bei einem Kommunikationsereignis um nur einen Partner handelt (einen Freund, den Chef ... = dyadische Kommunikation), um eine Kleingruppe (eine Clique von Jugendlichen, eine Sportgruppe, ... = Gruppenkommunikation) oder eine meist anonyme Großgruppe (Fernsehteilnehmer, Mitglieder einer Partei, Teilnehmer an einer Kundgebung = Massenkommunikation). Mitunter schließt das erstrebte Ziel des Textproduzenten den ‚Texter‘ selbst in das vom Partner erwartete Handeln ein. Als Sonderfall schließlich müssen Pseudo-Texte gelten, bei denen der ‚Texter‘ im Grunde gar nichts vom Partner will, er den Text letztlich für sich selbst produziert, wobei dem Rezipienten nur eine pseudo-kommunikative Rolle zukommt (wenn sich der Sprecher beispielsweise in einem Pseudo-Text selbst Mut macht zur Bewältigung einer schweren Aufgabe oder wenn ein Schauspieler im Beisein eines Partners seine Rolle spricht ...).

Im Normalfall aber will der TP erreichen, dass der Partner im Sinne seiner fundamentalen Zielstellung aktiv wird:

WILL (TP, WILL (P, Z'))
Legende: Der Textproduzent will erreichen, dass auch der Partner das fundamentale Ziel anstrebt.

Diese indirekten Auxiliarziele Z" betreffen also das Wissen, die Einstellungen und das Verhalten des Partners. Er soll helfend eingreifen zur Bewirkung des fundamentalen Ziels, indem er bereit ist zum Vollzug von

– vom TP intendierten praktischen Handlungen (für den TP ein Buch bestellen, das Auto waschen, ihn in seiner sozialen Rolle vertreten ...);
– gleichfalls vom TP erwarteten sprachlich-kommunikativen Handlungen. Der Umfang solcher Re-Aktionen kann einfache Zustimmungs- oder Ablehnungs-Signale ebenso einschließen wie komplexe Texte etwa zur Begründung einer Entscheidung ...;
– kognitiven Operationen zur Veränderung des eigenen Bewusstseinszustands im Sinne des TP (z.B. bei Lernprozessen).

Damit der Partner aber in der gewünschten Weise reagieren kann, muss der TP weitere *Auxiliarziele* anstreben und umsetzen, vor allem dem Partner sein Anliegen mittels sprachlicher und/oder nonverbaler Signale verdeutlichen. Die *Herstellung eines Textes* erweist sich daher ebenso als unerlässliche Voraussetzung für das subsidiäre kollokutive Ziel der Verständigung (s. Watzlawick 1982; Heinemann 1990,21) wie die *Text-darstellung* (s. Antos 1982), die nicht zuletzt auf das angemessene und effektive Verstehen des Partners gerichtet ist.

WILL (TP, PPRODUZIER (TP, T))
Legende: Der Textproduzent will einen Text als Instrument der Verständigung herstellen.

$\wedge$ WILL (TP, VERSTEHEN (P, T))
= Will (TP, VERSTEHEN (P, WILL (TP, Z')))
Legende: Der TP will, dass der Partner den Text versteht.
   = Der TP will, dass der Partner versteht, dass der TP das fundamentale Ziel Z' anstrebt.

„Damit ein Individuum A das Individuum B als kommunizierend erkennt, muss A den B als zielgerichtet handelnd erkennen." (Hörmann 1977,20). Das Hauptinteresse des TPen richtet sich also nicht nur auf die Textherstellung i.e.S., also auf die Konstitution einer Kette logisch geordneter, inhaltlich zusammenhängender und nach konventionellen Mustern der Satz- und Textorganisation strukturierter Äußerungseinheiten, sondern vor allem, zumindest in der Regel, auf das Explizitmachen seines fundamentalen Ziels. Über den Text nimmt er damit Einfluss auf die Festigung oder Veränderung von Einstellungskonstellationen des Partners im Sinne ihrer Adaptation an eigene Zielvorstellungen (s. Wunderlich 1976,97; Viehweger 1983a,163,167; Motsch/Pasch 1986,28,36). Daraus resultieren unterschiedliche Funktionen der Texte (z.B. Kontakt-Texte, informierende Texte, steuernde Texte, ästhetische Texte ...; s. Kap. 3.3.3) Damit verbunden sind vielfach soziale Konsequenzen (P verpflichtet sich zu X ...) sowie psychische Begleitphänomene (Freude, Steigerung des Selbstwertgefühls ...).

Für das Textverstehen des Partners wiederum ist es wichtig, dass der Textproduzent bei der Textdarstellung Signale zur Verständnissicherung in den Text integriert: Hervorhebungen (in mündlicher Kommunikation auch phonische, akzentuelle oder topologische Markierungen), Unterstreichungen, Überschriften und Teilüberschriften, spezielle Gliederungssignale: *Ich komme zum Schluss; ich fasse zusammen* ... (s. Gülich 1970; auch Heinemann/Viehweger 1991,213ff.). Mit Hilfe dieser Mittel will der TP erreichen, dass der Partner den Text bereitwillig und bewusst aufnimmt, sich um akustisches/visuelles und semantisches Verstehen bemüht, den Text kognitiv verarbeitet und schließlich angemessen – d.h. im Sinne des TP – re-agiert.

Auf eine weitere Subdifferenzierung von Zielen etwa in *Nah-* und *Fernziele* wird hier ebenso verzichtet wie auf die Unterscheidung von *Primär-* und *Sekundär-Zielen*, weil bei der Konstitution solcher Klassen subjektive Faktoren eine wesentliche Rolle spielen in Abhängigkeit davon, ob man den chronologischen oder den substanziellen Aspekt bei der Zielbildung akzentuiert.

In der schematischen Darstellung (Abb. 3) wird der besseren Überschaubarkeit wegen versucht, unterschiedliche *Phasen der Zielkonstitution* voneinander abzuheben. Es sei jedoch ausdrücklich darauf verwiesen, dass die unterschiedlichen Zielaspekte in der kommunikativen Praxis aufs engste ineinandergreifen, so dass sie praktisch simultan ausgelöst werden.

Ein vereinfachendes Beispiel soll diese Zielbildungsprozesse nochmals verdeutlichen. Ein junges Ehepaar hat eine neue Wohnung bezogen. Die junge Frau möchte die Wohnlichkeit des Arbeitszimmers vermehren und wünscht sich, dass an einer schmucklosen Seitenwand dieses Raums eine Kohlezeichnung des von ihr verehrten Schriftstellers Bert Brecht angebracht wird (=fundamentales Ziel, gerichtet auf materielle Objekte – z.B. das Wohnzimmer, das Bild – und den erwünschten emotiven Zustand des Sich-Wohl-Fühlens). Da sie aber dieses Ziel nicht selbst bewirken kann oder will und sie zugleich weiß, dass ihr (Ehe-)Partner handwerklich sehr geschickt ist und ihr bei der Verfolgung ihres Ziels helfen könnte, wendet sie sich ihrem Mann zu. Der Partner reagiert in gleicher Weise und zeigt sich kooperationsbereit.

Ihr Anliegen aber muss die junge Frau über einen Text verdeutlichen, das bloße symbolische Zeigen wäre wohl wenig hilfreich. Sie verbalisiert daher ihre Wunschvorstellungen in der Form einer höflichen Frage (Textherstellung und Textdarstellung): *Könntest du vielleicht mal dieses Bild hier aufhängen? Du weißt doch, dass ich Brecht-Fan bin.*

Der Partner rezipiert den Kurz-Teiltext akustisch und inhaltlich und interpretiert die formale Frage als Bitte (Textverarbeitung). Er re-agiert darauf zunächst mit einer kurzen Replik (*Aber natürlich! Kein Problem!*) und vollzieht anschließend die praktische Handlung des Bild-Aufhängens. Damit hat die Frau das fundamentale Ziel erreicht, über die Realisierung von Auxiliar-Zielen der Einbeziehung des Partners, der Textherstellung und der Textdarstellung sowie der Text-Rezeption und -verarbeitung durch den Partner und dessen Re-Aktion im Sinne ihres fundamentalen Ziels. Den vorläufigen Abschluss einer solchen Interaktion wird üblicherweise eine Form der Bekundung des Dankes durch die Bittende bilden (s. Abb. 3).

Abschließend soll hier versucht werden, die im Zusammenhang der Zielproblematik immer wieder meist synonym verwendeten Begriffe **Ziel – Intention – Illokution** voneinander abzuheben. Aufschlussreich dürfte in diesem Zusammenhang sein, dass sich diese Basisbegriffe des Zielfelds im Laufe der Weiterentwicklung vor allem pragmatischer und kognitiver Einsichten verändert haben. Als kommunikatives Grundziel wurde noch in den 70er Jahren das Verstehen einer satzwertigen Äußerung gefasst (Wunderlich 1972, 22–24). Im Gefolge der pragmatischen Wende wurde dann mehr und mehr

$$\overparen{\text{IA}}$$

$$\text{TP} \cdots\cdots\cdots\cdots\cdots\cdots\cdots\cdots\cdots\cdots\cdots\longrightarrow \text{TR}$$

with t_i and loc above the dotted line

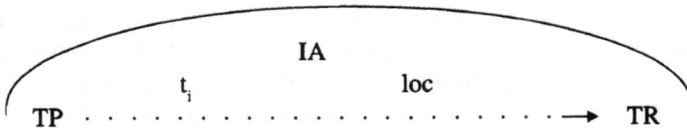

Kognitive Zielbildung
  Motivation
  Selektion
  Entscheidung

Z → Z'
= fundamentales Z'

gerichtet auf Veränderung von

materiellen	sozialen	emotiven
Objekten	Beziehungen	Zuständen

$\longrightarrow$ **Z''**
= Auxiliarziele

|
gerichtet auf
|

die Einbeziehung des Partners
die Beeinflussung von Einstellungen

Wissen   Wollen   Werten

realisierbar durch Verständigung
= kollokutive Ziele

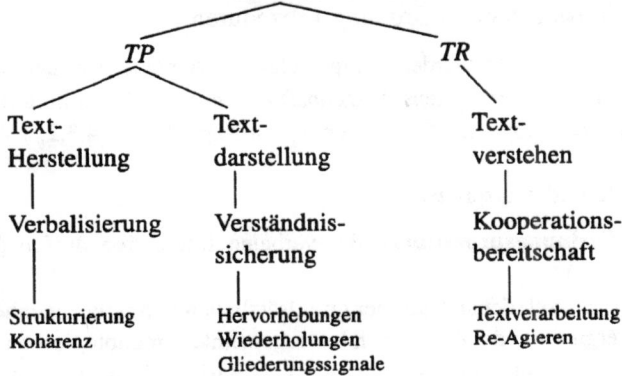

TP   *TR*

Text-	Text-	Text-
Herstellung	darstellung	verstehen
Verbalisierung	Verständnis- sicherung	Kooperations- bereitschaft
Strukturierung Kohärenz	Hervorhebungen Wiederholungen Gliederungssignale	Textverarbeitung Re-Agieren

Symbole: IA = Interaktion t_i = temporale Bedingungen   TP = Textproduzent
          loc = lokale Bedingungen   TR = Textrezipient

Abb. 3: Ziele in der verbalen Interaktion

Wert auf das Erkennen des wiederum satzgeprägten (!) Sprecher-Ziels durch den Rezipienten gelegt. (Wunderlich 1976,96; Viehweger 1983,192). Ein solcher Zielbegriff aber war faktisch mit dem Illokutionspotenzial der Sprechakt-Theorie identisch. Und mit der Herausbildung einer Wissenschaft von den Texten wurde der Zielbegriff auf das Erreichen von Zielen mittels komplexer Texte, nicht mehr nur von Einzel-Handlungen/Einzel-Sprachhandlungen) ausgeweitet (s. Morgenthaler 1980,45f.; Heinemann/Viehweger 1991).

Es erscheint daher sinnvoll, von einer Hierarchisierung der intentionalen Ebene auszugehen, wie sie etwa schon von Heinemann (1990) vorgeschlagen wurde. Als **Ziele** dürfen dann, wie schon oben dargelegt, die in einer bestimmten Situation von Handelnden antizipierten und positiv bewerteten Zustände gelten, die Ergebnisse jener kognitiven Operationen also, die wir als fundamentale Ziele gekennzeichnet haben. Sie können sowohl durch praktisch-gegenständliche als auch durch kommunikative Handlungen bewirkt werden. Mit ihnen sind vielfach soziale und emotive Begleiteffekte (z.B. Imagepflege ...) verbunden.

Der Begriff der **Intention** soll hier nur auf jene Teilgruppe von Zielen bezogen werden, die ausschließlich über soziale Kontakte zu Partnern und den Einsatz kommunikativer Mittel zu erreichen ist. Diese kommunikativen Ziele stellen folglich mentale Repräsentationen dessen dar, was der TP auf dem Wege der Verständigung mit dem Partner kollokutiv bewirken will (Heinemann 1990,21).

Und als **Illokutionen** sollen, wie in der Anfangsphase der Sprechakt-Theorie, die elementaren Einheiten des Zielfeldes gekennzeichnet werden, (Teil)-Ziele von Einzelsprachhandlungen, mit Bezug also auf einzelne Sätze oder satzwertige Äußerungskomplexe. Innerhalb der Illokutionsstruktur eines komplexen Textes lassen sich dann wiederum dominierende und subsidiäre Illokutionen voneinander abheben, wobei gelegentlich eine dominierende Illokution mit der komplexen Intention eines kommunikativ Handelnden zusammenfallen kann.

1.3.3 Interaktionsmuster und Ordnungsprozeduren

Im Folgenden soll versucht werden, einige relevante Aspekte verbaler Interaktion in ihrem Zusammenwirken wenigstens skizzenhaft zu umreißen. Detailliertere Kennzeichnungen einzelner Komponenten finden sich in den Kapiteln 3.2; 4.3.2.

1.3.3.1 Generelle Ordnungsprozeduren

Als **generelle Ordnungsprozeduren** der verbalen Interaktion dürfen gelten (nach Schütze 1987,161f.):
- der Sprecherwechsel, der sich aus der grundsätzlichen Partnerbezogenheit der Kommunikation ergibt und der daher auch bei sogenannten ‚monologischen Texten' (bei ‚zerdehnter Kommunikation', Ehlich 1983) als Basismerkmal anzusetzen ist;
- konditionelle Relevanzen, „die vorlaufende Aktivitäten des einen Interaktionspartners für die des/der anderen Interaktionspartner/s im Zuge der Produktion von Äußerungspaaren setzen" (Schütze 1987,161). Hiebsch (1986,17) spricht in diesem Zusammenhang von „räumlicher und zeitlicher Koordination";

- die von den allgemeinen Zielvorstellungen der Partner beeinflussten „großen Aktivitätszusammenhänge der Wunscherfüllung und der Wunschverweigerung" sowie der Eröffnung und Beendigung der Kommunikation;
- Handlungsschemata und Kommunikationsschemata der Sachverhaltsdarstellung. Dieser Aspekt, die Frage nämlich, wie Interaktionspartner unter bestimmten interaktionalen Bedingungen konkrete Texte konstituieren, in welchem Grade die Textstrukturen von der jeweiligen Zielkomponente determiniert werden, ist für unser Anliegen von besonderem Interesse und soll daher ins Zentrum der Darlegungen rücken.

1.3.3.2 Interaktionsmuster und Basistypen verbaler Interaktion

Grundsätzlich dürfen wir davon ausgehen, dass kein Text dem anderen absolut gleicht, vor allem, weil sich die Partner selbst verändern und daher formal gleiche Strukturen mit unterschiedlichen Konnotationen verknüpft werden, weil die situativen Faktoren von Interaktionsprozessen nie identisch sind, und schließlich, weil immer auch Nicht-Intentionales und Emotives in die Textgestaltung einfließt. Daraus folgt, dass zwischen Zielvorgaben und Textstrukturen keine einfachen 1:1-Relationen bestehen.

Bei aller Vielfalt und Vielgestaltigkeit der Textstrukturen aber lässt sich doch festhalten, dass es kein chaotisches Durcheinander und Nebeneinander von Textstrukturen gibt, dass Zusammenhänge von bestimmten Typen von Textstrukturen mit spezifischen und daher gleichfalls typischen Zielvorgaben evident sind. Das steht fraglos im Zusammenhang mit einer allgemeinen Bedingung jedes Kommunizierens, dass nämlich die Ziele/ Wünsche des TP über den Text vom Partner erkannt werden müssen, dass folglich nahezu jeder Text „Spuren seiner je konkreten Funktion in Bezug auf die bestimmte gesellschaftliche Aufgabe, die er zu erfüllen hat", in sich trägt (Zimmermann 1984,135). Solche ‚Spuren', Grundtypen von Kongruenzen zwischen allgemeinen Zielen/Situationen einerseits und konkreten Texten auf der anderen Seite und zugleich Grundtypen der Verbalisierung von Intentionen in bestimmten interaktionalen Zusammenhängen, sollen im Folgenden eruiert werden.

Dabei rückt ein Thema ins Zentrum der Darstellung, die *Mustergeprägtheit* der Textkonstitution. Psychologen führten den Nachweis, dass die Handelnden auf Grund individueller Erfahrungen oder als Ergebnis von Lernprozessen bestimmte Verhaltensmuster erfolgreichen Handelns zur Lösung spezifischer Aufgaben in ihrem Gedächtnis gespeichert haben, und diese **Interaktions**- und **Textmuster**, genauer: Textstrukturierungsmuster (zur Musterproblematik s. vor allem 3.3) werden von den Kommunizierenden mehr oder weniger unbewusst immer dann aktiviert, wenn sich eine je charakteristische Interaktionskonstellation herausgebildet hat und sich bei den Beteiligten entsprechende (Grob-)Zielvorstellungen abzeichnen. Und immer dann, wenn annähernde Kongruenz zwischen den gespeicherten Rahmenmodellen und der konkreten Interaktions-Situation gegeben zu sein scheint (das ist immer eine Frage der Interpretation der Handelnden!), werden die Partner bemüht sein, ihr interaktives Handeln, insbesondere ihr Handeln mit Texten, nach einem solchen interiorisierten und an bestimmte Zielvorstellungen gekoppelten Ablaufschema zu orientieren. Dabei darf davon ausgegangen werden, dass sich beide Partner von einem in den Grundzügen annähernd gleichen Interaktionsmuster, wenngleich z.T. mit unterschiedlicher Rollenerwartung, leiten lassen. Damit sind zwar nicht die jeweiligen Inhalte von Partner-Äußerungen antizipierbar, wohl aber das koordinierte interaktionale Zusammenwirken der kommunikativ Handelnden im Sinne solcher weitgehend konventionalisierter Ablaufschemata. Daraus ergibt sich, dass die Prozesse der verbalen Interaktion in erheblichem Maße ritualisiert und damit zumindest im Hinblick auf bestimmte Basisaktivitäten gleichsam vorfixiert sind. Diese Mustergeprägtheit interaktionalen Handelns darf daher als wesentliche Voraussetzung für das ‚Glücken' kommunikativer Handlungen gelten; sie bestimmt weitgehend den Grad der Effizienz des Kommunizierens schlechthin.

In Abhängigkeit von allgemeinen Zielkonstellationen und situativen Bedingungen ergeben sich drei Grundtypen von kognitiven Ablaufschemata in der verbalen Interaktion:

(i)   das *spontane* wechselseitige Agieren und Reagieren von Partnern in der face-to-face-Kommunikation;

(ii)   das *geplante* Handeln und Generieren von Texten zur Erreichung mittelfristiger Ziele;

(iii)   das *strategische* Handeln der Partner und das sukzessive Produzieren und Verarbeiten von miteinander korrespondierenden komplexen Texten/Diskursen zur Erreichung langfristiger und/oder grundlegender Ziele.

Zu (i):

Charakteristisch für das Begriffsverständnis von Interaktion i.e.S. ist das *spontane Agieren und Reagieren* der Partner, ihre Interdependenz. Beide Partner sind (fast) immer Textproduzenten und Textrezipienten zugleich. Daher verwenden wir in diesem Kontext nicht die Symbole Texter = Textproduzent (TP) und Rezipient (R), sondern P_1 und P_2. Beide Partner können nicht von festen Texterwartungen ausgehen: Sie sehen in der Regel im Verlauf der Interaktion ihr eigenes Text-Erwartungsmodell bestätigt; gelegentlich aber werden entsprechende Korrekturen vorgenommen.

Schon zu Beginn der Interaktion stecken beide Partner – im Sinne von Goffman (1974) – ihre ‚Territorien'/Anrechte ab, die jeweiligen Handlungsfelder des Interaktionsraums (Rehbein 1977,12), und sie schreiben sich dabei unbewusst spezifische Rollen in der Interaktion zu. Daher könnte man diese Form der Interaktion als „Knotenpunkt der Begegnungen der Handelnden mit besonderen Spielregeln, als Adjekte sozialer Situationen" (Reiger 1992,III) kennzeichnen.

Von besonderer Relevanz beim wechselseitigen spontanen Agieren und Reagieren ist die in der Regel gleichfalls unbewusst erfolgende Kognizierung von Partner und Situation (Heinemann/Viehweger 1991,112f.). P_1 erfasst unmittelbar, ob P_2 bekannt ist oder fremd, in welchem Vertrauensverhältnis er zu ihm steht, er überschaut das konkrete situative Bedingungsgefüge und die gegebene soziale und kommunikative Situation i.w.S., und er weiß, welche Themen/Anliegen er in dieser Situation überhaupt aufgreifen kann und welche anderen Themenkreise in dieser Konstellation als ‚Tabu-Themen' angesehen werden müssen, deren Doch-Thematisierung mit Wahrscheinlichkeit bestimmte, unerwünschte Partner-Reaktionen auslösen dürfte.

Die Verbalisierung von Zielvorstellungen (wenn diese denn überhaupt beim TP über die Schwelle des Bewusstseins getreten sind) erfolgt daher in der Regel ohne Reflexion, schnell und unmittelbar, eben spontan, wobei häufig eingeschliffene einfachste und stereotype Formulierungsmuster, in denen das eigentliche Ziel teils sogar unmittelbar wiedergegeben wird, aktiviert und umgesetzt werden: *Ich bedanke mich für ...*; *ich freue mich über ...*; *bitte X-en Sie doch* (= vollziehen Sie doch die Handlung X)!; *Y hat mir (nicht) gefallen.*

Da vom Partner ein Reagieren und Wieder-Agieren nach ähnlichen Mustern erwartet werden kann, entwickelt sich daraus in der Regel ein unkomplizierter Austausch solcher auf bestimmte Personen, Gegenstände, Sachverhalte bezogener Versatzstücke mit vielfachen Variierungen: *Bitte X-e doch mal! Könntest du heute nicht wieder mal X-en? X müsste mal wieder gemacht werden ...*, wobei alle Varianten natürlich mit Bedeutungsnuancierungen der Äußerungen einhergehen. Die kognitiven Aktivitäten der Partner betreffen dann nicht so sehr das Abrufen solcher Stereotype, sondern deren sinnvolle Verknüpfung miteinander und vor allem die Organisation grammatischer Strukturierungen, da ja jeder Satz bzw. jede Äußerung erst in der aktuellen Situation neu konstituiert werden muss. Dabei sind die Partner ,entlastet': Ihnen steht auf Grund ihrer sprachlichen Kompetenz eine relativ große Zahl von ,Satzbildungsmustern' der jeweiligen Sprache zur Verfügung. Spontane Kommunikation ist daher immer ,entlastete' Kommunikation, und aus diesem Grunde wirkt ein solcher Austausch so lebendig und locker.

Vielfach werden solche stereotype Muster ,aufgefüllt' durch erzählerische und/oder beschreibend-berichtende Textteile. Insgesamt aber sind die bei diesem Typ der Verbalisierung entstehenden Texte gekennzeichnet durch schnelles und relativ häufiges turn-taking, durch Unterbrechungen und spontane Reaktionen der Partner unterschiedlicher Art, die relativ häufig zu emotiven und kommunikativen Störungen, gelegentlich sogar zum Abbruch der Kommunikation führen können.

Erwähnung verdient in diesem Zusammenhang, dass dieser spontane Muster-Austausch zwar für die face-to-face-Kommunikation typisch ist; doch in der Schriftkommunikation, vor allem im Alltag, ebenso bei einfachen ritualisierten institutionellen Kommunikationsabläufen lassen sich gleichfalls Beispiele für diesen Typ des spontanen Agierens und Reagierens finden: der Austausch von Spickzetteln bei Schülern; Küchenzettel, die man für andere hinterlegt; das Chatten im Internet ...

Zu (ii):

Den zweiten Grundtyp verbaler Interaktion bilden jene kommunikativen Ereignisketten, die auf der Grundlage meist mittelfristiger *Planung* zustande kommen. Dazu sind zunächst einige Vorbemerkungen notwendig. ,Planung' gilt ja zu Recht allgemein als wesentliches Stadium einer jeden Handlung, man vergleiche die Phasen des Handelns bei Rehbein (1977,15ff.): Orientierung, Motivation, Zielsetzung, *Planung* (Hervorhebung MWH), Ausführung. Dies gilt mit der Einschränkung freilich, dass Phasen bewusster Planung bei spontanen Formen des Kommunizierens wenn überhaupt, so doch eine höchst periphere und untergeordnete Rolle spielen. Zwar können gelegentlich Teile der face-to-face-Kommunikation, im Ausnahmefall auch das gesamte Kommunikations-

ereignis im Hinblick auf ein allgemeines Ziel von einem der Partner grob planend antizipiert werden: eine detaillierte Planung spontaner Kommunikation erscheint aber nahezu ausgeschlossen. Umgekehrt können Teile langfristig geplanter Kommunikation
hier und da mittels kommunikativ-elementarer Versatzstücke der Spontan-Kommunika-
tion realisiert werden. Daher muss man davon ausgehen, dass sich reale konkrete Texte
und Diskurse in diesem Sinne vielfach als ‚Mischtypen' erweisen.

Die hier vorgenommene Grob-Typisierung von kognitiven Ablauf-Schemata betrifft
daher nicht oder nur mittelbar die eben apostrophierten konkreten Kommunikationsereignisse. Die Darstellung konzentriert sich vielmehr auf das Explizit-Machen von abstrakten Grundmodellen, die n.u.A. durchaus Orientierungshilfen für den Vollzug wie
auch die Interpretation von Handlungen/Texten im Rahmen der verbalen Interaktion
sein können.

Zum zweiten Grundtyp kognitiver Aktivitäten: *Pläne* sind ja, wie schon erwähnt, als
mentale Prozesse und Einheiten zu begreifen, „die zwischen dem Abbild und dem Handeln selbst vermitteln" (Hiebsch 1986,262). Der Handelnde erwägt beim Planen auf
Grund einer Zweck-Mittel-Analyse, auf welche Weise und in welchen Phasen der von
ihm erwünschte End-Zustand Z' erreicht werden kann. Dabei geht es um die Instrumentali-
sierung von sprachlich geformtem Wissen: um das Abrufen von geeigneten Wissenselementen, vor allem aber auch um die Bewertung aktueller Sachverhalte, Gegenstände,
Personen und Prozesse, im Zusammenhang damit also um immer neue Entscheidungen, die im Ergebnis in der Regel zu einem komplexen, in sich mehrfach strukturierten
kognitiven Modell des Kommunikationsablaufs führen. Solche komplexen Handlungs-
bzw. Texthandlungsentwürfe, insbesondere jene, die sich für die Handelnden als nützlich und erfolgreich erwiesen haben, werden von den Individuen über Erfahrungen und
Lernprozesse gespeichert, also als Handlungsschemata in disponibler Form bewahrt und
in entsprechenden Situationen aktiviert.

Als wesentliche Komponenten allgemeiner Text-Handlungspläne bzw. -Schemata aus
der Sicht der an der Kommunikation Beteiligten dürfen daher gelten:
– Determiniertheit durch ein längerfristiges oder grundlegendes Ziel;
– Kognizierung und Bewertung von Situation und Partner, u.a.: Ist P kooperationsbereit? Ist P überhaupt zum Vollzug der erwünschten Handlung/Prozedur fähig und
  bereit?
– Abwägung und Entscheidungen über die über einen längeren Zeitraum und in einer
  bestimmten Reihenfolge einzusetzenden Mittel im Hinblick auf die zu erwartende
  Effektivität. Die Reflexionen des Planenden betreffen zunächst die Grundfrage, ob
  das Ziel im Text direkt ausgedrückt werden soll oder ob – wie in bestimmten Sonderfällen – das Ziel bewusst verschleiert oder der Partner getäuscht bzw. irregeführt
  werden soll. Das betrifft Fragen der direkten oder indirekten Zielformulierung im
  Text: *Wäre es Ihnen u.U. möglich, die Handlung H zu vollziehen* (die dann das eigentliche Ziel impliziert)? Zu entscheiden ist vom Sprecher außerdem, an welchen
  Stellen des Textes bestimmte verbalisierte Zielkomponenten zu platzieren sind. Entscheidungen betreffen aber vor allem die Frage des Gesamtaufbaus des Textes. Soll
  das eigentliche Ziel durch Teiltexte in subsidiärer Funktion (Einleitungsteil; Begrün-

dungen, Beispieldarstellungen ...) gestützt werden? Wenn ja: Wie viele, in welcher Reihenfolge, in welchem Umfang? Aber auch einzelne Formulierungsmuster können bereits in die Textplanung einbezogen werden: offizielle Anreden, Schlussformeln, Entschuldigungs- oder Ergebenheitsfloskeln ...

Und als Ergebnis des Planens werden komplexe (Grob-)Schemata von Texten antizipiert, d.h. „kohärente, vom Individuum erwartete Ereignissequenzen, in die es entweder als Teilnehmer oder als Beobachter eingeschlossen ist." (Abelson 1976). Sie weisen u.a. folgende Merkmale auf:
– Phasenaufgliederung;
– Strukturiertheit und Gegliedertheit;
– Fragmentarität (denn Handlungspläne umfassen nur in Ausnahmefällen alle Details der zu realisierenden Text-Handlungen).

Als prototypisch für geplante Interaktionsprozesse kann die Generierung von Schrift-Texten, insbesondere von institutionalisierten Schrift-Texten angesehen werden. Daneben gibt es Beispiele für geplante Kommunikation bei Sprech-Texten, z.B. bei Vorlesungen, Gesprächen, wissenschaftlichen Diskussionen ...

Skizze eines Beispiels für die **Planung eines institutionellen Schrift-Textes:**

P_1 = wissenschaftliche Hilfskraft /P_2 = Professor/
Fundamentales Ziel: Tätigkeit als DAAD-Lektor in X.
Intention: Motivierung eines Professors zur Abfassung eines befürwortenden Gutachtens

Text-Entwurf
Textmuster: offizieller Brief
Darstellung der Intention im Text: Bitte, mit Höflichkeitsformeln
Grobplan der Textstruktur: Briefkopf;
   Anrede offiziell, mit Titel („Sehr geehrter Herr Professor...");
   Einleitungsformel („Entschuldigen Sie bitte ...");
   Bitte direkt (mit Terminangabe, Verweis auf die Dringlichkeit des Anliegens);
   Verweis auf eigene Forschungs-Zuarbeiten und didaktische Leistungen zur Stützung des Anliegens;
   Schlussformel offiziell
Antwort-Erwartung: positives Gutachten

Zu (iii):
Der dritte Grundtyp, das *strategische Handeln* der Partner beim Produzieren und Verarbeiten von miteinander korrespondierenden Texten, stellt im Grunde nur eine ‚Aufhebung' des zweiten Grundtyps gleichsam auf höherer Ebene dar. Die folgende Darstellung kann sich daher auf die Kennzeichnung einiger Spezifika des strategischen

Handelns im Vergleich zum einfach planenden Handeln konzentrieren. Beiläufig sei darauf verwiesen, dass auch hier nur auf den abstrakten Grundtyp Bezug genommen wird, nicht auf konkrete Textgestaltungs- und Verarbeitungsprozeduren. Im Grunde ist ja „jeder Versuch der Erreichung von Zielen durch sprachliches Handeln im Prinzip strategisch" zu nennen (Zimmermann 1984,141). In diesem Sinne lassen sich strategische Züge oder Elemente schon für die spontane Kommunikation ansetzen, erst recht natürlich für die geplante verbale Interaktion.

Der Begriff der *Strategie* stammt aus dem militärischen Bereich, wird heute aber in vielen anderen Bereichen des gesellschaftlichen Lebens gebraucht (Wagner 1978,14f.; Heinemann/Viehweger 1991,214) Die Besonderheiten strategischen Vorgehens betreffen zunächst wieder die Zielkomponente. Wir beziehen den Begriff der Strategie insbesondere auf weiterreichende und/oder grundlegende Ziele, für deren Realisierung man von vornherein einen längeren Zeitraum einplanen muss.

Daher sind die zur Erreichung dieser Ziele einzusetzenden Mittel und Verfahren komplexer und vielschichtiger. Hier zeigt sich in besonderem Maße, dass die Prozesse und Verfahren zur Herstellung von Texten und natürlich zur Interpretation und Verarbeitung kommunikativer Basiseinheiten keineswegs geradlinig als einfache Abfolge von Zielorientierung, Mittelverwendung und Zielerreichung (realisierter Zielzustand Z') verlaufen. Vielmehr handelt es sich um diffizile kognitive Entscheidungsprozesse auf unterschiedlichen hierarchischen Ebenen, die erst in ihrer Zusammenschau das Phänomen der Variabilität der Textgestaltung einsichtiger machen können (s. Heinemann/ Viehweger 1991,213f.).

Allein das Faktum, dass dasselbe (Fern-)Ziel bei annähernd gleichbleibenden situativen Rahmenbedingungen auf unterschiedliche Weise und mit ganz unterschiedlichen Mitteln erreicht werden kann, legt es nahe, dass bei längerfristigen Zielen Mittel unterschiedlicher Lösungsansätze miteinander kombiniert werden. Das kann entweder durch P_1 allein erfolgen oder gelegentlich mit ‚verteilten Rollen'. Man denke nur an die vielfältigen und von unterschiedlichen Personen und Gruppen getragenen Vorstufen für das Einbringen eines Gesetzes im Bundestag. Solche Prozeduren, mit deren Hilfe für die Durchsetzung weiterreichender Ziele auf lange Sicht Personen und Mittel ‚bereitgestellt' oder vorbereitet werden, dürfen schon strategisch genannt werden. Umso mehr gilt das für Prozesse, in denen das Grundziel nicht direkt und geradlinig angesteuert werden kann. Oft sind ‚Umwege' oder Kompromisse nötig, um dem Partner gleichsam auf halbem Wege entgegenzukommen. In anderen Fällen geht es mehr um das Erwecken des Anscheins einer solchen Annäherung an die Position des Partners, um ein Einlenken von P_2 – und damit um so sicherer Z', das angestrebte langfristige Ziel – zu erreichen.

1.3.3.3 Kommunikationsmaximen

Das interaktive Verhalten der Handelnden wird darüber hinaus wesentlich (mit-)bestimmt durch „verhaltenswirksame gesellschaftliche Normen", Erwartungsvorstellungen und „wechselseitige Unterstellungen der Interaktionspartner über den Ablauf des Interaktionsprozesses generell und daraus abzuleitende Verpflichtungen (Maximen), deren Vollzug und prinzipielle Befolgung notwendig ist, um den anstehenden bzw. aktuellen Prozess zu konstituieren und in seiner Konstitution (nicht jedoch in einer speziellen inhaltlichen Tendenz) aufrechtzuerhalten." (Kallmeyer/Schütze 1975,81).

Ebenso wie es für den Autofahrer selbstverständlich ist, an einer Ampel mit dem Lichtsignal ‚Rot' anzuhalten, darf der Fahrer seinerseits erwarten, dass alle anderen Verkehrsteilnehmer in gleicher Weise agieren/re-agieren. Analoges gilt für kommunikatives Handeln; hier nicht nur bezogen auf das Re-Agieren des Partners, sondern auch auf den von ihm zu erwartenden Gesprächsbeitrag, den Text.

Handelnde wie Kommunizierende gehen also in der verbalen Interaktion von alltäglichen *Erwartungsgewissheiten* (s. Mead 1968,106f.; 188f.) aus: zunächst von Gemeinsamkeiten des Alltagswissens über Gegenstände, Ereignisse, Interaktionsnormen, also von gemeinsamen ‚Wirklichkeitsmodellen' der an der Interaktion Beteiligten. Und an solche ‚Normalitätsidealisierungen' (Schütz 1962,71) schließen sich ‚Und-so-weiter-Idealisierungen' an, Unterstellungen also, dass von allen Beteiligten auch in Zukunft in gleicher Weise mit Alltagsbegriffen umgegangen wird und dass bestimmte Vorgänge eine geregelte Abfolge aufweisen sowie entsprechende Wirkungen auslösen werden. Daraus ergibt sich die Erwartung, dass das gemeinsame Alltagswissen der Interagierenden zur Grundlage des Handelns in der sozialen Welt gemacht wird und dass ein in der gemeinsam eingegangenen Interaktion übernommenes Ablaufschema aufgenommen und weitergeführt wird. Vor allem gehören aus unserer Sicht ‚Sozialitätsidealisierungen' zu diesen ‚Erwartungsgewissheiten' (s. Garfinkel 1963,228), bezogen auf soziale Einstellungen, Verhaltensmuster und Interpretationsregeln für soziale Situationen (Hiebsch 1986,22).

Grice (1968,II,7) hat solche Kooperationsidealisierungen spezifiziert und versucht, über das Intentionale des Sprechers hinausgehende allgemeine Beziehungen zwischen den Äußerungen selbst und den mit ihnen erkennbar intendierten Wirkungen, also Perlokutionen im Sinne der Sprechakt-Theorie (s. dazu die Theorie der Implikaturen, Kap. 1.3.4.3) zu eruieren. Als Ziel der Konversation bezeichnet er „einen maximal effektiven Informationsaustausch" (1975,47); und vor diesem Hintergrund stellt er – bezogen auf eine ideale Konversation, die eben die Kooperationsbereitschaft beider Partner voraussetzt – allgemeinste *Konversationsmaximen* zusammen. Sie beziehen sich allerdings explizit nur auf die face-to-face-Kommunikation und sind nur als Handlungsmaximen des Sprechers formuliert, auch wenn der Partner, der über Inferenzen den Sinn des Gesagten herausfinden soll, unmittelbar in den Kommunikationsakt einbezogen wird. Diese *Interaktionspostulate* sind in der Fachliteratur zu Recht, teils, kritisch (u.a. Searle 1971,68ff.; Ziff 1967), immer wieder aufgegriffen und weiterentwickelt worden (Sperber/Wilson 1986; Brown/Levinson 1987). Wegen ihrer Relevanz für alle Formen des Kommunizierens werden sie hier noch einmal in nuce wiedergegeben.

Konversationsmaximen (nach Grice 1968)

Allgemeines Kooperationsprinzip:
Gestalte deinen Beitrag zur Konversation so, wie es an der jeweiligen Stelle entsprechend dem akzeptierten Zweck oder der Richtung des Gesprächs, an dem du beteiligt bist, erforderlich ist.

Maximen:

(i)   Maxime der Quantität:

Mache deinen Beitrag so informativ wie erforderlich!

Jeder Text und jeder Beitrag vermittelt Information. Der Textproduzent sollte das jeweilige ‚Maß' an notwendiger Informationsvermittlung in jedem Einzelfall neu festlegen. Dieses ‚Maß' ist u.a. abhängig von der Menge der Information, die notwendig ist, damit der Partner die Intention des Textproduzenten rekonstruieren kann. Hinzu kommen Informationen, die das Anliegen stützen können und für P_2 neu und oder in irgendeiner Form interessant oder relevant sein könnten. Nicht zuletzt aber sind für die Darstellung in der Regel ‚Anschluss-Fakten' notwendig, die dem Partner bereits bekannt sind und die für die Kommunizierenden eine Art "pragmatic universe of discourse" (Kempson 1975), einen gemeinsamen Bezugspunkt, darstellen.

Mache deinen Beitrag nicht informativer als erforderlich!

Da P_2 über Inferenzierungen zur Rekonstruktion des Textsinns fähig ist, wäre es unökonomisch, vorgeplante Propositionen in jedem Falle vollständig zu verbalisieren. Auch Beiträge mit zu viel Information können zu kommunikativen Störungen, u.U. zum Abbruch der Kommunikation, führen.

(ii) Maxime der Qualität:

Versuche deinen Beitrag zur Kommunikation so zu gestalten, dass er wahr ist!

Dieses Postulat solle bei jeder Kooperation als selbstverständlich vorausgesetzt werden können, doch zeigt die kommunikative Praxis, dass diese Maxime häufig verletzt wird. Daher fordert Grice:

Sage nichts, was du für falsch hältst!

Sage nichts, wofür du keine Evidenzen hast!

Dabei erscheint der Verstoß gegen die erste Teilmaxime gravierender als der Fall, dass ein Sprecher für bestimmte Behauptungen keine überzeugenden Gründe angeben kann. Dazu in Beziehung gesetzt werden kann auch die Aufrichtigkeitsbedingung der Sprechakt-Theorie.

(iii) Maxime der Relation:

Versuche, mit deinen Gesprächsbeiträgen relevant zu sein!

Die Relevanz kann objektiv verstanden werden, also bezogen auf das Verhältnis des Inhalts der Äußerung zum abgebildeten Objekt; sie kann aber gleichermaßen Sachverhalte und Ereignisse betreffen, die nach Einschätzung des Sprechers nur für den Partner bedeutsam oder zumindest interessant sein könnten.

(iv) Maximen der Art und Weise:

Sprich klar und verständlich!

Und im Detail:

Vermeide Unklarheiten/Dunkelheiten!

Vermeide Mehrdeutigkeiten!

Fasse dich kurz! Vermeide Weitschweifigkeit!

Ordne deinen Gesprächsbeitrag!

Diese Maximen umschreiben das weite Feld der Formulierungsalternativen und Formulierungsmuster (Heinemann/Viehweger 1991,165), des Stilistischen schlechthin. Auch beim Formulieren gelten allgemeine – textsortenspezifische (MWH) – Prinzipien, die den Spielraum der Textgestaltung einschränken (s. dazu das Problem der ‚Stilzüge' in der Stilistik!).

Diese Konversationsmaximen bilden kein in sich geschlossenes System. Sie überlappen sich z.T., z.B. *Sei relevant!* und *Mache deinen Beitrag nicht informativer als erforderlich!*, und sie sind keineswegs in irgendeiner Form ‚vollständig' (Grice räumt das selbst ein). Indessen können sich ja die am Kommunikationsprozess Beteiligten auch unkooperativ verhalten. Grice schließt einen solchen ‚Sonderfall' allerdings aus seinen Überlegungen aus und konzentriert sich ausschließlich auf kommunikative ‚Normalsituationen', in denen „im Prinzip unterstellt werden muss, dass sich ein Gesprächsteilnehmer kooperativ verhalten will und kann, er jedoch trotzdem sichtbar und offensichtlich eine der Maximen verletzt" (Auer 1999,97). Dann nämlich muss der Rezipient versuchen, dabei auftretende Differenzen zwischen dem vom Sprecher Gesagten (*Du hast doch sicher noch ein Bier im Kühlschrank!*) und dem von ihm Gemeinten (*Bring mir doch bitte ein Bier.*) auf der Grundlage gemeinsamen Wissens durch Inferenzen/Implikaturen zu überbrücken, um die weitere Kooperativität zu sichern. Der Gricesche Ansatz bleibt allerdings noch wesentlich sprecherzentriert. Es geht ihm um Leitlinien für die Textgestaltung, die der Sprecher berücksichtigen muss, wenn er seine Intention verwirklichen will; und auch die kognitive Tätigkeit des Rezipienten zielt ja zunächst auf den Sprecher, auf das, was eben dieser Sprecher mit seiner Äußerung gemeint haben könnte). Andererseits muss sich der Sprecher so verhalten, dass der Partner seine Intention erkennt, und damit agieren alle Partner, wenn sie erfolgreich kommunizieren wollen, im Sinne des allgemeinen Kooperationsprinzips.

1.3.4 Interaktionsmodelle

Das Problemfeld Interaktion ist vor allem seit den 70er Jahren von Wissenschaftlern unterschiedlicher Disziplinen, insbesondere von Soziologen, Sprachphilosophen und Anthropologen, thematisiert worden; Linguisten haben eher Zuarbeiten zu übergreifenderen soziologischen Fragestellungen geliefert. Dennoch sind gerade in der Linguistik Begriffe der Pragmatik zu mehr oder minder selbstverständlichen Pauschalbegriffen geworden, und man darf heute – mit Auer (1999,6) – zu Recht behaupten, dass „sprachliche Interaktionsabläufe zum genuinen Gegenstandsbereich der modernen Linguistik gehören". Dabei gehe es „um nichts weniger als die Frage, ob und wie sich im Handeln überhaupt erst Sprache (qua Grammatik) konstituiert und ob und wie andererseits Handeln erst durch Sprache (qua Grammatik) möglich wird."

In diesem Rahmen ist es unmöglich, die Vielzahl von Beschreibungsansätzen, die das Thema Interaktion berühren, vorzustellen. Ohne Vollständigkeit anstreben zu können noch zu wollen, konzentrieren wir uns daher auf jene Modelle, die Basisaspekte von Interaktionsprozessen erstmals aufgegriffen haben oder aber n.u.A. eine Weiterentwicklung im Sinne eines Schubs im Hinblick auf die gewonnenen Einsichten markieren.

Dabei gehen wir von den Basismodellen aus und werden dann in notwendigerweise stark komprimierter Form einzelne Stufen der Interaktionsforschung unter thematischen Aspekten zusammenfassen.

Der hier gewählte Terminus ‚Interaktionsmodelle' sollte nicht missverstanden werden, etwa im Sinne einer Reihung von unterschiedlichen Interaktions*theorien*. Denn von einer „Theorie der Interaktion" kann beim gegenwärtigen Stand der Forschung keinesfalls die Rede sein, wohl aber von unterschiedlichen theoriegeleiteten Zugriffen und Ansätzen zur Kennzeichnung dieses Phänomens.

1.3.4.1 Rahmenmodelle

Den Anstoß zu einer wissenschaftlichen Beschäftigung mit dem Phänomen der verbalen Interaktion hat ohne Frage Claude E. **Shannon** gegeben (zusammenfassende Darstellung s. Warren Weaver 1949). Shannon/Weaver gingen davon aus, dass Kommunikation zunächst allgemein und traditionell als eine Form menschlichen Verhaltens bestimmt werden kann, mit dem "one mind may effect another" (1949,3; s. Auer 1999,7): doch interessierte Shannon dabei vor allem das ‚technische Problem', wie nämlich Kommunikationssymbole ohne Verlust übermittelt werden können, während er das ‚semantische Problem', wie exakt die Symbole die intendierte Bedeutung übermitteln können, und das ‚Effektivitätsproblem', wie erfolgreich die empfangene Bedeutung das Verhalten des Rezipienten beeinflusst, bewusst vernachlässigte, weil er davon ausging, dass mit der Lösung der technischen Probleme einer störungsfreien Zeichenübertragung auch Fragestellungen der ‚höheren Ebenen' bearbeitet werden können (s. Auer 1999,9).

In nuce lässt sich das Modell nach Weaver (1949) wie folgt skizzieren:

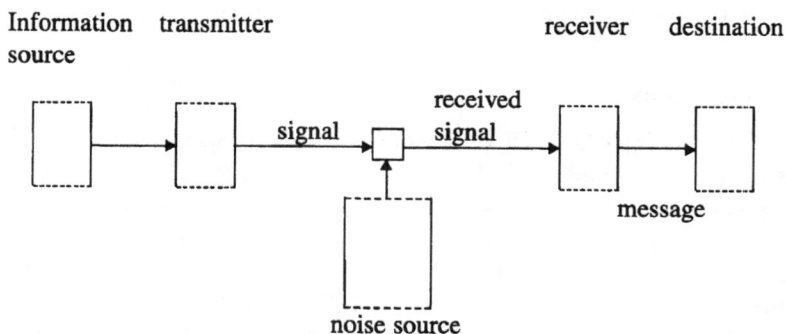

Legende: Ausgehend von einer Informationsquelle (z.B. einem Menschen) wird eine Nachricht (Botschaft, message) aus einer Vielzahl von Botschaften ausgewählt und in einem Sender (transmitter) in eine Folge von Symbolen (z.B. Lauten) umgeformt („encodiert"). Dieses Signal wird in der Regel durch den Kommunikationskanal (z.B. Geräusche, Distanz zwischen Sender und Empfänger) abgeschwächt. Der Empfänger (receiver) transponiert dieses Signal, das wegen der kanalbedingten Störungen nicht mit dem gesendeten Signal identisch sein muss, wieder zurück in eine Nachricht („Dekodierung"), die vom Adressaten (z.B. einer anderen Person) verstanden werden kann.

Abb. 4: Kommunikationsmodell nach Shannon

Im Zentrum dieses Modells steht die *Information*, die auf der Basis des Kontextes, in dem die Informationsquelle operiert, definiert wird. Je größer die Anzahl der möglichen Alternativen beim Auswählen der Nachricht ist, desto mehr Information enthält sie. Als Einheit der Information wird der *binary digit (=bit)* bestimmt. Shannon führt weiter die Begriffe *Entropie* (Redundanz, Informationshaltigkeit) einer Nachricht und *Kanal/Code* ein, so dass dieses nur auf die technische Seite der Kommunikation bezogene Code-Modell zur Basis für die Kybernetik und zu einer Art Fundament der modernen Informationstheorie wurde (Burkart/Homberg 1992,11).

Zahlreiche Repräsentanten einer stärker linguistisch orientierten Interaktionsforschung beziehen sich in ihren Arbeiten immer wieder auf dieses grundlegende Transfer-Modell, doch eher im Sinne einer Abgrenzung, da bei Shannon die Semantik, der eigentliche Inhalt der Botschaft, die übermittelt werden soll, bewusst ausgegrenzt wurde. (Dies steht übrigens in Übereinstimmung mit parallelen Entwicklungen im Behaviorismus).

Das semantische Problem hat, soweit wir sehen, als erster George Herbert **Mead** (Mead 1934/1968) aufgegriffen im Rahmen der *Theorie des Symbolischen Interaktionismus*, in der versucht wird, menschliches Handeln unter Rückgriff auf den Symbolmechanismus der Sprache zu erklären. Eingebettet in erste Ansätze zu einer allgemeinen Theorie sozialen Handelns wird hier Kommunikation als interaktiver Prozess verstanden, der immer auf ein ‚Gegenüber‘, einen Partner gerichtet ist und auf Verständigung abzielt.

Solch eine Verständigung aber kommt nach Mead nur zustande, wenn beide Partner den verwendeten sprachlichen Symbolen (anders als bei Shannon!) dieselbe Bedeutung zuschreiben: „Wir wollen Sprache nicht unter dem Aspekt eines auszudrückenden inneren Sinns erfassen, sondern in ihrem weiteren Kontext der Kooperation, die in einer Gruppe anhand von Signalen und Gesten stattfindet ... Sinn erwächst innerhalb dieses Prozesses." (Mead 1934/68,44). Die Bedeutung von Gegenständen, Personen, Sachverhalten, Ereignissen darf daher nicht als etwas ein für allemal Feststehendes betrachtet werden; vielmehr schreiben die Handelnden den Dingen ihrer Umgebung erst bestimmte Bedeutungen zu und definieren dadurch, was sie wirklich sind. Die Bedeutungen der Gegenstände und Ereignisse können folglich nicht kontextfrei bestimmt werden, sondern erst im Zusammenhang mit realen Prozessen der Interaktion: „Die Bedeutung von sprachlichen Einheiten wird dort analysiert, wo sie sozial relevant ist, also in der Interaktion zwischen den beteiligten Individuen. Dort ist eben diese Bedeutung ständig Gegenstand des interaktiven Prozesses, der Änderungen einschließt." (Mead 1968,106ff.) Dazu passt die berühmt gewordene These Ludwig Wittgensteins: „Die Bedeutung eines Wortes ist sein Gebrauch in der Sprache." (Wittgenstein 1971,143).

Wichtig für die Kennzeichnung des Meadschen Grundansatzes ist u.a., dass die grundlegenden Konstituenten der verbalen Interaktion (Sender, Empfänger, Kanal und Botschaft), wie schon bei Shannon, im Prozess der Interaktion unverändert bleiben. Dies gilt mit dem Unterschied freilich, dass die für praktische Kommunikationsprozesse – und nicht nur für die technische Seite der Kommunikation – relevante Trennung von Informationsquelle und Sender (sowie deren Pendant auf der Rezeptionsseite, die Unterscheidung von Empfänger und Ziel der Kommunikation) im Meadschen Modell aufgehoben sind. Im Zusammenhang damit steht, dass der Transfer nicht mehr nur einseitig von links nach rechts geht (symbolisiert durch die Pfeile bei Shannon), sondern vom Empfänger zumindest mitbeeinflusst wird.

Daher hebt Mead immer wieder hervor, dass für jede Form von Kommunikation die Herstellung von interaktiver Wechselseitigkeit bzw. Interaktionsreziprozität von entscheidender Bedeutung ist (s. Schütze 1987,415). Das schließt vor allem den Prozess der Perspektivenübernahme ein, das heißt, dass das ‚ego' den Interaktionsprozess mit denselben Perspektiven-Koordinaten wie das ‚alter' anschaut. Dabei unterscheidet Mead mindestens zwei Reziprozitätsebenen: Als Minimum bezeichnet er die wechselseitige Anerkennung der Aktoren und das wechselseitige kommunikative Verstehen. Ein sehr hohes Reziprozitätsniveau ist darüber hinaus bei jeder Form von Kooperation notwendig, da sich die Akteure dann wechselseitig ihre sach- und handlungsbezogenen Orientierungen und Sichtweisen aufzeigen müssen (dazu Schütze 1978,102ff.). Voraussetzung für diese grundlegende Reziprozität aber ist nach Mead das Symbolsystem der Sprache. (In ‚Tier-Staaten' können Akteure ohne das Symbolsystem der Sprache solche Perspektivenwechsel nicht vornehmen.)

Damit aber hat Mead die Grundlage gelegt für eine zunächst nur theoretische Betrachtung sozialer Handlungsabläufe in der kommunikativen Interaktion, wobei nahezu alle relevanten Faktoren und Aspekte vorweggenommen wurden:
- „die intentionale, reflexive Struktur menschlichen Handelns,
- das Hervorgehen der personalen Identität aus Interaktionsprozessen,
- die Kommunikation mit Hilfe des signifikanten Symbolsystems der Sprache,
- die kollektive Thematisierung und Reziprozitätsherstellung." (Schütze 1987,532ff.)

Und so ist es kein Zufall, „dass das Meadsche Denken in die gesamte interpretative Soziologie (und wir ergänzen: die interpretative Linguistik) und ihre Versuche der Ausgestaltung einer allgemeinen soziologischen Grundlagentheorie hineingewirkt hat." (ebd.,534f.)

Weiterentwicklungen, Entfaltungen, Spezifizierungen **dieser Rahmenmodelle** der verbalen Interaktion erfolgten in drei Hauptrichtungen:
- durch die Spezifizierung des bei Shannon und Mead noch allgemein gefassten ‚Signals' und im Zusammenhang damit der 'message'; damit wird eine spezifisch linguistisch orientierte ‚Auffüllung' der Rahmenmodelle vorangebracht (s. 1.3.4.2);
- durch die primär soziologische Kennzeichnung menschlichen Handelns und Sprach-Handelns; daraus ergeben sich soziologische und soziolinguistische Orientierungen (s. 1.3.4.3);
- durch eine detailliertere Bestimmung der Rahmenbedingungen interaktiven Handelns und im Zusammenhang damit der Reziprozität aller Aktivitäten der Agierenden; dabei werden interdisziplinäre (soziologisch-psychologisch-linguistische) Zugriffe präferiert (s. 1.3.4.4).

Alle drei ‚Richtungen' sind aufs engste miteinander verknüpft, ja bedingen einander. Es ist daher kaum möglich, die Modellierungen einzelner Wissenschaftler exakt einer dieser ‚Richtungen' zuzuordnen; im Grunde handelt es sich bei den im Folgenden zu kennzeichnenden Modellen eher um unterschiedliche Akzentuierungen und Fokussierungen, die aber stets das Gesamtphänomen der verbalen Interaktion im Blick haben. Verweise auf Gemeinsamkeiten mit Modellen anderer ‚Richtungen' sind daher bei der skizzenhaften Kennzeichnung einzelner Ansätze explizit wie implizit immer wieder gegeben und unterstreichen nur die Komplexität des Gesamtphänomens.

1.3.4.2 Äußerung und Kontext

Wollte man bei der Kennzeichnung des Zusammenhangs von Äußerung und Kontext/ Situation auch nur annähernde Exhaustivität anstreben, so müsste man weit ausholen. Zahlreiche Linguisten haben auf die Existenz regelhafter Beziehungen zwischen sprachlichen und außersprachlichen Faktoren des Kommunikationsprozesses verwiesen. (Erinnert sei hier nur an die große Zahl von Untersuchungen zur Problematik der Deixis.) In diesem Rahmen können nur jene Arbeiten herausgegriffen werden, in denen versucht wird, dieses Beziehungsgefüge, zunächst von der Äußerung ausgehend, *systematisch* zu erfassen.

In diesem Zusammenhang ist zunächst Karl **Bühler** zu nennen, ein Psychologe, der den damals dominanten individualpsychologischen Modellen ein sozialpsychologisches Konzept gegenübergestellt hatte. Von hier aus fand Bühler auch einen Zugang zu sprachlichen Phänomenen in ihrer sozialen Bedingtheit (sprachlichen Feldern, Deiktika, Ellipsen, Metaphern...). Dabei ging er von der Grundsatzfrage aus, wie Menschen koordiniert handeln können und wie menschliches Verhalten sprachlich gesteuert werden kann. Diese Überlegungen fasste Bühler in der berühmt gewordenen ‚Sprachtheorie' (1934) zusammen.

Das hier entwickelte sprachtheoretische Modell beruht auf dem generellen Zeichencharakter sprachlicher Äußerungen (Diese seien „durch und durch zeichenhaft." /1934,33/). Bühler geht von der These aus, dass alle sprachlichen Zeichen ihre Bedeutung erst in der Relation zu anderen sprachlichen Zeichen und zu bestimmten Kontexten (Um-Feldern) erhalten. Dabei unterscheidet er zwei Grundtypen von Zeichen: die Zeichen im *Zeigfeld*, die deiktischen Zeichen, die immer nur situationsgebunden verstanden werden können (*Herr Ober, einen Braunen bitte!*); und die Zeichen im *Symbolfeld*, die durch lexikalische Feldbeziehungen und damit ‚Situationsentbindung' – die Lösung von der ‚origo', dem aktuellen Handlungsumfeld – gekennzeichnet sind.

Diese unterschiedlichen Feldbezüge versucht Bühler schließlich in einem allgemeinen Zeichenmodell, dem Organon-Model (griech. *organon* – Instrument, Werkzeug) zusammenzufassen. Sprachliche Zeichen sind hier auf drei Bezugspunkte in der Welt gerichtet: auf einen Sonder, einen Empfänger und auf Gegenstände/Sachverhalte, über die in einer Äußerung gesprochen wird. Diesen drei Dimensionen ordnet Bühler sprachliche Basisfunktionen zu, die des Ausdrucks, des Appells und der Darstellung.

DARSTELLUNG

Gegenstände/Sachverhalte

Sender   Empfänger

AUSDRUCK   APPELL

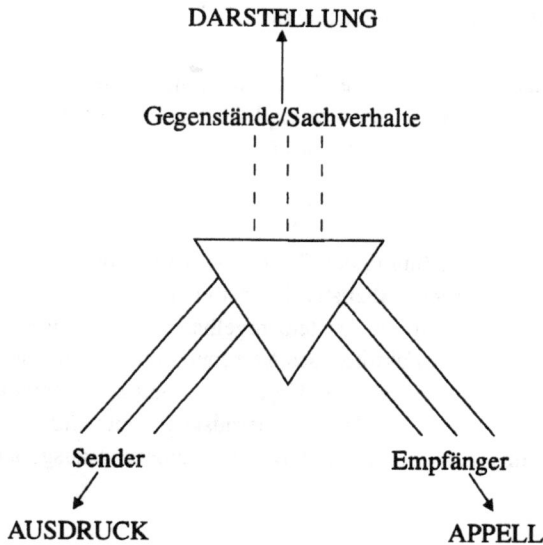

Legende: Der Bezug des Sprachzeichens auf Gegenstände/Sachverhalte ist weniger stark markiert, weil er weniger direkt ist als die Relationen zwischen Sender, Zeichen und Empfänger. „Man kann nicht ohne Sprecher und Hörer kommunizieren, wohl aber ohne Bezug auf die Dinge der Welt." (Auer 1999,25).

Abb. 5: Organon-Modell nach Bühler

Obgleich in diesem Modell Sender und Empfänger als Basisbegriffe enthalten sind, handelt es sich nicht um ein Kommunikationsmodell i.e.S., da diese Begriffe nur als grundlegende Bezugspunkte des sprachlichen Zeichens verstanden werden, das sich eben erst in der Kommunikationssituation konstituiert.

Auch Roman **Jakobson** (1966) entwickelte in verschiedenen Aufsätzen der 60er Jahre bei seinem Versuch, zwischen Zeichen-Modellen und Kommunikationsmodellen eine direkte Beziehung herzustellen, ein Kontext-Modell. Der Rahmen seines Modells erinnert zunächst an das Shannonsche Muster mit den Basisgrößen Sender, Empfänger und der zwischen ihnen vermittelnden Mitteilung; diese Mitteilung aber ist hier explizit auf den Kontext und auf den jeweiligen Code bezogen, so dass ein Kontakt zwischen Sender und Empfänger hergestellt wird.

Diese Einbettung des sprachlichen Zeichens in kommunikative Situationen dient Jakobson als Basis für die Bestimmung dominanter Funktionen der Zeichen. Dabei entsprechen die emotive, die konative (gemeint ist damit die Appellfunktion) und die referentielle Funktion dem Bühlerschen Zeichenmodell. Neu bei Jakobson sind die phatische, auf das soziale Beziehungsgefüge gerichtete, die metasprachliche, auf den Code, das Zeicheninventar Bezug nehmende und, für Jakobson ein Hauptanliegen, die poetische Funktion, bei der sich das Sprechen auf sich selbst, d.h. die eigene Form, bezieht.

Rahmen:

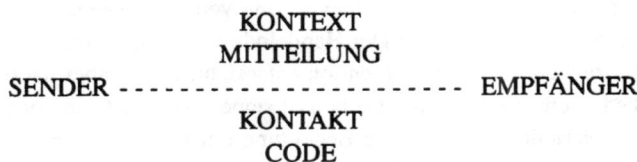

KONTEXT
MITTEILUNG
SENDER - EMPFÄNGER
KONTAKT
CODE

Funktionen:

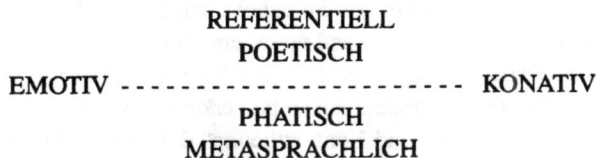

REFERENTIELL
POETISCH
EMOTIV - KONATIV
PHATISCH
METASPRACHLICH

Abb. 6: Kommunikationsmodell nach Jakobson

Einzelne, grundlegende soziale Funktionen aber werden auch in diesem Modell nicht erfasst: Akkomodation, das Sich-Zugehörig-Fühlen zu einer sozialen Gruppe, und Distanzierung, das Sich-Abheben von anderen. Dennoch hat gerade dieses Modell für eine größere Zahl pragmatischer Arbeiten vor allem in den 70er Jahren stimulierend gewirkt.

Ein bedeutender Repräsentant der Modellierung von Äußerung-Kontext-Beziehungen ist Emile **Benveniste** mit seiner Theorie der Äußerung ('énonciation', 1956; 1966). Er sagt sich explizit von den Beschränktheiten des in den 60er Jahren in Westeuropa noch immer dominierenden Strukturalismus los und stellt das Individuum mit seiner ‚Sprache‘ in den sozialen Gesamtzusammenhang von Gesellschaft und Kultur.

Sein theoretischer Ansatz geht traditionell von den sprachlichen Formen aus. Am Beispiel von Personalpronomina und Tempussignalen weist er überzeugend nach, dass sprachliche Formen nicht allein aus ihrer Opposition zu anderen Sprachzeichen im System zu erklären sind, sondern dass *ich* als Verweis auf den Sprecher, *du* als Bezug auf den Hörer, *Präteritum* und Adverbien wie *gestern* als Signale zur Kennzeichnung des Zeitraums vor der Sprechzeit fungieren, dass solche sprachlichen Formen mithin ihre Bedeutung erst in einer bestimmten Sprechsituation, dem 'discours', erhalten.

Benveniste folgert daraus – und das ist das eigentlich Neue in seinem Modell –, dass neben einer Theorie der 'langue' im Sinne von de Saussure eine Theorie des ‚Diskurses‘ entwickelt werden müsse, denn Sprachverwendung sei keineswegs beliebig, sondern müsse bestimmten ‚Regeln‘ folgen. Diskursanalyse als eine ‚Linguistik der Äußerung‘ müsse daher genau so systematisch betrieben werden wie die Untersuchung von Phänomenen des Sprachsystems.

Die Äußerung selbst aber lässt sich nie allein aus ihren Elementen erklären, vielmehr bedarf sie immer der Einbettung in den situativen und gesamtgesellschaftlichen Rahmen. Denn Bedeutung entstehe ja nicht „durch das Aneinanderreihen von Zeichen,

... sondern umgekehrt realisiert und verteilt sich die global aufgefasste Bedeutung ... auf einzelne Zeichen" (zitiert in der Übersetzung von Auer 1999,54). Dieser Gedanke verdient besondere Hervorhebung: Der Handelnde will einen Partner beeinflussen, daher etwas ausdrücken, was seiner Intention entspricht. Damit aber hat er so etwas wie die Gesamtbedeutung der Äußerung schon in seinem Bewusstsein vorgeprägt; und im Äußerungsakt ,verteilt' er dann diese Bedeutung nur noch auf einzelne Zeichen. Das lässt den Umkehrschluss zu: Die Intention des Sprechers muss sich aus der Gesamtkonstellation der Äußerung im sozialen Bedingungsgefüge erschließen lassen. Denn das Sich-Äußern, also der Vorgang des Sprechens selbst, bestehe ja eben neben der Übermittlung von Informationen auch und vor allem im gesellschaftlichen Handeln, in der Festlegung der Beziehung des Sprechers zur Welt, auf die er in seinem Diskurs verweist. Insofern stellt dieses Modell „einen bemerkenswerten Ansatz ... in Richtung auf eine sprachliche Handlungs- und Kontexttheorie" dar (Auer 1999,59).

Seit den 70er Jahren – im Zusammenhang mit der ,pragmatischen Wende' – rückten mehr und mehr linguistische Arbeiten ins Zentrum des Interesses, die statt abstrakter sprachlicher Zeichensymbole und isolierter Äußerungen komplexe Äußerungs- und Textstrukturen fokussierten. Einige dieser textgrammatisch geprägten Studien beschränkten sich nicht nur auf die Kennzeichnung von Gesetzmäßigkeiten und Regelhaftigkeiten solcher ,transphrastischen Einheiten' (s. 2.2.1), sondern bemühten sich darüber hinaus um das Erfassen regelhafter Verknüpfungen von komplexen Texten mit dem situativen Kontext i.w.S., also um die Einbeziehung einer ,pragmatischen Komponente' in die linguistische Beschreibung von komplexen Oberflächenstrukturen, wobei allerdings der Text grundsätzlich Ausgangspunkt der Darstellung blieb. Als Repräsentant solcher ,Kontext-Modelle' (s. Heinemann/Viewweger 1991,51f.) ist vor allem Horst **Isenberg** (1976) zu nennen.

In seinem texttheoretischen Ansatz lässt sich jeder Text als eine Struktur-Einheit darstellen, in der die textgrammatische, die semantische und die kommunikativ-pragmatische Komponente reflektiert werden. Daher stellt jeder Text ein Quintupel der folgenden Form dar:

TEXT = P, I, C, V, S
Legende:
P = semantische Grundstruktur/Prädikatsstruktur
S = syntaktische Oberflächenstruktur
I = Intentionsstruktur
C = Voraussetzungsstruktur (conditiones)
V = Verweisstruktur

Von besonderem Interesse ist dabei die Zusammenfassung der drei Teilaspekte der kommunikativ-pragmatischen Komponente zur *kommunikativen Funktion* (= KF):

KF = I, C, V

Und diese kommunikative Funktion eines jeden Textes wird dann (1977,58), allerdings zunächst nur negativ, definiert als „die Gesamtheit aller textbildungsrelevanten Eigenschaften des Satzes (!), die nicht auf die semantische, lexikalische, syntaktische und morphologisch-phonologische Struktur reduzierbar sind."

Die drei zentralen Teilstrukturen der ‚kommunikativen Funktion' werden wie folgt expliziert:

C – Voraussetzungsstrukturen markieren die Situationsgebundenheit von Texten i.e.S., es sind sprachliche Einheiten, die auf voraufgegangene nichtsprachliche Handlungen oder Situationen Bezug nehmen.

V – Verweisstrukturen. Diese Elemente verweisen auf den sprachlichen Kontext: Ankündigungen, Erwartungen, Rückverweise ...

I – Intentionsstruktur. Sie lässt sich darstellen durch spezifische „kommunikative Prädikate" wie Assertieren (Behaupten ...), Manifestieren (Danken, Beglückwünschen ...), Kundgeben (Klagen, Loben ...) oder Appellieren (Auffordern, Bitten ...). Diese Prädikate des ‚Kommunikationsmodus' werden ergänzt durch Prädikate als ‚Informationsmodus' (Informieren, Konstatieren ...), als ‚Darstellungsmodus' (Berichten, Erzählen ...) und als ‚Ligationsmodus' (der die ‚Bindung' der kommunikativen Funktionen bzw. der Propositionen an bestimmte Einheiten der Oberflächenstruktur explizit macht).

Auf diese Weise stellt Isenberg unter Hinzuziehung von ‚Wohlgeformtheitsbedigungen' für die Textkonstitution sowie „semantischen und syntaktischen Bindungsregeln" ein in sich geschlossenes System von Beziehungen zwischen Äußerungs-/Textstrukturen und Kontextstrukturen auf (Heinemann/Viehweger 1991,53). Damit wird ein hoher Grad von Spezifizierung dieses Relationsgefüges erreicht, allerdings immer von der ‚Äußerung' selbst ausgehend. Und diese Äußerungen werden zudem vielfach noch als Einzelsprachhandlungen gesehen, als ‚diktive – vor allem auf Einzelsätze bezogene – Handlungen', so dass Prinzipien der sequenziellen Textkonstitution eher eine periphere Rolle spielen.

1.3.4.3 Handlungen und Sprachhandlungen

Im voraufgehenden Abschnitt wurde versucht, Probleme der Interaktion am Beispiel mehrerer Modelle aus der Perspektive von Äußerung und Kontext/Situation zu bündeln. Die folgenden Darlegungen wenden sich nun dem Handlungsaspekt von Äußerungen zu, mit der Einschränkung zugleich, dass aus einer Vielzahl von Handlungsmodellen (z.B. empirischen, rationalen, normativen, philosophischen ...; dazu Lumer 1990,511ff.) nur wenige herausgegriffen werden, die das *soziale Handeln*, und damit eben die Interaktion zum Gegenstand haben, von Handlungen jener Individuen also, „in deren Folgeüberlegungen die Handlungen anderer Personen vorkommen" (ebd.,512). Da diese Fragestellungen in zahlreichen soziologischen und linguistischen Arbeiten im Detail aufgegriffen und charakterisiert wurden, können wir uns in diesem Rahmen auf wenige die Interaktion betreffende Kommentare beschränken.

Über ‚soziale Handlungen' kann man heute kaum sprechen, ohne nicht zumindest andeutungsweise auf den Begründer der modernen Soziologie und der deutschen Politologie einzugehen, auf Max **Weber** (1921), den „vielleicht bedeutendsten Soziologen" (Auer 1999,103). Er hat schon in der ersten Hälfte des 20. Jahrhunderts so etwas wie eine ‚pragmatische Wende' in den Sozialwissenschaften eingeleitet, und wir dürfen mit Bezug auf seinen Handlungsbegriff ergänzen, dass diese ‚Wende' zugleich eine ‚kognitive Wende' darstellt.

Im Zentrum seines umfangreichen Werkes steht das sozial handelnde und soziale Handlungen anderer deutende Individuum. Schon damit wird der interaktive Grundansatz erkennbar, auch wenn bei Weber noch nicht von ‚Interaktion' die Rede ist. Die Basisbegriffe ‚Handeln' und ‚soziales Handeln' bestimmt er wie folgt: „‚Handeln' soll ... ein menschliches Verhalten ... heißen, wenn und insofern als der oder die Handelnden mit ihm einen subjektiven *Sinn* verbinden. ‚Soziales Handeln' aber soll ein solches Handeln heißen, welches seinen von dem oder den Handelnden gemeinten Sinn nach auf das Verhalten *anderer* bezogen wird und daran in seinem Ablauf orientiert ist." (Weber 1921,1).

Beim Handeln, das sowohl Tun als auch Unterlassen, nichtsprachliches und sprachliches Tun und auch das Denken als inneres Tun umfasst, kommt es also immer darauf an, dass dem Handelnden selbst der Sinn seines Tuns als bestimmte Methode zur Erreichung eines bestimmten Ziels klar ist. Ebenso wichtig aber ist es, dass man über situatives Zusatzwissen den subjektiven Sinn des Handelns eines Partners erkennt, das heißt, den vom Partner gemeinten Sinn „deutend versteht". Mit systematischen und detaillierten Reflexionen über diesen Handlungsbegriff wurde Max Weber zum Begründer einer ‚Verstehenden Soziologie'.

Max Weber unterschied vier *Grundtypen des Handelns*:
- *Zweckrationales Handeln*, das der optimalen Verwirklichung von Handlungszielen und Zwecken dient. In diesen Fällen kann der Partner beim ‚verstehenden Deuten' dem Handelnden eine bestimmte Motivation seines Handelns zuschreiben.
- *Wertrationales Handeln*, das an der Erhaltung von Werten orientiert ist (unabhängig vom möglichen Erfolg des Handelns).
- *Affektuelles Handeln*, das vernünftig kaum erklärbar ist und nur als Abweichung vom zweckrationellen Handeln gedeutet werden kann.
- *Traditionales Handeln*, das habituelle Verhalten, bei dem dem Handelnden die Sinnhaftigkeit seines Tuns und dem des Partners nicht mehr voll deutlich ist. Folglich stelle dieser Typ nach Max Weber nur einen Randfall des sozialen Handelns dar.

Alle Typen des sozialen Handelns können nach der Grundthese des Soziologen verstanden werden, indem der gemeinte Sinn der Handlung durch Motivationszuschreibung rekonstruiert wird. Die sozialen Beziehungen zwischen den am interaktionalen Handlungsakt Beteiligten werden daher nicht so sehr durch die tatsächlich ablaufenden Aktionen bestimmt, sondern „durch die Möglichkeiten gegenseitiger Bezugnahme, also aufeinander abgestimmten sozialen Handelns mehrerer Personen, gleichzeitig oder in Sequenz." (Auer 1999,113) Im Idealfall von sozialer Kooperation werden daher von den Partnern ständig wechselseitige Sinnzuschreibungen vorgenommen.

Webers Modell ist auf solche idealtypischen Handlungen ausgerichtet, da er den Typ des zweckrational Handelnden einseitig präferiert und ‚reale Handlungen', die ja vielfach halb- oder unbewusst ablaufen, als „Als-ob-Handlungen" einstuft. Dennoch aber dürfen die Grundthesen Webers als Basismodell für nahezu alle späteren Formen der Interaktionsanalyse gelten.

Eine Weiterentwicklung des allgemeinen Weberschen Begriffs vom sozialen Handeln im Sinne der Reziprozität des Handelns, des „wechselseitigen Sich-auf-einander-Einstimmens" der Partner findet sich schon bei Alfred *Schütz* (1932/1984,130). Da Schütz aber nicht von konkreten Handlungen, sondern von Erfahrungen der Interagierenden ausgeht (s. dazu Kap. 1.3.4.4), konzentrieren wir uns hier zunächst auf eine andere Form der Spezifizierung, auf das soziale Handeln als soziales *Sprach-Handeln,* und stoßen dabei auf die Sprechakt-Theorie.

Als Begründer der *Sprechakt-Theorie* gelten zu Recht die beiden wichtigsten Repräsentanten der Ordinary Language Philosophy, die Sprachphilosophen *Austin* und *Searle.* Ihre Grundpositionen sind vor allem von Linguisten immer wieder dargestellt und in ersten Ansätzen weiterentwickelt worden, so dass wir uns hier auf die Wiedergabe ihrer Kernthesen beschränken können – immer mit dem Blick auf verbale Interaktionen.

John Langshaw **Austin** (postum 1962/1972) war von einer Kritik der traditionellen Sprachphilosophie ausgegangen, von ihrer Beschränkung auf wahrheitsfähige Aussagen. Am Beispiel von *performativen Ausdrücken (Ich taufe dich auf X. Ich wette mit dir um Y. Ich vererbe dir Z ...*) wies er nach, dass diesen Performativa (lat. *performare –* durchscheinen) zwar keine Wahrheitswerte zugewiesen werden können, dass ihnen aber dennoch pragmatische Bedeutung zukommt. Mit ihrer expliziten Verwendung werden nämlich *sprachliche Handlungen* vollzogen. So ist etwa das Formativ ‚ja' des Deutschen vielfältig einsetzbar; als Antwort auf die Frage des Standesbeamten aber in einem Standesamt (*Wollen Sie X ... zur Frau nehmen?*) bedeutet dieses ‚ja', dass der Sprecher mit diesem Wort den sozial relevanten Akt des Heiratens vollzieht.

Von solchen Überlegungen ausgehend, entwickelte Austin Ansätze für eine ‚Theorie der Performativa'. Performativa sind integriert in gesellschaftliche Konventionen, d.h. sie müssen immer in derselben Form wiedergegeben werden. Jede Abweichung davon bedeutet ein Scheitern der sozialen Handlung. Der Angesprochene vor dem Standesamt könnte z.B. nicht mit *na klar!*; *selbstverständlich!* oder *Das ist doch keine Frage!* antworten. Und explizit performative Verben (s.o.) sind immer an den Sprecher gebunden, d.h. an das Ego, Hic et Nunc der Situation, und müssen daher stets in der ersten Person Singular Präsens geäußert werden. Andernfalls funktionieren sie automatisch als deskriptive Verben.

Damit wird deutlich, dass die Bedeutung von Äußerungen durch ihren Gebrauch mitbestimmt wird (vgl. dazu auch Wittgensteins Grundthese, obwohl ein direkter Einfluss Wittgensteins auf Austin nicht nachweisbar ist). Und daher verallgemeinert Austin später: Jedes Sprechen heißt Handlungen vollziehen (1972,108); und diese Sprach-Handlungen sind generell partnerorientiert und damit sozial geprägt. Daher komme es entscheidend darauf an, zu eruieren, was man mit Hilfe sprachlichen Handelns erreichen kann: *How to do things with words* heißt daher die berühmt gewordene Programm-schrift Austins.

Wichtig für sein Sprach-Handlungs-Konzept war außerdem die Einsicht, dass derselben sprachlichen Äußerung in unterschiedlichen Situationen andere Bedeutung zukommen kann, je nachdem, was der Sprecher damit erreichen will. Mit der Äußerung *Martin kommt morgen* kann der Sprecher einen Partner einfach über den zu erwartenden Besuch Martins informieren wollen, er kann mit dieser Äußerung aber auch in einer anderen Situation den Partner/die Partnerin zur Vorbereitung einer Party auffordern; und unter wieder anderen Bedingungen kann der Sprecher mit derselben Äußerung sogar eine Warnung oder eine Drohung ‚meinen'.

Austin folgert daraus, dass man die eigentliche, d.h. die pragmatische Bedeutung von Äußerungen nur dann adäquat erfassen kann, wenn man die Bedingungen, unter denen sich das Sprechen vollzieht, in die Darstellung mit einbezieht. Sprache dürfe daher nicht, so paradox das zunächst klingen mag, (nur) beim Wort genommen werden. In diesem Sinne argumentiert Austin, dass man der Sprachbeschreibung nicht (nur) das Äußern von Sätzen zugrundelegen sollte; vielmehr müsse man darüber hinaus ausweisen, dass mit ein und derselben Äußerung zugleich verschiedene Teil-Handlungen/-Akte vollzogen werden:

1. Der *lokutive Akt* (locutionary act), die Tatsache, dass man etwas sagt, die Äußerung des Satzes schlechthin. Dieser Akt umfasst
   – den phonetischen (Teil-)Akt, das Äußern von artikulierten Lauten und Geräuschen;
   – den phatischen (Teil-)Akt, die grammatische Form, d.h. lexikalische Elemente in einer bestimmten grammatischen Struktur;
   – den rhetischen (Teil-)Akt, bezogen auf das Thema der Äußerung und die Referenz (=die semantische Komponente).
2. Der *illokutive Akt* (illocutionary act, illocutionary force); er gibt an, was mit der Äußerung getan werden, was sie bewirken soll, die sprachliche Handlung i.e.S. Der illokutionäre Akt wird vollzogen, *„indem* man etwas sagt". Die illokutionäre Rolle einer Äußerung heißt, die Äußerung als etwas (einen Befehl, eine Bitte ...) meinen (1972,116).
3. Der *perlokutive Akt*. Hier erscheint der Sprecher als ‚Täter'; dabei geht es um Wirkungen der Äußerung auf Gefühle, Gedanken, Handlungen (anderer Personen). Allerdings ist die tatsächliche Wirkung nicht immer identisch mit der vom Sprecher intendierten Wirkung.

Die drei Sprech-Akte werden nicht nacheinander vollzogen. Nach Austin handelt es sich dabei um verschiedene Aspekte *einer* Sprachhandlung (s. Viehweger 1983,175; Heinemann/Viehweger 1991,55ff.). Wenn z.B. eine Mutter zu ihrem Kind sagt: *Der Hund beißt*, dann vollzieht sie einen lokutiven Akt. Sie generiert eine Äußerung, die artikuliert ist, eine grammatische Struktur aufweist, und deren Zeichenfolge etwas bedeutet. Indem die Mutter diesen Satz äußert, spricht sie zugleich eine Warnung aus, vollzieht sie also einen illokutiven Akt. Und wenn das Kind daraufhin eine Begegnung mit diesem Hund meidet, dann ist das die Folge, die Wirkung dieser Äußerung, der perlokutive Akt.

John **Searle** (1969/1971) hat diesen Grundansatz weiterentwickelt mit der These, dass mit jeder Äußerung ein Prädikationsakt und ein Referenzakt vollzogen werden. Diese beiden logisch-semantisch geprägten Teilakte werden von Searle als ‚propositionaler Akt' zusammengefasst und vom lokutiven Akt Austins abgehoben. Für das Relikt des um diese beiden Komponenten reduzierten lokutiven Aktes Austins verwendet Searle dann den Terminus ‚Äußerungsakt.'

Eine vergleichende Gegenüberstellung der beiden sprechakt-theoretischen Grundansätze ergibt das folgende Bild:

AUSTIN	SEARLE
1. lokutiver Akt:	1. Äußerungsakt
phonetisch	2. propositionaler Akt:
phatisch	Prädikation
rhetisch	Referenz
2. illokutiver Akt	3. illokutionärer Akt
3. perlokutiver Akt	(4. perlokutiver Akt)

Abb. 7: Sprechakt-theoretische Grundmodelle

Im Zentrum des Searleschen Modells steht ohne Frage die modellhafte Ausarbeitung der Zielkomponente sprachlicher Äußerungen, der illokutiven Akte also. Da der von ihm neu gefasste propositionale Akt immer mit dem Vollzug des illokutiven Akts verbunden ist, spricht Searle (1971,49,188) vom „propositionalen Gehalt des illokutionären Akts". Und er verweist darauf, dass illokutive Akte auch ohne expliziten propositionalen Gehalt, beispielsweise mittels deiktischer Ausdrücke (1971,43,51) realisiert werden können.

Soweit wir sehen, hat Searle als erster versucht, den Zusammenhang von illokutiven Akten und ihrer sprachlichen Realisierung systematisch zu erfassen, obgleich er sich dabei auf nur wenige Beispiele beschränkt, vor allem auf das ‚Versprechen'. Für den erfolgreichen Vollzug von Sprachhandlungen, also das ‚Glücken' von Sprechakten, sieht er die folgenden Voraussetzungen an, die er als ‚Regeln' darstellt. Sie sollen in ihrer Gesamtheit deutlich machen, wie eine Äußerung per Konvention als ein Sprechakt ‚gemeint' bzw. ‚verstanden' werden kann.

Allgemeine Bedingungen:
Der Sprecher verfolgt mit Hilfe der Äußerung ein Ziel.
Der Hörer ist bereit zur Kooperation und versteht die Äußerung.
Der Hörer ist in der Lage und bereit, das vom Sprecher intendierte Ziel zu realisieren.
Das vom Sprecher intendierte Ziel stellt sich nicht ohne den Vollzug der Äußerung und dadurch ausgelöste Hörer-Aktivitäten ein.

42

Konstitutive Bedingungen:

Einleitungsregeln ('rules of propositional content'/'preparatory rules'): Der propositionale Gehalt eines vom Hörer zu vollziehenden Akts ist Bestandteil der Äußerung. (Ausnahme: Die Proposition ist bereits durch den Kontext bekannt).

Die situativen Bedingungen für den Vollzug eines bestimmten Sprechakts sind gegeben – der Sprecher ist zureichend motiviert für den Vollzug des Sprechakts.

Aufrichtigkeitsbedingung: Der Sprecher glaubt, dass die von ihm vom Hörer erwartete Handlung dem Hörer nützen wird oder zumindest zumutbar ist.

Wesentliche Regel: das Äußern von Mitteln, die das eigentliche Ziel des Sprechakts anzeigen. Diese Regel betrifft die Verpflichtung, die der Sprecher mit dem Sprechakt übernimmt.

Entscheidend aber für das Glücken von Sprechakten ist in jedem Falle, dass der Hörer in die Lage versetzt wird, aus der Äußerung und dem Kontext die Absicht des Sprechers zu rekonstruieren (s. Motsch 1986,269). Dafür muss keineswegs immer eine EPF (=explizit performative Formel) als Indikator der Illokution in der Äußerung enthalten sein. Searle verweist in diesem Zusammenhang auf das Problem der indirekten und impliziten Sprechakte.

Bei allem Bemühen um die Präzisierung handlungstheoretischer Grundbegriffe bleibt das Searlesche Modell eher ein Sprecher-Modell. Der Rezipient spielt beim Vollzug von Sprechakten noch eine untergeordnete Rolle.

Der Ansatz geht von idealisierten Sprechern und Hörern und von ebensolchen situativen ‚Glückensbedingungen‘ aus. Daher werden Sprachhandlungen nicht zu anderen kommunikativen Tätigkeiten der Individuen in Beziehung gesetzt. Nicht zuletzt aber bleibt festzuhalten, dass nur isolierte Einzelsätze in ihrem pragmatischen Funktionieren untersucht werden, auch wenn es sich in diesen Sonderfällen um Sätze handelt, denen textuelle Funktion zukommen kann.

Trotz dieser Begrenztheiten hat das Searlesche Modell vor allem die linguistische Forschung zu immer neuen Bemühungen um die Präzisierung von sprechhandlungstheoretischen Grundbegriffen angeregt, zur Weiterentwicklung von Einsichten in den Zusammenhang von Handlungsstrukturen und sprachlichen (Oberflächen-)Strukturen, sowie zur Eruierung von Prinzipien, nach denen einzelne Sprachhandlungen zu komplexen Gesamthandlungen/Texten verknüpft werden können (vgl. dazu Wunderlich 1974, Rosengren 1979, Motsch/Viehweger 1981, Habermas 1980 s.u., um nur einige aus einer großen Menge zu nennen).

Für das Problem der *indirekten Sprechakte* ist das Intentions- und Inferenz-Modell von Paul **Grice** (1957/1979;1968, s. dazu oben 1.3.4.3), das zumindest in Ansätzen schon vor Searle konzipiert worden war, von besonderer Bedeutung. Grice sah in der Intentionalität den Schlüsselbegriff für das Funktionieren verbaler Interaktion; daher folgerte er, dass diese für das Verstehen des Nicht-Gesagten bzw. des Anders-Gesagten Voraussetzung sein müsse. Im Gegensatz zu tradierten Code-Modellen, bei denen sich Bedeutung immer nur aus den Bedeutungen des Gesagten bzw. des Textes ergibt, zeigte er mit seinen „konversationellen Implikaturen" auf, wie die Erwartbarkeit sinnvoller Inferenzen in der Kommunikation modelliert werden kann (dazu Fritz 1982; Levinson 1983).

In nahezu jedem Text gibt es teils relativ große Mengen von Nicht-Gesagtem, also nicht durch sprachliche Zeichen explizit gemachten Einheiten; hinzu kommt, dass bei weitem nicht jede Intention des Sprechers unmittelbar aus dem Text ablesbar ist. Diese hypothetischen ‚Lücken' von Texten muss der Rezipient nach Grice durch kognitive Schlussoperationen eruieren und als wesentliche Konstituenten in sein Textverstehen einbeziehen. Er muss also erschließen, was „A in einer konkreten Situation mit X meint". Und das bedeutet: „A hatte die Absicht, mit X einen Effekt in der Zuhörerschaft dadurch zu erzielen, dass diese diese Absicht erkennt." (Grice 1957,385).

Wenige Beispiele sollen das verdeutlichen:
(i) Zwei Freunde treffen sich.
   A: *Hallo, wie geht's?*
   B zeigt A eine Schachtel mit Kopfschmerztabletten
   A ‚versteht', obwohl B nichts sagt: Er weiß aus Erfahrung, dass man Schmerztabletten nur dann einnimmt, wenn man Kopfschmerzen hat und folgert daraus, dass B derzeit von Kopfschmerzen geplagt ist. Er bringt also eigenes Wissen in den Verstehensprozess ein. = Er ‚inferiert' eigenes Wissen – in diesem Fall allein aufgrund von Kontext-Informationen.
(ii) Ein Reisender wendet sich auf einem Bahnhof an einen Fremden.
   A: *Können Sie mir bitte sagen, wie spät es ist?*
   B: *7 Uhr 42.*
   B ‚versteht' die standardisierte Frage, die er formal korrekt auch mit einfachem *Ja.* hätte beantworten können, richtig. Er folgert, wieder aufgrund eigener Erfahrungen, dass der Fragende nicht daran interessiert sein kann, zu erfahren, ob B über die Fähigkeit zur Erteilung einer Auskunft verfügt, sondern dass er die genaue Uhrzeit erfahren will, um einschätzen zu können, ob er seinen Zug noch erreichen kann oder nicht. B ‚versteht' daher die formale Frage als höfliche Umschreibung einer Bitte, einer Aufforderung und reagiert entsprechend.
(iii) Die Tochter zeigt dem Vater ihr schlechtes Zeugnis.
   A: *Das hast du aber fein gemacht!*
   B ‚versteht' die Äußerung des Vaters als Ironie, nicht nur, weil das der Tonfall nahe legt, sondern weil sie weiß, dass sich der Vater über so ein Zeugnis nicht freuen kann. Auch sie erschließt also das ‚Gemeinte' aus den gegebenen sprachlichen Informationen und dem Kontext.

Aus Beobachtungen dieser Art leitet Grice verallgemeinernd, aber immer nur auf eine konkrete Sprechakt-Folge bezogen, ab: Wenn ein Sprecher sagt, dass p (oder den Eindruck erweckt, als ob er p sage oder sagen könnte), hat er konversationell impliziert, dass q – unter der Voraussetzung, dass

- beide Partner Kenntnisse über die konventionelle Bedeutung der Wörter und syntaktischen Strukturen haben;
- beide Partner von einem 'common ground', einer gemeinsamen Verstehensgrundlage ausgehen (d.h. über intuitives Wissen über das Kooperationsprinzip und die Konversationsmaximen verfügen);
- der Rezipient individuelles Erfahrungswissen (vor allem über Kontextbedeutungen) aktivieren kann und damit der Sprecher erwarten darf, dass der Rezipient schlussfolgert, der Sprecher denke so, d.h. er ‚meine' q.

Auf diese Weise könne eine regelmäßige Beziehung zwischen Äußerung und erkennbar intendierter Wirkung hergestellt werden, liege es in der Kompetenz des Partners, rational oder intuitiv zu erfassen, dass q gemeint ist (s. Kallmeyer/Schütze 1975). Damit aber steht eigentlich die Perlokution im Zentrum dieser Modellvariante, denn es geht ja darum, dass „der Hörer, um die Äußerungsbedeutung verstehen zu können, erkennen muss, welche Perlokution erzielt werden soll" (Auer 1999,94).

,Konversationelle Implikaturen', die wichtigste Form von Implikaturen, lassen sich nach Grice (1975,45) nur vor dem Hintergrund ‚allgemeiner Diskursmerkmale', d.h. eben den Bedingungen einer ‚idealen Konversation' mit dem Kooperationsprinzip und den vier Maximen verstehen. Sie stellen daher Brücken zwischen dem Gesagten und dem Gemeinten dar. Auf Details dieser ‚Theorie der Implikaturen', z.B. auf die Abgrenzung der ‚konversationellen Implikaturen' von anderen (dazu Rolf 1994,124), können wir in diesem Rahmen nicht eingehen. Festzuhalten aber bleibt, dass dieser Inferenz-Ansatz bei allen ‚Vorläufigkeiten' im Einzelnen ein wichtiges Komplementärmodell zum Shannonschen Code-Modell darstellt, wenn nicht gar, wie manche meinen, ein „Gegenmodell" (Auer 1999,4), weil Kommunikation eben mehr ist als ‚nur' sprachliches Verstehen.

Als ‚Weiterentwicklung' der Sprechakttheorie darf auch das Bemühen von Jürgen **Habermas** (1971,1980) angesehen werden, im unmittelbaren Anschluss an Austin und Searle, aber anknüpfend zugleich an Mead eine umfassende *Theorie kommunikativen Handelns* und darauf aufbauend eine ‚Gesellschaftstheorie' zu entwickeln. Auch er geht von der Frage aus, wie Verständigung über kommunikatives Handeln zustande kommt. Doch fasst er den Begriff der Verständigung viel weiter: Das sei nicht mehr nur das bloße Übereinstimmen der Kommunizierenden im Hinblick auf die Verwendung analoger sprachlicher Symbole, sondern in viel stärkerem Maße das Ergebnis kommunikativen Handelns: die freiwillige, gewaltlose und vernünftige Konsensbildung, die auf Überzeugungen und einleuchtenden Argumenten beruhe.

In diesem Sinne beschreibt Habermas Kommunikation als ein wechselseitiges Kooperieren von (idealen!) Akteuren in einer (idealen!) Sprechsituation der alltäglichen Lebenswelt mit dem Ergebnis einer vernünftigen Einigung. Während des Prozesses der verbalen Interaktion gehen beide Partner von reziproken Unterstellungen, einem wechselseitigen ‚Sich-auf-den-Partner-Einstimmen' aus, vollziehen unter diesen Bedingungen und auf der Grundlage der ‚kommunikativen Kompetenz' der Partner bestimmte Sprechakte zur Erreichung bestimmter Ziele, indem sie bestimmten sozialen und sprachlichen Regeln/Normen folgen (1971,118f.) und sich mit dem Partner vernünftig einigen. Daher sei alle sprachliche Kommunikation auf solche Konsensbildung hin angelegt. Und dieser ,Originalmodus' des Kommunizierens schaffe als Produktivkraft „via Verständnisleistungen interpersonelle Beziehungen, gesellschaftliche Solidarität und damit soziale Ordnung." (Burkart/Homberg 1992,14) In diesem Sinne sei jede Gesellschaft eine Kommunikationsgesellschaft.

Im Zentrum seiner Gesellschaftstheorie steht daher die ,Sprachgesellschaft' als Sozialsystem, eine Art Makrosystem, während materialisierte Elemente einer Sprache in einer aktuellen kommunikativen Interaktion von den Kommunizierenden einerseits wahrgenommen werden, andererseits aber via Sprechakte und Konsensbildung zur Konstitution sozialer Beziehungen und damit zur Generierung von Mikro-Einheiten dieser Kommunikationsgesellschaft beitragen. Die Herstellung interpersoneller Beziehungen erfolgt nach Habermas über kommunikatives Handeln, das immer auch regelgeleitetes Handeln ist. Dabei unterscheidet er zwischen verständnisorientiertem (=strategischem) Handeln und verständigungsorientiertem Handeln (=Konsens-Handeln), wobei er letzterem Priorität einräumt.

Mit den Sprechakten werden nach Habermas typische soziale Geltungsansprüche eingelöst: Verständlichkeit, propositionale Wahrheit, normative Richtigkeit und Wahrhaftigkeit (Authentizität), die wiederum bestimmten Sprachfunktionen und Weltbezügen (Tatsachen, Normen, Erlebnissen) zugeordnet werden.

Aus den Geltungsansprüchen leitet Habermas vier universale *Klassen von Sprechakten* ab:
- *konstative* wie ,beschreiben' oder ,versichern'. Sie ergeben sich aus dem Geltungsanspruch ,Wahrheit';
- *repräsentative* wie ,wissen' oder ,enthüllen'. Sie repräsentieren das Prinzip ,Wahrhaftigkeit';
- *regulative* wie ,befehlen' oder ,verzeihen'. Ihnen entspricht der Geltungsanspruch ,Richtigkeit';
- *kommunikative* wie ,erzählen' oder ,fragen'. Sie stehen für das Prinzip ,Verständlichkeit'.

Voraussetzung für das kommunikative und soziale Handeln der Interagierenden ist deren *kommunikative Kompetenz*. Hier knüpft Habermas direkt an Chomskys ,grammatische Kompetenz' (1965) an, fasst aber ,kommunikative Kompetenz' viel weiter als ein „System von Regeln, die eine ideale Sprechsituation generieren" (Hymes 1987,225), wobei "all abilities that enter into interaction" in diese Kompetenz mit eingehen. Jeder Sprecher sei dazu ,verurteilt', verständlich, wahr, begründet und angemessen zu kommunizieren, wenn Verständigung erreicht werden soll. Und aus dieser Sicht ist jeder Diskurs dazu ,verurteilt', von den Sprechern bis zum Konsens weitergeführt zu werden. Kommunizieren wird auf diese Weise zu einem Handeln mit Bezug auf eine Verhaltensnorm, die Modalitäten des Handelns (Einstellungen, Werte, subjektive Spezifika) mit einschließt. So wird dem ,Was' und dem ,Wie' des Kommunizierens bei Habermas noch ein ,Sollen', eine Norm hinzugefügt (Hymes 1987,225).

Im Gegensatz zu diesen idealisierten Formen des kommunikativen Handelns in der alltäglichen Lebenswelt stehen bei Habermas ‚herrschaftsstrukturierte Interaktionsabläufe' (Schütze 1987,424). Dabei werden kommunikative Kapazitäten der Betroffenen (z.B. vor Gericht) durch die mächtige Verfahrensverwaltung systematisch eingeschränkt, indem die Herrschenden „diese an der eigengesteuerten Entfaltung voll ausgebauter Kommunikationsmuster (z.B. des Erzählens) durch verfahrensstrategische Abkürzungs- und Störpraktiken hindern" (ebd.). Außerdem entziehen sich die ‚Professionellen' den Reziprozitätsbedingungen solcher kommunikativer Muster: Sie fordern zwar deren Einhaltung durch die ‚Betroffenen', erfüllen aber selbst nicht die entsprechenden Interaktionsverpflichtungen. Solche Prozesse institutionellen kommunikativen Handelns würden daher in Zeiten der zunehmenden Autonomie der ökonomischen und administrativen Subsysteme nach Habermas nur noch analysierbar vom Standpunkt einer Ethik aus; daher müsse diese Ethik normativ sein.

Die kommunikativen Normen aber – unter diesem Aspekt hat Hymes das Habermassche Modell kritisiert (1987,225) – sind keine Größen, die der Interaktion schlechthin inhärent sind. Es gibt eben bei weitem nicht für alle Entscheidungssituationen solche Normen oder Regeln. Sie verweisen viel mehr nur auf bestimmte Dimensionen des Kommunizierens. Aber auch wenn in diesem Modell des „versprachlichten Charakters der gesellschaftlichen Wirklichkeit" (Schütze 1987,414) konkrete individuelle Erscheinungsformen der verbalen Interaktion eine eher periphere Rolle spielen, bleibt doch der Habermassche Ansatz eine wichtige Orientierungsgröße, Bezugspunkt und Maßstab für die Diagnose ‚kommunikativer Handlungen' in allen Bereichen des gesellschaftlichen Lebens.

1.3.4.4 Interaktionale Ordnungen

Auch die im Folgenden gebündelten Interaktionsmodelle thematisieren im Grunde Interaktionsprozesse in ihrer Gesamtheit. Sie spezifizieren aber in besonderer Weise bestimmte Aspekte der Reziprozität des Handelns der Interagierenden und daraus resultierende ‚interaktionale Ordnungen' (Goffman 1983), die für die verbale Interaktion generell oder aber für bestimmte Typen des Interagierens charakteristisch sind.

Nur thesenhaft und summarisch verweisen wir in diesem Zusammenhang auf Ansätze, die eher die äußere Ordnung als die interne Strukturierung von Interaktionsprozessen betreffen. Talcott **Parsons** (1951;1961;1962) war von der These ausgegangen, dass das Handeln der Individuen (d.h. auch das sprachliche Handeln) weder durch die ‚konditionalen Elemente' der Situation noch durch die ‚intentionalen Elemente', also Vorstellungen der Handelnden über Ziele und Werte des jeweiligen individuellen Handelns, zureichend erklärbar sei. Eine ‚stabile Ordnung' der Interaktion ergäbe sich nach Parsons erst dann, wenn das Handeln der Individuen geprägt sei durch Werte und Normen ('value orientation') von – die Individuen effektiv bindenden – gesellschaftlichen *Institutionen*.

Das konkrete Handeln der Kommunizierenden sei daher normativ ausgerichtet, wobei die soziale Struktur einer Institution, die jeweilige Position des Einzelnen im Geflecht der gesellschaftlichen Beziehungen, die Handelnden zu ‚Rollenträgern' macht. Solche sozialen Rollen, Bündelungen normativer Erwartungen, die sich an das Verhalten von Positionsinhabern in bestimmten Interaktions-Situationen richten (1965,26), bestimmen folglich letztlich das mustergeprägte Verhalten der Individuen. Die Mitglieder einer Gesellschaft folgen in der Regel solchen institutionsspezifischen Normen (=Verhaltensgeltung); dabei bleibt ihnen aber in den meisten Fällen ein bestimmter Handlungsspielraum. Parsons verweist zudem darauf, dass die Normbefolgung im Idealfall mit den subjektiven Interessen des Individuums kongruieren kann. Im Falle eines Verstoßes gegen eine solche Norm müssen die Handelnden mit entsprechenden Sanktionen der Institution rechnen (=Sanktionsgeltung). Da sich beide Partner in jeder Interaktion an solchen Normen orientieren müssen, werde das soziale Handeln der Individuen damit in hohem Maße kalkulierbar. (Auf den Institutionsbegriff bei Parsons und verschiedene Formen der Internalisierung von Normen gehen wir hier nicht ein.)

Mit dem Namen von Alfred **Schütz** (1932;1971) verbunden ist vor allem die ‚Entdekkung' der elementaren Strukturen der *Lebenswelt des Alltags*, in denen sich ja letztlich soziales Handeln und damit soziale Welten konstituieren. Insofern stellt sein Ansatz eine Art Komplement zu Parsons' Apostrophierung der institutionellen Handlungen dar. Er ist aber ebenso eine Spezifizierung und Anwendung der Weberschen Grundgedanken einer Verstehenden Soziologie. Das Modell des individuellen verstehenden Sinn-Erfassens wird bei Schütz zum „wechselseitigen Sich-Aufeinander-Einstimmen" (Schütz 1984,II,130) der Interaktionspartner; und er vergleicht das kommunikative Handeln der Interagierenden mit den wechselseitigen Abstimmungsprozessen beim gemeinsamen Musizieren. Damit wird Kommunikation für Schütz zum Produkt eines dynamischen wechselseitigen Interpretationsprozesses.

Gerade in der Alltagswelt gehe jeder natürlich mit dem Anderen um. Das impliziert, dass Alter die Dinge der Außenwelt genauso wahrnimmt und typisiert wie Ego, dass die Partner also in eine gemeinsame Sozial- und Kulturwelt eingebunden sind. Da aber jeder Handelnde unterschiedliche biographische Erfahrungen und damit eine unterschiedliche ‚Reichweite' der Vorstellungswelt in die Interaktion einbringe, könne soziales Handeln nur funktionieren auf der Basis „wechselseitiger Perspektiven" (reciprocity of perspectives). Aus der für jeden Partner in der Interaktion notwendigen Du-Beziehung ergebe sich dann die reziproke ‚Wir-Beziehung' (s. Auer 1999,120). Insofern ist „die Lebenswelt weder meine private Welt, noch deine private Welt, auch nicht die meine und die deine addiert, sondern die Welt unserer gemeinsamen Erfahrung" (Schütz 1975,I,98). Diese Wir-Beziehung wird indes zusätzlich immer durch einen spezifischen Typ von Interaktion bestimmt (z.B. zwischen Verkäufer und Kundin, zwischen Freunden oder Fremden, bei Geschäftskontakten oder im Liebesakt), so dass sich außer dem je subjektiven Sinn des Handelns ein dominanter ‚objektiver Sinnzusammenhang' (Schütz 1975,I,109) ergibt.

Sozial handeln heißt dann, subjektive Sinnzuschreibungen, die die Individuen erst nachträglich mit ihrem Handeln verbinden, so im Handeln zu indizieren, dass der Andere sie verstehen kann. Und der Handelnde selbst muss aus den erkennbaren Aktivitäten des Partners sowie eigenen Erfahrungen das Verhalten des Partners als Handeln identifizieren und daraus Rückschlüsse auf den gemeinten Sinn ableiten. Dadurch wird soziales Handeln typisiert und ‚durchschnittlich zuverlässig‘. Nicht der Handelnde selbst entscheidet also nach Schütz über den Sinn des Handelns, sondern letztlich der Andere (Schütz 1984,II,18). Oder anders (nach Auer 1999,123f.): Handlungen werden nicht durch den subjektiv gemeinten Sinn zu sozialen Handlungen, sondern stellen sich selbst als Handlungen eines bestimmten Idealtyps dar und werden so verstehbar. „Man legt sein Verhalten dort, wo es darauf ankommt, auf die Deutung des Verhaltens anderer an." (Schütz 1984,II,19)

Nicht nur wegen der Bezugnahme auf die Alltagswelt, sondern ebenso wegen der Thematisierung des Grundproblems der Interaktion, der Reziprozität, gilt dieses Modell als erste Vorstufe für eine Theorie der Interaktion. Daher greifen zahlreiche Arbeiten zum Problemkreis der Interaktion, vor allem im Bereich der ethnomethodologischen Forschungen, immer wieder auf diesen Grundansatz zurück.

Paul **Watzlawick** (1972;1977) knüpfte im Grunde mit seinem Konzept der *Metakommunikation*, der Rückkoppelung, an Grundthesen von Alfred Schütz an. Berühmt wurde er u.a. mit seinem ‚Axiom‘ jedes Kommunizierens: „Man kann sich nicht nicht verhalten." (Watzlawick/Beavin/Jackson 1967/1972,51). Die doppelte Setzung des ‚nicht‘ ist kein Schreibfehler; sie impliziert vielmehr, dass jedermann sich in jeder Situation irgendwie ‚verhalten‘ muss. Das wird am Beispiel des Grüßens bzw. Nicht-Grüßens einer anderen Person bei einer Begegnung auf der Straße exemplifiziert. Beide Formen des ‚Verhaltens‘ werden vom Gegenüber bewusst wahrgenommen und interpretiert, es wird ihnen also ‚Sinn‘ zugeschrieben. Und jeder wisse, dass Partner in dieser Weise reagieren. Insofern sei es nicht relevant, ob man den Anderen nicht gesehen oder ihn bewusst ‚übersehen‘ hat.

Watzlawick unterscheidet nicht explizit zwischen ‚Verhalten‘ und ‚Handeln‘, zwischen ‚Kommunikation‘ und ‚Interaktion‘. Für ihn sind Kommunikationsabläufe grundsätzlich komplexe Ereignisse, die nicht auf das Handeln einzelner Beteiligter reduzierbar sind, denn im Grunde würden doch alle Kommunikationsereignisse irgendwie zusammenhängen. In diesem Sinne sei Interaktion ‚übersummativ‘.

Bei der Analyse von Kommunikationsereignissen geht es ihm daher sowohl um das Eruieren von Wirkungen, die Sprecher mittels Texten bei Empfängern erreichen, als auch um die Erfassung der Rückwirkungen des Partners auf den Sprecher, das Prinzip der *Rückkoppelung*. Jede Interaktion bestehe aus bestimmten ‚Rückkoppelungskreisen‘: Partner einer Ehe, Familienmitglieder, Angehörige unterschiedlicher Gruppen. Und bei allen Kommunikationsereignissen werden eben nicht nur Informationen vermittelt, sondern notwendigerweise zugleich Beziehungen aufgebaut, gefestigt, erhalten oder gegebenenfalls abgebrochen. Das erfolgt großenteils mittels gesellschaftlicher Rituale nichtsprachlicher Handlungen, wie Körperhaltungen oder Gesten zum Ausdruck von Freundlichkeit, Bewunderung, Neid … Aber auch über den eigentlichen Text werden nicht nur Inhaltsinformationen transportiert, sondern auch Anweisungen, „wie der Sender sie vom Empfänger verstanden haben möchte." Diese Informationen zum Verstehen des Inhalts der Äußerung seien daher ihrer Natur nach ‚metakommunikativ‘, da dabei zwangsläufig ‚Information über andere Information' gegeben werde. Oder: Metakommunikation ist die Fähigkeit, über den Beziehungsaspekt zu sprechen.

Schematisch:

Interaktion

Inhaltsaspekt   Beziehungsaspekt

Kommunikation   Metakommunikation

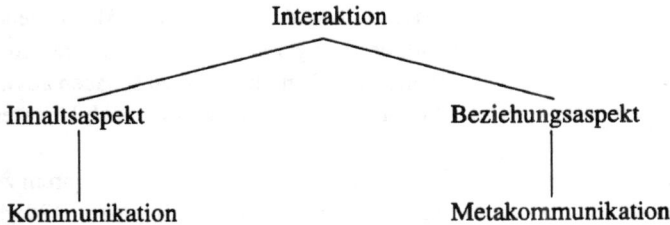

Kommentar: Die Identifizierung von ‚Kommunikation' und ‚Inhaltsaspekt' lässt Mehrdeutigkeit zu, da der Beziehungsaspekt nach Watzlawick notwendiger Teilaspekt jedes Kommunizierens ist.

Abb. 8: Interaktion nach Watzlawick

Bezeichnenderweise folgert Watzlawick daher auf der Basis seines Materials aus dem Therapiebereich, dass sich Störungen der Kommunikation häufig aus dem Auseinanderdriften von Kommunikations- und Beziehungsaspekt ergeben.

Von besonderem Interesse für unser Anliegen sind jene soziologischen und linguistischen Arbeiten, die sich zum Ziel setzen, das Funktionieren von Interaktion aus der Perspektive ‚innerer Ordnungen' zu erfassen. Als herausragende Orientierungsgröße bei diesem Bemühen dürfen ohne Frage die Arbeiten von Erving **Goffman** (1955; 1967/ 1971) zur ‚Mikrostruktur der Interaktion' gelten. Dabei handelt es sich streng genommen gar nicht um ein theoriebezogenes Interaktions*modell*; vielmehr stellen diese Arbeiten Goffmans eher eine Sammlung von Einzelbeobachtungen zu Interaktionsprozessen aus der Sicht eines unmittelbar Beteiligten dar. Goffmans Einfluss auf zahlreiche Folge-Arbeiten zumal mit theoretischem Anspruch (vor allem im Bereich der Gesprächsanalyse) ist unübersehbar.

Aus der Vielfalt der Themenkreise in Goffmans Arbeiten seien hier zwei Kernfragen herausgegriffen: die Differenzierung und Spezifizierung der Rolle von Sprecher und Hörer in komplexen ‚sozialen Situationen', sowie das Problem der psychischen Beweggründe des Handelns der Kommunizierenden, das in der Fachliteratur als ‚Image-Pflege' aufgegriffen wurde.

Beginnen wir mit seiner „mikrosoziologischen Theorie" (so Reiger 1992), dem Problem der *Sozialen Situation*. Hier stellt Goffman der in nahezu allen Kommunikationstheorien vertretenen Hypothese eines idealen aktiven Sprechers und eines ebenso abstrakten passiven auf die Rolle des Zuhörens beschränkten Hörers reale Interaktionssituationen gegenüber. Als Beispiel dafür stehe hier ein Kommunikationsereignis des Alltags: In einem Eisenbahnabteil mit acht Sitzplätzen sitzen sechs Reisende, die ein gemeinsames Handlungsziel haben: das der Fortbewegung. Vier von ihnen sind eifrig in ein Gespräch vertieft und tauschen Eindrücke und Einschätzungen über einen Kongress aus, an dem sie gemeinsam teilgenommen haben. Jeder der vier an dieser ‚engeren Runde' Beteiligten hat Anteil an diesem Gruppengespräch, allerdings mit Beiträgen von unterschiedlichem Umfang und unterschiedlichem Gewicht, wobei ein Teilnehmer besonders häufig eingreift und den Gesprächsablauf bestimmt. Ab und zu sprechen sogar alle durcheinander, so dass kaum noch einer erfasst, was der andere will. Meist wendet sich der jeweilige ‚Sprecher' an alle drei Partner im engeren Sinne. Gelegentlich aber wird auch nur ein Teilnehmer dieser ‚Runde' angesprochen, die anderen schauen aus dem Fenster. Von Zeit zu Zeit ‚versandet' das Gespräch ganz und wird erst nach längerer Pause und ohne besonderen Übergang wieder aufgenommen.

Die beiden Mitreisenden in diesem Abteil sind eine Mutter mit ihrem zehnjährigen Jungen. Die Mutter liest über längere Zeit; das Kind malt in einem Bilderbuch. Beide können mehr unfreiwillig mithören, was von den Kongressteilnehmern gesagt wird. Ab und zu kommen Mutter und Sohn ins Gespräch. Aber dabei werden nur wenige Sequenzen ausgetauscht, wobei die Mutter das Gespräch dominiert. Dann liest die Mutter dem Jungen etwas aus einem Kinderbuch vor; gemeinsam essen sie – von kurzen Äußerungsseqenzen begleitet – Äpfel und trinken Cola bzw. Kakao.

Eine solche soziale Situation darf als alltäglich gelten. Zu fragen ist aber in diesem Fall: Wer ist hier nun Sprecher? Wer Hörer? Im Grunde fungiert doch hier jeder Teilnehmer der ‚engeren Gesprächsrunde' als Sprecher und Hörer zugleich, wenngleich den Teilnehmern unterschiedliche Rollen zukommen und die Redebeiträge meistens nacheinander eingebracht werden. Aber diese vier Teilnehmer sind durch Zuwendung und Blickkontakte unmittelbar miteinander verbunden und damit in das Gespräch involviert. Die Mutter wird in diesem Fall zur Hörerin, wenngleich zur unfreiwilligen Mit-Hörerin, selbst wenn sich ihr niemand zuwendet. Sie nimmt mit Wahrscheinlichkeit nur Bruchstükke der Redezüge der Teilnehmer der engeren Gesprächsrunde wahr. Vielleicht kann und will sie die wahrgenommenen Beiträge inhaltlich gar nicht ‚verstehen'. Im Disput mit ihrem Sohn ist sie Sprecherin und Hörerin, und als Vorleserin übernimmt ja die Mutter eine besondere Sprecher-Rolle. Weitere Fragen drängen sich auf: Ist das Gespräch beendet, wenn keiner der Teilnehmer mehr etwas sagt und alle für einige Zeit aus dem Fenster schauen? Oder handelt es sich in diesem Falle nur um eine Gesprächsunterbrechung?

Mit dem Blick auf die Vielfalt von unterschiedlichen Teilnehmer-Typen und Rollen in einer einzigen alltagssprachlichen Gesprächssituation stellte Goffman die Frage, ob die üblichen idealisierten Sprecher-Hörer-Modelle überhaupt geeignet sein können, die Vielschichtigkeit von Interaktion und Kommunikation adäquat zu erfassen. Für die Beschreibung von ‚sozialen Situationen' schlägt er daher als eine Art ‚Gegenmodell' die folgende grundlegende Differenzierung vor:

Soziale Situation

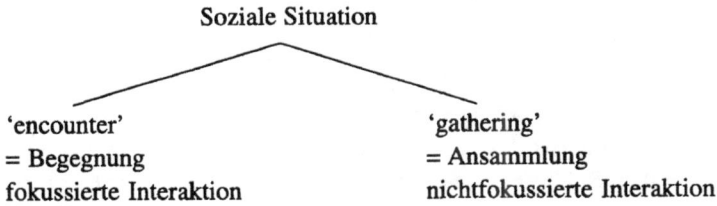

'encounter'	'gathering'
= Begegnung	= Ansammlung
fokussierte Interaktion	nichtfokussierte Interaktion

Anmerkung: Der Terminus ‚nichtfokussierte Interaktion' wurde von MWH als Pendant zur ‚fokussierten Interaktion' bei Goffman ergänzt.

Abb. 9: Soziale Situation nach Goffman

Fokussierte Interaktion – in unserem Beispiel die ‚engere Gesprächsrunde' – ergibt sich nach Goffman (1964,135) immer dann, wenn „mehrere Personen sich gegenseitig als ratifizierte Teilnehmer an der Bearbeitung eines gemeinsamen Aufmerksamkeitsfokus sehen und anerkennen." Dieser ‚gemeinsame Aufmerksamkeitsfokus' kann zwischen zwei oder mehr Personen hergestellt werden, und innerhalb einer solchen fokussierten Interaktion kann es wiederum unterschiedliche Anteile der Individuen am (Gruppen-) Gespräch geben.

Innerhalb solcher fokussierter Interaktionen versucht Goffman, die spezifischen ‚Rollen' unterschiedlicher ‚Sprecher' und ‚Hörer' voneinander abzugrenzen. In Abhängigkeit davon, an wen sich ein Sprecher in einer fokussierten Interaktion wendet, unterscheidet Goffman zwischen *adressierten* und *nichtadressierten Hörern*. Andere Personen, auf die sich die Aufmerksamkeit der Gesprächsteilnehmer nicht richtet, sind für Goffman bloße *bystander*, die sich in bestimmten Kulturkreisen üblicherweise nicht in die bestehende fokussierte Interaktion ‚einmischen'. Auch die Klasse der ‚Sprecher' differenziert Goffman. Er unterscheidet dabei zwischen dem eigentlichen *Autor*, dem Textproduzenten, und dem bloßen ‚*Animator* des Gesprochenen', dem Nachrichtensprecher im Fernsehen zum Beispiel, der ja Texte nicht selbst produziert, sondern nur in unveränderter inhaltlicher und sprachlicher Form weiter ‚vermittelt'. Als dritte Klasse von ‚Sprechern' stellt er die Gruppe der für das Sprechen sozial Verantwortlichen heraus, der 'principals', der *Auftraggeber*. Das kann beispielsweise ein Regierungschef sein, der einen Regierungsbeschluss von einem Regierungssprecher oder einem Pressereferenten vortragen und ohne inhaltliche Abweichungen, aber sprachlich völlig frei kommentieren lässt.

Eine zusätzliche Subklassifikation der fokussierten Interaktion nimmt Goffman vor, wenn er für bestimmte Phänomene der Gruppenkommunikation *einfach fokussierte Begegnungen*, etwa bei einem Vortrag, im Konzert oder in einer Talkshow, von *vielfach fokussierten Begegnungen*, z.B. bei einer Party, abhebt. In den zuerst genannten Fällen ist der Reaktions-Spielraum der ‚Hörer' stark eingeschränkt (beim Vortrag etwa auf das Beifall-Klatschen, Zwischenrufe u.ä.), auch wenn der ‚Aufmerksamkeitsfokus' von einem bestimmten Zeitpunkt an durchaus gegeben ist. Goffman nennt solche Hörer-Gruppen 'audience', *Publikum*, ‚Hörer' also, die von der Möglichkeit des gewöhnlichen turntakings weitgehend ausgeschlossen sind.

Das bloße *gathering* hingegen, die *nichtfokussierte Interaktion* (nach MWH) ist weitaus schwerer zu modellieren. Sie betrifft in unserem Beispiel etwa das (Mit-)Hören der Mutter, ebenso aber Phasen der Unterbrechung der fokussierten Interaktion, etwa beim Zum-Fenster-hinaus-Schauen oder beim Essen oder Spielen. Denn die nichtfokussierte Interaktion „umfasst das gesamte kommunikative Feld eines Individuums, also alles, was in seiner ‚Reichweite‘ (Schütz) liegt und somit seinen Sinnen zugänglich ist." (Auer 1999,157)

Selbstverständlich können sich aus einer nichtfokussierten Interaktion direkte, also fokussierte Interaktionen entwickeln, und umgekehrt ist es durchaus möglich, dass eine fokussierte Interaktion eine oder mehrere nichtfokussierte Interaktionsphasen einschließt. Zu denken ist dabei z.B. an die Unterbrechungsphasen der Gespräche im Zugabteil. Goffman spricht in diesem Zusammenhang von einem 'open state of talk', also von einem ‚offenen Gesprächszustand‘. Die Teilnehmer befinden sich dabei in einer Art Wartehaltung: Sie können jederzeit das Gespräch weiterführen, aber keiner der Teilnehmer ist zu irgendeinem Zeitpunkt dazu verpflichtet. Schließlich wird darauf verwiesen, dass ‚soziale Situationen‘ keineswegs an das Vorkommen von fokussierter Interaktion gebunden sind (s. dazu unsere Eingangsbeispiele zur nonverbalen Interaktion etwa beim Einsteigen in die Straßenbahn oder beim In-der-Schlange-Stehen an der Kasse des Supermarkts). In diesen Fällen nehmen sich die Beteiligten zwar wechselseitig wahr und reagieren daher auf den Anderen beispielsweise durch verschiedene Formen der Rücksichtnahme, es fehlt aber der ‚gemeinsame Aufmerksamkeitsfokus‘, der die fokussierte Interaktion kennzeichnet.

Das zweite Kernthema in Goffmans Arbeiten betrifft bestimmte Motive des Handelns der Interagierenden, die er unter dem Sammelbegriff 'face' zusammenfasst (1955/ 1971). Dabei geht es ihm gleichsam um eine Art ‚Auffüllung‘ der unterschiedlichen Rahmentypen der ‚sozialen Interaktion‘ sowie um die Frage, welche Leitlinien und Prinzipien das Handeln und Sprachhandeln der Individuen in unterschiedlichen Situationen bestimmen. Dabei spielen nach Goffman unterschiedliche Formen der direkten oder indirekten Selbstdarstellung (= 'face'; vielleicht könnte man hier verdeutlichend von ‚Gesichtswahrung‘ sprechen) eine entscheidende Rolle. 'Face' ist für Goffman ein positiver sozialer Wert ("a positive social value" 1955,213), den die Individuen durch ihr Verhalten für sich beanspruchen und der ihnen auf Grund eben dieses Verhaltens auch von Anderen zugesprochen wird. Jeder will ein solches positives Image im Gespräch bewahren (er will nicht ‚sein Gesicht verlieren‘) und sorgt andererseits im Normalfall dafür, dass sich auch der Partner in der Interaktion wohlfühlen kann.

Goffman erörtert zahlreiche Beispielfälle für solche Formen des 'face-work'; und er verweist darauf, dass diese sozialen Verhaltensweisen der Individuen vielfach vorgeprägt, ritualisiert sind. „Die rituellen Aspekte der Interaktion sind diejenigen, in denen sich face-work vollzieht" (s. Auer 1999,154). Dabei spielen gesellschaftlich-soziale oder/und kulturelle Unterschiede eine wichtige Rolle. Zur Verdeutlichung verweisen wir in diesem Zusammenhang auf unterschiedliche rituelle Formen von ‚Höflichkeit‘ in Deutschland und in den slawischen Ländern: Während der Gastgeber in deutschen Landen den Gast erst fragt, ob er ihm noch ein Glas Wein oder ein anderes Getränk servieren darf, gilt es in Polen als ,höflich', wenn der Gastgeber immer wieder ohne zu fragen nachschenkt, damit das Glas nie völlig geleert ist.

Solche Rituale betrachtet Goffman als Codices/Muster für bestimmte Formen gesellschaftlichen Verhaltens; und er weist nach, dass große Teile unseres Alltagsverhaltens ritualisiert sind. Daher ist für ihn die Höflichkeit nicht irgendeine mehr oder minder beliebige Form von Geselligkeit oder gesellschaftlichem Verhalten, sondern „ein ,Vermeidungsritual', mit dem das Gesicht von Alter und Ego bestmöglich geschützt werden kann bzw. muss." (Paul 2001,Ms 8)

Goffman nimmt bei diesen Interaktions-Ritualen bestimmte Differenzierungen vor, etwa Formen der symmetrischen und der asymmetrischen ,Ehrerbietung', das gute Benehmen – auf den Sprecher oder auf den Partner bezogen – und er verweist auf Gefährdungen und Verletzungen des Images sowie auf Möglichkeiten des strategischen Umgehens mit ihnen in bestimmten sozialen Situationen (dazu zusammenfassend Auer 1999,151ff.). Immer aber bleibt 'face-work' „ein Austausch zwischen dem durch solche Rituale konstituierten Selbst des einen und dem des anderen Interaktionspartners."

Diese Überlegungen Goffmans dürfen als grundlegend für die Kennzeichnung der ,inneren Ordnung der Interaktion' angesehen werden, da er ein „äußerst hilfreiches Instrumentarium zur Beschreibung komplexer Situationen" (Auer 1999,163) liefert. Wir werden daher bei unseren Interpretationen praktischer Interaktionssituationen immer wieder auf Goffmans Grundkategorien zurückkommen.

Während Goffman gleichsam die Mikrostrukturen von Interaktionsprozessen aufdeckte und damit relevante Bezugspunkte für die Interaktion fixierte, bemühten sich Harold *Garfinkel* (1967/1972;1976), mit Aaron *Cicourel* (1964) Begründer der *Ethnomethodologie*, sowie Harvey *Sacks* (1974; 1992 postum) in Kooperation mit Gail *Jefferson* und Emmanuel *Schegloff* um die praktische Umsetzung der ethnomethodologischen Prinzipien in der 'conversational analysis', der *Konversationsanalyse*.

Im Anschluss an, aber auch durch kritische Auseinandersetzung mit Parsons und Schütz wurde **Garfinkel** zum wichtigsten Theoretiker eines speziellen Zweigs der Verstehenden Soziologie, der *Ethnomethodologie*. Der eigenwillige Terminus – geprägt übrigens in Anlehnung an damals in den USA gebräuchliche Begriffe der Ethno-Wissenschaften – wurde gewählt, um zu verdeutlichen, dass die soziale Wirklichkeit nach dem Verständnis Garfinkels nicht einfach als Realität sui generis, unabhängig vom konkreten Handeln der Individuen, gekennzeichnet werden könne, dass die soziale Wirklichkeit vielmehr rekonstruiert werden müsse aus der Perspektive der Mitglieder einer bestimmten Kultur, also aus der Perspektive von Teilnehmer- oder Ethno-Kategorien. Und da es Garfinkel bei diesem Ansatz nicht um spezielle Wissenschaftsbereiche, etwa der Medizin oder der Semantik ging, sondern um sehr allgemeine Prinzipien der Sinngebung und des Verstehens von Prozessen der sozialen Interaktion, konzentrierte er sich auf die Analyse allgemeiner und alltäglicher Verfahren und *Methoden*, mittels derer soziales Handeln sinnvoll werden kann.

Ausgangspunkt für Cicourels und Garfinkels Überlegungen waren Beobachtungen von Phänomenen der Alltagssprache. Es zeigte sich nämlich, dass Alltagslexeme ebenso wie komplexe Alltagsäußerungen in hohem Grade vage, unpräzise sind: Diese Feststellung bezieht sich nicht nur auf Deiktika (*hier, da drüben ...*), sondern in gleicher Weise auf Autosemantika (*Alles hat sich verändert; wie geht's? der Duft der großen weiten Welt ...*). Garfinkel nennt diese vagen Ausdrücke *indexikalisch*. Die Kommunizierenden verstehen solche Äußerungen ungefähr, wissen annähernd, was der Sprecher damit meint. Daher fragen sie in der Regel nicht nach, um Auskunft über die genauen Wort- oder Äußerungsbedeutungen in einer konkreten Situation zu erhalten, denn sie vertrauen darauf, dass augenblickliche Verstehensdefizite bei der Rezeption von indexikalischen Äußerungen, falls notwendig, im weiteren Verlauf der Interaktion behoben werden. Insofern unterstellen sie den Ausdrücken und Äußerungen vorgreifend Sinn und erwarten gegebenenfalls rückläufig eine ‚Auffüllung'.

Bei Garfinkels Testreihen mit Studenten zeigte sich, dass ein Nachfragen nach dem objektiven Sinn solcher Ausdrücke und Äußerungen bei den Befragten auf Unverständnis stößt. Es kommt in solchen Fällen vielfach zur Verärgerung der Partner, häufig gar zum Abbruch des Gesprächs. Da die Möglichkeiten zur Präzisierung indexikalischer Strukturen in der Alltagskommunikation sehr beschränkt sind, so folgert Garfinkel (1967), sehen unsere alltagspraktischen Verfahren der Sinngebung weder eindeutige Formulierungen vor noch setzen sie sie voraus.

Erstaunlich ist nur, dass Alltagskommunikation trotz dieser ‚unheilbaren' Indexikalität funktioniert. Garfinkel nennt als Erklärung dafür das Phänomen der *Reflexivität:* "The activities whereby members produce and manage settings of organized everyday affairs are identical with member's procedures for making those settings accountable." (1967,1) Wir organisieren unser Alltagsleben also so, dass unsere Partner zugleich Hinweise darauf erhalten, wie diese Prozesse verstanden werden sollen. Garfinkel spricht in diesem Zusammenhang von der Organisation spezifischer ‚lokaler Umstände', situativer Bedingungen also, die als Fingerzeige für die Interpretation der Alltagskommunikation fungieren. „Reflexiv sind unsere Handlungen also deshalb, weil sie selbst den Kontext organisieren, der sie für-alle-praktischen-Zwecke-dieses-Augenblicks interpretierbar macht (selbstverständlich ohne dass wir uns dieser Reflexivität bewusst wären)." (Auer 1999,133).

Aus diesem Ineinandergreifen von Indexikalität und Reflexivität, das die geordnete Konstitution lokaler Ordnung nachvollziehbar macht, lassen sich im Sinne der Ethnomethodologie bestimmte ‚Basisregeln' (interpretative Verfahren) für das Handeln der Individuen in der verbalen Interaktion ableiten (s. Cicourel 1973; Streek 1987):

– die Reziprozität der Perspektiven: Ego und Alter nehmen an, dass ihre Muster für die Deutung der Interaktionsereignisse in einem pragmatisch zureichenden Maße kongruieren;

– die prospektiv-retrospektive Sinnzuschreibung, das Prinzip 'wait and see': Die Partner verlassen sich darauf, dass indexikale Äußerungen oder Handlungen im weiteren Verlauf der Interaktion rückwirkend auch für den Partner nachvollziehbar werden, dass ihnen retrospektiv ein Sinn zugeordnet werden kann;

– das etcetera-Prinzip: Da jede Beschreibung von Ereignissen letztlich unvollständig und daher indexikal bleiben muss, vertrauen beide Partner darauf, dass sie wechselseitig ihr Alltagswissen heranziehen, um Bedeutungen ‚aufzufüllen'. Sie ergänzen also Beschreibungsdefizite nach dem etcetera-Prinzip und erschließen damit das jeweils Gemeinte;

– die Normalformen-Annahme: Ego und Alter gehen davon aus, dass sie alle Sonderfälle der Interaktion vor dem Hintergrund ihres ‚normalen' Alltagswissens, ihrer Alltagsmuster interpretieren können, aus denen sich dann wiederum auch Kontextelemente des aktuellen Falls erklären lassen.

Diese allgemeinen Maximen zum Funktionieren der lokalen Konstitution sozialer Ordnung sind erst durch die ethnomethodologische *Konversationsanalyse* konkretisiert und damit praxiswirksam geworden. Den bedeutendsten Anteil an dieser Präzisierung und Konkretisierung ethnomethodologischer Prinzipien hatte ohne Frage Harvey **Sacks**. Er begründete die *Konversationsanalyse*. Dieser Begriff wird hier im Sinne von ‚ethnomethodologischer Konversationsanalyse' (=KA) gebraucht; daneben bestehen die Termini ‚Diskursanalyse', ‚Dialog-Analyse', ‚Gesprächsanalyse' mit jeweils nuanciertem methodologischem Ansatz. Der Konversationsanalyse legte Sacks empirische Untersuchungen von Alltagsgesprächen zugrunde und gelangte auf der Grundlage intensiver Beobachtungen und Analysen der ‚inneren Ordnung' zu der Einsicht, dass die jeweils auf eine Handlung/Sprachhandlung *folgende* Handlung/Sprachhandlung für das Verstehen von Äußerungen entscheidend ist: „Wir erkennen aus der Art und Weise, wie der Andere seine nächsten Handlungen (‚Erwiderungen') formuliert, wie er unsere erste Handlung verstanden hat." (Auer 1999,138) Dieses Verfahren der „Sinn-Kontrolle an der Folgeäußerung" als Basis für die *Sequenz-Analyse* komplexer Texte erwies sich als außerordentlich effektiv.

Die Ablaufsequenzen von Alltagsgesprächen sind ja vielfach normativ geregelt, großenteils in der Form von *Paarsequenzen* ("adjacency pairs"): einem Gruß folgt die Grußerwiderung, der Frage eine Antwort, einer Bitte das Vollziehen (oder Nichtvollziehen) der vom Partner erbetenen Handlung/Sprechhandlung, einer Einladung oder einem Gesuch die Annahme oder Ablehnung des jeweiligen Anliegens ... Solche aufeinander folgenden, aber von unterschiedlichen Individuen hervorgebrachten Äußerungskomplexe bilden thematische Teileinheiten von Gesamttexten, ihre Elemente sind kohäsiv und kohärent aufeinander bezogen, wobei der Sprecher der folgenden Einheit die voraufgehende Handlung des Partners gleichsam ratifiziert (direkt oder implizit). Mit dem jeweils ersten Äußerungskomplex wird der folgende schon vorstrukturiert und damit mitgesetzt. Beide Teileinheiten stehen folglich in der Relation der ‚konditionellen Relevanz' zueinander, in einer Wenn-dann-Beziehung. Solche verfestigten Abfolgen von Äußerungseinheiten bilden daher nach Auffassung der Repräsentanten dieses methodologischen Modells die Grundlage für die Mikro-Organisation der verbalen Interaktion, die von den Konversationsanalytikern als „objektive soziale Tatsache" verstanden wird.

Natürlich gibt es in Gesprächen außer solchen ‚präferierten Reaktionen', den Paarsequenzen, auch ‚nichtpräferierte Reaktionen', also lockerere Bindungen zwischen den sequenziellen Einheiten. Das ist immer dann der Fall, wenn die beiden miteinander semantisch und kommunikativ verknüpften Einheiten nicht unmittelbar aufeinander folgen oder nur partielle bzw. implizite Entsprechungen gegeben sind. Dennoch darf man auch in diesen Fällen von Sequenzialität sprechen im Sinne von bestimmten Teilerwartbarkeiten. Der Sinn solcher ‚mittelbaren Folgen' kann daher interaktiv und inferenziell durch das Zusammenspiel der Interaktionspartner produziert und verstanden werden.

Für die Generierung und Aufrechterhaltung der ‚inneren Ordnung' in der Interaktion haben die Vertreter der KA als Ergebnis detaillierter Analysen bestimmte *Regeln* aufgestellt. Sie betreffen:

- die Eröffnung und Beendigung des Gesprächs (dazu Kallmeyer 1988,1088);
- den Sprecher-Wechsel, das 'turn-taking-system' (Sacks/Schegloff/ Jefferson 1977). Die 'simplest systematics' der Rederechtverteilung stellt gleichsam ein allgemeines, abstraktes Regulierungsschema für die verbale Interaktion dar. Auf dieser Basis können dann die grundlegenden, aber eher trivialen Merkmale von Alltagsgesprächen systematisch in die Konversationsanalyse einbezogen werden: Meist spricht nur ein Sprecher; Simultansprechphasen und Überlappungen von Gesprächsbeiträgen verschiedener Partner sind kurz und werden als störend empfunden; Sprecherwechsel vollziehen sich in der Regel mit nur kleinen Pausen; nicht festgelegt ist die Reihenfolge der Teilnehmer und die Länge der jeweiligen Gesprächszüge; das Gespräch kann unterbrochen und ohne besondere Überleitung wieder aufgenommen werden (s. Auer 1999;145).
- Für das Rederecht gilt, dass A in der Regel den nächsten Sprecher (=B) zur Weiterführung des Gesprächs direkt oder mittelbar auffordert, um die Selbstwahl von B auszuschließen. B macht normalerweise von dem ihm übertragenen Rederecht Gebrauch, um die Wiederaufnahme und Weiterführung des Gesprächs durch A auszuschließen. Und die Selbstwahl von A als Folgesprecher, verbunden mit einer kurzen Pause zum Eingangsbeitrag von A, setzt voraus, dass A den Partner nicht zur Übernahme des turn aufforderte oder dass B darauf nicht reagierte.
- Mechanismen für das Durchführen von Reparaturen (Schegloff/Jefferson/Sacks 1977): Reparaturen sind in nahezu jeder Konversation notwendig: Sie ermöglichen sozusagen im zweiten Anlauf die Herstellung von Intersubjektivität. Dabei kann es sich um Selbstkorrekturen handeln, d.h. selbstinitiierte Korrekturen, wenn der Sprecher einen Irrtum o.ä. selbst korrigiert, oder um Korrekturen, die vom Partner initiiert sind, z.T. nur durch einfache Rückfragen nach dem Zutreffen einer Sprecher-Behauptung. Analog dazu kann man in Abhängigkeit vom jeweils Handelnden unterscheiden zwischen vom Sprecher selbst vorgenommenen Reparaturen und solchen, die durch den Partner realisiert werden (vgl. dazu Auer 1999,144).

Die Konversationsanalyse war und ist deswegen so erfolgreich, weil sie im Mikrobereich der Interaktion „ein hohes Maß an struktureller Regelmäßigkeit" nachweisen konnte (Auer 1999,146). Methodologisch hatte sie großen Einfluss auf weiterführende Arbeiten zur Interaktion wegen des Postulats strikt dokumentarischen Vorgehens. Ihren Untersuchungen legten die Repräsentanten der KA nicht hypothetische Interaktionsabläufe zugrunde, sondern originale, nicht arrangierte Vorkommen von Alltagsgesprächen. Daraus resultiert ihre ‚Detailbesessenheit'; die Forderung, sich nicht nur auf die Analyse von Kernsequenzen zu beschränken, denn das käme einer ‚Amputation' realer Interaktionszusammenhänge gleich, sondern in die Untersuchung einfach alles einzubeziehen, was direkt oder mittelbar für die Kennzeichnung eines konkreten Interaktionsprozesses relevant sein könnte: phonetische Besonderheiten, Verzögerungen, Überlappungen, ja sogar retardierende oder emotive Äußerungselemente wie: *Hm; äh, scheiße!* ...

Im Vergleich zu den außerordentlich fruchtbaren und ertragreichen Beobachtungen und Beschreibungen von Interaktionsereignissen im Rahmen der Konversationsanalyse sind weiterreichende Verallgemeinerungen wegen grundsätzlicher methodologischer Prinzipien eher unterrepräsentiert. Hier liegen fraglos wichtige Aufgaben für neue Untersuchungen und Analysen, denn solche Verallgemeinerungen und theoriegeleitete Schlussfolgerungen bilden letztlich doch die Voraussetzung für die Ableitung von praktischen ‚Regeln' für das potenzielle Verhalten von Individuen in künftigen Interaktionen eines bestimmten Typs.

Die in den Abschnitten 1.3.4.1 bis 1.3.4.4 aufgeführte Reihung von Interaktionsmodellen ließe sich natürlich ausweiten etwa durch die Arbeiten von John J. *Gumperz* (1982), Dell *Hymes* (1962;1972), Thomas *Luckmann* (1975;1995) und andere. Wir sehen aber davon ab, weil es sich dabei im Wesentlichen um Weiterführungen und Spezifizierungen der oben in ihren Grundzügen charakterisierten grundlegenden Interaktionsmodelle handelt.

1.3.4.5 Möglichkeiten und Begrenztheiten von Interaktionskonzepten

Die oben genannten Interaktionsmodelle bieten in ihrer Gesamtheit eine relativ detaillierte Kennzeichnung wesentlicher Aspekte der verbalen Interaktion. Die einzelnen Konzepte vermitteln wertvolle Einsichten in bestimmte allgemeine interaktionale Zusammenhänge, zudem in spezifische Einzelprobleme des Gesamtphänomens, die wir versuchten, unter thematischen Aspekten zu bündeln und darzustellen.

Trotz einer Vielzahl in sich schlüssiger theoriebezogener Annahmen, der erstaunlichen Detailliertheit des Materials und des Facettenreichtums der Darstellung ergibt sich aus der bloßen Summierung der dabei gewonnenen und für das Phänomen Interaktion außerordentlich wichtigen Einsichten *keineswegs* schon eine stringente *Interaktions-Theorie*, aus der allgemeine Regularitäten für das Funktionieren kommunikativer Prozesse jeglicher Art abgeleitet werden könnten und die dann, gleichsam als Folie über die realen konkreten Interaktionsereignisse gelegt, zur Interpretation und Erklärung beliebiger Einzelphänomene und komplexer Ablaufstrukturen herangezogen werden könnte.

Dafür sind verschieden Ursachen zu nennen:
– Die verbale Interaktion ist mit Notwendigkeit Erkenntnisobjekt verschiedener Wissenschaftsdisziplinen. Genannt seien hier nur die Soziologie, die Psychologie (insbesondere die Sozialpsychologie), die Psychiatrie, die Pädagogik, die Politikwissenschaften, die Medienpädagogik, die Philosophie, die Anthropologie und nicht zuletzt die Linguistik. Berührungspunkte gibt es daneben zur Biologie, zu Physik und Chemie und vor allem zur Informatik. Jede dieser Disziplinen fokussiert jeweils unterschiedliche Aspekte des Gesamtphänomens und nutzt dabei unterschiedliche

Vorgehensweisen und Techniken. Die Zusammenführung von Einsichten der verschiedenen Teildisziplinen erweist sich aber nicht zuletzt wegen der unterschiedlichen methodologischen Ansatzpunkte als außerordentlich diffizil.

- Nur Teilbereiche des weiten Interaktionsfeldes wurden von den verschiedenen Wissenschaften bisher erfasst und systematisch untersucht. Vielfach ging man von in zahlreichen Modellen favorisierten *idealen Interaktionszusammenhängen* aus. Konkrete Interaktionsbedingungen und -prozesse aber blieben bei solchen Modellierungsansätzen unberücksichtigt, vor allem ‚Abweichungen' von solchen idealisierten Normen, etwa bei Konflikten zwischen den Beteiligten, bei verbaler Interaktion unter sozialen und/oder psychischen Ausnahmebedingungen, bei der Kommunikation im Rahmen von Machtstrukturen unterschiedlicher Prägung und bei der verbalen Interaktion zwischen Angehörigen bestimmter sozialer und/oder regionaler Gruppen. Das führte dazu, dass insbesondere die Formen der ‚direkten' Interaktion, also der face-to-face-Kommunikation, Gegenstand der Analysen waren, nicht aber (oder nur in geringem Maße) Interaktionstypen der Distanzkommunikation.

- Die Reichweite von Theorien überhaupt hängt in hohem Grade vom Allgemeinheitsgrad des jeweiligen Objektbereichs ab. Der menschlichen Kommunikation aber kommt ohne Frage ein besonders hoher Allgemeinheitsgrad zu, vor allem in modernen Kommunikationsgesellschaften (s. Kreibisch 1986). Da sich der Objektbereich indes nicht nur als ein außerordentlich umfangreiches, sondern ebenso heterogenes Feld kommunikativer Ereignisse erweist, lassen sich zwischen den Teileinheiten und Elementen dieses Bereichs nur in begrenztem Umfang regelhafte Beziehungen aufdecken und herstellen. Generalisierungen müssen daher in der Regel auf sehr hoher Abstraktionsstufe formuliert werden. Sie lassen sich in vielen Situationen der kommunikativen Praxis kaum noch sinnvoll anwenden; teils wirken sie trivial. Das legt die Frage nahe, ob es überhaupt als sinnvoll und machbar angesehen werden kann, für einen Wirklichkeitsbereich mit so großer Extension und den zahllosen Facetten zwischenmenschlicher Beziehungen Abhängigkeiten, Relationen und Regeln in der Form einer komplexen generalisierenden Gesamttheorie der Interaktion zusammenzustellen.

- Hinzu kommt das Faktum, dass im Bereich *zwischenmenschlicher Beziehungen* nicht strikte WENN-DANN-Regeln und logische 1:1-Relationen ermittelt werden können; vielmehr handelt es sich dabei immer nur um probabilistische Aussagen (Wahrscheinlichkeitsaussagen), die stets Unsicherheiten und Unwägbarkeiten implizieren. Schon eine leichte Erregtheit eines Kommunizierenden, das Aufkommen von Sympathiegefühlen für einen Partner oder eine minimale Veränderung der situativen Rahmenbedingungen (Stromausfall, ein nicht funktionierendes Mikrofon, das Bellen eines Hundes ...) macht das Verhalten der Individuen nur noch begrenzt prädiktabel. Statt von strikten ‚Regeln' sollte man daher im Gesamtbereich der Interaktion bescheidener von ‚Präferenzen' sprechen.

Aus den hier erörterten Begrenztheiten für die exakte Kennzeichnung von Interaktionsprozessen und aus den oben wiedergegebenen Postulaten der Interaktionsmodelle leiten wir für die praktische Darstellung von Prozessen der verbalen Interaktion eine Reihe grundlegender Konsequenzen ab, die in das Rahmenmodell zur Beschreibung von Texten und Diskursen eingehen (Einzelheiten s. Kap. 4.3).

1.4 Texte als Instrumente kommunikativen Handelns

Das unter 1.3 in den Grundzügen entwickelte Gesamtkonzept von verbaler Interaktion macht deutlich, dass Texte nur als (allerdings wesentlicher) Teilaspekt von Interaktionsereignissen gesehen werden können. Sie sind zum einen stets involviert in komplexere Diskurse und den Gesamtrahmen der jeweiligen Interaktion; sie schließen zum andern mit Notwendigkeit gesellschaftlich-soziale und psychische Aspekte ebenso ein wie linguistisch explizierbare sprachlich geformte Strukturen und Prozesse. Der Versuch einer adäquaten Kennzeichnung von Texten muss daher n.u.A. dieses Eingebettetsein der Texte in größere interaktionale Zusammenhänge berücksichtigen und damit die situativ-soziale und kognitiv-emotive Fundierung des nonverbalen und verbalen Handelns der Interaktionspartner explizieren. Die Interaktion wird so zum durchgehenden Bezugspunkt, zu einer Art Schnittstelle für alle am Zustandekommen von Kommunikation beteiligten Instanzen.

In diesem Zusammenhang soll nur auf dieses Involviertsein von Texten in übergeordnete Interaktionszusammenhänge verwiesen werden. Eine detaillierte Charakterisierung von Texten und Textualität bietet das Kap. 2. Da nun Texte vor dem Hintergrund komplexer Interaktionsereignisse nur als (Teil-)Prozesse und (Teil-)Resultate gefasst werden können, ergibt sich für ihre Explikation in konkreten Interaktionszusammenhängen die Notwendigkeit, die folgenden Rahmenkonstituenten in die Darstellung mit einzubeziehen:

- die Interaktionalität i.e.S., d.h. die situativen Rahmenbedingungen, aus denen sich vielfach Notwendigkeit und Zweck für das Interagieren der Partner ableiten lässt; diese situativ-sozialen Faktoren haben darüber hinaus wesentlichen Einfluss auf die jeweilige Art der Textgenerierung;
- die soziale Konstellation zwischen den Partnern; Partnerbeziehungen sind oft von entscheidender Bedeutung für das Glücken von Kommunikation;
- die Bereitschaft der Individuen zur Konstitution einer ‚kommunikativen Gemeinschaft' (Kooperationsbereitschaft i.w.S.). Eine solche grundlegende Bereitschaft zur Verständigung impliziert die Zuwendung zum Partner (durch Blickkontakt, körperliche Zuwendung und Text-Aufnahmebereitschaft in der face-to-face-Kommunikation; durch das Öffnen und Lesen eines Briefs in der Schriftkommunikation);
- die Einlassung der Partner auf ein gemeinsames Thema. Kommunikation kann nicht funktionieren, wenn die Partner aneinander vorbeireden. Von Bedeutung für die jeweilige Textgenerierung und -verarbeitung sind auch die Einstellungen der Interagierenden zum jeweiligen Gegenstand der Kommunikation;
- die kognitiven Auswahl- und Entscheidungsprozesse von Interagierenden bei der Texterstellung und -darstellung. Entsprechend dem jeweiligen situativ-sozialen Bedingungsgefüge, der eigenen Intention sowie der Berücksichtigung der möglichen Partner-Reaktion entscheidet sich der jeweilige ‚Texter', auch mit Hilfe aktivierter

Text- und Formulierungsmuster, für bestimmte möglichst adäquate Formen der sprachlichen und nonverbalen Materialisierung von Vor-Gedachtem in der Form von Texten sowie von Begleit-Handlungen;

- das materialisierte Ergebnis der kognitiven Verbalisierungs-Operationen, Texte und Kommunikate. Sie sind auditiv oder visuell wahrnehmbar und potenziell konservierbar;

- die kognitiven Text-Verstehens- und Verarbeitungsprozesse der Interagierenden. Diese Operationen erfolgen mustergeleitet und großenteils ritualisiert, wobei der ‚Textsinn‘ durch den/die Rezipienten auf der Basis des wahrgenommenen Textes, der Rahmenbedingungen sowie von Inferenzen jeweils neu generiert wird;

- das Reagieren des/der Partner/s auf den Text. Dabei vollziehen die Beteiligten vom Partner intendierte Handlungen oder unterlassen sie, vollziehen Sprachhandlungen (‚antworten‘) oder ‚lernen‘, indem sie ihr Kenntnissystem erweitern bzw. verändern;

- die Wirkung des Textes im Rahmen der Interaktion oder darüber hinaus. Sie zeigt sich im Vollzug der von den ‚Textern‘ erstrebten Aktivitäten durch die jeweiligen Partner, im veränderten Bewusstseinszustand der Rezipienten bei didaktischen Prozessen, in veränderten sozialen Beziehungen wie etwa Aufnahme, Fortführung, Festigung oder Unterbrechung sozialer Kontakte oder in veränderten gesellschaftlichen Gegebenheiten (z.B. Ernennung, Eheschließung, Taufe ...).

Diese breite Skala von Aktivitäten, die mit der Konstitution und der Verarbeitung von Texten verknüpft sind, weist deutlich aus, dass Texte in übergreifende Konstellationen interaktiver Ereignisse eingebettet sind (quod erat demonstrandum). Dennoch aber kommt ihnen unter all den anderen konstitutiven Bedingungen und Prozessen der Interaktion herausragende Bedeutung zu: Sie sind das materiell greifbare (Teil-)Resultat, zu dem alle anderen Aktivitäten der Textproduktionsphase hinführen. Sie sind zugleich der feste Bezugs- und Ausgangspunkt für alle potenziellen Aktivitäten und Reaktionen, die sich aus konkreten Interaktionen ergeben können.

Ohne die Einbeziehung der anderen Faktoren interaktiver Ereignisse aber können Texte nicht oder zumindest nicht zureichend verstanden und erklärt werden. Aber indem Texte Informationen, Aufforderungen, Emotionen, Normen und Wertungen zu Partnern transportieren und damit zum direkten Auslöser entsprechender Reaktionen werden, kommt ihnen entscheidende Bedeutung in Interaktionsprozessen zu: Sie fungieren als *Instrumente kommunikativen Handelns* zur Durchsetzung bestimmter Ziele der Interagierenden.

Wegen dieser besonderen Relevanz von Texten im Rahmen der verbalen Interaktion werden die Begriffe Text und Textualität im folgenden Hauptkapitel eingehender charakterisiert.

2 Text und Diskurs

In diesem Hauptkapitel sollen die linguistischen Grundeinheiten des Kommunizierens, Texte und Diskurse, eingegrenzt und näher bestimmt werden. Dabei kann im Zusammenhang mit der Kennzeichnung des Begriffs ‚Text‘ (von lat. *textus* urspr. ‚Gewebe‘, ‚Geflecht‘ zu lat. *texere* ‚weben‘, ‚flechten‘) an das Alltagswissen der Individuen sowie an Einsichten der sich seit dem Beginn der 70er Jahre stürmisch entwickelnden neuen Wissenschaftsdisziplin Textlinguistik angeknüpft werden.

Neu zu bestimmen sind dagegen Intension und Extension jenes begrifflichen Phänomens, das in der kommunikativen Praxis als eine mehr oder minder feste Bündelung von Einzeltexten gefasst werden kann. Terminologisch verwenden wir dafür den Terminus ‚Diskurs‘ (so etwa Adamzik 2001, Warnke 2000; zu dieser Problematik s. Kap. 2.4). Die durch diesen Terminus miteinander verknüpften Textganzheiten bilden nach unserem Verständnis unterschiedlich strukturierte und durch unterschiedliche Kohärenzbeziehungen miteinander verbundene ‚Kommunikationsfelder‘.

2.1 Texte als Grundeinheiten der sprachlichen Kommunikation

Als Grundeinheit der sprachlichen Kommunikation und damit als eigentlichen Gegenstand der Linguistik hat man über Jahrhunderte den *Satz* angesehen. Er ist ein universelles sprachliches Phänomen, in seiner Struktur überschau- und nahezu eindeutig abgrenzbar und in seinen Grundfunktionen (Aussage-/Feststellungssatz, Fragesatz, Aufforderungssatz, Wunschsatz) fassbar. Alle anderen Teileinheiten der Rede (Laute und Phoneme, Silben und Morpheme, Syntagmen/Wortgruppen und Satzglieder, Wörter und Lexeme) wurden zwar für sich als eigene, isolierte Teileinheiten bzw. Teilsysteme untersucht und beschrieben. Sie blieben aber immer auf die größte überschaubare und daher einer linguistischen Erklärung zugängliche sprachliche Einheit, eben den Satz, beziehbar. Diese ‚größte‘ sprachliche Grundeinheit kennzeichnete Bloomfield (1955,170) in seiner berühmten strikt strukturalistischen Definition: "A sentence is an independent linguistic form not included by virtue of any grammatical construction in any larger linguistic form." Diese Auffassung vom Satz als der größten analysierbaren sprachlichen Einheit war aber nicht auf strukturalistische Konzepte beschränkt. Im Grunde gingen und gehen teils heute noch nahezu alle grammatischen Beschreibungsansätze von der traditionellen Grammatik bis hin zur Generativen Transformationsgrammatik von diesem dem Anschein nach selbstverständlichen Grundverständnis des Satzes als tragender linguistischer und damit letztlich kommunikativer Basiseinheit aus.

Es musste daher fast eine wie eine ‚Revolution‘ im Selbstverständnis von Linguisten wirken, als Peter *Hartmann* die konträre These aufstellte, dass *Texte* und nicht Sätze (!) die „originären sprachlichen Zeichen" darstellen (1971,10). Denn „es wird, wenn überhaupt gesprochen wird, nur in Texten gesprochen … Nur texthafte und textwertige Sprache ist das Kommunikationsmittel zwischen den Menschen." (1971,12) Und schon 1964 hatte er seine Grundthese in nuce formuliert: „Mit ‚Text' kann man alles bezeichnen, was an Sprache so vorkommt, da es Sprache in kommunikativer oder wie immer sozialer, d.h. partnerbezogener Form ist." (1964,17)

Damit hatte Peter Hartmann einen wesentlichen Impuls zur vielzitierten ‚pragmatischen Wende' in der Linguistik gegeben, dem Paradigmenwechsel von der nahezu ausschließlich systemorientierten Sprachwissenschaft zu einer betont kommunikativen und funktional orientierten Linguistik. Daher konzentrierten sich Linguisten seither, nicht zuletzt wegen der ‚Entdeckung' der neuen kommunikativen und damit auch linguistischen Grundeinheit, stärker auf die Untersuchung von Phänomenen der Verwendung von Sprachzeichen in der praktischen Kommunikation; zugleich wurde postuliert, die Einbettung sprachlicher Äußerungskomplexe in übergreifende interaktionale Zusammenhänge stärker zu berücksichtigen.

Im Rahmen dieses ‚paradigmatischen Wechsels' (Kuhn 1967,11) hatten sich neue, pragmatisch orientierte Wissenschaftsdisziplinen entwickelt, neben der Sozio-Linguistik und der Psycho-Linguistik vor allem die Text-Linguistik (zu den ‚Vorläufern' der Textlinguistik s. Heinemann/Viehweger 1991,19ff.; Sanders 2000,17ff.; Eroms 2000,36ff.). Als bahnbrechend und grundlegend für die Herausbildung einer solchen Wissenschaft von den Texten hatte sich außer dem oben apostrophierten Basis-Postulat auch die Forderung Peter Hartmanns erwiesen, zwischen (übereinzelsprachlichen) Universalien der Textkonstitution und den (einzelsprachlichen) Spezifika von Textformulierungen zu unterscheiden (1964,19). Damit aber hatte er, wie er selbst feststellte (1971,12), „der ganzen Linguistik eine neue Dimension" eröffnet.

Die neu entstehende Textlinguistik wurde in der Folgezeit immer wieder der oben charakterisierten Satz- oder Systemlinguistik als konträr, ja gar diese ausschließend gegenübergestellt; andererseits wurde gelegentlich behauptet, dass im Grunde jede Linguistik grundsätzlich und von vornherein Textlinguistik sein müsse, da sie sich doch immer, entsprechend dem neuen Basispostulat, mit Texten befasse.

Dagegen ist einzuwenden, dass die Hartmannsche Basisthese, Texte als Grundeinheiten der sprachlichen Kommunikation zur Grundlage linguistischer Analysen zu machen, keineswegs die Berechtigung und Notwendigkeit der exakten Kennzeichnung von subordinierten sprachlichen Teileinheiten und Teilsystemen in Frage stellt. Vielmehr sind die Resultate solcher Analysen großenteils von Relevanz für Untersuchungen an komplexen Texten. Wir plädieren daher für die Weiterführung, ja Intensivierung der Forschung in den genannten Grundlagendisziplinen; allerdings sollten dabei Bezüge zu übergeordneten Einheiten, insbesondere zu Textganzheiten, nicht ausgeblendet werden.

Der Gegenthese ist entgegenzuhalten, dass das bloße Vorkommen isoliert betrachteter beliebiger sprachlicher Phänomens in Texten noch kein Argument darstellen kann für die Behauptung, alle linguistischen Beschreibungen seien eo ipso Textbeschreibungen (s. Figge 1979,20ff.); von textlinguistischen Arbeiten soll vielmehr in den folgenden Darlegungen nur dann gesprochen werden, wenn sie in der Tat textbezogen sind, wenn daraus also auch Aussagen über das Wesen von Gesamt-Texten, d.h. ihre Textualität, spezifische Text-Strukturen oder -Funktionen abgeleitet werden können.

Textlinguistik und Satzlinguistik stehen also weder in einem disjunktiven Verhältnis zueinander, noch ist eine Identifikation der beiden Ansätze im Sinne der Inklusion des Einen durch den Anderen vertretbar. Es darf vielmehr von einem komplementären Verhältnis zwischen Satz- und Textlinguistik ausgegangen werden. Dabei können satzlinguistische Untersuchungen einerseits ohne Frage als wesentliche Voraussetzungen für textlinguistische Darstellungen gewertet werden; andererseits werden sie in der übergreifenden Textlinguistik ‚aufgehoben‘ (dazu Heinemann/Viehweger 1991,15f.).

Was aber ist ein *Text*? Was ist Textualität? Welche Eigenschaften müssen jedem einzelnen Text, d.h. allen je in der Vergangenheit in allen Sprachen produzierten ebenso wie den potenziell in der Zukunft noch zu bildenden Texteinheiten zukommen?

Aus der Sicht von ‚Normalbürgern‘ in der alltäglichen Lebenswelt dürfte die Beantwortung dieser Fragen kaum ein Problem sein. Jeder weiß so ungefähr, wie bei vielen anderen grundlegenden Begriffen (Klang, Ton, Wort, Satz ...) auch, welche kommunikativen Einheiten des Alltagslebens man ‚Text‘ nennen könnte: Briefe, Zeitungsartikel, Krimis, Gesetze ... ‚Zweifelsfälle‘ blendet der Normalbürger intuitiv und für sein Alltagsverständnis zu Recht aus. Für ihn ist es irrelevant, ob ein Knöllchen oder ein Bußgeldbescheid noch ‚Text‘ genannt werden kann, ob die Lautsprecherdurchsage auf dem Bahnhof, Lieder, Piktogramme oder Telefongespräche zu einer solchen Begriffsklasse gehören oder nicht. Und die Möglichkeit, dass selbst Licht- oder Tonsignale wie z.B. Ampelanlagen oder das Pfeifen einer Lok unter dem Aspekt allgemeinster Informationsvermittlung noch der Kategorie ‚Text‘ zugeordnet werden könnten, ist für den Alltagssprecher bestenfalls von peripherer Bedeutung.

Andererseits ist demselben Alltagssprecher der Begriff ‚Text‘ in bestimmten Alltagszusammenhängen durchaus vertraut: Er kennt die Texte zu bestimmten Liedern, Text-Aufgaben in der Mathematik, die Bezugnahme auf den Text (=die Bibel) beim Gottesdienst u.a.m. Bedenkt man ferner, dass man auch in verschiedenen Wissenschaftsdisziplinen, etwa in der Literaturwissenschaft, der Psychologie, der Rechtswissenschaft, der Pädagogik, neuerdings metaphorisch sogar in den Biowissenschaften (Gene als ‚Lebenstext‘, Orzessek 2000,20) immer wieder von *Texten* spricht, ohne den Begriff näher zu bestimmen, so wird deutlich, dass letztlich heterogene Begriffselemente, die zudem nur bedingt aufeinander beziehbar sind bzw. sich teils sogar widersprechen, in ein sehr vages und allgemeines Alltagsverständnis von Texten eingehen.

Linguisten können sich mit einem solch vagen Alltagsverständnis nicht zufrieden geben. Wenn seit der pragmatischen Wende Texte zu einem wichtigen Objekt linguistischer Forschung werden sollten, musste man zunächst bemüht sein, Widersprüche bei der Begriffsbestimmung auszuräumen und Vagheiten abzubauen durch die Eruierung eindeutiger Kriterien für die Bestimmung von Begriffsinhalt und Begriffsumfang, für die Kennzeichnung der Textualität allgemein, aber auch für die Abgrenzung unterschiedlicher Klassen von Texten.

Unter diesem Aspekt haben sich seit den 70er Jahren zahlreiche Linguisten mit dem Phänomen ‚Text‘ befasst. Wir wollen versuchen, diese vielfältigen Bemühungen zu ordnen und in der Form eines Überblicks systematisch zusammenzufassen. Dabei können wir zunächst eine relativ große Zahl von Arbeiten aussondern, die zwar immer wieder das Etikett ‚Text‘ gebrauchen, aber nur wenig zur Lösung von textbezogenen Problemen beitragen. In unsere Untersuchungen einbezogen wurden vielmehr nur jene Analysen und Abhandlungen, die sich n.u.A. als grundlegend in des Wortes ursprünglicher Bedeutung oder als trendbestimmend erwiesen haben. Bei der Auswertung der von uns gesammelten Daten zeigte sich schnell, dass man auch heute nur bedingt von einem Konsens der Linguisten im Hinblick auf den Grundbegriff der Textlinguistik sprechen kann.

Auf die ‚Gretchen-Frage' der Linguistik nach dem Wesen von Textualität wurden nämlich in nahezu tausend Textdefinitionen teils erheblich voneinander abweichende Antworten gegeben. Auffallend war, dass die größte Zahl der Arbeiten jeweils nur einen Teilaspekt von Texten aus unterschiedlicher theoretischer oder methodologischer Sicht erfassten und adäquat darstellten, dass dagegen das komplexe Phänomen ‚Text' als eine in der Interaktion funktionierende Ganzheit nur gelegentlich apostrophiert wurde.

2.2 Grundansätze zur Kennzeichnung von Textphänomenen

Es soll versucht werden, diese unterschiedlichen Zugriffe auf das Phänomen ‚Text' in den folgenden Teilkapiteln in der Form einer zusammenfassenden Überblicksdarstellung zu kennzeichnen und abschließend, so weit das sinnvoll erscheint, integrativ zu bündeln. Auch wenn sich dabei gelegentlich Übereinstimmungen mit der wissenschaftshistorischen Entwicklung der Textlinguistik ergeben sollten (dazu genauer Heinemann/ Viehweger 1991, Kap. 1), besteht das primäre Anliegen der Autoren doch darin, in diesem immer stärker ausufernden Wissenschaftsfeld allgemeine Orientierung zu geben.

2.2.1 Der grammatische Zugriff

Texte als grundlegende Einheiten der sprachlichen Kommunikation werden zunächst und primär von den sie konstituierenden sprachlichen Mitteln geprägt. Die Beschreibung der Oberflächenstrukturen von Texten und insbesondere des grammatischen Beziehungssystems ist daher eine essenzielle Grundlage für die Erfassung von Textualität schlechthin. Zumindest *auch* an diesen Oberflächenstrukturen, hier summarisch und verkürzend ‚grammatische Strukturen' genannt, muss sich ja die Einheitlichkeit eines Textes zeigen, muss folglich der *Text als grammatische Einheit* explikabel sein. Zu fragen ist aber, *wie* diese grammatisch fundierte Einheitlichkeit von Texten zustande kommt, welche Parameter im Einzelnen für die Erfassung der Textualität relevant und welche nur von untergeordneter Bedeutung sind.

Vor allem in linguistischen Arbeiten der 60er und 70er Jahre wurde dieser Aspekt von Textualität immer wieder thematisiert. Man ging dabei von der Basis-Annahme aus, dass Texten im Grunde bestimmte globale Eigenschaften genau so zukommen wie Sätzen: etwa, dass jeweils infinite Mengen dieser Grundeinheiten in den Einzelsprachen generierbar sind, dass beide Grundeinheiten Sachverhalte abbilden, dass Texte und Sätze strukturiert sind usw. Aus solchen allzu groben ‚Gemeinsamkeiten' folgerte man, dass man Texte mit denselben Methoden und auf der Basis derselben Kategorien beschreiben könne wie einzelne Sätze. Praktisch bedeutete das die einfache Ausweitung der ‚Domäne' des Grammatischen über die Grenze des Einzelsatzes hinaus ("beyond the sentence") auf Satzpaare sowie Komplexe aus mehreren Sätzen. Zur Kennzeichnung solcher ‚Über-Satz-Einheiten' verwendete man daher konsequenterweise in der Anfangsphase einer ‚Textgrammatik' den Ausdruck *transphrastische* Ganzheiten, also sprachliche Einheiten, die über den Einzelsatz, die Phrase, hinausreichen.

Als grundlegend für nahezu alle Versuche zur Eruierung der grammatischen Einheitlichkeit von Texten erwies sich die *Satzverknüpfungshypothese* (s. Heinemann/ Viehweger 1991,27f.). ‚Texte' wurden als einfache Kombinationen von Einzelsätzen verstanden, als ‚lineare Folgen von Sätzen', wobei der Begriff ‚Folge' im mathematischen Sinne interpretiert wurde. Da zwischen den Sätzen untereinander sowie zwischen ihnen und der Textganzheit offenkundig spezifische grammatische Beziehungen existieren, muss es Aufgabe jeder ‚Textgrammatik' sein, eben dieses Beziehungsgefüge durch die Aufdeckung und Formulierung von grammatischen ‚Regeln' zu spezifizieren.

Aber nicht alle ‚linearen Satzfolgen' können schon ‚Texte' genannt werden. Hinzukommen muss ein kohäsiver Zusammenhang zwischen den Sätzen, der durch Konjunktionen oder Adverbien oder aber durch satzübergreifende Verflechtungsmittel markiert werden kann.

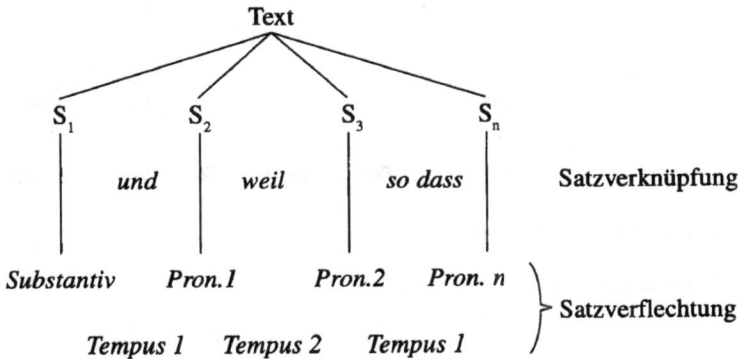

Abb. 10: Textgrammatische Kategorien

Gegenstand von grammatischen Textbeschreibungen ist daher dieses Beziehungsgefüge zwischen den Einzelsätzen untereinander sowie zwischen ihnen und der Textganzheit. Diese Beziehungen sollten in Textgrammatiken durch exakte und generalisierbare ‚Regeln' spezifiziert werden.

Bei der Aufstellung solcher Regeln griff Horst *Isenberg* (1968) methodisch auf das Grundmodell der Generativen Transformationsgrammatik zurück, indem er für die miteinander zu kombinierenden Einzelsätze ‚traditionelle' Satzgenerierungsregeln aufstellte:

$$S_1 \longrightarrow NP, VP$$
$$NP \longrightarrow (Art)\ (Adj)\ N$$
$$VP \longrightarrow V\ (NP),\ (NP)$$
...

Legende: S_1 = Anfangssatz eines Textes
        $\longrightarrow$ = besteht aus
        NP = Nominalphrase
        VP = Verbalphrase
        (Art) = Artikel fakultativ
        (Adj) = Adjektiv fakultativ
        N = Nomen
        V = Verb
        (NP) = Nominalphrase fakultativ

Den so grammatisch bestimmten einzelnen Sätzen der Texteinheit S_1, S_2, ... S_n stellte er eine ‚Textgenerierungsregel‘ voran, mit deren Hilfe die Einzelsätze aus dem Initialsymbol T (=Text) zu expandieren sind.

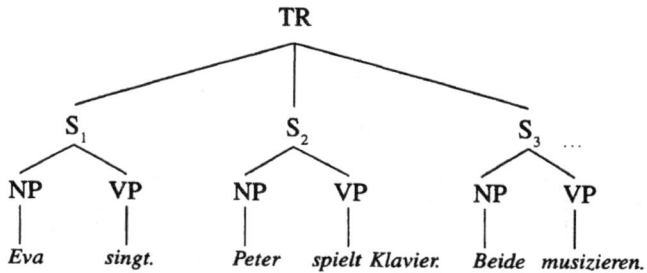

Legende: TR = Textgenerierungsregel

Abb. 11: Grammatische Textgenerierung

Die detaillierte Ausformulierung solcher und weiterer ‚Regeln‘ sollte es nach Isenberg (1971,169) möglich machen, „zusammen mit den übrigen Komponenten der Grammatik den Begriff ‚wohlgeformter Text einer Sprache L‘ zu explizieren". Das für ihn übergreifende Textmerkmal der ‚Wohlgeformtheit‘ bestimmte er an anderer Stelle (1976,48) als „kohärente lineare Abfolge von nach bestimmten Prinzipien sequenziell verknüpften sprachlichen Einheiten."

Je nach Art der Verknüpfung der Sätze miteinander wurden in Textgrammatiken unterschiedliche **Vertextungstypen** voneinander abgehoben, die in Anlehnung an die bekannten Modelle der grammatischen Satzintegration bestimmt wurden als Typen der Kausalanknüpfung, der temporalen, der modalen oder der adversativen Anknüpfung usw. Hinzu kamen in einigen Darstellungen noch über das ‚rein Grammatische‘ hinausgehende Spezifizierungen von Frage-Antwort-Korrespondenzen oder von Inhalten des jeweiligen Vorgängersatzes ...

Und für die Konstitution solcher Verknüpfungstypen spielen nach Auffassung der
‚Textgrammatiker' (z.B. Pfütze 1965; Isenberg 1968; 1977,122 ...) **Vertextungsmittel**
eine besondere Rolle; sie verbinden die Sätze kohäsiv miteinander oder stellen besondere Verflechtungen zwischen Einzelelementen verschiedener Sätze her. Es sind dies:

Konjunktionen
Pronomina
Proadverbien
Artikel
Gliederungssignale
Frage- und Antwort-Partikel
Deiktika
adversative Ausdrücke

Sie werden ergänzt durch generelle grammatische Eigenschaften von Sätzen in analo-
gen Funktionen:

Intonation
Satzakzent
Emphase und Kontrast
Aspekt
Tempus
Topologie der Elemente im Satz

Die detaillierte Analyse solcher Vertextungsmittel erlaube dann, so die opinio communis
der ‚Textgrammatiker', nicht nur Rückschlüsse auf Verknüpfungsbeziehungen zwischen
Nachbarsätzen; sie ergeben vielmehr Aufschluss darüber, was den Text im Innersten
grammatisch zusammenhält.

In zahlreichen Arbeiten sind diese grammatischen Vertextungsmittel im Hinblick auf
ihre Relevanz für die Konstitution von Textganzheiten untersucht worden. Besondere
Hervorhebung verdient dabei die Kennzeichnung der ‚Texthaftigkeit' von Pronomina
durch Roland **Harweg** (1968). Nach seiner Hypothese werden die Einzelsätze eines
Textes durch ‚Pronominalisierungsketten' miteinander verflochten. Den Anfang einer
solchen Kette und damit eines Textes markieren sogenannte syntagmatische *Substituenda*, d.h. Autosemantika, die für den Rezipienten unmittelbar verstehbar sind, z.B.
der Hund, das Mädchen ... In den Folgesätzen werden dann diese Substituenda des
Ausgangssatzes durch referenzidentische Sprachzeichen, vor allem Pronomina und andere *Substituentia*, aufgenommen: *er, sein Bellen, ihn, mit seiner Pfote* ... *es, sein/ihr
neues Kleid, durch sie* ... Dadurch werden Pronominalisierungsketten gebildet, die nach
Harweg zusammengenommen signifikant sind für die Kennzeichnung von Textganzheiten: Ein Text reicht so weit wie seine Pronominalisierungsketten; und dort, wo eine
solche Kette aufhört, beginnt ein neuer Text.

Harweg definiert daher den Text auf der Basis dieses nach seiner Auffassung textkonstitutiven Merkmals als „ein durch ununterbrochene pronominale Verkettung konsti-

tuiertes Nacheinander sprachlicher Einheiten" (1968,148). Dieser Textbegriff gründet sich damit auf das Prinzip der Wiederaufnahme, die Harweg mit Hilfe der ‚syntagmatischen Substitution' und einer stark differenzierten Klassifikation von Substitutionstypen im Einzelnen einsichtig machen wollte.

Auf andere textkonstituierende und textsteuernde grammatische Mittel, die in Textgrammatiken analysiert wurden, kann in diesem Rahmen nur beiläufig verwiesen werden: Tempusmorpheme (Weinrich 1971); Artikel (Weinrich 1969); Pro-Formen (Steinitz 1968/1974; Vater 1968); zusammenfassende Darstellungen Kallmeyer 1980,247ff.; Heinemann/Viehweger 1991; Text-Verflechtungsmittel (Pfütze 1965; 1967; Sommerfeldt 1979; Beisbart 1976).

Ohne Frage stellen textgrammatische Vorgehensweisen einen notwendigen deskriptiven Zugang zur Kennzeichnung von Text-Phänomenen dar. Doch sind bestimmte *Begrenztheiten* dieses Beschreibungsansatzes nicht zu übersehen:
– Texte werden nur als fertige, in sich strukturierte statische Einheiten gekennzeichnet.
– Sie werden losgelöst von den am Interaktionsprozess Beteiligten beschrieben.
– Im Text nicht indizierte Phänomene können nicht erfasst werden.
– Der ganzheitliche Charakter umfangreicherer Texte ist mit diesem Instrumentarium allein nicht beschreibbar.
– Ein Zugang zu Textbedeutungen bzw. zur Erklärung des Funktionierens von Texten kann auf diese Weise nicht hergestellt werden.

So entsteht bei ausschließlich textgrammatischem Vorgehen immer nur ein Bild von der Organisation der Oberflächenstrukturen der Texte, nicht aber von ihrer Textualität. Wegen dieser Beschränktheit wurde in textlinguistischen Arbeiten der 80er und der 90er Jahre partiell oder ganz auf die Kennzeichnung von Oberflächenstrukturen verzichtet. Dem ist entgegenzuhalten, dass bei einer solchen Ausblendung von Phänomenen der Textoberfläche nur ein in hohem Grade defizitäres Bild von Texten entstehen kann. Der deskriptive Zugriff auf Texte ist n.u.A. keineswegs redundant für Textbeschreibungen; im Gegenteil: Er sollte als wesentliche Voraussetzung, als Ausgangspunkt für Textkennzeichnungen aller Art angesehen werden.

2.2.2 Der semantische Zugriff

Beim textgrammatischen Zugriff stehen stets die kohäsiven Beziehungen zwischen Elementen der jeweiligen Oberflächenstrukturen der Texte im Zentrum der Darstellung. Linguisten aber hatten schon in der Anfangsphase der Textlinguistik immer wieder versucht, über das rein ‚Grammatische' hinausgehende Relationen zwischen den Texteinheiten in die Untersuchungen einzubeziehen, das, was den Text im Innersten zusammenhält, also das, was die semantisch geprägte Einheitlichkeit von Texten ausmacht, die *Kohärenz*.

Eine Reihe von Phänomenen der Alltagswelt legten ein semantisch geprägtes Textverständnis nahe: Offenbar werden ja durch Texte mehr Informationen vermittelt als jene Menge, die sich unmittelbar in der Oberflächenstruktur niederschlägt. So werden oft für den Text als Ganzheit relevante Zusammenhänge gar nicht explizit gemacht:

(i) *Besorgst du bitte bis morgen drei Flaschen Wein?*
(ii) *Wir erwarten Gäste.*

Der hier nicht ausgedrückte Zusammenhang zwischen (i) und (ii) kann natürlich ‚grammatisch' durch Rückgriff auf ‚Verflechtungsmittel' und ‚Vertextungstypen' erschlossen werden: Adjungierte Konjunktionen in Erststellung von (ii) können eben diesen Zusammenhang verdeutlichen:

(iia) *D e n n wir erwarten Gäste.*
(iib) *, w e i l wir Gäste erwarten.*

Damit bleibt die Interpretation zwar grammatisch motiviert, aber expliziert wird dadurch letztlich ein semantisches Faktum: die Relation des Kausalzusammenhangs zwischen (i) und (ii), wobei alle Äußerungen unter (ii) eine Begründung für die in (i) ausgedrückte Aufforderung in Fragesatzform abgeben, und dieser semantische Zusammenhang existiert unabhängig von der jeweiligen grammatischen Ausformulierung.

Aber auch kognitive Phänomene lassen die Relevanz des Semantischen für Texte deutlich werden: Wir nehmen zwar die syntaktischen Strukturen von Texten als Basis für das Textverstehen wahr, z.B. den Wortlaut der Einleitung eines Vortrags, behalten sie aber nicht im Gedächtnis, sondern transponieren sie beim Textverstehen in semantische Informationen über Textinhalte, die wir kognitiv verarbeiten und speichern. Dabei zeigt sich, dass der Bedeutung eines Textes zumindest beim Textverstehen weitaus größeres Gewicht zukommt als den Oberflächeneinheiten (vgl. dazu van Dijk 1980).

Daraus folgt, dass man *auch* semantische Basiseinheiten und -Strukturen eruieren muss, wenn man die Ganzheitlichkeit von Texten und die Zusammengehörigkeit seiner Elemente, die Textkohärenz, kennzeichnen will. Und diese Einsicht wurde dann zur Grundlage für die berühmt gewordene Formel von Halliday/Hasan (1976,1ff.): "A text is best regarded as a semantic unit: a unit not of form but of meaning."

Zum Problem wird diese Grundthese jedoch, sobald man nach den oben erwähnten semantischen Basiseinheiten und Strukturen fragt. Ganz allgemein könnte man den Begriff der semantischen Basisstruktur noch umschreiben als ‚Gesamtheit der Bedeutungen der in einem Text enthaltenen sprachlichen Zeichen und deren Beziehungen zur Wirklichkeit'. Und einer Textsemantik, d.h. der Wissenschaft von der Semantik der Texte, käme dann die Aufgabe zu, Regeln für die Determination der sprachlichen Zeichen im Text und für deren Referenzbeziehungen zu ermitteln (s. Heinemann/Viehweger 1991,37).

Zu fragen ist jedoch, wie man ein solches allgemeines und weites Verständnis von Textsemantik spezifizieren kann, mit Hilfe welcher Methoden das ‚Semantische' aufgeschlossen werden kann. Zu diesem Zweck wurden bestimmte Modelle entwickelt, die teils von der Bedeutung der Einzellexeme (=lexikalische Semantik), teils von Satzbedeutungen (=Satzsemantik oder propositionale Semantik), teils von Textbedeutungen

(=Textsemantik i.e.S.) ausgehen. Da all diese unterschiedlichen Ansätze wesentliche Aspekte von Textbedeutungen erfassen und bei konkreten Analysen in Abhängigkeit vom jeweiligen Verwendungszweck sinnvoll eingesetzt werden können, sollen hier die wichtigsten semantisch orientierten Textbeschreibunsgmodelle im Überblick dargestellt werden.

2.2.2.1 Thematische Progression

Dieses auf das semantische Miteinander-Verflochtensein von Einzelsätzen zielende Modell der ‚thematischen Progression‘ geht auf das grammatisch-funktionale Konzept der *Funktionalen Satzperspektive* (=FSP) der Prager Schule zurück. Damit sollte expliziert werden, dass die Verteilung von Informationen im Satz keinesfalls beliebig und regellos erfolgt, sondern abhängig ist von der jeweiligen Perspektive des Sprechers.

Der Prinz   *trat aus dem Tor und ging die Mauer ... entlang.*

Thema   Rhema

Als ‚Thema‘ dieses Satzes im syntaktischen Sinne, also das, worüber etwas mitgeteilt werden soll, nämlich die dem Hörer bekannte Information mit relativ geringem Mitteilungswert, fungiert hier das Lexem *der Prinz*. All das, was in dieser Äußerung über dieses ‚Thema‘ ausgesagt werden soll, also die eigentliche, für den Hörer neue oder weiterführende Information mit hohem Mitteilungswert, wird in diesem Modell als ‚Rhema‘ zusammengefasst.

Sobald aber dieselbe Information kontextuell bedingt aus einer anderen Perspektive des Sprechers wiedergegeben werden soll, ändert sich die Thema-Rhema-Struktur des Satzes.

Alle schauten wie gebannt auf den Eingang des Schlosses.
Aus dem Tor trat der Prinz und ging die Mauer entlang.

Die ‚Funktionale Satzperspektive‘ muss folglich bei der Formulierung topologischer Regularitäten beachtet werden.

Dieses zunächst strikt grammatische Konzept der FSP legte František **Daneš** (1976) seinen Untersuchungen über topologische Regularitäten von komplexen Texten zugrunde. Dabei entdeckte er, dass vor allem die syntaktischen ‚Themen‘ der Einzelsätze relevant sind für die Kennzeichnung der Einheitlichkeit von Texten. Wie schon in den Einzelsätzen, so ist auch in Texten die Abfolge der Themen keineswegs beliebig. Ein Thema ergibt sich nämlich in der Regel immer aus der voraufgehenden Thema-Rhema-Einheit und lässt nach Daneš einen bestimmten ‚Textfortschritt‘, eben die *thematische Progression,* d.h. ein Mehr an Informationen erkennen als im voraufgehenden Satz. Aus dieser Sicht sind Texte sowohl Folgen von Sätzen als auch spezifische Abfolgen bestimmter thematischer Einheiten.

Daneš unterscheidet unterschiedliche Typen der Themenabfolge in Texten.

(i) *lineare thematische Progression*

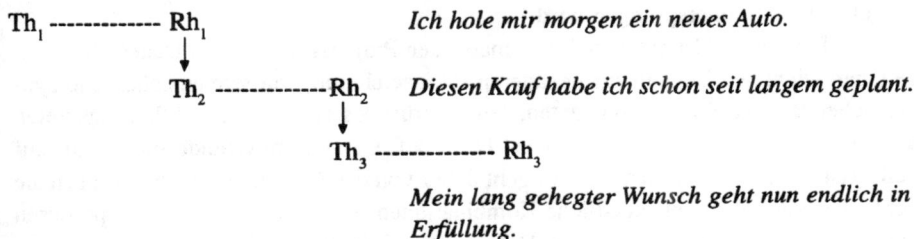

Th_1 ------------ Rh_1 *Ich hole mir morgen ein neues Auto.*
↓
    Th_2 ------------ Rh_2 *Diesen Kauf habe ich schon seit langem geplant.*
             ↓
        Th_3 -------------- Rh_3

                              Mein lang gehegter Wunsch geht nun endlich in Erfüllung.

In diesem Falle wird das Rhema (=Rh) des ersten Satzes (Sich-morgen-ein-neues-Auto-holen) thematisiert, d.h. es fungiert nun in variierter Form als Rhema des Folgesatzes. Analoges gilt für die Wiederaufnahme von Rh_2 als Th_3. Lineare thematische Progression bezeichnet somit die Verkoppelung verschiedener Themen mit immer neuen rhematischen Einheiten.

(ii) *Progression mit durchlaufendem Thema*

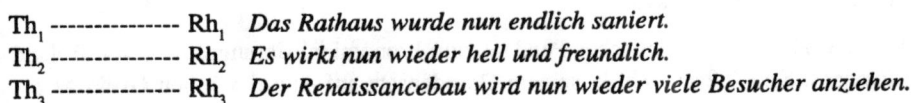

Th_1 -------------- Rh_1 *Das Rathaus wurde nun endlich saniert.*
Th_2 -------------- Rh_2 *Es wirkt nun wieder hell und freundlich.*
Th_3 -------------- Rh_3 *Der Renaissancebau wird nun wieder viele Besucher anziehen.*

Bei diesem Typ der thematischen Progression wird das Thema des ersten Satzes mit immer neuen Rhema-Strukturen verknüpft; es fungiert daher als eine Konstante des (Teil-)Textes.

(iii) *Progression mit abgeleitetem Thema*

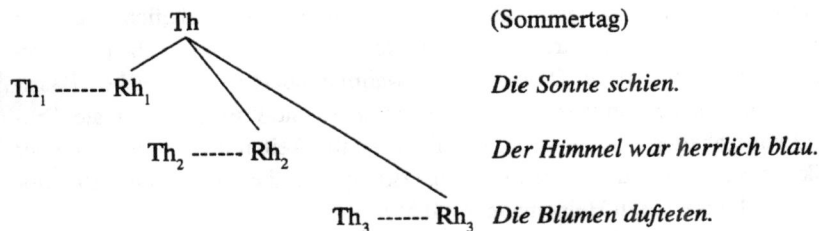

              Th   (Sommertag)

Th_1 ------ Rh_1 *Die Sonne schien.*

      Th_2 ------ Rh_2 *Der Himmel war herrlich blau.*

            Th_3 ------ Rh_3 *Die Blumen dufteten.*

Bei diesem Typ der Progression sind die thematischen Einheiten nicht unmittelbar aus den jeweiligen Vorgängersätzen ableitbar; vielmehr sind alle Thema-Rhema-Strukturen auf ein Superthema/Hyperthema bezogen, das, wie in diesem Falle (daher die Klammerung), nicht explizit genannt sein muss.

Wir übergehen hier zwei weitere Progressionstypen, da sie sich als Varianten der oben genannten Basistypen erweisen: die ‚Textprogression mit gespaltenem Thema‘, bei der das eigentliche Thema in Subthemen (Th_{1a} und Th_{1b} ...) untergliedert wird, und die ‚Textprogression mit thematischem Sprung‘, bei der ein Glied der thematischen Kette ausgelassen, d.h. übersprungen wird.

Mit Hilfe dieser Grundtypen der thematischen Progression eröffnet Daneš ohne Frage einen wichtigen Zugang zur genaueren Kennzeichnung von semantischen und syntaktischen Basisstrukturen von Texten, dem „Gerüst des Textaufbaus". Allerdings treten diese Grundtypen nur selten in ‚reiner‘ Form auf; sie sind im Grunde immer nur auf Teiltextstrukturen anwendbar. Daneš geht daher von der Annahme aus, dass sich ‚reale Textstrukturen‘ als unterschiedliche Kombinationen solcher Grundtypen interpretieren und semantisch aufschließen lassen. Doch zeigt sich in der Praxis der Analyse umfangreicherer Texte, dass sich solche Grundtypen nur schwer rekonstruieren lassen, nicht zuletzt, weil die exakte begriffliche Fassung und Abgrenzung der so verstandenen Thema-Rhema-Strukturen auf erhebliche Schwierigkeiten stößt. Offen bleibt auch die Frage, wie diese thematischen Abfolgen mit der Global-Semantik des Textes verknüpft sind. Dennoch bleibt festzuhalten, dass gerade dieser Ansatz der textlinguistischen Forschung wichtige Impulse vermittelt hat. Es lohnt sich daher bei konkreten Textanalysen, für die Kennzeichnung von Teilstrukturen auf dieses Modell zurückzugreifen.

2.2.2.2 Der Isotopie-Ansatz

Dieses Modell, ein semantisches Pendant zum Pronominalisierungsansatz von Roland Harweg (s. Kap. 2.2.1), geht in seinem Grundansatz auf Algirdas Julien **Greimas** zurück. Ausgehend von der empirisch gestützten Hypothese, dass das Textverstehen auf dem Erfassen von semantischen Textzusammenhängen basiert, versuchte Greimas, die semantischen Textstrukturen mittels lexikalischer Indikatoren transparent zu machen. Obwohl sich Texte aus heterogenen Einheiten zusammensetzen, seien sie doch auf „homogen semantischen Ebenen ... situiert und bilden damit ein Bedeutungsganzes" (1971,45f.). Fassbar werde diese semantische textuelle Ganzheit über bestimmte Lexeme, die über einen Text verteilt und durch Identitäts- oder Similaritätsbeziehungen miteinander vernetzt sind. Die Kompatibilitäten, d.h. semantischen Verträglichkeiten von Merkmalen dieser Lexeme (d.h. ihrer Seme) bewirken dann nach Greimas die postulierte Homogenität des Textganzen. Da diese nicht wahrnehmbaren semantischen Basiseinheiten des ‚immanenten Universums‘ als Eigenschaften und Wirkfaktoren realer Prozesse und Grundeinheiten eines Systems deutliche Ähnlichkeiten mit den Isotopen der Kernphysik aufweisen, übertrug er den Terminus *Isotopie* auf die semantischen Relationen von Textstrukturen (dazu Heinemann 2000,55).

Isotopie beruht nach Greimas auf der semantischen Äquivalenz (i.w.S.) zwischen bestimmten Lexemen eines Textes, die durch Semrekurrenz, dem wiederholten Vorkommen von Semen in unterschiedlichen lexikalischen Einheiten des Textes, erklärbar wird. Entscheidend für das Zustandekommen von Textkohärenz sei daher primär nicht einfach das Rekurrieren von Lexemen im Text, sondern das semantische Phänomen der Semrekurrenz.

Charakteristische Typen von Semrekurrenzen ergeben sich (s. Heinemann/ Viehweger 1991,38) beim Auftreten von
- einfachen Lexemrepetitionen: *Ehemann – Ehemann*
- variierter Wiederholung
  durch Synonyme: *Ehemann – Partner, Gatte*
  durch Hyperonyme: *Ehemann – Mensch*
  durch Antonyme: *Ehemann – Ehefrau, Junggeselle*
  durch Paraphrasen: *Ehemann – die ‚bessere‘ Hälfte*
- Substitution durch grammatische Elemente: *Ehemann – er*

Die in dieser Weise miteinander semantisch verbundenen lexikalischen Einheiten eines Textes bilden dann einzelne *Isotopieketten/*Topikketten, und die Gesamtheit solcher Isotopieketten bildet schließlich nach Greimas das *Isotopienetz* des jeweiligen Textes.

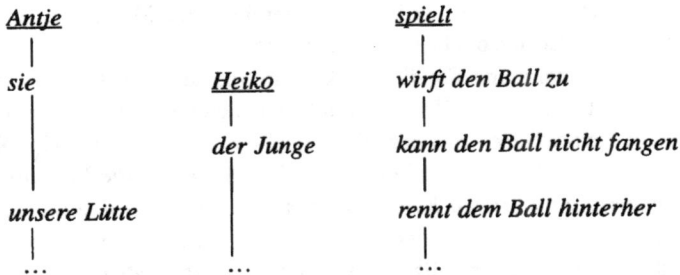

<u>*Antje*</u>			<u>*spielt*</u>
|			|
sie	*Heiko*		*wirft den Ball zu*
|	|		|
	der Junge		*kann den Ball nicht fangen*
|	|		|
unsere Lütte			*rennt dem Ball hinterher*
|	|		|
...	...		...

Die Iterativität von Basissemen der miteinander verknüpften Lexeme der jeweiligen Isotopieketten gewährleistet semantische Korrespondenzen im ganzen Text. Für das Verstehen von Texten spielen diese Isotopieketten daher eine wichtige Rolle, da mit ihrer Hilfe potenziell polyseme Lexeme monosemiert werden.

Allerdings darf nicht übersehen werden, dass das bloße Vorhandensein von Semrekurrenzen in einer Äußerungsfolge noch nicht ausreicht, um aus einer Reihung von Sätzen einen Text zu machen.

Es gibt niemanden, den ihr Gesang *nicht fortreißt.*
Unsere Sängerin *heißt Josephine.*
Gesang *ist ein Wort mit fünf Buchstaben.*
Sängerinnen *machen viele Worte.* (Bierwisch 1965)

Ohne Frage ist in diesen Sätzen durch die durch das Lexem ‚Gesang‘ repräsentierten oder mit diesem Lexem gebildeten Lexikoneinheiten Semrekurrenz gegeben. Und doch kann diese Äußerungsfolge nicht als kohärenter Text verstanden werden. Für die Konstitution von Texten und das Erfassen textsemantischer Zusammenhänge muss nämlich noch eine zweite Voraussetzung gegeben sein: Die Elemente einer Isotopiekette müssen auf ein und dieselbe Erscheinung der Wirklichkeit bezogen, d.h. koreferent sein. *Koreferenz* ist immer dann gegeben, wenn zwei oder mehr Lexikoneinheiten auf dasselbe Objekt referieren. Daher muss neben der durch die Semrekurrenz bedingten semantischen Äquivalenz auch die Referenzidentität als ein wesentliches Charakteristikum der Elemente von Isotopieketten gelten. Erst durch diese doppelte Bestimmung von ‚Widerspiegelungssemantik' und ‚Referenzsemantik' können die Basiseinheiten der Isotopieketten als Mittel der semantischen Textintegration beim Textverstehen fungieren, wobei die in der Textabfolge später auftretenden Glieder einer solchen Kette die Bedeutungsspezifizierung der vor ihnen stehenden Einheiten in sich aufnehmen und weitergeben.

Wegen der Relevanz der Isotopie sowohl für die Textkonstitution als auch für das Textverstehen wurde der Isotopiebegriff zur Grundlage von Textdefinitionen gemacht. So heißt es schon bei Greimas (1971,45), dass der Text als „ein System von Kompatibilitäten von verschiedenen Merkmalen der im Text vorhandenen lexikalischen Verträglichkeiten" verstanden werden kann. Und Kallmeyer (1980,147) verdeutlicht: „Ein Text lässt sich semantisch als ein Gefüge von 1 bis n Isotopieebenen definieren, wobei sich deren Anzahl nach der Anzahl der im Text dominierenden Merkmale richtet."

Allerdings erweist sich die Isotopievernetzung zwar als wesentliche, aber noch nicht als hinreichende Bedingung für die Textkonstitution und das Textverstehen. Denn es gibt durchaus kohärente Texte/Teiltexte, in denen sich keine Isotopieketten ausmachen lassen. So hat Heinrich Heine in der ‚Harzreise' einen Sommertag wie folgt umschrieben: *Silberne Wasser brausten, süße Waldvögel zwitscherten, die Herdenglöckchen läuteten, die mannigfaltig grünen Bäume wurden von der Sonne goldig angestrahlt.* Hier gründet sich die ohne Frage gegebene Textkohärenz auf ein Superthema und kann daher nicht mit den Mitteln der lexikalischen Semantik erfasst werden.

So zeigt sich, dass der Isotopieansatz zwar ein durchaus brauchbares und wertvolles Instrument darstellt, um die semantische Zusammengehörigkeit der lexikalischen Einheiten eines Textes auszuweisen, doch bedarf er offenkundig in vielen Fällen der Analyse komplexer Texte der Ergänzung durch andere semantische Vorgehensweisen.

2.2.2.3 Texte als Propositionskomplexe

Die Einsicht, dass die Bedeutung von Sätzen nicht als bloße Summe der Einzelbedeutungen der in ihnen auftretenden Lexeme verstanden werden kann, sondern als species sui generis gefasst werden muss, führte in den 70er und 80er Jahren zur Aufstellung von Textbeschreibungsmodellen auf satzsemantischer Basis. Zum Schlüsselbegriff dieser Ansätze wurde die *Proposition*, eine semantische Basiseinheit, bestehend aus einem semantischen Prädikat und einer bestimmten Anzahl von Argumenten, da in Termen von Propositionen sowohl die Inhalte von Einzelsätzen als auch die Verknüpfung und Integration dieser Einzelsätze zu komplexeren Ganzheiten beschrieben werden können.

Der Begriff ‚Proposition' wird ursprünglich in der Logik als Synonym für ‚logische Aussage' verwandt zur Kennzeichnung der Abbilder von Sachverhalten. Während ‚Begriffe' nur Gegenstände und Eigenschaften widerspiegeln, reflektieren Aussagen/Propositionen das komplexe Faktum, dass bestimmten Gegenständen bestimmte Eigenschaften zukommen bzw. dass zwischen den Gegenständen eine bestimmte Beziehung besteht.

Jede Aussage/Proposition ist in einen grammatischen Satz gefasst, der ihre sprachliche Existenzform darstellt. Dabei ist wesentlich, dass dieselbe Aussage durch verschiedene Sätze ausgedrückt werden kann. So kann z.B. die einfache Aussage

Alle Menschen sind sterblich.
STERBLICH SEIN (MENSCH)

wiedergegeben werden durch Äußerungen wie

Der Mensch hat die Eigenschaft, sterblich zu sein.
Jeder Mensch muss sterben.
Sterben ist menschlich ...

Generalisierend lässt sich festhalten, dass jede Proposition einen Sachverhalt abbildet, und dass zu diesem Sachverhalt mit Notwendigkeit ein Gegenstand/ein Argument, dem bestimmte Eigenschaften zukommen, bzw. mehrere Argumente, die in bestimmten Relationen zueinander stehen, und ein semantisches Prädikat gehören. In diesem Sinne können Propositionen als „mentale Korrelate zum Reading eines Satzes" gefasst werden (Lang 1983,108). Dafür steht bei Frege ‚Gedanke‘, in der logischen Literatur ‚Aussage‘ oder ‚Proposition‘, und in der Linguistik bzw. der Satzsemantik ‚propositionale Bedeutung‘. Aufgabe der Satzsemantik ist es, den Sinngehalt von Sätzen, eben ihre propositionale Bedeutung, zu beschreiben.

Als Notation für solche Propositionen werden in der semantischen Fachliteratur unterschiedliche Schreibweisen verwendet, in Abhängigkeit vom Grad der Detailliertheit, der durch eine solche Beschreibung erreicht werden soll. Wir konzentrieren uns hier auf eine betont vereinfachte Schreibweise, die aber doch die wesentlichsten Eigenschaften und Relationen von Propositionen reflektieren kann.

(i) STERBLICH SEIN   (MENSCH)

    | |

semant. Prädikat   Argument
(=Eigenschaft)

Legende: Dem Argument ‚Mensch‘ kommt die Eigenschaft ‚Sterblich-Sein‘ zu.

(ii) BESUCHEN   (VATER,   SOHN)

   | | |

semant. Prädikat $Argument_1$ $Argument_2$
(=Relation)

Legende: Zwischen den Argumenten ‚Vater‘ und ‚Sohn‘ besteht die Relation des Besuchens, wobei jeweils A_1 als Träger der Handlung fungiert.

Diese mentale Repräsentation kann zahlreichen Sätzen der natürlichen Sprache als Sinngehalt zugeschrieben werden:

> *Der Vater besucht seinen Sohn.*
> *Der Sohn wird von seinem Vater besucht ...*
> *Besucht der Vater den Sohn?*
> ...

Wichtig für dieses semantische ‚Propositionskonzept' war die Lösung des Propositionsbegriffs von den logischen Kriterien der ‚Wahrheit' und der ‚Falschheit', da im Hinblick auf die Praxisrelevanz von Texten nicht mehr die Adäquatheit von Conclusionen von grundlegender Bedeutung sein konnte, sondern die Adäquatheit von Abbildern im Rahmen sprachlicher Kommunikationsprozesse (vgl. dazu van Dijk 1977, 1980).

Die Kennzeichnung von Propositionen ist nicht nur für Satzbeschreibungen, sondern vor allem für die Erfassung von komplexen Textbedeutungen von besonderer Relevanz. Das Netz der semantischen Textstruktur lässt sich aus Verknüpfungsbeziehungen von einzelnen Argumenten in verschiedenen Propositionen des Gesamttextes erschließen; hinzu kommen Prädikat-Prädikat-Relationen, insbesondere aber das In-Beziehung-Setzen komplexer Propositionen miteinander, zunächst zu Hyper-Propositionen, schließlich auch zur Ganzheit der Propositionsstruktur des Gesamttextes.

Als wesentliche Voraussetzung für das Verknüpfen von Propositionen im Verstehensprozess der Hörer gilt, dass ihre Denotate in einem sinnvollen Bedeutungszusammenhang zueinander stehen, d.h. dass die Elemente der Propositionen aufeinander beziehbar sind: „Zwei Propositionen sind miteinander verbunden, wenn ihre Denotate, d.h. die Sachverhalte, die ihnen in einer Interpretation zugewiesen werden, miteinander verbunden sind." (van Dijk 1980,27) Auszuschließen sind daher propositionale Verknüpfungen der folgenden Äußerungen, selbst bei vorliegender Referenzidentität:

> *Jan hat das Examen bestanden.*
> *Seine Mutter verbrachte ihren Urlaub in Italien.*

Beim Rezipieren/Verstehen von Texten muss der TR den zwischen den Einzelpropositionen bestehenden Bedeutungszusammenhang erkennen/erschließen. In vielen Fällen ergibt sich dieser Verstehenszusammenhang unmittelbar aus dem Inhalt der miteinander verknüpften Sachverhalte. Häufig aber macht der TP diese Bedeutungsbeziehung zusätzlich durch unterschiedliche sprachliche Mittel explizit (für die Kausalbeziehung z.B. durch die Konjunktionen *weil, da, zumal..*), um den Verstehensprozess des TR zu erleichtern.

In der folgenden Übersicht stellen wir typische Beziehungen zwischen den Propositionen zusammen. Die jeweilige semantische Relation wird durch Konnektoren, die durch Majuskeln hervorgehoben werden, wiedergegeben.

1.	p UND	q	konjunktionale/additive Relation;
2.	p WEIL	q	objektive kausale Relation (bei objektiv gegebenen Kausalzusammenhängen): *Die Straßen sind nass. Es hat geregnet.*
3.	p DENN	q	subjektive kausale Relation (bei subjektiv determinierten Kausalzusammenhängen, z.B. Begründungen): *Heike fährt morgen nach Berlin. Ihr Freund hat Geburtstag.*
4.	p WENN	q	konditionale Relation:
5.	p OBWOHL	q	konzessive Relation:
6.	p SO DASS	q	konsekutive Relation:
7.	p DAMIT	q	finale Relation;
8.	p ABER	q	adversative (kontrastive) Relation:
9.	p WIE	q	Vergleichsrelation;
10.	p SPEZIF	q	spezifizierende Relation;
11.	p EXPLIZ	q	explizierende Relation;
12.	p ANTW	q	Frage-Antwort-Relation;
13.	p IMPLIZ	q	implizite propositionale Relation (Die Verknüpfung der Propositionen erfolgt über eine implizite Relation p'): *Das Auto wurde gestern vor einer Einfahrt abgestellt. Hanna erhielt einen Bußgeldbescheid.* p': *Eine Politesse befestigte ein ,Knöllchen' hinter dem Scheibenwischer.*

Anzahl und Abgrenzung dieser (und weiterer) Typen der propositionalen Integration sind noch nicht genau festlegbar. Damit wird zugleich ein Desiderat logischer und (text)linguistischer Forschung umschrieben.

Auf der Basis dieser propositionalen Integrationstypen hat Teun **van Dijk** (1980) ein Modell für die Kennzeichnung der Propositionsstruktur komplexer Texte entwickelt. Dabei geht er davon aus, dass aus der Integration von zwei Mikro-Propositionen wie beim Textverstehen eine übergeordnete Makro-Proposition entsteht, die wiederum die Grundlage für die Verknüpfung mit anderen Mikro- oder Makro-Propositionen bildet, so dass sukzessive immer größere Texteinheiten zusammengefügt, d.h. zu größeren Bedeutungseinheiten integriert werden, bis schließlich die Makrostruktur des Gesamttextes, die Text-Bedeutung (MWH), abgeleitet ist. Van Dijk versucht, für diesen semantischen Textkonstitutionsprozess spezifische ,Makroregeln' anzuwenden (auslassen, selektieren, generalisieren, konstruieren/integrieren).

Er fasst sein ,Makrostruktur-Modell' im folgenden Schema zusammen.

$$M_1^n$$

$$M_1^{n-1} \qquad M_2^{n-1} \qquad M_3^{n-1}$$

$$M_1^{n-2} \qquad M_2^{n-2} \qquad M_3^{n-2}$$

$$M_1^1$$

$$p_{11} \qquad p_{12} \qquad p_{13}$$

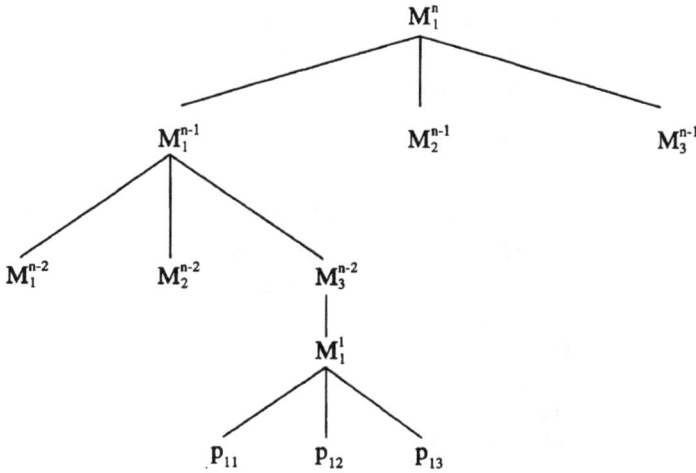

Legende: p = Proposition/Mikroproposition
11,12,13 – beliebige Mikroproposition in einer Kette von Mikropropositionen
M = Makrostruktur unterschiedlicher Ebenen
Index n   = höchste Ebene der Makrostruktur
                    = Makrostruktur des Gesamttextes
Index n–1   = der Ebene n untergeordnete Makrostruktur
Index n–2   = der Ebene n–1 untergeordnete Makrostrutur
Sonderfall: Wenn n = Ø, besteht der Text nur aus einer Proposition (=Einsatz-Text)
unterer Index 1,2,3 = Nummerierung von Makropropositionen derselben Ebene

Abb. 12: Textmakrostruktur (nach van Dijk 1980,43)

Texte werden aus der Sicht dieses Propositionsmodells als geordnete Folgen von Propositionen, die durch interpropositionale Relationen miteinander verknüpft sind, verstanden. Van Dijk bezieht in dieses semantische Beschreibungsmodell von Texten sogenannte *Superstrukturen* mit ein, die neben der Hauptinformation, dem Textthema und der Textbedeutung i.e.S. zusätzlich den Typ eines Textes (wir würden heute sagen: seine Textsortengeprägtheit) ausweisen sollten.

Grundsätzlich ist dieses Modell aszendent angelegt, d.h., dass diesem semantischen Ansatz ein Modell des Textverstehens durch bestimmte Rezipienten zugrunde gelegt wird. Ohne Frage greift dieser Ansatz weiter als alle bisher gekennzeichneten Textbeschreibungsmodelle, indem er die Inhalte von Propositionen und die Relationen zwischen ihnen erfasst. Damit erweist er sich in einem besonderen Maße als adäquat zur Kennzeichnung von Textualität und stellt eine solide methodische Basis für die Kennzeichnung von Textganzheiten dar.

Allerdings ist anzumerken, dass selbst bei einem solchen an der Satzsemantik orientierten Verfahren die Gefahr besteht, dass die entscheidende Textinformation trotz des weit ausholenden Beschreibungsapparats in den Hintergrund tritt oder gar nicht erfasst wird, vor allem dann, wenn es sich um Text-Informationen handelt, die sich nicht aus logisch-semantischen Relationen und Implikationsbeziehungen ableiten lassen, sondern beispielsweise auf pragmatischen Zusatzinformationen beruhen. Derselbe Teiltext und dieselbe Proposition können z.B. in einem Widerspruchs-Text (als Begründung für X) und in einem Antrags-Text (als Aufforderung zu einem bestimmten Handeln) fungieren.

2.2.2.4 Das Text-Thema-Modell

Der ursprünglich satzsemantisch angelegte propositionale Beschreibungsansatz war, wie wir oben dargestellt haben, u.a. durch van Dijk zu einem aszendenten textsemantischen Modell weiterentwickelt worden, im Grunde dem Verstehensprozess des Rezipienten folgend. Von Textsemantik darf man auch beim Text-Thema-Modell sprechen, allerdings mit dem Unterschied, dass dabei semantische Textstrukturen aus der Sicht des Text-Produzenten, also deszendent, u.a. von Brinker (1973;1992) und Agricola (1976;1977;1979;1983) rekonstruiert wurden.

Ausgangspunkt für dieses methodische Vorgehen ist eine Textkategorie, nämlich das *Text-Thema*. Dieses ‚Themen‘-Verständnis kann jedoch nicht in einen direkten Zusammenhang mit dem syntaktisch geprägten ‚Thema‘-Begriff der Funktionalen Satzperspektive (s. 2.2.2.1) gebracht werden, obwohl das mehrfach versucht wurde (s. Hoffmann 2000,344). Vielmehr lehnt sich die in diesem Modell entwickelte ‚Themen‘-Auffassung an das Alltagsverständnis dieses Begriffs an, kann also vereinfacht gefasst werden als Hauptgedanke bzw. wesentlicher Inhalt eines Textes, oder genauer: als „ein als Konstitutionsbasis für den Text fungierender Grund- oder Hauptgedanke, der die wesentlichen inhalts- und strukturbestimmenden Informationen des Gesamttextes in konzentrierter, abstrakter Form enthält." (Agricola 1983,221) In variierter Form wird dieser textuelle Basisbegriff bei Brinker (1992,55) bestimmt: Das Thema ist „der Kern des Textinhalts, wobei der Terminus ‚Textinhalt‘ den auf einen oder mehrere Gegenstände (d.h. Personen, Sachverhalte, Ereignisse, Handlungen usw.) bezogenen Gedankengang eines Textes bezeichnet."

Nahezu alle Text-Teile stehen mit dem Text-Thema in direkter oder mittelbarer Beziehung; daher darf der gemeinsame Text-Thema-Bezug der Teileinheiten des Textes als wesentliches Merkmal der textsemantischen Kohärenz gelten. Der globale Textzusammenhang resultiert aus dem Prinzip der *Text-Thema-Entfaltung*: In Abhängigkeit von der jeweiligen Intention des Sprechers sowie von situativen Gegebenheiten (etwa der Anzahl der Partner, der sozialen Rolle der Partner oder der Umgebungssituation), entscheidet der Sprecher, in welcher Weise er das mit seiner Intention gegebene Text-Thema, die Grund-Information, dem (den) Partner(n) vermitteln kann, prüft er, wie viele Informationen er in den Text einbringen muss und welche Informationen bzw. textthematischen Teil-Einheiten sich für den speziellen Fall als effektiv erweisen könnten. Ausgehend von der Grundinformation, dem „übergreifenden Baumuster" (Kallmeyer/ Meier-Herrmann 1980,253) gelangt der ‚Texter‘ zu einer sukzessiven Aus- und Aufgliederung, genauer: zu einer Spezifizierung und ‚Entfaltung‘ des Text-Themas, und die sich aus dieser ‚Entfaltung‘ ergebenden Text-Teileinheiten bilden daher mit Notwendigkeit eine in sich geschlossene kohärente Struktur (=Prinzip der semantischen Diffusion). Die Entfaltungsprozesse beruhen im Einzelnen auf dem ‚Wiederaufnahme-Prinzip‘, dem ‚Ableitbarkeits-Prinzip‘ (das Hauptthema erlaubt die plausible Ableitung der

Neben-Themen) und dem ‚Kompatibilitätsprinzip' (Text-Thema und Textfunktion bedingen einander; Brinker 1992; Hoffmann 2000,352f.; Klein/von Stutterheim 1991).

An einem modifizierten Beispiel nach Brinker (1973) sei demonstriert, wie die thematische Strukturierung von Texten als Zuordnung von Einzel-Informationen zur jeweiligen Grund-Information dargestellt werden kann.

Text: Presse-Kurznachricht
0   X im Krankenhaus. (=Überschrift)
1   Der bekannte Schlagerstar X wurde gestern wegen einer Blinddarmentzündung in das hiesige Krankenhaus eingeliefert.
2   Er hielt sich in den letzten beiden Wochen in M. zu Schallplattenaufnahmen auf.
3   Am Donnerstag morgen verspürte er heftige Bauchschmerzen.
4   Er wurde dann sofort untersucht und in unser Krankenhaus überwiesen.
5   Der behandelnde Arzt ist Dr. Z.

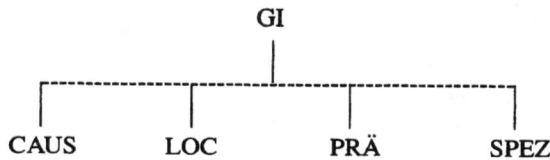

```
                          GI
                          |
        ┌---------┬---------┬---------┐
        |         |         |         |
      CAUS       LOC       PRÄ       SPEZ
```

Legende: GI   =   Grund-Information (=Text-Thema)
           CAUS   =   Kausalergänzung zu GI
                          (warum X ins Krankenhaus kam)
           LOC   =   Lokale Ergänzung
           PRÄ   =   Prä-Information (=Hinweis auf Ereignisse, die dem Text-Thema unmittelbar vorausgehen)
           SPEZ   =   Spezifizierung des Text-Themas

Abb. 13: Text-Thema-Entfaltung (nach Brinker)

Das Schema soll nur das allgemeine In-Beziehung-Setzen von Grund-Informationen und Teil-Informationen verdeutlichen. Eine differenziertere Darstellung müsste unterschiedliche Abhängigkeiten der Teil-Informationen zur GI ausweisen und damit zu einer hierarchischen Abstufung der einzelnen Text-Struktur-Einheiten führen (s. dazu Heinemann/Viehweger 1991,48).

Wegen der außerordentlichen Relevanz dieses deszendenten Ansatzes vor allem für die Textkonstitution wurde versucht, auch den Textbegriff aus der Sicht dieses Modells zu spezifizieren. In Anlehnung an die verallgemeinernde Formel Žolkovskijs (Text = GI + Thema-Entfaltung) formulierte Brinker (1973,21): Texte sind „geordnete Mengen von Propositionen, die vor dem Hintergrund einer thematischen Basis durch logisch-semantische Relationen miteinander verbunden sind."

Das Text-Thema-Konzept kann gleichfalls auf Prozesse der Textverarbeitung angewandt werden. Der Rezipient muss aus zahlreichen Einzel-Informationen das jeweils Wesentliche herausfiltern und dieses abstrakte Konzentrat, meist in mehreren Schritten und auf mehreren Ebenen, mit weiteren Informationen verknüpfen, bis er die Grund-Information des Gesamt-Textes und in Verbindung damit die Intention des Partners eruiert hat

(=Text-Thema-Erschließung, semantische Diffusion). Erst dann hat er einen Text vollständig verstanden. Das entspricht im Grundsätzlichen dem van Dijkschen Makrostruktur-Modell, allerdings ohne propositionale Spezifizierung.

Da dem Text-Thema eine grundlegende textstrukturierende Rolle zukommt, erweist sich gerade dieses semantisch orientierte und leicht handhabbare Modell als besonders geeignet für praktische Textanalysen. Das gilt insbesondere dann, wenn das Text-Thema bei Schrift-Texten schon durch eine Überschrift oder durch eine Ankündigung bzw. situative Zusammenhänge mehr oder minder eindeutig bestimmbar ist. In all jenen Fällen aber, wo diese Voraussetzung nicht vorliegt, bedarf es sicherer Kriterien, um mögliche, subjektiv bedingte Mehrdeutigkeiten bei der Thema-Kennzeichnung auf ein Minimum zu reduzieren. Um die Eruierung solcher Kriterien, insbesondere für die hörerseitige ‚Kondensation' des vollständigen Textes zum Text-Thema hat sich vor allem Erhard *Agricola* (1979,64ff.; 1983,230ff.) bemüht. Die von ihm vorgeschlagenen Prozeduren erleichtern dem Rezipienten ohne Frage das Erfassen des jeweiligen Text-Themas; da die Resultate solcher Operationen jedoch nicht immer eindeutig sind, kann die Subjektivität der Text-Thema-Erschließung bei Anwendung dieser Verfahren nur eingedämmt, nicht aber ausgeschlossen werden.

2.2.3 Der pragmatisch-kommunikative Zugriff

2.2.3.1 Grundlegung

Die Einheitlichkeit von Texten lässt sich aber nicht nur an Oberflächenstrukturen und semantischen Zusammenhängen von Textelementen verifizieren. Texte bedeuten nicht nur etwas im Sinne von Abbildern der Wirklichkeit; ihnen kommen grundsätzlich bestimmte kommunikative Funktionen zu. Schon das Faktum, *dass* Texte überhaupt geäußert werden, ist pragmatisch zu verstehen, denn Texte werden normalerweise nur generiert, weil Individuen mit ihrer Hilfe Ziele/Zwecke über einen/mehrere Partner verfolgen. Auch das *Wie* der Textproduktion ist pragmatisch bedingt, denn das Erzeugen von Äußerungskomplexen stellt immer gleichzeitig ein Handeln dar, sprachlich-kommunikatives Handeln. Und last not least ist natürlich das Rezipieren von Texten ein pragmatischer Akt, der bestimmte Konsequenzen auslöst.

Hinzu kommt ein weiterer wichtiger Aspekt: Die hier apostrophierten kommunikativen Funktionen von Texten sind nicht unmittelbar an bestimmte Textstrukturen und -Inhalte gebunden. Ein und dieselbe Äußerung (*Wir essen jetzt.*) kann in unterschiedlichen Situationen und bei unterschiedlichen Partner-Konstellationen verschiedene kommunikative Bedeutungen, genauer: einen jeweils anderen *kommunikativen Sinn* haben: Gemeint sein kann damit die einfache Antwort-Reaktion (Feststellung) einer Mutter an einen Partner, der während des Mittagessens der Familie anruft. Formal dieselbe Äußerung kann aber genauso als Aufforderung der Mutter an ihren Sohn verstanden werden, sich die Hände zu waschen und an den Esstisch zu kommen. Derselbe Einfach-Satz muss aber in anderem Kontext als Verbot interpretiert werden, wenn die Mutter bei Tisch von ihrer Tochter fordert, nicht länger mit einer Puppe zu spielen. Und schließlich – die Reihung ließe sich fortsetzen – wird ein anderer Junge, der den Sohn während der Tischzeit zum Spielen abholen will, diese Äußerung der Mutter als Zurückweisung verstehen.

Wenn nun dieselben Satz-, Propositions- und Text-Strukturen in der praktischen Kommunikation in unterschiedlichen Rollen verwendet werden können, ergibt sich daraus die Notwendigkeit, für die adäquate Charakterisierung von Texten auch die Faktoren und Bedingungen für deren Funktionieren in die Darstellung einzubeziehen: zumindest die Situativität, d.h. die Einbindung der Texte in Interaktionsprozesse, die gleichfalls grundsätzliche Intentionalität beider (!) Partner sowie die Dialogizität: „Nicht mehr der Text selbst und seine syntaktische und/oder semantische Struktur bilden nun den Ansatzpunkt textlinguistischer Beschreibungen, sondern die den Text fundierenden praktisch-kommunikativen Tätigkeiten, wobei diese natürlich nur erklärbar werden aus übergreifenden sozialen und gesellschaftlichen Zusammenhängen." (Heinemann 1982,219)

Damit aber wurde der textlinguistischen Forschung eine neue Dimension eröffnet: Sprachliche Zeichen und Zeichenketten wurden nun nicht mehr nur als Korrelate für außersprachliche Zusammenhänge gesehen, sondern als *Handlungsanweisungen* für den Partner, wie ein Text zu verstehen ist, wie ein Wirklichkeitsmodell hergestellt werden kann, welche Folgen sich aus dem Text ergeben (s. Hartung 2000,84).

Zahlreiche Linguisten wandten sich dieser neuen Aufgabe zu, und so entstanden in den 70er und 80er Jahren viele Arbeiten, die sich das Ziel stellten, Laut-Bedeutungs-Beziehungen nun kommunikationsbezogen zu untersuchen, das Zusammenspiel von Textinterna und Textexterna im Einzelnen auszuweisen und damit ‚Texte-in-Funktion‘ (Gülich/Raible 1977) zu beschreiben.

Dabei konzentrierten sich die meisten Darstellungen auf die Erfassung von Teilaspekten des ‚Pragmatischen‘, auf die Kennzeichnung von situativen Konstellationen (Tätigkeits-Situation, soziale Situation, Umgebungssituation, s. Hartung 2000,85), auf Deiktika, Präsuppositionen und sprachbegleitende Phänomene. Neben diesen eher syntaxnahen, auf Merkmalskomplexion gerichteten Darstellungen (Feilke 2000,66) lassen sich zwei Grundtypen ‚pragmatischer‘ Textmodelle voneinander abheben:
- die von der Ordinary Language Philosophie geprägten (s. dazu 1.3.4.3) handlungstheoretischen Ansätze;
- kommunikationsorientierte Modellierungen, die von ganzheitlichen Tätigkeiten der Kommunizierenden ausgehen.

2.2.3.2 Handlungstheoretische Ansätze

Die theoretischen Grundlagen dieser Ansätze wurden bereits im Zusammenhang mit den Interaktionsmodellen (1.3.4.3) erörtert. Hier interessiert nun nur die Frage, ob das satzbezogene sprechakttheoretische Basismodell auch auf komplexe Texte anwendbar ist, ob Texten also Sprachhandlungsqualität zugesprochen werden kann. Zahlreiche Arbeiten thematisieren diesen Problemkreis (u.a. Motsch 1987; Motsch/Viehweger 1981; Motsch/Pasch 1984; Motsch/Pasch 1987; Motsch/Reis/Rosengren 1990; Rosengren 1983; Brandt/Koch/Motsch/Rosengren/Viehweger 1983; Gülich/Meyer-Herrmann 1983; Koch/Rosengren/Schonebohm 1981). Die Grundannahmen dieser Autoren seien im Folgenden thesenhaft zusammengefasst.

– Texte werden verstanden als geordnete Mengen von Illokutionen. Satzbezogene Einzelillokutionen (=illokutive Handlungen=iH) gelten daher als Basiseinheiten für die Textkonstitution.

– Allgemeine Eigenschaften von illokutiven Handlungen, nämlich dass der Sprecher mit einer Äußerung ein Ziel verfolgt, dass der Hörer die Äußerung versteht, dass der Hörer bereit und fähig ist, das Ziel zu realisieren, gelten für alle Typen von iHen (=Handlungstypen) wie versprechen, bitten, fragen, feststellen ...

– Darüber hinaus werden für alle iHen konstitutive Bedingungen angegeben, die erfüllt sein müssen, wenn eine iH erfolgreich sein soll: u.a. Bedingungen für die Motivation des Sprechers, für die Aufrichtigkeit, die soziale Situation und die Bindung an einen bestimmten sozialen Bereich (s. Motsch 1986,267f.). Entscheidend aber ist das Faktum, dass „es grundsätzlich möglich sein müsse, aus *ä* (=der Äußerung, MWH) die Absicht *int* zu rekonstruieren." (ebd.,269)

– Als Indikatoren für diese *int* gelten u.a. der Satzmodus, explizit performative Formeln, Modalverben und Partikeln.

– Aufgabe der Linguisten muss es sein, das regelhafte Zusammenwirken von Handlungsstruktur und Sprachstruktur auszuweisen und bei der Darstellung jeder einzelnen iH jeweils die drei ‚Module' der iHen zu kennzeichnen, wobei der illokutiven Rolle dominierende Funktion zukommt:

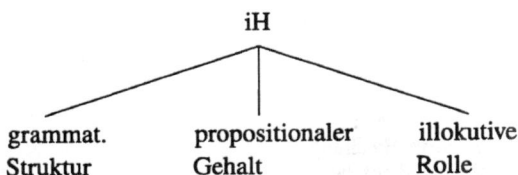

iH

grammat.   propositionaler   illokutive
Struktur   Gehalt   Rolle

Abb. 14: Illokutive Handlungen

– Zwei oder mehrere iHen fungieren in der Regel als ‚illokutive Blöcke', als Makro-Einheiten der Handlungsstruktur. Dabei ist eine der iHen übergeordnet, *dominant*, während der anderen iH *subsidiäre*, d.h. unterstützende Funktion zukommt. So kann z.B. eine Bitte durch eine Begründung ‚gestützt' werden.

– Als methodisches Verfahren zur Ermittlung der jeweils dominierenden Funktion in Texten, also für solche ‚illokutiven Integrationen', werden außer logischen auch *pragmatische Verknüpfungen* vorgeschlagen, eine „Beziehung zwischen Teiläußerungen, die sich auf der Grundlage des Handlungstyps einer dominierenden Teiläußerung zum Handlungstyp subsidiärer Teiläußerungen herleiten lässt." (Motsch/Viehweger 1981,137).

– In analoger Weise erfolgt die Ableitung für das Nach- und Nebeneinander von Illokutionen, also der Handlungsstrukturen, im Gesamt-Text. Auch in umfangreicheren Texten muss es mindestens eine Illokution geben, die die Intention des Sprechers des Gesamt-Textes repräsentiert. Diese globale Illokution wird ‚dominierende Illokution des Textes' genannt, gelegentlich auch ‚Text-Illokution'. Da alle anderen

Illokutionen des Textes stützende Funktion haben, ergibt sich eine charakteristische hierarchisch organisierte Illokutionsstruktur für jeden Text. Offenkundig in Anlehnung an das van Dijksche Konzept der Konstituierung einer propositionalen Text-Makrostruktur wird diese Illokutionshierarchie aszendent aufgebaut, d.h. ausgehend von Einzelillokutionen der Ebene 1 und sukzessive aufsteigend im Sinne des Prinzips der illokutionären Integration zu Illokutionsblöcken höherer Ebenen bis hin zur den Gesamt-Text dominierenden (Text-)Illokution der Ebene n. Dieses Vorgehen wird von Motsch/Viehweger am Beispiel eines Appell-Textes illustriert. Bei Koch/Rosengren/Schonebohm wird der Beschreibung ein Geschäftsbrief zugrundegelegt.

Verallgemeinernd ergibt sich daraus das folgende Schema für die Handlungsstruktur von Texten:

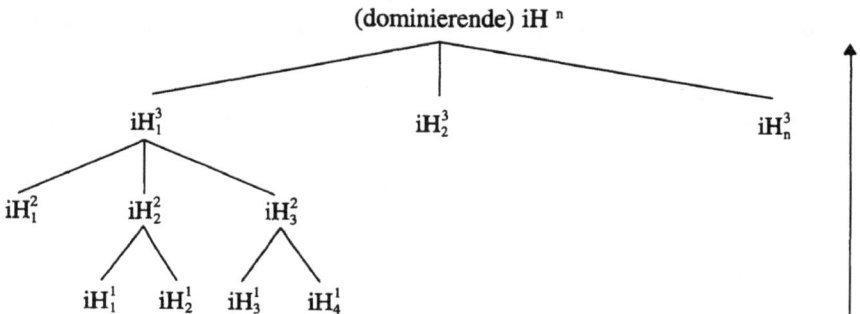

$$\text{(dominierende) } iH^n$$

$$iH_1^3 \qquad iH_2^3 \qquad iH_n^3$$

$$iH_1^2 \quad iH_2^2 \quad iH_3^2$$

$$iH_1^1 \quad iH_2^1 \quad iH_3^1 \quad iH_4^1$$

Legende: iH = illokutive Handlung
oberer Index = Abhängigkeitsebene
unterer Index = fortlaufende Zählung der iHen einer Ebene
⟶ = Richtung der illokutiven Integration

Abb. 15: Illokutionsstruktur von Texten

Daraus wird deutlich, dass illokutive Einzelziele zu größeren illokutiven ‚Blöcken' integriert werden und dass das Gesamtziel eines Textes über Teilziele realisiert und erschlossen wird, die wiederum Voraussetzungen zur Erreichung des Gesamtziels darstellen. Jede Einzel-Illokution hat auf diese Weise eine spezifische Funktion für die Text-Illokution.

L., den ...

Entschuldigung	AUFF als ENTSCHULD
Ich bitte um Entschuldigung,	AUFF als ENTSCHULD
dass P. gestern nicht in der Schule war.	↑ FESTSTELLUNG als BEGRÜNDUNG
Er war krank.	↑ FESTSTELLUNG als SPEZIFIZIERUNG
Morgen kann er wieder in die Schule kommen.	VERSPRECH

Die Illokutionsstruktur dieses Textes geht aus der Skizze hervor. Das VERSPRECHEN darf hier als zweiter Teil einer kombinierten Text-Illokution angesehen werden. Wenn dieser Brief keine Überschrift hätte und der erste Hauptsatz des Textes fehlen würde, müsste das fehlende ENTSCHULDIGEN vom Rezipienten mit Hilfe pragmatischer Kausal-Verknüpfungen erschlossen werden.

Das handlungstheoretische Beschreibungsmodell ist ohne Frage „eines der wichtigsten und produktivsten" Konzepte, „die der Sprachwissenschaft jemals zur Verfügung standen" (Sökeland 1980,1f.). Auch Texte können so als komplexe Sprachhandlungen gekennzeichnet werden, wobei bestimmte Handlungseinheiten des Textes mit konkreten sprachlichen Eigenschaften von Texten korrespondieren (s. Motsch 1986,281). Das Modell insgesamt, weniger das Konstrukt der Illokutionshierarchien, stellte daher mindestens für ein Jahrzehnt so etwas wie einen 'main stream' der Linguistik dar. Zahlreiche linguistische Arbeiten sind diesem Grundansatz verpflichtet. Hervorhebung verdient in diesem Zusammenhang eine umfangreiche Monographie von Eckard Rolf (1993), in der versucht wird, Gebrauchstextsorten auf strikt handlungstheoretischer Basis detailliert zu beschreiben.

Dass bei einer so weit ausgreifenden und die Gesellschaft in ihrer Komplexität involvierenden Thematik bei weitem noch nicht alle Probleme in zureichender Weise geklärt werden konnten, versteht sich von selbst. *Einwände* korrespondieren zunächst partiell mit den grundsätzlichen Vorbehalten gegenüber der Sprechakt-Theorie:

– Die Sprecher-Zentriertheit: Sie führte bei der Charakterisierung dialogischer Texte sogar zu der Konsequenz, dass die Gesprächsschritte der Einzelsprecher in ihrer Reihung als ‚Texte' verstanden wurden (Motsch/Viehweger 1980; kritisch dazu Heinemann 1981).

– Die Satz-Zentriertheit, die Bindung der Illokutionen an Einzelsätze, auch wenn keine 1:1-Entsprechung von Satz und Illokution behauptet wird. Kritisch zu dieser Grundannnahme äußerte sich Searle selbst mit der Feststellung, dass Kommunikation nicht durch einzelne Satzäußerungen, sondern stets durch "whole series of speech acts in

larger chunks of conversation or discourse of various kinds" realisiert wird (Searle 1980,28, s. Viehweger 1987,340).
- Die Vernachlässigung der Kontextualität: „Die Handelnden sind auch hier einsam und zweckrational handelnde Individuen." (Hartung 2000,89). Damit im Zusammenhang steht die Idealisierung der ,Glückensbedingungen' des Handelns.

Andere Argumente werden gegen das illokutive Textkonzept selbst vorgebracht. Sie betreffen:
- Die Reduzierung der Handlungsziele auf eine beschränkte Zahl von Handlungstypen. Das schränkt das funktionale Erklären von Texten ein.
- Das Nebeneinander autonomer ,Module', deren Zusammenwirken nicht zureichend erklärt werden kann.
- Die satzweise Zuordnung von Illokutionen in Verbindung mit dem Prinzip ihrer aszendenten Integration. Dadurch kommt es zur ,Atomisierung' von Textganzheiten, zu deren Auflösung in Einzel-Illokutionen und Teil-Handlungen, ohne dass der Bezug auf das Textganze eindeutig hergestellt wird.
- Die dominierende Illokution des Gesamttextes kann mit Hilfe der für die Analyse entwickelten Verfahren für zahlreiche Textsorten nicht erfasst werden.
- Die unzureichende Spezifizierung der ,pragmatischen Verknüpfung' von Illokutionen.

Die Auflistung solcher Beschränktheiten stellt das Grundkonzept nicht in Frage, vielmehr sollte das verstanden werden als Aufforderung zur Spezifizierung der aufgeworfenen Probleme.

2.2.3.3 Kommunikationsorientierte Modelle

Auch diese Gruppe von Textbeschreibungsmodellen ist pragmatisch fundiert, da ,Sprache' nicht mehr primär als System zum Austausch von Zeichen, sondern als ein Handeln, als Aktivität von Individuen zur Erreichung bestimmter Zwecke verstanden wird. Der grundlegende Unterschied zwischen beiden ,Pragma-Modellen' ist vielfach als bloßes Verfahrens-Problem charakterisiert worden: Während die Handlungsmodelle bei der Kennzeichnung von Texten von individuellen Einzelhandlungen/Illokutionen ausgehen (=bottom-up-Beschreibungen), nehmen die kommunikativ orientierten Ansätze die Textganzheit zum Ausgangspunkt der Darstellung (top-down-Modellierungen).

Diese Feststellung ist zwar im Grundansatz richtig; doch muss man dabei berücksichtigen, dass die kommunikationsorientierten Modelle viel weiter ausgreifen. Letztlich wollen sie ausweisen, dass Texte immer nur in bestimmten sozialen Zusammenhängen geäußert werden, d.h. dass ihnen immer nicht nur eine kommunikative, sondern auch eine bestimmte soziale Funktion zukommt, und dass Kommunikation als ,kommunikative Tätigkeit' eingebettet ist in ein Geflecht von Tätigkeiten, die unter bestimmten gesellschaftlichen und sozialen Bedingungen vollzogen werden und so das praktische Leben der Individuen in der Gesellschaft weitgehend prägen.

Das Zurückgehen auf die ‚menschliche Lebenspraxis‘, auf das Tun der Individuen, ihr Tätigsein unter bestimmten Bedingungen lässt erkennen, dass in den 80er und 90er Jahren neben dem Handeln auch die **Tätigkeit** als „ein System eng miteinander verknüpfter zielgerichteter Handlungen bzw. Handlungsketten" (Viehweger 1977,35) „zu einer Art Leitbegriff sprachlicher Modellbildung" (Hartung 1982,330) wurde. Ausgangspunkt für dieses theoretische Konzept waren vor allem bestimmte Basis-Modelle der sowjetischen Psychologie (Vygotskij, Rubinstein, Galperin, Lurija, A.A. Leont'ev, A.N. Leont'ev). Im Zentrum stand dabei die *kommunikative Tätigkeit* und ihr Zusammenwirken mit der praktisch-gegenständlichen und der geistigen Tätigkeit. Kommunikative Prozesse fungieren nämlich, so die Hypothese, in der Regel nur als Teil-Aktivitäten im Kontext übergeordneter Interaktionsprozesse; sie sind letztlich philogenetisch aus der materiellen Tätigkeit hervorgegangen und bleiben mit ihr in vielfältiger Weise verbunden.

Daher kommen der kommunikativen Tätigkeit auch die generellen Wesensmerkmale der materiellen und der geistigen Tätigkeit zu. Als grundlegendes Spezifikum darf ihr grundsätzlich sozialer Charakter angesehen werden. Sie ist immer als Subjekt-Subjekt-Beziehung zu fassen, als Einwirkung von Individuen auf einen/mehrere Partner, sie setzt somit soziale Beziehungen voraus und reproduziert sie immer wieder, z.B. zum Zwecke der Koordinierung verschiedener menschlicher Tätigkeiten; und diese soziale Rolle trägt wesentlich zur inneren Organisation der Gesellschaft bei. Zum anderen zeigt sich die Spezifik kommunikativer Prozesse konkret im ‚Veräußern von Bewusstseinsinhalten in sprachliche Äußerungen‘ und im ‚Verinnerlichen der im Text materialisierten Bewusstseinsinhalte‘ (A.A. Leont'ev 1984,47).

Aus psychologischer Sicht werden *Phasen* der kommunikativen Tätigkeit bestimmt: die Phasen der Motivierung (z.B. als Ausgangs-Situation: Straßenlärm, geschlossene Fenster), der Zielorientierung (Antizipation eines Zustands der Ruhe), der inneren Programmierung (Aktivierung spezifischer sprachlicher Mittel und Organisation ihres Zusammenwirkens zum Zwecke der Konstitution eines ‚inneren‘ Aufforderungstextes) und schließlich des Vollzugs (im Beispielfall: ‚Veräußern der Bewusstseinsinhalte‘ in der Form eines Aufforderungs-Textes, und als Partner-Reaktion: Aufstehen von einem Stuhl, Herantreten an das Fenster, Schließen des Fensters). Damit und mit der Einbeziehung von Einstellungen der Partner und entsprechenden Einstellungskonstellationen wird zugleich der kognitive Aspekt der Textkonstitution als Rahmen modelliert.

Besonders wichtig aber für die praktische Modellierung der kommunikativen Tätigkeit ist die schlussfolgernde These, dass die Zielkomponente nicht an einzelne Handlungen gebunden sein könne, sondern immer nur an die komplexe Gesamt-Tätigkeit (s. A.N. Leont'ev 1979,101ff.). Alle kommunikativen Einzel-Aktivitäten bei der Textkonstitution sind daher durch das globale kommunikative Ziel, das mit der Herstellung des Gesamt-Textes verknüpft ist, determiniert und folglich vom Text her organisiert. In gleicher Weise relevant ist die grundsätzliche Kontextualität kommunikativer Prozesse und daraus abgeleitet das Postulat, die Rahmenbedingungen kommunikativer Prozesse, die gesellschaftlichen Determinanten (bei Hartung 1983,63ff. z.B. die Tätigkeits-Situation, die soziale Situation und die Umgebungs-Situation), in die Kennzeichnung kommunikativen Tuns einzubeziehen.

Texte fungieren also in einem Interaktionsrahmen der wechselseitigen Einfluss-
nahme der Partner aufeinander. Sie sind aus dieser Sicht nur noch Teile von übergreifenden Kommunikationsakten, die weit über den Text selbst hinausreichen. Denn Texte
stehen weder am Anfang noch am Ende solcher kommunikativer Ketten, sondern markieren nur eine bestimmte Phase und zugleich ein Teil-Resultat in einem Gesamt-
Prozess, der das Hörer-Verstehen und -Reagieren mit einschließt (Heinemann/
Viehweger 1991,65). Sie werden daher nicht mehr nur als einfache Folgen von statisch
gereihten Sätzen und Satzelementen verstanden, sondern als eine „dynamische Organisation von Operationen innerhalb immer komplizierterer Handlungsgebilde" (Hartung
2000,91); sie sind daher stets als abgeleitete Teilprozesse zu betrachten. In diesem Sinne
lassen sie sich adäquat nur als ‚Texte-in-Funktion' bestimmen.

Die hier erörterten Konstituenten der kommunikativen Tätigkeit lassen sich zusammenfassend in folgendem Schema darstellen:

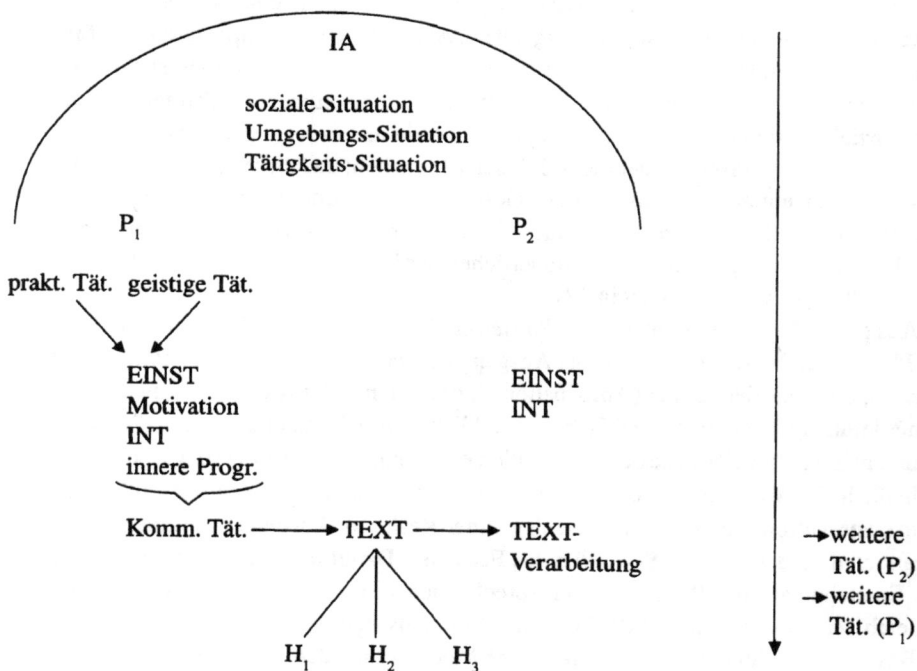

Abb. 16: *Kommunikationsorientiertes Text-Modell*

Auffallend aber ist, dass die Relevanz dieser psychologisch orientierten Tätigkeits-konzepte „mehr im programmatischen Entwurf einer integrativen und disziplinüber-greifenden Perspektive als in der Fundierung spezifisch ausgerichteter Untersuchun-gen" lag (Hartung 2000,91). Zwar bekennen sich viele Linguisten zu diesem integrativen und holistischen Ansatz und zu der berühmt gewordenen Begriffsbestimmung von Ur-sula Oomen (1979,273): "Texts are units of communication that are produced and understood with a view to the purpose they fulfill in a larger context of communicative interaction."

Die Anzahl der aus diesem psychologischen Grundansatz entwickelten konkreten Beschreibungsmodelle von Texten ist jedoch vergleichsweise gering, so dass man nur im Ansatz von einer „eigenständigen tätigkeitstheoretischen Richtung in der Textlingui-stik" (Hartung 2000,91) sprechen kann. Zu ihren Repräsentanten sind vor allem zu rech-nen: Ehlich (1980; 1986;1991); teils in Kooperation mit Rehbein (1979;1986); Schmidt (1981); Antos (1981;1982); Scherner (1984); Brinker (1985/1997); Gülich/Kotschi (1987); Hartung (1987; s. auch 2000); Gläser (1990); Heinemann/Viehweger (1991). Anzumerken ist noch, dass sich die meisten der hier zusammengefassten Arbeiten auf die Kennzeichnung von Einzelaspekten des hypothetischen globalen Gesamt-Modells beschränken und dass in ihnen im Gegensatz zu den handlungstheoretisch orientierten Modellen eine größere Affinität zu semantischen Fragestellungen (Text-Thema, Propo-sition) erkennbar ist (s. Scherner 1984).

Der hier skizzierte globale, holistische, deszendent operierende Beschreibungsan-satz, der im Grunde vom Prozess der Textproduktion ausgeht, greift außerordentlich weit aus, umfasst er doch letztlich das ganze Spektrum des Kommunizierens. Konsens besteht daher bei den Repräsentanten dieses Modells über das Postulat, interaktionale Zusammenhänge unter Einschluss des komplexen Bedingungsgefüges für das Tätigsein des Menschen in entsprechende Darstellungen einzubeziehen.

Die Globalität des Gesamt-Ansatzes birgt jedoch die Gefahr in sich, dass einige für das Ganze wesentliche Details, z.B. Phänomene der Formulierungsebene, hinter globalen Kennzeichnungen zurücktreten, nicht genau genug erfasst oder ganz übergangen wer-den. Daher wurden gelegentlich Vorwürfe laut mit dem Blick auf Vagheiten bei begriff-lichen Festlegungen und Inexaktheit der Darstellung. Diese Einwände mündeten im Vorwurf eines ‚Kommunikativismus' (Reinecke 1985,257f.), der Überbetonung des ‚Kommunikativen' bei Vernachlässigung der ‚eigentlichen' linguistischen Prozeduren.

Trotz solcher und anderer Einwände erscheint es weder sinnvoll noch gerechtfertigt, den Leitgedanken des tätigkeits- und kommunikationsorientierten Vorgehens bei Text-beschreibungen aufzugeben und sich wieder ausschließlich der ‚eigentlichen' Lingui-stik mit ihren strikten Regularitäten zuzuwenden. Im Gegenteil: Linguistische Forschung muss sich n.u.A. den hier thematisierten Herausforderungen (bei interdisziplinärer Ko-operation) stellen und bemüht sein, das umfassende Erklärungspotenzial dieses Mo-dells auch im Hinblick auf das Zusammenwirken von mentalen und kommunikativen Prozessen voll auszuschöpfen (s. Hartung 1987,11).

2.2.4 Der kognitive Zugriff

Bei der Kennzeichnung kommunikationsorientierter Textbeschreibungsansätze hatte sich gezeigt, dass Texte im Zusammenhang mit der Einbettung von Kommunikation in ‚übergeordnete' Tätigkeiten nicht nur als statische Phänomene zu charakterisieren sind, sondern dass ihnen vor allem das Merkmal der Prozessualität zukommt. Nicht zufällig sind daher dabei die psychischen Phasen der Erzeugung von Texten ins Zentrum wissenschaftlichen Interesses gerückt (s. 2.2.3.3).

Diese Entwicklungen können als eine Art Vorstufe der sogenannten *kognitiven Wende* betrachtet werden, die zunächst in der psychologischen Forschung einen Paradigmenwechsel auslöste. Sie war gekennzeichnet „durch die Konzeption kognitiver Prozesse und kognitiver Strukturen, die aus kognitiven Prozessen hervorgehen" (Neisser 1967) und die „Definition von kognitiven Vorgängen als Prozesse der Informationsverarbeitung" (Lachman/Lachman/Butterfield 1979, s. Figge 2000,97).

Prozesse des Sprechens, des Schreibens und des Verstehens waren zwar schon seit langem in der psychologischen Forschung beschrieben worden; sie blieben aber bis etwa 1970 beschränkt auf Probleme des Erkennens/der Identifikation beliebiger Zeichen, dann von Sprachzeichen wie Lauten/Buchstaben, später auch von Wörtern und Sätzen bzw. der Generierung/Artikulation einzelner Laute/Buchstaben, Wörter oder Sätze. Das Neue in der psychologischen Forschung bestand nun in dem Versuch einer kognitiven Fundierung dieser Phänomene als Informationsverarbeitung und Handlungssteuerung auf der Grundlage des jeweils verfügbaren Wissens der Handelnden.

Erst als man den Gegenstand solcher Untersuchungen auf komplexe Texte und kommunikative Ereignisse ausweitete, wurden psychische Prozeduren in zunehmendem Maße relevant für die Erklärung textueller Zusammenhänge, und vor diesem Hintergrund darf man – mit Vorbehalt – von einer „kognitiven Wende in der Textlinguistik" sprechen (Figge 2000,96).

Dass psychische Phänomene auch für das weitere Umfeld aller kommunikativen Prozesse von besonderer Bedeutung sind, sei durch ein einfaches Beispiel belegt. Wird ein Individuum von einem Passanten auf der Straße nach dem Weg zu einem bestimmten Gebäude gefragt, dann versucht sich der Angesprochene zunächst einmal das Gebäude *vorzustellen,* sich daran und gegebenenfalls auch an bestimmte Erlebnisse, die er damit verbindet, zu *erinnern,* er *nimmt* den eigenen Standort bewusst *wahr,* gelangt dann zu bestimmten *Schlussfolgerungen* über mögliche Wegstrecken, er *vergleicht* verschiedene Möglichkeiten zur Erreichung des Ziels miteinander und *entscheidet sich* für die nach seiner Ansicht günstigste Variante. Er *aktiviert* aus seinem Gedächtnisspeicher durch *Auswahl* entsprechende sprachliche Zeichen und Strukturmuster, er *verknüpft* diese Elemente miteinander durch *Integration* zu einer kohärenten innersprachlichen Ganzheit, er *verbalisiert/,veräußert'* diesen ‚inneren Text' und *äußert sich* in der Form einer Antwort-Sprachhandlung, einer Wege-Auskunft.

Zahlreiche psychische Prozeduren und Operationen erweisen sich also als grundlegend für das Erzeugen und in analoger Weise für das Verstehen von Texten. Das Bewusstsein des Kommunizierenden ist ja vor Beginn der eigentlichen kommunikativen Tätigkeit keine tabula rasa. Der Handelnde hat Erfahrungen gesammelt beim und für den Vollzug bestimmter Handlungen; er hat Kenntnisse verschiedenster Art gespeichert, die er aktivieren muss, wenn sein kommunikatives Handeln ‚glücken' soll. Daher geht er schon mit bestimmten Erwartungshaltungen in konkrete interaktuelle Konstellationen, aktiviert gezielt bestimmte Kenntnisse und Erfahrungen bei der Motivation und der Herausbildung von Zielen in allen Phasen der Textproduktion und beim Textverstehen (vgl. Heinemann/Viehweger 1991).

Da so gut wie jedes Tun – schon das praktisch-gegenständliche, in weitaus stärkerem Maße auch die kommunikative Tätigkeit – nicht allein von psychischen Prozessen begleitet, sondern durch sie letztlich fundiert wird, lag es nahe, auch den *Text* als eine primär psychisch gegründete Einheit zu sehen, als *Resultat mentaler Prozesse*, genauer: als Resultat einer Vielzahl ineinandergreifender psychischer Operationen, „ein Dokument von Entscheidungen, Auswahl- und Kombinationsvorgängen" (Beaugrande/ Dressler 1981,37), denn offenkundig kann nur das im Text vorkommen, was vorher im Bewusstseinsspeicher verarbeitet wurde. Aus solchen Überlegungen resultierte die Forderung, bei der Beschreibung von Texten auch kognitive Phänomene zumindest in die Darstellung aufzunehmen, wenn nicht sogar zum Ausgangspunkt von Textkennzeichnungen zu machen. Aufgabe einer so verstandenen, kognitiv orientierten Textlinguistik müsste es daher sein, prozedurale Textbeschreibungsmodelle zu entwickeln, die im Einzelnen ausweisen, auf welche Weise Handelnde in bestimmten Situationen auf Grund bestimmter Einstellungen und Intentionen mit Hilfe von bestimmten Mengen von Bewusstseinsinhalten und Prozeduren verschiedene Arten von Tätigkeiten, insbesondere kommunikative Tätigkeiten, organisieren.

Als Grundlage für solche Modellierungen konnten zahlreiche psychologische Studien, teils begleitet und ergänzt durch linguistische Arbeiten, genutzt werden.

Zum Problemkreis **Gedächtnis und Sprache**:
– zu Kenntnis-/*Wissenssystemen* allgemein: Hannappel/Melenk 1979,27; van Dijk/ Kintsch 1983;
– zu *Konzepten* als Basiseinheiten für die mentale Organisation von Kenntnissystemen und zu *Konzeptvernetzungen* (Hörmann 1967; Klix u.a. 1979; 1984; zusammenfassend Heinemann/Viehweger 1991,68ff.);
– zu den mnemischen Grundlagen von Sätzen (Anderson/Bower 1973);
– zu komplexen, im Gedächtnis gespeicherten statischen Mustern für konzeptuelle Teilsysteme = *Frames* (Minsky 1979; Ballmer/Brennenstuhl 1981,298ff., z.B. Wohnzimmer-Frame);
– zu prozeduralen Ablauf-Mustern = *Skripts* (Schank 1972; Schank/Abelson 1977, z.B. Arzt-Besuch);
– zu komplexen prozeduralen Handlungs-Modellen, einschließlich situativer Muster zu *mentalen Modellen* (Johnson-Laird 1977; 1983).

Für die Gesamtheit der hier zusammengefassten komplexen Speicherungs- und Abruf-Modelle wird in der Fachliteratur in Anlehnung an Bartlett (1932,137ff.) der Terminus *Schema* gebraucht.

Zu Fragen des **Verstehens**:

Ausgangspunkt war die Beobachtung, dass komplexe Texte vom Gedächtnis nicht im Wortlaut gespeichert werden können; andererseits aber ist der Rezipient in der Lage, Textinhalte adäquat wiederzugeben oder zu kommentieren. Die Rezeption ein und desselben Textes durch mehrere Hörer/Leser führt daher nur in Ausnahmefällen zu einem annähernd identischen Verstehensresultat.

– Zu *kognitionspsychologischen* Modellierungen des Verstehens (Neisser 1967; van Dijk 1971; 1972; später Mandl 1981; Ballstaedt 1981; Groeben 1982; Engelkamp 1984).

   Alle Arbeiten thematisieren das Zusammenwirken textgeleiteter und wissensgeleiteter Prozesse beim Verstehen, wobei die Verarbeitung von im Gedächtnis eingehenden Informationen/Propositionen simultan auf mehreren Ebenen (Mikropropositionen – Makropropositionen unterschiedlicher Stufen, s. 2.2.2.3) erfolgt.

– Zu *sinnorientierten* Ansätzen (später): Hier wird die kognitive Sinnbildung als primär angesehen; „die vertexteten sprachlichen Mittel sind die Auxiliarelemente zum Erreichen dieses Ziels" (Scherner 1984,210ff.; Knobloch 1994,179ff.). Das Verstehen wird als subjektgeprägter, intentionaler und aktiver Prozess der Sinnkonstitution beschrieben; die sprachlichen Mittel fungieren nur als Impulse für eigene kognitive Aktivitäten des Rezipienten. Dabei kommt dem ‚Horizont‘ als umfassendes individuelles Wissenszentrum besonderes Gewicht zu.

Zu Problemen der **Produktion von Äußerungen**:

Dieser Problemkreis wurde in der psychologischen und der linguistischen Fachliteratur eher vernachlässigt, da dabei immer die Vorgabe einer mentalen Struktur als Ausgangsbasis ‚gesetzt‘ werden muss.

– Zu Problemen der *Schreibforschung*, die anfangs mit der Textproduktionsforschung gleichgesetzt wurde (zunächst mit didaktischer Orientierung), später wird Schreiben als sozio-kognitive Handlung verstanden (Flower 1985; Nystrand 1986, Molitor-Lübbert 1989; zusammenfassend Antos 2000,105f.);

– zu Problemen der *einfachen Wiedergabe und Zusammenfassung von rezipierten Texten*, wobei die durch den Rezeptionsprozess ermittelte propositionale Makrostruktur zur Basisgröße für die Textproduktion wird (van Dijk 1972; Kintsch 1974);

– zu *Ablaufprogrammen der Sprachproduktion*, vermittelt über Musterwissen: Herrmann 1982,163f.; später Herrmann/Grabowski 1994;

– zur Simulation von Textproduktion in der *Künstlichen Intelligenz* (Überblick über einige Textproduktionssysteme bei Figge 2000,100f.); für die Aufstellung von textproduktionsorientierten Textbeschreibungsmodellen aber sind diese Arbeiten nur von untergeordneter Bedeutung;

– zu *Geschichten-Grammatiken* ('story grammars') als generative Systeme zur Entfaltung der Handlungsstruktur einfacher Erzählungen (Rumelhart 1975).

Das „erste Prozessmodell der Textverarbeitung" (Strohner 1988,482) entstand aus der interdisziplinären Kooperation des Linguisten van Dijk und des Psychologen Kintsch: **Kintsch/van Dijk** 1975; noch deutlicher 1978: 'Towards a *model of text comprehension* *and production'*. Dieses Modell, das sich explizit auf Ganz-Texte und nicht nur auf Einzelsätze bzw. Teiltexte bezieht, ist zunächst ein prozessuales Verstehensmodell, das von der Graphemerkennung über die Wort- und Satzidentifikation bis zur Erfassung des Gesamtgehalts eines Textes führt, wobei dieser dann noch der ‚Superstruktur' einer Textsorte zugeordnet wird.

Grundlage für das Textverstehen sind auch hier hierarchisch geordnete Propositionen (Mikro- und Makro-Strukturen aus Propositionen mit Konzepten als Termen, s. 2.2.2.3), die zyklisch verarbeitet werden und nach Auffassung der Autoren durch ‚Makroregeln' beschreibbar sind:

– Verallgemeinerungsregeln, die die Ersetzung einer oder mehrerer Proposition/en durch eine generelle Proposition erlauben;
– Konstitutionsregeln, die den Ersatz einer Propositionsfolge durch komplexe propositionale Einheiten, z.B. Frames, erlauben;
– Tilgungsregeln zur Eliminierung irrelevanter Propositionen u.a.

Nur beiläufig sei darauf verwiesen, dass die beiden Autoren davon ausgingen, dass dieses kognitiv-semantische Verstehens-Modell auch für die Kennzeichnung von Prozessen der Textproduktion geeignet sein müsste, allerdings in umgekehrter Abfolge, d.h. mit der Makro-Proposition als Ausgangsgröße.

Dieses Modell, das nach Strohner (1988,482) zum „Grundstein für ein ganzes Gebäude von theoretischen und empirischen Studien" wurde, haben die beiden Autoren selbst weiterentwickelt (van *Dijk/Kintsch* 1983), vor allem dadurch, dass nun im Anschluss an die Arbeiten von Johnson-Laird auch über den eigentlichen Text hinausgehendes Situationswissen als allgemeines Weltwissen in das Basismodell integriert wurde. Nach van Dijk/Kintsch wird ein solches Situationsmodell als eine Art Schema-Wissen im episodischen Gedächtnis aufgebaut. Es repräsentiert dann die Gesamtheit der äußeren Umstände, auf die sich ein konkreter Text bezieht. Es greift aber zugleich auf ähnliche frühere Situationen und auf relevante allgemeine Elemente des semantischen Gedächtnisses zurück, so dass dem Rezipienten die „Referenz des Textes bewusst wird" (van Dijk/Kintsch 1983,336). Mit dieser Ausprägung des Modellansatzes hatte sich nach Figge (2000,100) eine „prozessorientierte Linguistik eines konstruktiven, wissensbasierten Textverstehens voll etabliert."

Ein weiteres textwissenschaftliches Paradigma auf kognitiver Grundlage stellt der prozedurale Ansatz von **Beaugrande/Dressler** 1981 dar. Den Autoren geht es nicht so sehr um das Auffinden von Einheiten und Struktur-Mustern des Textes, auch nicht von Propositionskomplexen und -hierarchien (!), sondern um die Eruierung der kognitiven „Operationen selbst, die Einheiten und Muster während der Verwendung von sprachlichen Systemen regeln." (Beaugrande/Dressler 1981,34) Diese Operationen, z.B. das Abbilden ("mapping"), das prozedurale Anschließen ("procedural attachment"), das Muster-Vergleichen ("pattern matching") usw. greifen prozessual ineinander und bewirken so die Angemessenheit der Textgestaltung und des Textverstehens (1981,36f.). Und der Text selbst schließlich wird aus dieser Sicht als das Ergebnis des Zusammenwirkens eben dieser prozessualen Operationen gesehen.

Beaugrande/Dressler beschreiben sowohl für Prozesse der Textproduktion als auch die der Textverarbeitung eine Fünf-Stufen-Abfolge:

Textproduktion (1981,42ff.):

1. Planung, Zielsetzung und Textsortenwahl; der Handelnde entscheidet sich für die nach seiner Auffassung optimale Grundstruktur des ‚inneren' Textes.
2. Ideation, Ideenfindung: „eine innerlich angelegte ... Gestaltung von Inhalt" (vgl. mit Text-Thema) wird fixiert.
3. Entwicklung: Anordnung von Inhalten im Speicher, Suche nach gespeicherten Wissensräumen "knowledge spaces", vergleichbar mit Text-Thema-Entfaltung.
4. Ausdruck: Suche nach vor allem sprachlichen Ausdrücken, die für die Aktivierung der jeweiligen Inhalte geeignet sind.
5. Grammatische Synthese (parsing): In-Beziehung-Setzen der Ausdrücke und Linearisierung.

Wichtig ist die These, dass diese fünf Phasen nicht linear nacheinander ablaufen müssen; unter Umständen können „alle fünf Phasen mit schnell wechselnden Schwerpunkten zugleich ineinander wirken." Der Prozess der Textproduktion gilt als abgeschlossen, „wenn eine bestimmte Schwelle von Befriedigung erreicht ist, an der der Textproduzent das Ergebnis als für den beabsichtigten Zweck ausreichend erachtet" (1981,36).

Die *Textverarbeitung* (1981,46ff.) erfolgt „in entgegengesetzter Richtung": 1. Grammatische Analyse 2. Konzeptabrufung (‚Verstehen' der lexikalisch geprägten Konzepte) 3. Verdichtung und Schwerpunkterkennung (Erfassen von kohärenten Zusammenhängen zwischen den Textelementen) 4. Ideenabrufung (Erschließen der Textbedeutung, Inferenzierungen) 5. Planabrufung (Erfassen des Textsinns; Reaktion auf den Text).

Auch hier geht es nicht um das lineare und systematische ‚Abarbeiten' der einzelnen Phasen. Auch kommt es für den Rezipienten nicht darauf an, zu einem absoluten Abschluss, d.h. zu einer umfassenden und ‚vollständigen' Rezeption des jeweiligen Textes zu kommen; vielmehr ist es in vielen Fällen, z.B. beim Zeitung-Lesen, voll zureichend, die ‚Abschlussschwelle' ("threshold of termination") zu erreichen, an der das Textverständnis befriedigt ist, d.h. an der es mit der globalen Erwartungshaltung des Rezipienten übereinstimmt.

Vor diesem prozessualen Hintergrund bestimmen Beaugrande/Dressler das Wesen von Texten, ihre *Textualität* (1981,3ff.). Es handelt sich dabei um nicht strukturelle, sondern kognitive Voraussetzungen für ihr Zustandekommen, um Kriterien, die bei jedem Text gegeben sein müssen. „Wenn irgendeines dieser Kriterien als nicht erfüllt betrachtet wird, so gilt der Text als nicht kommunikativ." (Neubert 1982,30).

Grundlegende Merkmale der Textualität (s. dazu 2.3)

1. *Kohäsion*, die Zusammengehörigkeit von Oberflächeneinheiten eines Textes; sie beruht auf grammatischen Abhängigkeiten.
2. *Kohärenz*, der innere, semantische Zusammenhang der Einheiten eines Textes. Kohärenz kann zunächst vom Text her erfasst werden (=textgeleitete Kohärenz); sie

kommt aber für das Verstehen erst zustande durch die Verknüpfung von im Text verarbeitetem Wissen mit gespeichertem ‚Weltwissen' (wissensgeleitete Kohärenz).

3. *Intentionalität*, die Absicht des Textproduzenten, einen gegebenen Zustand im Sinne eines Ziels mittels eines Textes über einen Partner zu verändern.
4. *Akzeptabilität*, „die Einstellung des Textrezipienten, einen kohäsiven und kohärenten Text zu erwarten, der für ihn nützlich oder relevant ist." (1981,9; 1981,135ff.).
5. *Informativität*, „das Ausmaß der Erwartetheit bzw. Unerwartetheit oder Bekanntheit bzw. Unbekanntheit/Ungewissheit der dargebotenen Textelemente." (1981,10f.) Jeder Text ist informativ, da er zumindest minimale Information vermittelt. Mit dem Merkmal ‚Informativität' kennzeichnen Beaugrande/Dressler das unterschiedliche Maß an Information, das das Interesse des Rezipienten steuert. Zu geringe Informativität, z.B. die Übermittlung von Selbstverständlichkeiten für bestimmte Rezipienten-Gruppen, erzeugt Langeweile und kann gegebenenfalls zum Abbruch des Rezeptionsprozesses führen. Bei einem zu hohen Grad an Informativität (z.B. in einer Vorlesung) wiederum überfordert der Textproduzent den/die Partner. Das kann im Extremfall gleichfalls zu einem Unterbrechen bzw. vollständigen Abbruch des Rezeptionsprozesses führen.
6. *Situationalität*, die Gesamtheit der „Faktoren, die einen Text für eine kommunikative Situation relevant machen." (1981,12) Bedeutung und Sinn eines Textes werden weitgehend über die Situation mitbestimmt.
7. *Intertextualität*, der Bezug eines Textes auf andere Texte und die grundsätzliche Textsorten-Geprägtheit aller Texte.

Die hier aufgelisteten sieben Kriterien von Textualität fungieren nach Beaugrande/Dressler „als *konstitutive Prinzipien* ... von Kommunikation durch Texte; sie bestimmen und erzeugen die als Textkommunikation bestimmbare Verhaltensform, die zusammenbricht, falls sie zerstört werden." (1981,13f.)

Insgesamt ist festzuhalten, dass dieses Modell, ein „Meilenstein für die kognitive Wende in der Textlinguistik" (Scherner 2000,189), auf weiterführende Untersuchungen zum prozessualen Textverständnis von nachhaltigem Einfluss war.

2.3 Textualität und das Problem einer Text-Definition

2.3.1 Merkmalsdefinition und Verbaldefinition

Spätestens seit dem Beginn der 70er Jahre stellten Linguisten immer häufiger die Frage, wie man den in der pragmatischen Wende neu-, eigentlich wiederentdeckten Begriff ‚Text' kennzeichnen sollte, was das Wesen dieses Phänomens, seine Textualität, ausmacht und wie der Begriff folglich von anderen sprachlichen Kumulationen, sogenannten ‚Nicht-Texten', abgegrenzt werden könnte.

Den ersten eher spontanen und sehr allgemeinen Bestimmungen (s. Hartmann 1964,17: „Mit ‚Text' kann man alles bezeichnen, was an Sprache so vorkommt, da es Sprache in kommunikativer oder wie immer sozialer, d.h. partnerbezogener Form ist.")

folgten Überlegungen, wie man gerade diesen Begriff von beliebigen Satzreihungen abheben könnte, wie man also das, was den Text im Innersten zusammenhält, präziser fassen könnte. Und da verbale Definitionen für (linguistische) Phänomene wie Geräusch, Ton, Klang, Wort, Silbe, Satz … nur selten auf den universellen Bereich des jeweiligen Begriffs beziehbar sind, konzentrierte man sich in zahlreichen Arbeiten zunächst auf ‚Merkmalsdefinitionen‘, auf die Erfassung und Kennzeichnung möglichst aller relevanten und konstitutiven Begriffsmerkmale, im Falle des Gegenstands ‚Text‘ auf die ‚Textualität‘, da eine solche präbegriffliche Prägung einfacher – wenngleich nicht mit universeller Geltung – gefasst werden kann.

Es ist erstaunlich, dass nahezu jeder, der sich in den 70er und 80er Jahren zu Texten äußerte, zu verstehen gab, wie er den Textbegriff verstanden wissen wollte, vielfach in der Doppelung von Merkmalsbestimmung und verbaler Ausformulierung. So lassen sich mühelos Hunderte von Textdefinitionen zusammenstellen, die zwar in bestimmten Grundpositionen aufeinander beziehbar sind, im Einzelnen aber doch so weit auseinanderdriften, dass dem an der praktischen Verwendbarkeit von Texten Interessierten ein äußerst verwirrendes, heterogenes Bild des Phänomens ‚Text‘ entstehen muss; damit ist zugleich die praktische Anwendbarkeit und Handhabbarkeit des Begriffs in Frage gestellt.

Es hätte wenig Sinn, an dieser Stelle zahllose Merkmals- und Textdefinitionen nebeneinander zu stellen, es sei denn den der Exhaustivität. Unser Anliegen ist es vielmehr, eine gewisse ‚Ordnung‘ in dieses Chaos unterschiedlicher Auffassungen zu bringen und damit zu besserer Überschaubarkeit und praktischer Handhabbarkeit des Begriffs beizutragen. Bei einer vergleichenden Gegenüberstellung der erwähnten Definitionsansätze zeigt sich nämlich, dass die Unterschiede im Wesentlichen auf bestimmte theoretische Grundpositionen der Verfasser und damit auf die oben apostrophierten ‚Zugriffe‘ zur Beschreibung von Texten zurückführbar sind. Daher werden im Folgenden (3.3.2) nach der Kennzeichnung einiger ‚Grundannahmen‘ zur Textualität zunächst einige dieser Grundpositionen/Zugriffe exemplarisch an repräsentativen Beispielbestimmungen vorgestellt; in einem weiteren Schritt (3.3.3) erörtern wir neuere ‚Leitorientierungen‘ zu Problemen der Textualität, und unter 3.3.4 sollen Fragen der ‚Aufhebung‘ des Begriffs aus der Sicht der neuen Medien thematisiert werden.

2.3.2 Basiskonzepte der Textualität

Bevor hier die sich aus den theoretischen ‚Zugriffen‘ ergebenden Basiskonzepte von Textualität zusammenfassend dargestellt werden, erscheint es sinnvoll, auf einige *Grundannahmen* der Autoren zu verweisen, Prämissen betreffend, die n.u.A. für die Verwendung des Terminus ‚Text‘ gegeben sein müssen. Bei der Einschätzung dieser Fragen besteht zwar unter Linguisten und Wissenschaftlern anderer Disziplinen weitgehender Konsens, doch handelt es sich dabei keinesfalls um Selbstverständlichkeiten.

Im Gegensatz zu einigen Linguisten und Soziologen (s. u.a. Kallmeyer 1980,45), die von einem weiten Textbegriff ausgehen, d.h. den Terminus Text auf die Gesamtheit aller kommunikativen Signale in der Interaktion beziehen, vertreten wir eine engere Textauffassung (die übrigens mit dem Alltagsverständnis von Texten kongruiert), nach der nur *sprachlich geprägte* kommunikative Signalketten unter diesem Terminus zusammengefasst werden sollten (s. Heinemann/Viehweger 1991,16; Gülich/Raible 1977,33; Große 1976,13: „Der Text ist der *sprachlich* manifestierte Teil der Äußerung in einem Kommunikationsakt."). Das schließt natürlich nicht aus, dass auch nichtsprachliche Prozesse und Einheiten (Gesten, Mimik, Körperhaltungen, bildliche Darstellungen ...) in unsere Interaktions-Analysen Eingang finden, ja in vielen Fällen sogar eine conditio sine qua non für das Erfassen des Textsinns darstellen, aber sie werden nicht als textuelle Prozesse und Einheiten i.e.S. verstanden, sondern als mit dem sprachlich geprägten Text verbundene (Begleit-)Phänomene oder Para-Texte gekennzeichnet. Sie fungieren daher nicht als immanente und daher obligatorische Bestandteile der Analysen, sondern werden nur dann explizit gemacht, wenn sie für eine adäquate Interpretation von Text- und Diskurs-Ganzheiten von Relevanz sind oder zu sein scheinen.

Texte sind daher nach unserem Verständnis an Sprache gebunden, unabhängig von der jeweiligen Realisierungsform des ‚Sprachlichen'. Wir beschränken folglich den Textbegriff nicht auf die schriftsprachliche Übermittlung von Informationen an Partner, auf die „aus ihrer unmittelbaren Sprechsituation herausgelösten Sprachhandlungen", auf jene sprachlich geprägten Einheiten also, die „essentiell auf Überlieferung bezogen sind." (So Ehlich 1983,38; im Grundansatz auch bei Brinker u.a. 2000.) Wir beziehen uns vielmehr auf die These, dass Texte generell primär funktional geprägt sind, dass also mit ganz unterschiedlichen Textstrukturen der mündlichen oder der schriftlichen Kommunikation dieselben Zwecke bewirkt werden können. Schrift-Texte und Sprech-Texte werden folglich hier unter einem allgemeinen ‚Text'-Begriff subsumiert.

Im Zusammenhang damit steht eine andere Grundannahme: Als ‚Texte' kennzeichnen wir zunächst die konkreten sprachlichen Materialisationen geistiger Tätigkeit, also die *Ergebnisse* kommunikativer Tätigkeiten der Individuen. Ebenso relevant für das ‚Textuelle' aber sind n.u.A. die *Prozesse*, die für deren Generierung und kognitive Verarbeitung notwendig sind (zur Begründung s. 1.3; 1,4; 3.2; Kallmeyer 1986,334). Interaktionsorientierung legt daher Prozessorientierung nahe, die wiederum eine verstärkte Zuwendung zu Verfahren der Textkonstitution und des Formulierens einerseits sowie zu Strategien der Textverarbeitung andererseits einschließt. "Texts are taken as the result or process of social activities arising out of social necessity and based on social conventions within a speech community." (Graustein/Neubert 1979,1)

Schließlich sei noch hervorgehoben, dass Textexemplare zwar einzelsprachlich geprägt sind und sogar Prozess und Ergebnis „eines *singulären* Ereignisses mit all seinen Zufälligkeiten – ungewollten und gewollten – und Einmaligkeiten" darstellen (Große, R., 1994,324), doch wird mit der Setzung des generalisierenden Begriffs ‚Text' von solchen Einmaligkeiten abstrahiert, so dass ihm *universelle Geltung* zukommt.

Betrachten wir nun nacheinander die Basiskonzepte der Textualität mit einigen ihnen entsprechenden repräsentativen Textdefinitionen.

98

2.3.2.1 grammatisch geprägte Textualität

Satzfolge: ‚Lineare Abfolge von Sätzen‘, wobei eine Folge wie in der Mathematik aus nur einem Element bestehen kann.

Isenberg 1968: „Der Text ist eine Folge von Sätzen, die durch Vertextungsmittel miteinander verknüpft sind."

Weinrich 1970,222: Der Text „ist eine sinnvolle Abfolge sprachlicher Zeichen zwischen zwei auffälligen Kommunikationsunterbrechungen."

Kohäsion (oft anders benannt): Hier als zusammenfassendes Merkmal gebraucht für den durch Elemente der Oberflächenstruktur gestifteten Zusammenhang zwischen Einzelsätzen (eines Textes).
Dazu gehören
– die Einheitlichkeit des temporalen Aufbaus (Weinrich 1971,10), der pronominalen Verkettung (Harweg 1968,148), der Referenz (Steinitz 1968), 1968/1974),
– die relative Abgeschlossenheit (Delimitation, Heidolph 1966),
– die Wohlgeformtheit (Isenberg 1976,48).

Harweg 1968,148: Der Text ist „ein durch ununterbrochene pronominale Verkettung konstituiertes Nacheinander sprachlicher Einheiten."

2.3.2.2 semantisch bestimmte Textualität

Informativität: Der textkonstitutive Zusammenhang aufeinander folgender Sätze/Texteme/Propositionen. Text als Folge von Informationseinheiten, die zu einem Informationsfortschritt führen.

Schmidt, S.J. 1973: Der Text ist „ein Resultat realisierter syntagmatischer Anschließbarkeiten." (s. *Große, E.U.,* 1974, 157: *Agricola* 1977,14; *Daneš* 1976).

Kohärenz (textgeleitete): Der innere Zusammenhang bzw. die Kompatibilität der Textelemente. Die Kohärenz wird konstituiert durch die Einheitlichkeit
– der grammatischen Konnexion,
– der Lexikalisierung (s. Isotopie),
– der propositionalen Integration,
– des gemeinsamen Text-Thema-Bezugs.

Isenberg 1970,1: Ein Text ist eine „kohärente Folge von Sätzen ..." (s. *Weinrich* 1971,11; *Schmidt, S.J.,*1973,237).
Agricola 1969,31: „Der Text ist eine geordnete Menge von Sätzen, die zusammen ein Thema bilden."
Brinker 1973,21: Als Text gilt eine „geordnete Menge von Propositionen, die vor dem Hintergrund einer thematischen Textbasis durch logisch-semantische Relationen miteinander verbunden sind."

2.3.2.3 pragmatisch-kommunikative Textualität

Situativität: Die Bezogenheit von Texten auf bestimmte sozial normierte Situationen, die im sozialen Handlungssystem verankert sind.

Heinemann/Viehweger 1991,126: Texte haben „keine Bedeutung, keine Funktion an sich, sondern immer nur relativ zu Interaktionskontexten sowie zu den Handlungsbeteiligten, die Texte produzieren und rezipieren."

Intentionalität/Funktionalität: Texte sind grundsätzlich intentional geprägt (ohne Intentionen werden keine Texte produziert).

Helbig 1986,160: Texte sind Einheiten mit erkennbarer kommunikativer Funktion.
Rossipal 1978,10: Die Einheitlichkeit eines Textes wird bestimmt „von dem Zweck, einen bestimmten außersprachlichen Bedarf zu befriedigen."
Zimmermann 1978,50: Texte sind „Mittel sozialer Interaktion", mit Hilfe von Texten „werden gesellschaftliche Beziehungen konstituiert."
Brinker 1985,17: „Der Terminus Text bezeichnet eine begrenzte Folge von sprachlichen Zeichen, die in sich kohärent ist und die als Ganzes eine kommunikative Funktion signalisiert."
Feilke 2000,75: „Texte sind das Resultat der Intentionalität einer Produktionshandlung, die den Textsinn artikuliert."

2.3.2.4 kognitiv bestimmte Textualität

Prozessualität: Text als Prozess-Abfolge mit einem Resultat am Ende (ist daher als Fluss-Diagramm darstellbar).

Eikmeyer 1986,128ff.

Prozeduralität: Kognitive Prozeduren als Textkonstituentia bei der Generierung und beim Verarbeiten von Texten.

Beaugrande/Dressler 1981,7: Texte sind „das Ergebnis kognitiver Prozesse der Textverwender."
1981,32f.: „Texte sind die Resultate von mentalen Prozessen und kognitiven Prinzipien."

Kohärenz (wissensgeleitete): entsteht beim Rezipienten durch Sinnkonfiguration, d.h.

Nussbaumer 1991,144: Textverstehen besteht in der „Integration von Neuem in be-

durch Verknüpfung von im Text aufbereitetem Wissen mit gespeichertem und inferiertem Wissen.

stehende Wissensstrukturen." (Vgl. *Petöfi* 1986,223).

Heinemann/Viehweger 1991,126: „Unter Texten werden Ergebnisse sprachlicher Tätigkeit sozial handelnder Menschen verstanden, durch die – in Abhängigkeit von der kognitiven Bewertung der Handlungsbeteiligten – vom Textproduzenten Wissen unterschiedlicher Art aktualisiert wurde, das sich in Texten in spezifischer Weise manifestiert und deren mehrdimensionale Struktur konstituiert. Die Struktur des Textes ... stellt die Basis für einen komplizierten Interpretationsprozess des Textrezipienten dar." Texte sind daher „auch nicht per se kohärent ... Es sind vielmehr die Handlungsbeteiligten, die in einem Text den Zusammenhang stiften und diesen in der Textstruktur manifestieren ... Kohärenz ist vom Textproduzenten intendiert, vom Rezipienten wird sie erwartet und im Prozess des Textverstehens Äußerungsfolgen zugeschrieben."

Strohner 1997,2: Text ist „nicht nur die sprachliche Information allein, sondern die Verbindung aller zu einem bestimmten Zweck produzierten Informationen (z.B. Sprache, Abbildung, Symbol) in einem oder mehreren Medien. Texte dienen dazu, bei den Rezipienten Wissen, Einstellungen und Emotionen hervorzurufen."

2.3.3 Neue Leitorientierungen

In Textdefinitionen wurden immer wieder diese Textualitätsmerkmale (übrigens auch weitere, die sich allerdings als nur schwer fassbar erwiesen oder nicht als grundlegend angesehen werden können, z.B. Vollständigkeit [Hennig/Huth 1975], Abgeschlossenheit u.a.), in unterschiedlicher Anzahl und mit unterschiedlicher Gewichtung apostrophiert. Rolf (1993,23) stellt daher in einer Art Resümee fest, dass „die Mehrzahl der bisherigen Textdefinitionen auf einer Verabsolutierung bzw. Favorisierung von Einzelaspekten (meist gerade der in der Theorie vorherrschenden)" beruht. Eine Zusammenschau dieser unterschiedlichen Aspekte muss daher als dringliches Desiderat der Textualitätsforschung erscheinen.

Vor diesem Hintergrund ist der vor allem auf Schrift-Texte orientierte Integrationsversuch von Brinker (1985;1996) zu sehen. Noch deutlicher wird dieses Bemühen bei Beaugrande/Dressler (1981, s. 2.3.2.4) mit der Auflistung von Textkonstitutiven als Grundlage eines umfassenden Beschreibungsansatzes, wobei sie Textualität über ein Ensemble von sieben Kriterien bzw. „konstitutiven Prinzipien" (1981,13) definieren. Diese Kriterien spielten daher über Jahre hinweg eine dominierende Rolle in der textlinguistischen Diskussion.

In der Folgezeit gab es auch kritische Stimmen: Sie bezogen sich vor allem darauf, dass diese Textualitätsmerkmale „völlig heterogenen Theorie-Traditionen verpflichtet sind" (Feilke 2000,76), dass folglich Aspekte unterschiedlicher Textebenen undifferenziert nebeneinandergestellt wurden. Angeregt durch die kognitiv orientierte Kompetenzforschung in der Generativen Grammatik wie in der Psychologie, bemühte man sich in den 90er Jahren verstärkt um die Aufstellung von homogenen Textualitätskriterien, die vor allem ein hohes Maß an Allgemeingültigkeit/Universalität und Erzeugungskraft/ Generativität als Voraussetzungen für sprachliche Handlungskompetenz aufweisen sollten. Solche neuen ,Leitorientierungen' sieht Feilke (2000,72ff.) vor allem in den folgenden kategorialen ,Kristallisationspunkten' der Textualität:

– *Generativität:* ,Die Fähigkeit von Sprechern, prinzipiell unbegrenzt Situationen möglicher Rede und entsprechend pragmatische Bindungseffekte erzeugen zu können' (Habermas). Damit im Zusammenhang steht die „Fähigkeit eines Sprachbenutzers, eine potentiell unendliche Anzahl von Texten zu produzieren" (van Dijk 1971,272).

– *Universalität:* Einzelsprachliche Restriktionen der Oberflächenstrukturen werden in universalen Strukturen des sozialen Handelns und in universalen kognitiv-semantischen Strategien bei der Generierung von Texten aufgehoben.

– *Kontextualität:* Das Wissen um kontextuelle Konstellationen möglicher Rede, um Text-Kontext-Gefüge, in das die situativen Parameter obligatorisch eingehen. Text und Kontext sind also schon auf der Ebene der Kompetenz vermittelt. Der Text funktioniert daher nicht rein sprachlich, sondern als „zweiseitige sprachlich-soziale Struktur" (Schmidt, S.J. 1973,146).

– *Prozessualität:* Die Text-Herstellungskompetenz, die sich auf den Prozess der Konstitution von Texten als Zeichen-in-Funktion bezieht.

– *Handeln/Intentionalität:* Kennzeichnung sprachlicher Einheiten unter dem Aspekt des sozialen Handelns. Kohärenz wird folglich nicht mehr nur auf die Abfolge von Sätzen bezogen, sondern auf Folgen von Handlungen in einem Text-Kontext-Gefüge. Text ist immer Ausdruck einer bestimmten situationell bedingten Text-Funktion (Coseriu 1973,8f.).

Die Intentionalität des Handelns und dessen konventionelle Form sind entscheidend für die strukturelle Ausprägung von Texten; die sprachliche Formulierung ist dann jeweils als Form und Resultat Ausdruck problemlösenden Handelns (Antos 1982).

– *Dialogizität:* Grundsätzlich dialogischer Charakter aller kommunikativen Prozesse, auch der schriftsprachlich realisierten, mit der Besonderheit der ,Zerdehnung' (Ehlich 1983).

Solche und ähnliche ‚Leitorientierungen' zeichnen sich bei Konzentration auf die kognitive Textkompetenz der an Kommunikationsprozessen Beteiligten fraglos durch einen höheren Grad von Homogenität aus. Dadurch wird eine ‚Mehr-Reiche-Konzeption', die strikte Trennung von grammatisch-semantischen Aspekten einerseits und pragmatischen Gesichtspunkten auf der anderen Seite, überwunden. Auf der Haben-Seite solcher Leitorientierungen steht ohne Frage der Versuch der unmittelbaren Einbeziehung von Sprech-Texten in ein weiter gefasstes Textkonzept (vgl. die Textualitätsmerkmale Kontextualität, Prozessualität, Dialogizität).

Dass bei solchen Ansätzen auch an Tradiertes angeknüpft wird, sollte nicht als Mangel interpretiert werden, denn nicht alle Kategorien sind ja als neu einzustufen. Gefragt werden muss dennoch, ob diese Merkmale textspezifisch i.e.S. sind, ob also diese Kriterien in ihrer Allgemeinheit nicht nur auf alle Texte, sondern auch auf andere linguistische Basiseinheiten, etwa auf Sätze, beziehbar sind, mit der Einschränkung freilich, dass Sätze als Ausdrucksformen elementarer illokutiver Einheiten und damit als intentionale Basiskomplexe von auf Gesamt-Texte bezogenen Intentionen gefasst werden müssten.

Außerdem fällt auf, dass bei diesen ‚Leitorientierungen' (den kognitiven Mustern und methodischen Maximen) zwar versucht wird, die ‚Textkompetenz' von Handelnden, also psychische Zustände, Muster und Prozesse, merkmalhaft zu erfassen, dass andererseits aber der materialisierte Text selbst nur noch mittelbar, nämlich über die Kompetenz, über die Fähigkeit zur Textbildung und Textverarbeitung Gegenstand der Textualitätskriterien wird. Das Sprachliche i.e.S. bleibt folglich bei diesem Textualitätsansatz außen vor. Obgleich die auf das ‚Sprachliche' i.e.S. bezogenen Textmerkmale „anderen Theorie-Traditionen verpflichtet" sind, sind sie doch n.u.A. unentbehrlich für die Charakterisierung von Texten, sie müssten also, wie etwa bei Beaugrande/Dressler, eigene Wesensmerkmale von Textualität ausmachen. Allerdings sollten diese in ein übergreifendes Gesamtkonzept von Textualität, das von der „Einheitlichkeit eines übergeordneten Gesichtspunkts" getragen wird, integriert sein (wie das etwa schon von Lang 1977,66ff. und Viehweger 1976,203ff. gefordert wurde).

2.3.4 Texte als Prototypen

Es ist schwer, ja vielleicht unmöglich, die Vielzahl dieser Ansätze und Definitionen zusammenzufassen, den übergeordneten Gesichtspunkt für die Integration dieser Konzepte zu finden. Außer den oben immer wieder apostrophierten Problemkreisen müssten ja bei einem solchen Versuch eigentlich noch weitere offene Fragestellungen berücksichtigt werden, etwa die Einbeziehung von bildhaften/bildlichen Elementen, das Verhältnis von ‚emischen' und ‚etischen' Texten (s. Dressler 1973,12), das Problem der relativ selbständigen Teiltexte in Auxiliarfunktion (dazu u.a. Göpferich 1995,43f.) und im Zusammenhang damit das Problem der Delimitation von Texten.

Vor dem Hintergrund einer solchen unübersichtlichen Ausgangslage verzichten daher viele Textlinguisten auf den Versuch einer übergreifenden Bestimmung des Begriffs, und Brinker (1973,9) artikulierte dieses Unbehagen mit der Frage, ob es denn „überhaupt möglich und sinnvoll ist, einen allgemeinen Textbegriff zu entwickeln, der es erlauben soll, zu bestimmen, was immer und überall als Text zu gelten hat."

Als Versuche, aus dieser eher resignierenden Grundhaltung herauszukommen, dürfen Konzepte gelten, die auf die Relativierung der universellen Geltung des Begriffs Text abzielen und den Text wie andere linguistische Einheiten *prototypisch* bestimmen (dazu vor allem Sandig 2000,93ff.). Der Rückgriff auf die *Prototypentheorie* (s. Rosch 1977;1978, s. Mangasser-Wahl 2000) lag nahe, da die wichtigsten Grundannahmen dieses Modells nicht nur auf die berühmten Farbkategorien ('focal colors', Rosch 1977) oder allgemeine semantische Kategorien beziehbar, sondern auch auf Texte anwendbar sind (Sandig 2000,93; ähnlich Mangasser-Wahl 2000,15).

Zur Begründung lässt sich anführen:

1. *Kategorien* werden nicht immer durch die Verbindung von notwendigen und hinreichenden Merkmalen definiert.
2. Kategorien verfügen nicht immer über klar definierte Grenzen.
3. Kategorien haben *Merkmale*, sind über sie beschreibbar. Aber nicht alle Merkmale müssen immer vorhanden sein.
4. Merkmale sind nicht immer grundsätzlich binär, d.h. sie treffen nicht immer ‚entweder – oder‘ zu, sondern manchmal ‚mehr oder weniger‘.
5. Merkmale sind untereinander gewichtet, d.h. mehr oder weniger wichtig oder zentral für die Kategorie.
6. Merkmale sind außerdem gradiert, indem sie auf Kategorienmitglieder mehr oder weniger zutreffen können.
7. Nicht alle Mitglieder einer Kategorie verfügen über den gleichen Stellenwert. Es gibt bessere und schlechtere Vertreter einer Kategorie. Die besten Vertreter sind die *Prototypen.*
8. Prototypische Vertreter einer Kategorie weisen *Merkmalbündel* auf ('bundles' bzw. 'clusters of attributes'). Sie haben mit anderen Mitgliedern der Kategorie die meisten Merkmale gemeinsam und möglichst wenige mit anderen Kategorien. Aufgrund übereinstimmender aber auch verschiedener Merkmale besteht Familienähnlichkeit zwischen den Vertretern einer Kategorie.

Die Anwendung dieser Thesen auf Texte zeigt, dass die bisher üblichen Merkmalreihungen zur Kennzeichnung der Kategorie ‚Text‘ nicht ausreichen, denn Texte sind keine festen oder gar absoluten und unveränderlichen Größen. Busfahrscheine und Personalausweise beispielsweise können wohl unter Zugrundelegung der oben genannten Kriterien mit bestimmten Einschränkungen als Texte bestimmt werden; aber sie sind ohne Frage weniger ‚texthaft‘ als monologische, geschriebene sprachliche Gebilde wie wissenschaftliche Zeitschriftenartikel, Romane oder Märchen.

Daraus folgt, dass ein Kernbereich von Textphänomenen existiert, für den das ‚Texthafte‘ in vollem Umfang zutrifft; daneben aber gibt es, abgestuft durch Übergangsbereiche, eine Randzone, für die die Merkmale der Textualität nur in begrenztem Umfang gegeben sein müssen. Texte als Kategorien mit analoger, d.h. prototypischer Struktur können im Sinne dieser Thesen als Merkmalbündel beschrieben werden (s. Heinemann/Viehweger 1991,171), wobei ein bestimmter prototypischer Kernbereich herausgehoben werden kann (=*Prototypen* als Zentren der Kategorienorganisation), für den bestimmte Basismerkmale zutreffen. Dabei ist die Funktionalität an erster Stelle zu nennen, das Zentrum der Textualitätskriterien, zumal sie „auch bei mitteilenden und literarischen Texten gegeben ist." (Sandig 2000,108) Als weitere grundlegende Merkmale, aber nicht von gleicher Relevanz, werden bei Sandig genannt: Situationalität, Thematizität, Kohärenz und Kohäsion. Die Zusammenfassung dieser Merkmale kann schon als Teil-Definition von ‚Text' verstanden werden: „Texte … werden in Situationen (Situationalität) verwendet, um in der Gesellschaft Aufgaben zu lösen (Textfunktion, Intentionalität), die auf Sachverhalte (Thema, Kohärenz) bezogen sind. Die Kohäsion sorgt lokal für die Integration." (Sandig 2000,99)

Andere Textmerkmale bleiben dagegen „mehr im Hintergrund": die Textgliederung, die graphische Gestalt des Textes, der Autor- und Rezipientenbezug, die Text-Bild-Relation, die Text-Delimitation, die Einbindung in Textverbände … (Sandig 2000,108). Die genannten Basismerkmale von Texten sind jedoch keineswegs immer und überall gegeben; sie sind vielmehr prototypische, aber nicht obligatorische Merkmale. So fehlen z.B. die Merkmale Kohäsion und Kohärenz bei Ein-Wort- und Ein-Satz-Texten. Aber selbst dann, „wenn die Textfunktion nicht durch den Text eindeutig … angezeigt wird, ist durch die Verwendungssituation die Funktion interpretierbar." Und wenn andererseits „die Verwendungssituation nicht eindeutig gemacht wird, wird das Thema dominant (z.B. bei literarischen Texten)." (Sandig 2000,98)

Als Beispiele für die genannte Randzone von Texten, die sich weniger eindeutig und zuverlässig bestimmen lässt, da die Ränder zwischen den Kategorien unscharf sind, werden in derselben Aufstellung genannt: Ein-Wort- und Ein-Satz-Texte, Texte ohne Text-Thema bzw. sekundär-thematische Texte (dazu Lötscher 1987,111ff.), Texte mit nur losem Bezug zum Textmuster …

Verwiesen sei an dieser Stelle darauf, dass sich Prototypen als Kernbereiche auf allen Abstraktionsebenen von weniger typischen kategorialen Vertretern abheben lassen: Prototypen der Schrift-Texte und der Sprech-Texte, Prototypen als Repräsentanten von Textmustern (Traueranzeigen, Kochrezepten, Nachrichten, Appellen, Bescheiden, Vorlesungen …), wie auch von Textmuster-Varianten (Bildzeitungs-Nachrichten, Ablehnungsbescheiden usw.).

Als Fazit bleibt festzuhalten, dass der Begriff ‚Text' „nicht für alle Fälle von Text-Kommunikation und für alle Beschreibungsinteressen dasselbe ist." (Sandig 2000,109) Die postulierte Einheitlichkeit des Textbegriffs (Tietz 1997,227) bestehe eben darin, dass Texte prototypisch, also nicht einheitlich seien. Dieses Faktum aber entspreche der Vielfalt der gesellschaftlich relevanten Textmuster und der noch größeren Vielfalt individueller Textrealisierungen.

Diese Relativierung des hypothetisch absoluten Textbegriffs wird ohne Frage bei künftigen Ansätzen zu Textdefinitionen eine wichtige Rolle spielen; sie enthebt den Linguisten aber nicht von der Aufgabe, das Substanzielle des Textbegriffs, die ‚cues' (Schlüsselmerkmale mit hoher bzw. niedriger Validität) im Sinne des Prototypenansatzes in der Definition selbst näher zu bestimmen.

2.3.5 Zur ‚Aufhebung' des Textbegriffs – Definitionsprobleme

Weit über die hier erörterte Relativierung des Textbegriffs hinaus geht das grundsätzliche In-Frage-Stellen des Textbegriffs in anderen, vor allem literaturwissenschaftlichen, Konzepten. Ausgehend von der grundsätzlichen Kritik an erstarrten, oft kanonisierten Formen des nur positivistisch-quantitativen Umgehens mit literarischen Texten (unter Vernachlässigung alles Historischen und vor allem Ästhetischen), wollten französische Literaturwissenschaftler (u.a. Kristeva 1967, Barthes 1973, Bachtin 1984) Texte *intertextuell* in umfassendere gesellschaftliche und psychische Zusammenhänge einbetten. Dieses Bemühen aber führte die literaturwissenschaftlichen Poststrukturalisten letztlich zur *Aufhebung* und Auflösung des tradierten Textbegriffs, zum ‚Tod des Werkes' und damit des Textes. Denn der überkommene Text sei doch im Grunde nur eine Durchgangsstufe, der ‚semantische Schnittpunkt' einer Vielzahl von Texten (von ‚Vortexten', auf die ein Autor auf Grund seiner Erfahrungen zurückgreift, und von ‚Nachtexten', also von Folgetexten, die sich auf die ‚Schnittstelle' beziehen), folglich „ein Gewirr von Stimmen anderer Texte" (Kristeva 1967,462). Der so verstandene polyvalente Text wird damit „als offene, fließende, potenziell nicht abschließbare strukturelle und semantische Einheit zu einem ‚transsemiotischen Universum', zu einem Konglomerat von Wissenssystemen und kulturellem Code, einem Element aus dem unendlichen Strom des Diskurses. Und aus dieser Sicht gerät ... die *Intertextualität* zu einer allgemeinen und genuinen Eigenschaft von Texten; letztlich kann sie sogar als Synonym von Textualität verstanden werden." (Heinemann 1997,22)

Die hier postulierte, zunächst nur auf literarische Texte bezogene Berücksichtigung der grundsätzlichen universellen Vernetztheit von Texten darf ohne Frage als grundlegende Forderung für alle Textbeschreibungen gelten. Nicht zustimmen aber können wir den daraus in diesem Modell abgeleiteten Schlussfolgerungen: Danach sind Texte nicht nur nicht explizierbar, weil keine konstanten Größen, sondern letztlich irrelevant für den Kommunikationsprozess, denn es komme doch gar nicht so sehr darauf an, was ein Textproduzent will bzw. schriftlich oder mündlich ausformuliert, sondern vielmehr auf das, was Rezipienten aus einem solchen (Viel-)Textangebot machen, welchen Sinn sie also beim Rezeptionsprozess konstituieren. Da ein Text immer nur eine zufällige Momentaufnahme von Sinn darstellt, könne derselbe Text von verschiedenen Rezipienten in ganz unterschiedlicher Weise zu neuem Sinn verarbeitet werden.

Diesen sich auf Ergebnisse der kognitiven Psychologie berufenden Thesen ist aus der Sicht der kommunikativen Praxis entgegenzuhalten:

1. Texte im traditionellen Sinn bilden den generellen Bezugspunkt für kommunikatives Handeln schlechthin. Sie sind die Basis für alle sprachlichen Kommunikationsprozesse: Was ein Partner will oder meint, ist vor allem über konkrete Texte (re-)konstruierbar.

2. Texte fungieren in Interaktionsprozessen als komplexe Ganzheiten, als aktuelle Äußerungseinheiten mit entsprechenden Bedeutungen in pragmatischer Einbettung. Erst wenn diese Ganzheit aufgehoben wird, wenn eine einseitige Reduktion des Textes auf die Sinnebene bei gleichzeitiger Lösung aus den interaktionalen Zusammenhängen erfolgt, kann der Text zum flüchtigen ‚Schnittpunkt' vieler Texte uminterpretiert werden.

3. Zwischen dem Gemeinten und dem in Texten Gesagten besteht kein grundsätzlicher Dissens; vielmehr korreliert die Äußerungs- und Sinnstruktur von Texten weitgehend mit der Intention des Textproduzenten, so dass man den Text im weitesten Sinne als Ausdruck der Intention des Textautors verstehen kann. Das schließt bewusste Abweichungen von dieser Korrelation, etwa Täuschungen, Verschleierungen ..., nicht aus, sondern ein.

4. Texte können von Rezipienten keineswegs beliebig verstanden werden. (Wer würde schon eine Todesanzeige als Sportreportage verstehen?) Gewiss wird derselbe Text von mehreren Individuen in unterschiedlicher Weise interpretiert. Aber diese Auslegung ist immer an die konkrete Textstruktur, die konkrete Textvorgabe gebunden. Sie gibt eine Art Rahmen, einen Spielraum vor, innerhalb dessen sich adäquates Textverstehen und Sinnkonstituieren vollziehen kann. Dass dieser Spielraum bei literarischen Texten von vornherein weit größer ist als in Texten aus nichtbelletristischen Kommunikationssphären, kann nicht als Stütze einer generellen Beliebigkeitshypothese für das Textverstehen ausgelegt werden.

Fazit:

Der traditionelle Text bildet den wesentlichen Festpunkt in Prozessen der verbalen Interaktion, eine Orientierungsgröße für die Textproduzenten und ihre Kommunikationspartner. Im Text bündeln sich die selektierten ‚Vortexte‘ des Textproduzenten zusammen mit anderen interaktional bedingten Parametern im Sinne der Autor-Intention. Und von Rezipienten werden konkrete Textangebote der Textproduzenten mit Hilfe eben solcher ‚Vortexte‘ als Rekonstruktion von Sinn selektiv verarbeitet. Dass Texte eine solche Sonderstellung als relatives Fixum im Fluss von Kommunikationsereignissen einnehmen, geht nicht zuletzt daraus hervor, dass sie im Gegensatz zu anderen flüchtigen Durchgangsstufen von Prozessabläufen als materielle Korrelate von Kognitionsprozessen konkret fassbar und teils über Jahrhunderte hinweg potenziell konservierbar sind (s. dazu Heinemann 1997,29ff.).

‚Vor-, und ‚Nachtexte‘, die ‚Inter-Texte‘ oder ‚Texte im Kopf‘ im Sinne von Kristeva, sind im Gegensatz zu den materialisierten Texten ausschließlich kognitive Einheiten und Prozesse; sie sind unscharf und flüchtig und daher weder exakt fass- noch speicherbar. Sie sind daher nicht bedeutungsgleich mit den traditionellen Texten. ‚Vortexte‘ sind noch nicht oder noch nicht vollständig abgeschlossene Textbildungsprozesse. „Wir planen ... auf der konzeptionellen Ebene nicht erst vollständig unsere Äußerungen, bevor wir sie formulieren und dann artikulieren, sondern beginnen bereits mit der Artikulation, ohne dass die Äußerung voll ständig repräsentiert ist." (Schwarz 1992,168) Und die ‚Nachtexte‘, kognitiv-semantische Konstrukte, sind bereits verarbeitete, also in Propositionen umgesetzte Kognitionseinheiten und -prozeduren, da ja die Oberflächenstrukturen der Texte nur für Bruchteile von Sekunden im Kurzzeitgedächtnis verbleiben (van Dijk 1980,173).

Aus all diesen Gründen erscheint die hier skizzierte ‚Aufhebung‘ (d.i. Auflösung) des tradierten Textbegriffs nicht akzeptabel. Dennoch ergeben sich aus diesem Modell Anregungen für eine andere Form der *Aufhebung* des überkommenen Textbegriffs, im Hegelschen Sinne nämlich als Versuch einer Integration unterschiedlicher Ansätze auf einer höheren Stufe bei gleichzeitiger Berücksichtigung der grundlegenden Vernetztheit aller Texte und ihres Eingebettetseins in übergreifende interaktionale, pragmatische, thematische, formale und kognitive Zusammenhänge. Diese Ausgangsthese bedarf der Interpretation.

Rückschauend dürfen wir zunächst festhalten: Versuche zur Kennzeichnung des Textbegriffs erfolgten in der Regel auf der Basis der Analyse von *Einzeltexten*. Nicht zuletzt wegen der monolinearen Herleitung aus dem Satz und der immer wieder zumindest implizit gegebenen Abgrenzung vom Satz wurde der Text als eine singuläre kommunikative Einheit mit konkreter propositionaler und formaler Struktur verstanden, als kommunikatives Ereignis. Auf der Basis der Interpretation solcher Einzeltexte wurden dann mit Bezug auf andere Äußerungseinheiten mit singulärem Status Generalisierungen vorgenommen und unterschiedliche konstitutive Merkmale der Textualität abgeleitet.

Sie sind beziehbar auf
— den sprachlich materialisierten Text (Organisiertheit sprachlicher Äußerungskomplexe, Kohäsion, textgeleitete Kohärenz, Informativität, thematische Konsistenz);
— die pragmatische Determiniertheit des Textes (Situativität/Kontextualität, Dialogizität, den Handlungscharakter der Textherstellung und der Textverarbeitung, Funktionalität, Universalität);
— kognitive Prozeduren zur Generierung von Texten und zu ihrem Verstehen (Generativität, Prozessualität, Proceduralität, Intentionalität, Interaktionalität/Textsortengeprägtheit, wissensgeleitete Kohärenz).

Die Auflistung solcher konstitutiven Merkmale von Einzeltexten in unterschiedlicher Anzahl, Anordnung und Gewichtung durfte dann als Merkmalsdefinition des Begriffs Text gelten. Obwohl durch den Prototypenansatz die absolute Geltung dieser Textualitätsmerkmale restringiert wurde, so fanden doch Fragen, die mit der Serialisierung von Texten zusammenhängen (dazu Foucault 1971/1974), kaum Beachtung.

Das betrifft u.a. die Teil-Text-Problematik, die Frage also, wie Gesamt-Texte und Teiltexte voneinander abzuheben sind. Ist beispielsweise eine Gerichtsverhandlung als Gesamt-Text mit obligatorischen Teiltexten (Aufruf zur Sache, Vernehmung des Angeklagten zur Person, Beweisaufnahme, Plädoyers, Urteilsverkündung, Rechtsmittelbelehrung) anzusetzen oder dürfen z.B. Plädoyers und Urteile als eigene Gesamt-Texte und damit als Repräsentanten einer Textsorte gelten? Ebenso vage sind Lösungsansätze der Textlinguisten zu Problemen der Text-Delimitation: Wo beginnt ein Text? Wo ist sein Ende anzusetzen? In dieser Frage ist textlinguistische Forschung kaum über die ersten noch grammatisch geprägten Ansätze der 70er Jahre hinausgekommen. Formulierungen wie ‚relativ abgeschlossene lineare Folgen von Sätzen‘ markieren dieses Defizit textlinguistischer Forschung.

Offenbar gibt es für diese Unzulänglichkeiten der Forschung eine plausible Erklärung: Objektive und generell gültige Festlegungen zu diesen Problemen sind nicht möglich, denn „der Text ist eine an *subjektive Handlungen* gebundene Einheit der Sprache, die per se *funktional* ist." (Warnke 2000,2; Hervorhebungen MWH) Ergo kann eine adäquate Kennzeichnung von Texten nicht isoliert, nur bezogen auf singuläre Kommunikationsereignisse erfolgen. Jeder Text weist über sich hinaus, er steht stets im Zusammenhang mit anderen Texten (darauf verweist ja schon das Textualitätsmerkmal ‚Intertextualität‘), er verfügt gleichsam über einen pragmatischen und semantischen Mehrwert, er ist folglich immer Teil größerer kommunikativer Ordnungsstrukturen, Teil eines umfassenden *Diskurses* (Terminus nach Foucault 1971/1974; s. dazu Kap. 2.4). Daraus ergibt sich: „Texte sind eben keine singulären Phänomene, sondern sie sind Repräsentanten einer seriell organisierten diskursiven Praxis." (Warnke 2000,2)

Vor diesem Hintergrund lässt sich Texten noch ein weiteres und grundlegendes Textualitätsmerkmal zuordnen, das der *Diskursivität* (s. dazu Warnke 2000,3). Dieses Merkmal steht ohne Frage im Zusammenhang mit dem Kriterium der ‚Intertextualität‘. Aber Diskursivität ist weiter gefasst; dieses Merkmal bezieht sich nicht nur auf einen Text und seine Relationen zu beliebigen anderen Texten, sondern auf seine Beziehung als Teileelement einer in sich geordneten und strukturierten Menge von Texten. Diskursivität wird folglich konstituiert durch das Netz der Bezüge zwischen den Einzeltexten.

Damit aber ist das oben apostrophierte Problem der Abgrenzung von Texten untereinander bzw. der Bestimmung von Ganz- und Teiltexten nicht gelöst, sondern im Grunde nur verschoben auf die übergreifenden Ebene des Diskurses. Beim Versuch indes, diese Diskurseinheiten einzugrenzen, strikte Konturen herauszuarbeiten, wird evident, was letztlich auch für Texte gilt: Diese Einheiten sind nicht ein für allemal gegebene objektive Größen und daher streng eingrenzbar, sondern „Zusammenhänge, die eine Kommunikationsgemeinschaft im gesellschaftlich-historischen Prozess als geistige Ordnungsgrößen konstituiert, vor deren Hintergrund einzelne Äußerungen und Texte produziert und reproduziert werden." (Adamzik 2001,254f.)

In Anlehnung an solche Diskurs- und Textmuster erfolgt die zweckbestimmte *subjektive Setzung* solcher Einheiten, ihre ‚Deklaration‘, so dass man den Kanon der Textualitätseigenschaften durch das musterorientierte situativ und funktional determinierte Merkmal der *subjektiven Deklarierbarkeit* auffüllen könnte. Voraussetzung für einen solchen ‚Deklarationsakt‘ des Individuums aber ist es, dass die davon betroffenen Element-Mengen mit der Gesamt-Menge des zu deklarierenden Begriffs kompatibel sind, dass also im Beispielsfall die konstitutiven Textualitätskriterien gegeben sind.

In der Regel ist es für die praktische Bewältigung kommunikativer Aufgaben weder zweckmäßig noch sinnvoll, die Extension solcher Einheiten zu fixieren. (Ich kann einen Brief schreiben, indem ich rituell einem Textmuster folge, ohne dass ich mir Gedanken machen muss über das komplexe System von Vor- und Nach-Texten, den Diskurs also, als dessen Element sich dieser persönliche Brief erweist.) Wenn solche Festlegungen aber kommunikativ relevant werden (wenn z.B. begriffliche Explikationen vorgenommen oder die Vorgeschichten von Rechtssachen aufgeklärt werden sollen), spielt der erwähnte subjektive Faktor eine wesentliche Rolle. Es sind letztlich die Individuen, die mit Bezug auf konventionelle Muster und vor dem Hintergrund konkreter Zwecke in einer gegebenen Situation bestimmte Setzungen vornehmen, die also deklarieren, welche Menge von Einzelelementen zu einem Diskurs oder einem Gesamt-Text zusammengefasst werden soll.

Für die Textkonstitution gilt dann, dass ein Journalist festlegt, welche Menge von Textelementen als Einzeltext deklariert werden soll, indem er festsetzt, wo z.B. ein Leitartikel anfängt (durch das Setzen einer Überschrift) und wo er beendet wird (etwa durch den Ausdruck seines Namens oder einfach durch das durch einen Leerraum signalisierte Ende einer Kolumne oder einer Seite). Und eine Briefschreiberin deklariert das von ihr in einer bestimmten Situation Geschriebene als Gesamt-Text, indem sie den Beginn des Briefes durch das Datum und eine Anrede, den Abschluss des Briefes durch eine Grußformel und ihr Signum markiert. Zusätzlich wird das beschriebene Blatt nochmals als in sich geschlossene Ganzheit deklariert, indem die Briefschreiberin den Text in einem Umschlag verschließt und diesen an einen Adressaten verschickt. „Auf diese Weise kommen die als begrenzt gesetzten Folgen von Äußerungen zustande, die wir landläufig ‚Text' nennen." (Adamzik 2001,255)

Dass Texte als Fragmente eines Diskurses zu verstehen sind, lässt sich am gleichen Beispiel illustrieren. Jeder Brief ist intertextuell mit Vor-Texten verbunden (die Briefschreiberin bedankt sich u.U. für einen vorausgegangenen Brief), und in vielen Fällen wird sie intuitiv auf zu erwartende Folge-Texte verweisen (*Ich hoffe auf baldige Antwort./Demnächst berichte ich mehr darüber./Wann sehen wir uns wieder?*).

Aber nicht nur für solche dialogischen Texte lässt sich das Eingebettetsein in übergreifende Diskurse behaupten; Analoges gilt für die sogenannten monologischen Texte: Die Bezugnahme auf voraufgegangene Ereignisse und (Vor-)Texte und deren kognitive Verarbeitung darf ja gerade als Wesensmerkmal von Medien-Texten gelten, wobei die Journalisten bei der Textproduktion in der Regel mögliche Folge-Texte mit im Blick haben. In wissenschaftlichen Büchern ist diese Bezugnahme auf Vor-Texte geradezu obligat, das zeigt sich u.a. bei Quellenverweisen und im Literaturverzeichnis. Zu einem relativ hohen Grade trifft das überdies für Sachbücher aller Art zu. Nur monologische Texte der Belletristik kommen ohne solche Direktverweise aus; eine um so größere Rolle aber spielen hier eher implizite stilistische sowie thematische Vorbilder anderer Autoren: Anspielungen, teils wörtliche Entlehnungen, die Neubearbeitung von Motiven machen die Bezugnahme auf deren Vor-Texte deutlich.

Die hier begründete Erweiterung der Merkmalsreihung durch die Textualitäts-Kriterien der Diskursivität und der subjektiven Deklarierbarkeit darf – im Sinne von 2.3.1 – als *approximative* Text-Definition gelten. Solche **Merkmals-Definitionen** aber sind immer nur vorläufig und begrenzt, da sie nur wesentliche Teilaspekte von Texten auflisten und nichts über das Text-Ganze aussagen. Im Zusammenhang damit steht, dass das Verhältnis der Merkmale zueinander in der Regel nicht expliziert wird, es sei denn, man verweist durch die Festlegung einer Reihenfolge auf die Gewichtung der einzelnen Merkmale.

Ein bestimmter Grad von Vagheit bei dieser Form der begrifflichen Festlegung indes kann durchaus beabsichtigt sein: Einige Linguisten, Psychologen und Soziologen, die sich um die Erfassung von wesenhaften Zusammenhängen von Texten in der Form von Merkmals-Definitionen bemühen, setzen, teils in derselben Publikation (s. dazu etwa Beaugrande/Dressler 1981), in Abhängigkeit von unterschiedlichen Zwecken und Interessen, die im jeweiligen Darstellungszusammenhang eine Rolle spielen, unterschiedliche Akzente: Teils sind es die einzelsprachlich geprägten textuellen Phänomene i.e.S.

und damit deren Organisiertheit und das notwendige Aufeinanderbezogensein der Text-Elemente, die ins Zentrum der Definition gerückt werden, teils sind es Elemente der universellen Rahmen-Kategorien, die als bestimmendes Definiens herangezogen werden. Keine dieser Merkmalsdefinitionen sollte daher als unzulänglich oder gar ‚falsch' bezeichnet werden; vielmehr ergeben sich diese voneinander abweichenden Darstellungen aus einer unterschiedlichen Perspektive auf den Gesamt-Text und damit verbunden aus einer unterschiedlichen Gewichtung bestimmter Merkmale.

Anders gelagert sind die Probleme bei der Abfassung von **Verbaldefinitionen**. Für den traditionellen Typ solcher Definitionen, hier *Kurzdefinitionen* genannt, ist das Bemühen charakteristisch, den Begriffsgehalt auf eine möglichst knappe, griffige Formel zu bringen. Damit verbunden ist in der Regel ein hoher Komplexitätsgrad der Formulierung, sowie die Restringierung des Begriffsgehalts auf *ein* wesentliches Textualitätsmerkmal, so dass alle anderen nur als implizit ‚mitgesetzt' gelten können.

Wenige Beispiele sollen das belegen:
Isenberg 1968: Der Text ist eine Folge von Sätzen, die durch Vertextungsmittel miteinander verknüpft sind.
Agricola 1969: Der Text ist eine geordnete Menge von Sätzen, die zusammen ein Thema bildet.
Große, E.U. 1976: Der Text ist der sprachlich manifeste Teil der Äußerung in einem Kommunikationsakt.
Schmidt, S.J. 1976,150: Text heiße jeder geäußerte sprachliche Bestandteil eines Kommunikationsaktes im Rahmen eines kommunikativen Handlungsspiels, der thematisch orientiert ist und eine erkennbare kommunikative Funktion erfüllt, d.h. ein erkennbares Illokutionspotenzial realisiert.
Dimter 1981: Ein Text ist eine syntaktisch, semantisch und pragmatisch kohärente, abgeschlossene Folge sprachlicher Zeichen.
Hundsnurscher 1984,76: Ein Text ist jede Art von in Gebrauch genommener Sprache.
Beaugrande/Dressler 1981,32f.: Texte sind Resultate von mentalen Prozessen und kognitiven Prinzipien.
Warnke 2000,2: Ein Text ist eine an subjektives Handeln gebundene Einheit der Sprache, die per se funktional ist.
Heinemann 2002: Texte sind die von Handelnden in einer bestimmten interaktionalen Situation produzierten und rezipierten Grundeinheiten der sprachlichen Kommunikation mit einer spezifischen kommunikativen Funktion. (Ihre Wesensmerkmale werden von Individuen prototypisch gewichtet und als Ganzheiten deklariert.)

Andere Definitionen, im Folgenden *komplexe Verbaldefinitionen* genannt, bemühen sich um eine vielschichtigere Kennzeichnung des Phänomens und damit um die explizite Berücksichtigung mehrerer Textualitätsmerkmale, wobei es die Autoren meistens als zweckmäßig erachten, die Gesamtheit der Bestimmungselemente auf mehrere Sätze zu verteilen. Dass sich dabei in Abhängigkeit von verschiedenen Zwecken des Definierens und entsprechenden Akzentuierungen unterschiedliche Formulierungsergebnisse ergeben können, zeigt die folgende Auswahl.

Graustein/Neubert 1979,1: "Texts are taken as the result or process of social activities arising out of social necessity and based on social conventions within a speech community. Texts are characterized by the intention of the text producer to convey some information to the addressee ... or to effect a certain behaviour of the addressee."

Heinemann/Viehweger 1991,126: „Unter Texten werden Ergebnisse sprachlicher Tätigkeit sozial handelnder Menschen verstanden, durch die in Abhängigkeit von der kognitiven Bewertung der Handlungsbeteiligten wie auch des Handlungskontextes von Textproduzenten Wissen unterschiedlicher Art aktualisiert wurde, das sich in Texten in spezifischer Weise manifestiert und deren mehrdimensionale Struktur konstituiert. Die Struktur eines Textes indiziert zugleich die Funktion, die einem Text von einem Produzenten in einem bestimmten Interaktionskontext zugeschrieben wurde, und stellt die Basis für einen komplizierten Interpretationsprozess des Textrezipienten dar ... Texte haben keine Bedeutung, keine Funktion an sich, sondern immer nur relativ zu Interaktionskontexten sowie zu den Handlungsbeteiligten, die Texte produzieren und rezipieren. Texte sind somit nicht per se kohärent ... Es sind vielmehr die Handlungsbeteiligten, die in einem Text den Zusammenhang stiften und diesen in der Textstruktur manifestieren, um ihn in einem komplizierten Verstehensprozess wieder zu konstruieren, in dem Textinformationen und bereits vorhandenes Wissen eng zusammenwirken. Kohärenz ist vom Produzenten intendiert, vom Rezipienten wird sie erwartet und im Prozess des Textverstehens Äußerungsfolgen zugeschrieben."

Strohner 1997,2: „Ein Text ist nicht nur die sprachliche Information allein, sondern die Verbindung aller zu einem bestimmten Zweck produzierten Informationen (z.B. Sprache, Abbildungen, Symbole) in einem oder mehreren Medien. Texte dienen dazu, beim Rezipienten Wissen, Einstellungen und Emotionen hervorzurufen."

Heinemann 2002: „Ein Text als Teileinheit eines Diskurses ist eine relativ abgeschlossene Grundeinheit der sprachlichen Kommunikation, die von sozial Handelnden als pragmatische, semantische und formale sowie prototypisch gewichtete Ganzheit deklariert bzw. verstanden wird. Texte werden von den Kommunizierenden aus bestimmten sozialen oder psychischen Anlässen nach globalen Textmustern, die sich als erfolgreich erwiesen haben, konstituiert und rezipiert. Sie sind auf das Übermitteln und Verstehen von thematisch organisierten Informationseinheiten zur Realisierung von Handlungszielen der Partner im Rahmen übergreifender Interaktionsereignisse gerichtet. Die Elemente der Äußerungsfolgen stehen in kohäsiven Beziehungen zueinander; Kohärenz kommt auf der Basis textgeleiteter Zusammenhänge durch das Inferieren von Vorwissen über die Konstitution von Textsinn zustande."

Abschließend sei noch eine didaktisch ausgerichtete Fassung vorgestellt, die – ausgehend von der konkret fassbaren Einheit des materialisierten Textes – über die schrittweise Erweiterung der Ausgangsfixierung zu einer approximativen Textdefinition gelangt:

Heinemann 1997 (nicht publiziert):

– Texte sind	lineare Folgen	von Informationseinheiten/Sätzen;
– Texte sind	kohärente Folgen	von Informationseinheiten/Sätzen;
– Texte sind	kohärente Folgen	von Informationseinheiten/Sätzen mit kommunikativer Funktion;

| – Texte sind | kohärente Folgen | von Informationseinheiten/Sätzen mit kommunikativer Funktion in textsortenspezifischer Prägung; |
| – Texte sind | Grundeinheiten | der sprachlichen Kommunikation. |

Das alles lässt deutlich werden, wie vielfältig adäquate Textdefinitionen ausformuliert werden können, ohne dass die oben postulierten Kriterien von Textualität aufgegeben werden müssen. Die hier vorgelegten Beispiel-Bestimmungen stellen daher eine Art Angebot für Text-Definitionen dar, die von einer potenzieller Nutzergruppe in bestimmten Situationen zu bestimmten Zwecken aufgegriffen werden können.

2.4 Diskurse und Kommunikationsfelder

Im Kap. 2.3.4 wurden Texte als Grundeinheiten der sprachlichen Kommunikation gekennzeichnet. Dabei zeigte sich, dass sie eingebettet sind in übergreifende interaktionale Text-Zusammenhänge, die nun konsequenterweise eigentlich als die komplexeren Basiseinheiten des Kommunizierens bezeichnet werden müssten. Doch folgen wir nicht dieser Logik; denn das grundlegende Objekt der Kommunikation bleibt doch der konkrete Einzeltext, während die hier apostrophierte umfassendere Einheit eher als abstraktes Beziehungsgeflecht, als ‚geistige Ordnungsgröße‘ (Adamzik 2001,254f.) oder als ‚historisch generierte Bezugsgröße‘ (Warnke 2000,2) betrachtet werden muss.

Wie man diese übergeordnete Einheit terminologisch fassen kann, ist umstritten. Vielleicht könnte man einfach von ‚übergreifenden Text-Mengen‘ oder ‚Text-Konglomeraten‘ sprechen; aber diese Bezeichnungen sind nicht ‚griffig‘ und daher in den Wissenschaften kaum konsensfähig. Dasselbe gilt für das Formativ ‚Kommunikat‘, das zudem schon semantisch ‚besetzt‘ ist und im Allgemeinen als ‚Ergebnis eines Kommunikationsaktes‘, bezogen auf einen konkreten Einzel-Text, verstanden wird.

Als plausibel – weil bildhaft nachvollziehbar – könnte darüber hinaus die Bezeichnung ‚Kommunikationsfeld‘ gelten, die von Adamzik ins Spiel gebracht wurde; allerdings ist der Feldbegriff in der Linguistik durch theoretische und pseudo-theoretische Auslegungen vorbelastet (Wortfelder, grammatische Felder), so dass sich bei Verwendung dieses Formativs – nun bezogen auf die Kommunikation schlechthin – unerwünschte Assoziationen einstellen könnten.

Adamzik (2001,254) und Warnke (2000,2) haben in neueren Arbeiten vorgeschlagen, als Nomination für diese größere Text-Menge in Anlehnung an Foucault den Ausdruck *Diskurs* zu gebrauchen. Diesem Vorschlag schließen wir uns hier an, allerdings nicht ohne Bedenken. Denn dieser Terminus (von lat. *discurrere* – hierhin und dorthin laufen) ist zwar in den Wissenschaften etabliert, aber wird in den Einzeldisziplinen in unterschiedlicher Weise verwendet.

Philosophen verstehen darunter das ‚Hierhin-und-Dorthin-Laufen‘ der Gedanken, mithin die argumentative Form des begrifflichen Denkens, d.h. die ‚argumentative‘ und ‚diskursive‘ Begründung von Aussagen (Schweicher 1990,580). In diesem Sinne spricht Habermas (1983,214; 1985,306) von der „durch Argumentation gekennzeichneten Form der Kommunikation".

Anders wurde das ‚Hierhin-und-Dorthin-Laufen', der *discours*, von französischen und amerikanischen Kulturwissenschaftlern interpretiert, nämlich als Rede und Gegenrede, freie Konversation, Erzählung. Allmählich wurde die Bezeichnung daher mehr oder minder synonym gebraucht zum Formativ ‚Gespräch' (s. ‚Diskursanalyse', Kap. 1.3.4.4; van Dijk 1987) und schließlich – vor allem in der französischsprachigen und englischsprachigen Fachliteratur – zum Begriff ‚Text', unter Einschluss also der Schrift-Texte.

Foucault war es schließlich, der den Diskursbegriff ausweitete, ihn nicht nur auf eine Menge von Äußerungen ('énoncés') bezog, sondern auch auf die Regeln und Beziehungen, die solche Äußerungen ermöglichen, auf komplexe Aussagensysteme als spezifische Konstellationen von Wissen also. Als Grundbegriffe für Diskurse bestimmt Foucault Ereignis und Serie, nach denen die Gegenstände und die thematischen Optionen „in einer gegebenen diskursiven Verteilung" auftauchen, fortbestehen, koexistieren, sich transformieren und verschwinden (Foucault 1977,34; 1977,58). So kommt dem Diskurs der Status einer eigenständigen Instanz gesellschaftlicher Praxis zu, als „Grundmuster der Deutung für Wirklichkeiten, die das kollektive Wissen einer Zeit und einer Gesellschaft über einen bestimmten Ausschnitt der Welt organisieren." (Auer 1999,234) Und dieses Muster kennzeichnete Foucault (1973,68) als ein „Bündel von komplexen Beziehungen ... zwischen Institutionen, ökonomischen und gesellschaftlichen Prozessen, Verhaltensformen, Normsystemen, Techniken, Klassifikationstypen und Charakterisierungsweisen". Letztlich reguliert der Diskurs die Ausgestaltung der Einzeltexte, legt fest, welche Stellungnahmen und Rollen erwünscht oder erlaubt sind, welche anderen Positionen dagegen ignoriert oder negativ sanktioniert werden. „Demnach findet nur das textuellen Ausdruck, was im Rahmen ... herkömmlicher Diskurse erlaubt ist." Als Beispiele für solche umfassenden ‚gesellschaftlichen Dialoge' führt Foucault u.a. Unterschiede zwischen dem Diskurs der Sexualität im 19. Jahrhundert und in der Gegenwart an; an anderer Stelle thematisiert er den modernen Diskurs des Wahnsinns, für den die Psychiatrie des 19. Jahrhunderts eigene Begrifflichkeiten schuf. Aus heutiger Sicht könnte man beispielsweise auf die Abtreibungsdebatte oder den Historikerstreit verweisen. Ein solches Verständnis von Diskurs ist heute vor allem in der Soziologie, den Literatur- und Geschichtswissenschaften verbreitet.

Damit ist aus philosophischer Sicht annähernd das mit-charakterisiert, was oben als ‚übergeordnete Text-Instanz' bezeichnet wurde. Aber es muss in diesem Zusammenhang darauf verwiesen werden, dass wir uns mit der Übernahme dieses Terminus zwar auf die philosophische Fundierung des Begriffs bei Foucault stützen, uns aber andererseits abgrenzen von der Restringierung auf thematisch-semantische Aussagensysteme, so dass Foucault die Einzeltexte selbst „nicht besonders interessieren" (Auer 1999,234). Zwar beziehen auch wir den Terminus ‚Diskurs' auf ein abstraktes (Rahmen-)Bezugssystem, aber bestehend aus einer Menge von Texten/Äußerungen, die pragmatisch und/oder semantisch aufeinander bezogen sind und oft institutionell zusammenhängen. Das schließt natürlich nach unserem Verständnis die in den Texten „erscheinenden und durch sie produzierten gesellschaftlichen Wissensbestände" mit ein (Auer 1999,233). „Die Einheit des Diskurses – als einer über einzelne Texte hinausgehenden kommunikativen

Ebene – stellt sich ... über die Bezüge zwischen einzelnen Äußerungen her, die den Regeln dieses Diskurses gehorchen." (Auer 1999,235).

Was aber soll im Sinne dieses Konzepts als ‚Diskurs' gelten? Zwar lässt sich ganz allgemein feststellen, dass Diskurse „prinzipiell offene Mengen von thematisch zusammengehörenden und aufeinander bezogenen Äußerungen/Texten darstellen." (Adamzik 2001,254) Welche Texte aber sind einem solchen Diskurs, der seriellen Organisation von Vertextungen (Warnke 2000,2) zuzuordnen, welche auszuschließen? Wie weit, über welche Vor-Texte (hier natürlich anders zu verstehen als bei Kristeva) ist ein solcher Diskurs zurückzuverfolgen? An welcher Stelle darf ein Diskurs als relativ oder vollkommen abgeschlossen gelten? Da potenziell alle Texte in irgendeiner Form miteinander zusammenhängen, kann davon ausgegangen werden, dass das Prinzip der oben erwähnten subjektiven Setzung, immer unter der Prämisse der pragmatischen und thematischen Kompatibilität, für die Deklaration der jeweiligen Textmenge von Diskursen eine entscheidende Rolle spielt.

Als grundlegende Kriterien für die Zugehörigkeit eines Textes zu einem übergreifenden Diskurs hatten wir nach unserem Verständnis den *thematischen Bezug* und die pragmatische Zusammengehörigkeit genannt. Dass selbst zeitlich weit auseinanderliegende Texte aufgrund des gemeinsamen Themas zu diskursiven Einheiten zusammengefasst werden können, bedarf nach dem oben Gesagten keiner weiteren Begründung. Man denke nur an aktuelle gesellschaftliche Diskurse zu den Themen Asylrecht, Patriotismus vs. Nationalismus, Steuerreform, Drogenkonsum, Sexualkriminalität ... Wenn sich dann eine Person aus aktuellem Anlass zu einem dieser Themenkomplexe äußert, dann bestimmt eben dieser Anlass, sowie die jeweilige subjektive Befindlichkeit und Interessenlage des Textproduzenten, wie er/sie sich in den allgemeinen gesellschaftlichen Diskurs einbringt, ob er/sie eher spontan den konkreten Anlass und damit mindestens einen (!) Text thematisiert und sich damit in einen eher begrenzten Diskurs mit einer kleinen Anzahl von ‚Vor-Texten' einbringt, oder ob er/sie auf eine größere/große Menge von Texten (‚Vor-' und potenziellen ‚Nach-Texten') des gesellschaftlichen Diskurses Bezug nimmt.

Nicht so selbstverständlich und eindeutig ist die *pragmatische Determiniertheit* der Konstitution von Diskursen. Oft ist sie eng mit der thematischen Fundierung von Diskursen verbunden; dennoch handelt es sich dabei um eine species sui generis. Exemplarisch sei hier auf das obligatorische Procedere bei der Konstitution und Verabschiedung von Gesetzen verwiesen. Dabei spielen nicht nur unterschiedliche mediale Ausprägungen (Schrift-Texte, Sprech-Texte ...) sowie verschiedene Textmuster (Gesetzentwurf, Beratung, Parlamentsdebatte ...) eine wesentliche Rolle, sondern hier kommen auch andere als unmittelbar mit dem jeweiligen Gesetz zusammenhängende Themen zum Tragen (Fachgutachten zu Personen oder Sachverhalten, Kostenplanung, Rechnungen ...). Der diskursive Zusammenhang der unterschiedlichen Textexemplare ergibt sich hier mit Notwendigkeit aus Rechtsvorschriften, die das pragmatisch bedingte Verfahren zur Verabschiedung eines Einzelgesetzes zugleich einbetten in den umfassenderen Diskurs von Gesetzgebungsverfahren in einer bestimmten Gesellschaft zu einer bestimmten Zeit.

Erwähnung verdient, dass, wie eben angedeutet, die mediale Ausprägung der Einzeltexte und vor allem deren Textsortenspezifik als zusätzliche Unterscheidungskriterien für die Bestimmung von Diskurstypen herangezogen werden können/müssen.

Schematisch:

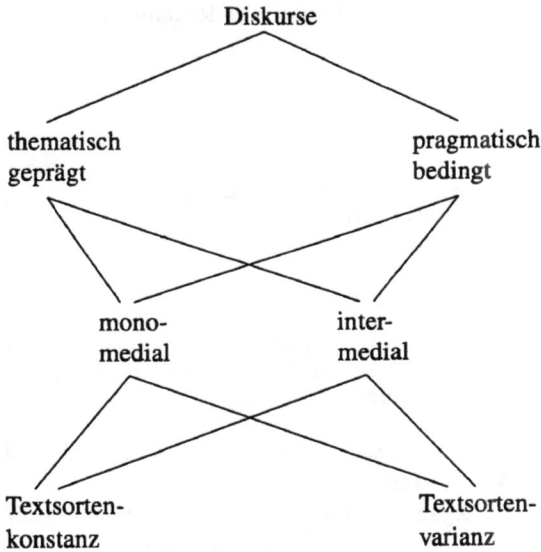

Legende:
Thematisch geprägte Diskurse können monomedial (=immer im gleichen Medium, z.B. Schriftkommunikation) oder inter- bzw. multimedial (z.B. durch Schrifttexte, Sprechtexte und Hypertexte) realisiert werden. Analoges gilt für pragmatisch bedingte Diskurse.
Beide Grundtypen können darüber hinaus ausgedrückt werden nur durch Exemplare derselben Textsorte (=Textsortenkonstanz) oder durch Texte unterschiedlicher Textsorten (=Textsortenvarianz).

Abb. 17: Diskurs-Typen

Zu beachten sind ferner unterschiedliche Formen des Aufeinander-Bezogenseins der Elementar-Einheiten des jeweiligen Diskurses untereinander. Als Grundmodelle mit zahlreichen Formen des Übergangs lassen sich unter diesem Aspekt wiederum zwei Haupttypen voneinander abheben:

1. Diskurse, basierend auf dem **Prinzip der linearen Reihung**:
Die serielle Organisation des Diskurses erfolgt hier durch die einfache Aufeinanderfolge bestimmter Texte. Einem Brief folgt in der Regel ein Antwort-Brief, der auf den/die Vor-Text/e Bezug nimmt und zugleich Folge-Texte und -Ereignisse in den Brief-Diskurs einbezieht.

Oft, vor allem in der institutionellen Kommunikation, ist eine solche Abfolge obligatorisch. In diesen Fällen wird der Stellenwert des Einzel-Textes entscheidend mit-bestimmt durch den Positionswert im Rahmen des Gesamt-Diskurses. Beispielhaft stehe hier die Abfolge Antrag–Bescheid. Ein ‚Widerspruchsbescheid‘ kann daher nur im Falle eines auf den Bescheid folgenden ‚Widerspruchs‘, also als viertes Glied in der Text-Kette, auftreten. Die Kommunizierenden haben solche ‚Abfolge-Regularitäten‘ musterhaft gespeichert und befolgen sie mehr oder minder intuitiv.

Formelhafte Darstellung:
$Ta_1 \wedge Ta_2 \wedge Tb_3 \wedge \ldots$

Legende:

T	= Textexemplar mit bestimmtem Thema-Bezug
a	= Medien-Typ (=Schrift-Text)
b	= Medien-Typ (=Sprech-Text)
1,2, …	= Textsorte eines bestimmten Typs
$\wedge$	= Logisches Verknüpfungssymbol ‚et‘.

Hypothetischer Beispielfall:
Die Texte dieses Diskurses sind durch dasselbe Thema miteinander verknüpft. Zwei Schrift-Texte unterschiedlicher Textsortenzugehörigkeit konstituieren mit einem Sprech-Text einer anderen Textsorte und weiteren Texten den Diskurs.

2. Diskurse, gegründet auf das Neben- und Ineinander von Texten, auf das
   Prinzip der Text-Vernetzung.
Hier erfolgt die serielle Organisation des Diskurses durch Textverschränkung.
Ein Textproduzent kann u.U. einen Basis-Text herstellen (z.B. einen Brief an einen Freund schreiben und ihn zu einer Geburtstagsfeier einladen). Während der Abfassung dieses Textes aber fällt dem Briefschreiber ein, dass er den Basis-Text erst abschließen kann, wenn er Ort und Zeit der geplanten Begegnung definitiv festlegt. Er unterbricht daher den Textproduktionsprozess und bestellt in einem Telefongespräch einen Tisch in einer Gaststätte. Erst dann beendet er das Schreiben des Briefs.

Formelhafte Darstellung:
$Ta_1 \Leftrightarrow Tb_2 \Leftrightarrow Ta_1 \ldots$

Legende: $\Leftrightarrow$ = Symbol für Textvernetzung
  Der *Schrift-Text a (Privatbrief)* ist mit dem *Sprech-Text b (Telefongespräch)* vernetzt.

Das Prinzip einer *Vielfach-Vernetzung* von Texten zu einem Diskurs unter Einschluss von Reihungen lässt der folgende Original-Text-Komplex von einer Presse-Konferenz am 09.11.1989 in Ost-Berlin erkennen (zitiert nach Adamzik 2001,247; s. Kap. 4.3.2):

Schabowski: „Über die heutige Arbeit des Zentralkomitees könnte man zusammenfassend sagen: Sie ist bestimmt von einer sehr … intensiven … Erörterung … des von Genossen Krenz gegebenen Berichts …"
  Ehrmann (italienischer Reporter): „Herr Schabowski, Sie haben von Fehlern gesprochen. Glauben Sie nicht, dass es war ein großer Fehler diesen Reisegesetzentwurf, das Sie jetzt vorgestellt haben vor wenigen Tagen?"

Schabowski: „Nein, das glaube ich nicht. Eh. Wir wissen … um die … diese Tendenz in der Bevölkerung … um dieses Bedürfnis der Bevölkerung zu reisen oder eh die DDR zu verlassen. Allerdings ist heute, soviel ich weiß, eine … Entscheidung getroffen worden.
Es ist eine Empfehlung des Politbüros aufgegriffen worden, dass man aus dem Entwurf des Reisegesetzes den Passus herausnimmt und in Kraft treten lässt, der stän…
wie man so schön sagt oder wie man sagt, also die ständige Ausreise regelt, also das
Verlassen der Republik." (unverständliche Passage) „… Regelung zu treffen, die es
jedem Bürger der DDR möglich macht eh, über Grenzübergangspunkte der DDR …
eh auszureisen."

X: „Wann tritt das in Kraft?"

Schabowski: „Bitte?"

X: Ab sofort?"

Schabowski: Also Genosse, mir ist das hier also mitgeteilt worden, dass eine solche Mitteilung
heute schon verbreitet worden ist. Sie müsste eigentlich in Ihrem Besitz sein."

*Allgemeine Verwirrung bei den Journalisten, die diese sensationelle Nachricht kaum glauben kön-
nen. Nachfragen.*

Schabowski (liest aus dem Entwurf): „Also Privatreisen nach dem Ausland können ohne Vorliegen
von Voraussetzungen (Reiseanlässe und Verwandtschaftsverhältnisse) beantragt werden. Die Genehmigungen werden kurzfristig erteilt. Eh … Ständige Ausreisen können über alle Grenzübergangsstellen der DDR zur BRD erfolgen."

X: Wann tritt das in Kraft?"

Schabowski: Das tritt nach meiner … Kenntnis ist das sofort … Unverzüglich."
(…)

X: „Sie haben nur BRD gesagt. Gilt das auch für Berlin West?"

Schabowski: „Also doch doch …" (liest wieder aus einem anderen Abschnitt). „Ständige Ausreisen können über alle Grenzübergangsstellen der DDR zur BRD bzw. Berlin West
erfolgen."

Viele aufgeregt gestellte Fragen gleichzeitig.

Schabowski: „… weil ich nun in dieser Frage nicht also … ständig auf dem Laufenden bin, sondern kurz bevor ich hier rüberkam, diese Informationen in die Hand gedrückt be-
kam."

X: „Herr Schabowski, was wird mit dem Berliner Mauer jetzt geschehen?"

Schabowski: „Ja … Ich mache darauf aufmerksam, dass es 19 Uhr ist. Das ist die letzte Frage, ja?
… Eh … Was wird mit der Berliner Mauer? Es sind dazu schon Auskünfte gegeben
worden im Zusammenhang mit der Reisetätigkeit … eh die die Frage des Reisens eh
die Durchlässigkeit also der Mauer von unserer Seite beantwortet noch nicht und
ausschließlich die Frage … nach dem Sinn … also dieser ich sag's mal so befestigten
Staatsgrenze der DDR."

Die Grundstruktur dieses Diskurses von welthistorischer Bedeutung lässt sich wie oben
als Vernetzungsstruktur von Frage-Antwort-Sequenzen einer Pressekonferenz mit dem
Vorlesen von Teilen des Reisegesetzentwurfs kennzeichnen: $Ta_1 \Leftrightarrow Tb_1 \Leftrightarrow Ta_1$. Die Besonderheit dieses Diskurses aber besteht darin, dass Text Ta_1 auf eine Kette von relevanten Ereignissen und Vortexten zurückgeht (Texte, die *vor* Ta_1 entstanden sind, hier daher
in chronologischer Abfolge durch /-/ -Markierungen gekennzeichnet).

Vor-Texte

- b 1: Anweisungstext: Der Innenminister der DDR weist im Auftrag des Politbüros der SED vier
Offiziere an, einen Entwurf für eine neue Verordnung zum Problem der Ausreisen aus der
DDR zu erarbeiten.
- b 2: Beratung und Erarbeitung des Entwurfs.
- b 3: Beratung des Entwurfs in der Sitzung des Zentralkomitees.
- b 4: Telefongespräch und Gespräch mit der sowjetischen Seite.

- b 5: Beschlussfassung des ZK, Abfassung einer Pressemitteilung.
- b 6: Aufforderungs-Text: Auftrag (des ZK) an den Regierungssprecher, die Pressemitteilung sofort zu veröffentlichen.
- b 7: Der Generalsekretär des ZK der SED Krenz übergibt die Pressemitteilung unmittelbar vor Beginn der Pressekonferenz an Schabowski mit dem (mündlichen) Hinweis-Text, dass das doch *die* Weltnachricht sein würde. Schabowski kann aber die Pressemitteilung aus Zeitgründen nur flüchtig zur Kenntnis nehmen.

$Tb_1 \Leftrightarrow Ta_1$:

Schabowski liest auf drängende Fragen von Journalisten während der Pressekonferenz Auszüge aus der Pressemitteilung vor. Da er unsicher ist (Pausen, Satzabbrüche, ungrammatischen Konstruktionen …), liest er nur wenige Passagen vor, ändert ihre Reihenfolge, ergänzt den Text durch eigene Kommentare mündlich =Text Ta_1'. Damit wird er eher unabsichtlich zum ‚Verkünder und Inkraft-Setzer' der neuen Reiseregelung (Einzelheiten s. Adamzik 2001,249).

Von ebenso großer Relevanz aber sind die zahllosen *Folge-Texte*, die sich aus dem Haupttext $TB_1 \Leftrightarrow Ta_1$ ergeben. Entgegen der Intention Schabowskis, die Frage nach einer möglichen Grenzöffnung so lange wie möglich offen zu halten, fassten einige Journalisten die vagen Ankündigungen, dass die Praxis von Reiseanträgen und -genehmigungen geändert werden würde, als gegebene Tatsache auf und stellten das in entsprechenden Folge-Texten, hier mit dem Signum /+/ gekennzeichnet, dar.

Folge-Texte

a+1: Nachrichten und Presseberichte: Schon wenige Minuten nach Beendigung der Pressekonferenz meldete die amerikanische Nachrichtenagentur 'Associated Press':
DDR öffnet Grenzen (als Schlagzeile) …
b+2: Und eine Stunde nach der Beendigung der Pressekonferenz wird ein anderer ‚Folge-Text' in der ‚Tagesschau' verbreitet:
Die DDR hat mitgeteilt, dass ihre Grenzen ab sofort für jedermann geöffnet sind.
Die Tore der Mauer stehen weit offen.
b+3: Etwa gleichzeitig bringt die ‚Aktuelle Kamera' des DDR-Fernsehens die aus der Sicht der DDR offizielle Version der Ereignisse (Schlagzeilen):
Neuregelung des Reiseverkehrs. Ausreisen können über alle Grenzübergangsstellen der DDR zur BDR bzw. Berlin West erfolgen. Die Reisen müssen beantragt werden
Aber diese Version wird in der Öffentlichkeit kaum noch beachtet. Wie ein Lauffeuer verbreiteten sich die (West-)-Nachrichten; nahezu alle Funk- und Fernsehanstalten produzierten Texte über dieses historische Ereignis; die Printmedien in aller Welt berichten über das ‚Weltereignis', und zwar in ‚Extrablättern' am Abend, sowie in Nachrichten und Berichten am Folgetag und noch lange Zeit danach.
a+4 und a+5 und b+6 und a+n …
Eine exakte Begrenzung der Textfolgen dieses Grenzöffnungs-Diskurses kann objektiv nicht gegeben werden, eine Limitierung der Textmenge des Diskurses und die Wichtung der Ereignisse muss immer durch die die Texte produzierenden Individuen erfolgen.

Für eine summarische Zusammenfassung einer großen Zahl der Texte des Diskurses bestand für die meisten Medien gar kein Anlass. Die einzelnen journalistischen Textproduzenten mussten die ihnen vorliegenden Berichte unter Berücksichtigung zusätzlicher, vor allem subjektiver Quellen möglichst schnell bündeln und zu jeweils neuen

‚Folge-Texten' zusammenfassen. Dabei war aus journalistischer Sicht zunächst unerheblich, ob und wie viele andere Agenturen (bzw. Sender und Printmedien) auf diese
Weltereignis reagiert hatten oder reagieren würden. Das konnte ja hypothetisch noch
zehn Jahre nach dem Fall der Mauer, z.B. in einer Festrede, der Fall sein. Letztlich
bestimmte der einzelne Journalist, wie der Grenzöffnungsdiskurs einzugrenzen und
gegebenenfalls zu deklarieren war. Nur das ‚Ereignis' selbst mit seiner Genese und die
es konstituierenden bzw. begleitenden Texte bildeten als übergreifendes Text-Thema
gleichsam den für alle Journalisten obligatorischen ‚Kern' dieses Diskurses. Auf welche
Menge von ‚Vor'- und ‚Folge'-Texten der Einzeljournalist bei seiner Textkonstitution
darüber hinaus noch Bezug nahm, war eine Frage des subjektiven Ermessens, ebenso
natürlich die Frage der Bewertung des ‚Ereignisses' und die Art der Darstellung. Zusammenfassend lässt sich festhalten, dass die serielle Organisation der Texte dieses ‚gesetzten' und auf den ‚Kern' zentrierten Diskurses sowohl durch einfache Abfolge-Me-
chanismen gekennzeichnet ist als auch durch vielfältige Vernetzung nahezu aller
Teileinheiten dieses Diskurses miteinander (teils nur auf zwei Teil-Texte bezogen, teils
als Geflecht mehrerer Teil-Einheiten).

Als vorläufiges Ergebnis dieser Darlegungen zu Phänomenen der Diskurse fassen wir
zusammen:
- Diskurse sind offene Textmengen, die semantisch-thematisch und/oder pragmatisch
  miteinander verknüpft sind.
- Jeder Einzeltext gehört zu einem Diskurs. „Texte können wir ... als Ausschnitte aus
  diesem Universum verstehen, als Fragmente des Gesamtdiskurses, die als mehr oder
  weniger abgeschlossene Einheiten gesetzt ... werden." (Adamzik 2001,255). Jedem
  Text kommt folglich das Merkmal der Diskursivität zu.
- Die Zusammengehörigkeit/Kohärenz der einzelnen Texte eines Diskurses wird seriell organisiert über die Prinzipien der linearen Reihung/Verkettung oder/und der
  Textvernetzung.
- In der praktischen Kommunikation ist es in der Regel nicht notwendig, explizit auf
  die Menge der zum jeweiligen Diskurs gehörenden Texte zu verweisen. Vielmehr
  werden die ‚Regularitäten' des Diskurses (Foucault) von den Interagierenden in der
  Regel intuitiv befolgt, da diese sich auch in Textmustern niederschlagen. Zu denken
  ist da beispielsweise an den ‚Kopf' eines Geschäftsbriefs, der sich auf entsprechende ‚Vor-Texte' (Bezug, Betreff ...) bezieht. „Die Musterzugehörigkeit eines Textes
  resultiert ... im Kern aus der diskursiven Einbettung ... Die Entstehung von Textmustern hängt aufs engste mit dieser funktionalen Rückbindung von Texten an ein
  historisches Aussagensystem zusammen. Der Grund hierfür liegt in der regulativen
  Tendenz solcher Aussagensysteme." (Warnke 2000,2f.).
- In bestimmten Fällen aber muss die zu einem Diskurs zu rechnende Textmenge genauer bestimmt werden. Das gilt z.B. für die Summe der Texte, die zu einer ‚Rechts-
  sache' gehören, wenn es darum geht, Ursachen für eine Verfehlung/ein Verbrechen
  zu eruieren. Erinnert sei hier an den Untersuchungsausschuss des Bundestages zur
  Spendenaffäre der CDU. In einem solchen Fall legt der Vorsitzende des Ausschusses, in der Regel nach Rücksprache mit anderen Ausschussmitgliedern oder mit an-

deren, an der Aufklärung des Falles interessierten oder davon betroffenen Personen, fest, welche Sachverhalte/Texte noch zum aktuellen Diskurs gehören, welche anderen dagegen unberücksichtigt bleiben können oder müssen, denn die potenzielle Kette dieser Texte könnte u.U. sehr weit zurückreichen. Bei Bekanntwerden neuer Sachverhalte, die wiederum durch Texte signalisiert werden, wird der Vorsitzende des Ausschusses natürlich die Textmenge des laufenden Diskurses korrigieren.

- Methodologisch ergibt sich aus der Tatsache, dass der Umfang der zu einem Diskurs gehörenden Textmenge keinesfalls immer festgelegt werden kann (noch werden muss), dass nicht alle Texte eines Diskurses linguistisch exakt erfasst und beschrieben werden müssen. Relevant für solche Beschreibungen aber ist in jedem Falle der ‚Kern' des jeweiligen Diskurses, die thematische und formale Grundstruktur von zentralen Text-Ereignissen und deren Genesis. Zusätzlich sollten dann noch einzelne ‚Vor- und Folge-Texte – in Abhängigkeit von ihrem Gewicht für den Gesamtdiskurs – nach Einschätzung des Diskursbeschreibers auch in ihrer formalen Ausprägung in die thematische und linguistische Charakterisierung des Gesamtdiskurses aufgenommen werden.

3   Textproduktion und Textverarbeitung

Schon an anderer Stelle (Kap. 2.2.4; Kap. 2.4) war darauf verwiesen worden, dass Texte und Diskurse auch als kognitiv fundierte Phänomene zu begreifen sind, dass nur das zum Text werden kann, was vorher schon im Bewusstseinsspeicher der Interagierenden verarbeitet wurde. Diese Feststellung trifft allerdings nur dann zu, wenn das von einem Individuum ,Vorgedachte', also das Kognitive i.e.S., nicht mit dem vom selben Individuum produzierten Text, nicht einmal der Struktur und der formalen Ausgestaltung nach, identifiziert wird. Das bestätigen nicht zuletzt Erfahrungen nahezu aller Kommunizierenden, dass die letzte konkrete Ausgestaltung des materiellen Textes vielfach erst im Prozess des Sprechens und des Schreibens selbst erfolgt.

Analoges gilt natürlich auch beim Textverstehen: Die konkrete materielle Textgestalt ist keineswegs kongruent mit dem, was der Rezipient im Prozess der Textverarbeitung daraus macht, welchen Sinn er dem Ausgangstext ,unterstellt', er auf der Basis des vorliegenden Textes kognitiv konstituiert. Daher wird derselbe Text in derselben Situation, etwa in einer Vorlesung, von mehreren Rezipienten in unterschiedlicher Weise aufgenommen: Das belegen nicht zuletzt die Vorlesungsmitschriften von Studenten.

Im folgenden Kap. 3 soll nun diesen Diskrepanzen zwischen der mentalen Repräsentation von Texten und ihrer konkreten materiellen Äußerungsstruktur nachgegangen werden, ist zu fragen, wie aus kognitiven Einheiten mittels kognitiver Prozeduren materielle Texte werden, welche psychischen Prozesse dabei ablaufen, warum also ein Text als Resultat mentaler Prozesse gekennzeichnet werden darf und unter welchen Voraussetzungen und Bedingungen sich Textgenerierung und Textaufnahme vollziehen.

Dabei spannen wir einen weiten Bogen und kennzeichnen in nuce
-   die allgemeinen kognitiven Voraussetzungen für jegliches Umgehen mit Texten: Typen und Strukturen der im Gedächtnis auf der Grundlage von ,Erfahrungen' gespeicherten Bewusstseinsinhalte sowie kognitive Fähigkeiten zur Aktivierung von Teilmengen dieser Wissenselemente (Kap. 3.1);
-   die Aktivitäten der Interagierenden vor Beginn des ,eigentlichen' Kommunikationsakts: die Kognizierung von Situation und Partner unter Einschluss von Einstellungen und Emotionen (Kap. 3.2) sowie das Aktivieren/Abrufen von komplexen Mustern (,Textmustern') der Textgestaltung und des Textverstehens unter Einschluss von Problemen der Textsortendifferenzierung und der Textklassifikation (Kap. 3.3);
-   die einzelnen Phasen und kognitiven Operationen der kommunikativ Handelnden in den Prozessabfolgen der Hervorbringung der Texte und ihrer kognitiven Verarbeitung (Kap. 3.4).

Allerdings muss an dieser Stelle – bezogen auf das gesamte Kap. 3 – einschränkend bemerkt werden, dass hier nicht allgemeine theoretische Grundlagen der Kognitiven Psychologie ausgebreitet werden können; vielmehr geht es uns um eine verkürzte und auf das Wesentliche konzentrierte Kennzeichnung nur jener kognitiven Einheiten und Prozeduren, die sich als relevant für die Praxis des Umgehens mit Texten erwiesen haben, die folglich von den Kommunizierenden bewusst nachvollzogen bzw. zumindest im Verlauf der Handlungssteuerung auf der Grundlage des verfügbaren Wissens beachtet werden sollten.

3.1 Kognitive Grundlagen: Zur mentalen Organisation von Kenntnissystemen sowie zu Prozeduren der Aktivierung von Wissenselementen

Jegliches Kommunizieren von Individuen setzt einen bestimmten Grad von kommunikativer Kompetenz voraus; diese bildet sich in einem diffizilen Entwicklungsprozess des Individuums auf der Grundlage kommunikativer Erfahrungen heraus und umfasst eine individuell unterschiedliche Menge von im Gedächtnis gespeicherten Bewusstseinsinhalten sowie kognitiven Fähigkeiten.

Aussagen über Inhalte und Strukturen des menschlichen Gedächtnisses und das Zusammenspiel kognitiver Operationen beim Verstehen und Produzieren von Texten können beim gegenwärtigen Stand der Forschung nur in der Form von Annahmen und Hypothesen gemacht werden; sie sind zentraler Gegenstand der kognitiven Psychologie (vgl. dazu die Literaturverweise zu Gedächtnis und Sprache Kap. 2.2.4; resümierend auch Heinemann/Viehweger 1991,130ff.). In diesem Zusammenhang sollen und können nur einige grundlegende Annahmen zu Problemen des Bewusstseins („der Summe aller bewussten Wahrnehmungsprozesse" und „des letzten Rätsels" der psychologischen Forschung, s. Traufetter 2001,150) und zum Funktionieren kognitiver Prozeduren thesenhaft dargelegt werden. Dabei beschränken wir uns auf Einsichten und Hypothesen über die mentale Organisation des Gedächtnisses, berühren also nicht die Frage der Speicherung von Wissenselementen.

a. Als Grundlage und Festpunkte von Kenntnissystemen der Individuen sind *Konzepte/ Begriffe* anzusehen (Klix 1984,10), die als Bündel relevanter Merkmale im Langzeit-Gedächtnis gespeichert sind.

b. Konzepte sind nicht isoliert gespeichert, sondern auf der Basis von Erfahrungen als miteinander vernetzte kognitive Einheiten:
Affe – klettern; Hund – bellen; Zucker – süß; hoch – tief, Baum –Tanne; Schüler – Schule – lernen ...

c. Die fortschreitende Vernetzung bewirkt – wiederum individuell unterschiedlich – die Herausbildung komplexer Kognitionseinheiten, z.B. von ‚Geschehenstypen'. Dabei fungieren sogenannte Ankerbegriffe als semantische Kerne, „von denen aus verwandte Klassen von Ereignissen gebildet werden können. ‚Lernen', ‚Schreiben', ‚Autofahren', ‚Tanken', ‚Kaufen' sind Beispiele für Geschehenstypen in unserem Kulturkreis." (Klix 1984,20)

BIOTOP
JÄGER K

K
WALD HT

LOC
JAGEN —INSTR 1→ GEWEHR —K→ WAFFE

OBJ INSTR 3
INSTR 2

HASE/N HUND
K K
TREIBER
K
TIER
MENSCH —K→ TIER
K K
LEBEWESEN

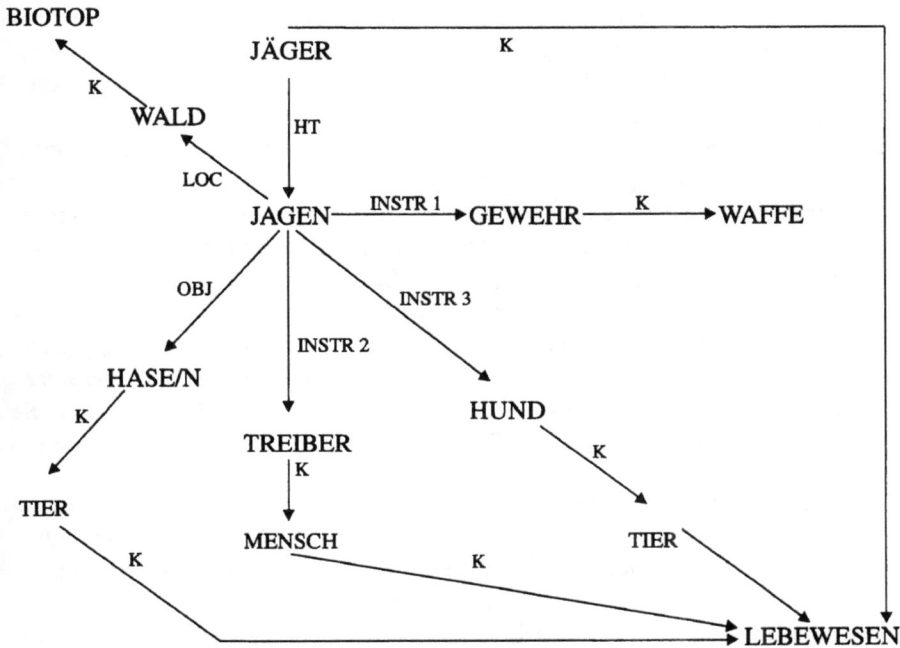

Legende: LOC = Lokation
HT = Handlungsträger
INSTR = Instrument
K = Konstruktion (herstellbare semantisch-logische Verknüpfung, ist aber nicht spezifisch für den Geschehenstyp)

Abb. 18: Geschehenstyp ‚Jagen'

d. Nicht von einzelnen Konzepten (und damit bottom-up), sondern von komplexen Seins- oder Handlungseinheiten (folglich top-down) gehen die Vernetzungshypothesen der amerikanischen kognitiven Psychologie aus.
Frames (Rahmen) gelten als „typische Zusammenhänge eines Realitätsbereichs" (Ballstaedt u.a. 1981,27; Mandl 1981,6). Dabei sind nur die stereotypen Charakteristika von Gegenständen und Sachverhalten in der kognitiven Globalstruktur repräsentiert. Beispiel Auto-Frame: Beim Anblick eines Autos oder beim Vorkommen dieses Lexems oder eines seiner Synonyme in Texten werden von Handelnden, wieder mit teils gravierenden individuellen Unterschieden, mehr oder minder unbewusst, die dem Einzelnen als charakteristisch geltenden Bestandteile des Autos (*Motor, Vergaser, Kupplung, Scheibenwischer* ...) komplex, d.h. assoziiert abgerufen. Zum Auto-Frame sind daneben alle mit diesem Rahmen unmittelbar zusammenhängenden Lebensbereiche (z.B. *Straße, Garage, Parkhaus* ...) als Unterframes zu zählen.
Skripts als gespeicherte stereotype Handlungssequenzen sind vergleichbar mit Drehbüchern von Filmen; damit stellen sie sozusagen Rollenbücher für den Vollzug immer wiederkehrender Handlungsabfolgen (Schank/Abelson 1977,41) dar. Beispiele:

Restaurantbesuch, Arztbesuch, Einkäufe ... Auf solche Skripts gründen sich bestimmte Erwartungshaltungen der Kommunizierenden in einer Interaktion; sie erleichtern den Handelnden die Orientierung in einer bestimmten typischen Situation und sind damit oft Voraussetzung für das angemessene Agieren.

Mentale Modelle (vor allem nach Johnson-Laird 1977,1983) können als Ausweitung des Skript-Konzepts durch Einbeziehung von allgemeinem Situations- und Weltwissen verstanden werden. Die Wissensstrukturen sind nach dieser Hypothese so organisiert, wie sie in der Praxis gebraucht und instrumentalisiert werden, auch mit sozialen Rollen der Handelnden und mit Bezug auf voraufgehende Kommunikationsereignisse. Mit anderen Worten: Mentale Modelle repräsentieren nach dieser Hypothese die äußeren Umstände in ihrer Gesamtheit, auf die sich ein Text bezieht. Dem Restaurantbesucher wird daher über das mentale Modell nicht nur seine eigene Rolle ‚vorgegeben‘; er ist ebenso ‚vorinformiert‘ über mögliche Wünsche und Ziele aller anderen Rollenträger (*Kellner, Gäste* ...) und der Angemessenheit ihres Verhaltens.

Diese und weitere, empirisch gestützte Modelle werden in der neueren Forschung (vgl. Figge 2000) als *Schemata* zusammengefasst. Sie geben in ihrer Gesamtheit und in ihrer Verschiedenheit einen approximativen Einblick in das außerordentlich diffizile und verzweigte Feld assoziativer Zusammenhänge in unserem Bewusstsein und können daher zu Recht als Erklärungsansätze für die Konstitution von Erwartungshaltungen der Individuen in bestimmten interaktionalen Situationen, sowie für konkrete Textinterpretationen genutzt werden.

e. Es kommt aber nicht nur darauf an, mehr und mehr Wissen zu speichern und entsprechend umfangreiche Kenntnissysteme aufzubauen (erinnert sei hier nur an die Losung der nach mehr Bildung strebenden Arbeiter ‚Wissen ist Macht!‘). Denn solides und fundiertes Wissen kann totes und damit nutzloses Wissen sein, wenn ein Handelnder, z.B. in einer Prüfungssituation, nicht in der Lage ist, die in einer bestimmten Situation relevanten Wissenseinheiten, also die Elemente dieser mentalen Konzepte und Konzept-Komplexe, möglichst schnell zu aktivieren und in das jeweilige kommunikative Handlungskonzept zu integrieren.

Diese Aktivierung von Kenntnissen kann erfolgen

– nach dem *Prinzip der assoziativen Zündung*, der einfachen ‚Abberufung‘ von gebündelten Konzept-Komplexen (Klix 1984,11). Dabei werden schon vorgeprägte konzeptuelle Einheiten assoziativ und nahezu unverändert über die Schwelle des Bewusstseins gehoben. Beispiel: Sehen eines Mercedes – Abrufen des entsprechenden sprachlich geprägten Konzepts;

– nach dem *Prinzip der logischen Verknüpfung* von Gedächtnisinhalten durch Vergleichs- und Schluss-Operationen sowie durch Inferenz-Prozesse, d.h. wenn der Handelnde eigenes Vorwissen in das Verstehen eines Textes, d.h. in die Neu-Konstitution von ‚Sinn‘ einbezieht (lat. *inferre* – ‚hineintragen‘; s. Mandl 1981,8).

Auch diese speziellen Fähigkeiten, nicht nur die Wissensvermittlung i.e.S., müssen daher Gegenstand kommunikativen Trainings (beginnend schon in der Schule) sein.

Es zeigt sich, dass die hier apostrophierten Wissenseinheiten unterschiedlicher Art sind. Psychologen und Linguisten haben mehrere Hypothesen aufgestellt, welche *Typen von Kenntnissystemen* unterschieden werden sollten, auch darüber, wie die einzelnen Wissens-, Module' miteinander interagieren. Wir verzichten in diesem Rahmen auf eine detaillierte Darstellung der Diskussion zu dieser Problematik und gehen von der Annahme aus, dass für die Produktion von Texten und ebenso natürlich für deren Verarbeitung drei Haupttypen von Kenntnissystemen voneinander abgehoben werden können:

– *enzyklopädisches Wissen* oder ‚Sachwissen', ‚Weltwissen', in verschiedenen Arbeiten auch ‚semantisches' oder ‚lexikalisches Wissen' genannt, weil die Mitglieder einer Kommunikationsgemeinschaft eben dieses Wissen in ihrem Gedächtnis gespeichert haben und in Texten einsetzen (teils aber wird zusätzlich zwischen enzyklopädischem und semantischem Wissen differenziert): *Berg, Tür, Kontinent, Heimat*.

– *sprachliches Wissen*, bestehend aus
lexikalischem Wissen für die Abbildung von mentalen Repräsentationen auf Lautstrukturen (wie man Gegenstände, Sachverhalte, Ereignisse in bestimmten Situationen bezeichnen kann und welche Äußerungseinheiten mit welchen anderen semantisch kompatibel sind);
grammatischem Wissen für die sprachliche Komplexbildung auf unterschiedlichen Ebenen (wie man Lexikoneinheiten miteinander verknüpft, wie ein Aufforderungssatz in einer bestimmten Sprache gebildet werden kann, wie in einem Text pronominalisiert wird, wie bestimmte Objekte als bereits vorerwähnt gekennzeichnet werden, wie Einzelsätze miteinander zu Äußerungskomplexen und Texten verknüpft werden).

– *Handlungswissen/Interaktionswissen:* Es umfasst kognitive Modelle für das Agieren der Handelnden in bestimmten Situationen:
gegenständlich-praktisches Handeln, z.B. beim *Rasenmähen, Autofahren, Fensterputzen*;
kommunikatives Handeln bei der Textherstellung und bei der Textverarbeitung z.B. einer *Bitte*, eines *Privatbriefs*, einer *E-Mail* ...

Das Handlungswissen/Interaktionswissen bildet daher eine Art Rahmenkenntnissystem, das durch die beiden anderen Hauptkenntnissysteme in bestimmten Situationen ‚aufgefüllt' wird.

3.2 Kognizierung von Situation und Partner

Wenn wir das ‚Kognizieren' als Wahrnehmen und Bewerten von X umschreiben und zugleich davon ausgehen, dass ein Sich-Orientieren in einem gegebenen Umfeld mit Notwendigkeit jedem Kommunikationsakt vorausgeht, dann müsste das Thema dieses Teil-Kapitels eigentlich zureichend gekennzeichnet sein. Und doch sollten wir das Phänomen ‚Situation', gegebenenfalls noch das des ‚Partners', hinterfragen. Denn bei näherem Hinschauen erweist sich der Situationsbegriff (zu lat. *situs* – Lage, Stellung, Bau) als keineswegs eindeutig. Wir sprechen z.B. von Test- und Prüfungs-Situationen, von

Situationsangst und Situations-Psychosen, von Unterrichts- und Bewährungs-Situationen, von Konflikt- und Streit-Situationen, ebenso gehören verzweifelte, Überforderungs- oder Benachteiligungs-Situationen ... durchaus zu unserem alltäglichen Sprachgebrauch.

Was aber gehört nun konkret zu einer ‚Situation‘? Wenn wir einen Bekannten im Supermarkt treffen und uns mit ihm auf ein kurzes Gespräch einlassen, dann ist natürlich der Bekannte zu unserem ‚Umfeld‘ zu rechnen, dazu sicher der Einkaufswagen, das Regal, vor dem wir stehen, und vielleicht auch noch die kaum überschaubare Zahl von Jogurt-Bechern in diesem Regal ... Wie verhält es sich aber mit weiteren Jogurt-Bechern in anderen Regalen, mit anderen Waren im Supermarkt, mit den vorübereilenden Kunden und ihren Einkaufswagen, mit der Angestellten, die die Regale auffüllt, mit den Kassen und den Kassiererinnen, die wir gar nicht im Blick haben? Oder sollten wir vielleicht das ganze Areal des Supermarkts mit der Tiefgarage und den angrenzenden Geschäften, oder gar das Handelsunternehmen insgesamt, die Straße, die Stadt, in der es zu dieser Begegnung kam ..., zu diesem Umfeld i.w.S. rechnen?

In jedem Falle scheint mit dem Begriff eine allgemeine und objektive, vom Individuum unabhängige Situierung gegeben zu sein, der Bezug auf die „*objektive* Seite der Gesamt-Situation", die „materiell-gegenständlichen (physikalischen, biotischen, soziostrukturellen)" Faktoren (Hiebsch 1986,386). Wir könnten sie zusammenfassen im philosophischen Sinne als das ‚fraglos Gegebene‘, die ‚Sachlage‘, könnten sie kennzeichnen als einen Ausschnitt aus dem ‚Strom der Umwelt‘ (Herrmann 1982,49), wobei allerdings offen bleibt, nach welchen Kriterien die Begrenzung dieses ‚Stroms‘ erfolgen soll.

Als allgemeinste Grundlage bleibt die Grobdifferenzierung in Phänomene der Natur (*Wasser, Erde, Pflanzen, Tiere* ...) mit zahlreichen Subklassen und der Gesellschaft mit verschiedenen sozialen Lebensbereichen/‚Lebenswelten‘ (*materielle Produktion, Rechtswesen, Verwaltung, Medien* ... vgl. Heinemann/Viehweger 1991,155). Im Rahmen dieser Lebensbereiche treten die Menschen in vielfältige interaktionale Beziehungen zueinander und verändern die Umwelt durch ihr praktisch-gegenständliches und kommunikatives Handeln.

Eine weitere Subdifferenzierung des Handelns der Menschen in verschiedenen Lebensbereichen kann unter unterschiedlichen Aspekten erfolgen, wobei die Koordinaten unterschiedlicher Typologisierungsansätze ineinandergreifen. Als zentrale Ansätze einer solchen Typologie gesellschaftlicher Phänomene wären die soziale Organisation der Tätigkeit, die Anzahl der Partner, die sozialen Rollen der Interagierenden, die Grundtypen des Umfelds mit den Hauptkomponenten LOC (Ort) und TEMP (Zeit) – vgl. Heinemann/Viehweger 1991,153 – sowie bestimmte Zieltypen als *objektive Situationstypen* voneinander abzuheben. Wir begnügen uns hier mit dieser Grobkennzeichnung der Gesamtheit der Zusammenhänge der ‚objektiven Welt‘, die ja Gegenstand der Natur- und Sozialwissenschaften i.e.S. sind, da uns diese Phänomene gleichsam in gebrochener Form bei der Charakterisierung des subjektiven Situationsverständnisses wiederbegegnen werden.

Betrachten wir nun den schon erwähnten *subjektiven* Aspekt der Situation, das, was sich für den Kommunizierenden als Umfeld, als *kommunikative Situation* erweist.

‚Situation' wird hier in unmittelbare Verbindung gebracht mit dem ‚Sein' des Menschen (lat. *situm esse*), mit dem Faktum also, dass jeder Handelnde und erst recht jeder kommunikativ Handelnde mit bestimmten Erwartungshaltungen in immer wieder neue Situationen hineingeht und bei Beginn seiner Aktivitäten zunächst seine Erfahrungen im Umgang mit unterschiedlichen Typen von Situationen (sein *Situationswissen*) aktivieren muss, wobei ihm Gegenstände und Ereignisse in ihrer Typenhaftigkeit entgegentreten, damit er sich in der ‚Lebenswelt' bis zu jenem Grade orientieren kann, „die nötig ist, um in ihr handeln und auf sie einwirken zu können." (Schütz/Luckmann 1979,28)

Hymes (1973,355ff.) hat versucht, ‚kognitive Situationsmerkmale' (s. auch Nothdurft 1986,102) zusammenzustellen. Dazu gehören:

– Der *Orientierungsrahmen von Welt*, „die … Umgebungsbedingungen, unter denen Menschen agieren", eine bestimmte „Reizkonstellation mit Mustern von 'cues'"(d.h. Schlüsselmerkmalen, s. Herrmann 1982,51f.), bezogen auf LOC und TEMP. Eine Person begibt sich in eine bestimmte Situation, sie ‚erfährt' Welt und aktiviert zugleich ihre Erfahrungen mit dieser Welt, wobei sie das unmittelbar Erfahrene des singulären Ereignisses bzw. der Ereignisfolge in schon vorgegebene situative Schemata einordnet, zu denen latent Wissensstereotype über umfangreichere lokale Räume und Bereiche gehören. Dieses Situationsverständnis ist individuell; gemeinsam zwischen den Partnern kann „allenfalls ein Überschneidungsbereich der individuellen Situationen sein" (Hiebsch 1986,386). Allerdings ist gerade das identische oder nur ähnliche Wahrnehmen der Umgebungs-Situation eine wesentliche Voraussetzung für die Reziprozität des Handelns und die Perspektiven-Übernahme im Sinne von Mead (s.o.). Die ‚Welt' wird also unterschiedlich, wenn auch im Grundsätzlichen übereinstimmend wahrgenommen und vor allem bewertet.

– Die *kommunikativ Handelnden* mit ihren Intentionen, Erwartungen, Einstellungen zu Gegenständen und Sachverhalten/Ereignissen und vor allem zum jeweiligen Partner. Die Einstellungen der Kommunizierenden (die „relativ konstanten, habituellen Richtungsdispositionen des menschlichen Verhaltens", so Viehweger 1977,75), beeinflussen in hohem Grade die Wahrnehmungs- und Denkrichtung, wie auch die Handlungsrichtung der Individuen. Aus der einfachen Zuwendung zum Anderen, der ‚Du-Einstellung', wird in der Regel eine ‚Wir-Beziehung', wenn diese Zuwendung wechselseitig ist (Schütz/Luckmann 1979,90f.). Diese Einstellungen und Orientierungen, die ja von Emotionen unterschiedlicher Intensität begleitet sind, werden mitgegründet durch Erfahrungswerte des situativen Vorwissens. In ihnen enthalten sind Typisierungen nach der Anzahl der Partner (dyadische, Gruppen-, Massenkommunikation), nach ihrer Präsenz (face-to-face und Distanz-Kommunikation), nach der sozialen Rolle der Interagierenden (symmetrische vs. asymmetrische Kommunikation), nach Kontakttypen (nach dem Grade der Bekanntheit/Vertrautheit des Partners … vgl. Heinemann/Viehweger 1991,153ff.).

– Die Art des kommunikativen In-Beziehung-Tretens der Partner mittels spezifischer sprachlicher Mittel eines *Kanals* (Sprech-Laute oder Druck-Zeichen) und eines ‚Codes' (z.B. des Repertoires der deutschen Standardsprache). Denn die kognitiven Parameter der Situationserfassung gehen über die Reorganisation von Wissen und Erfahrung in die Organisation von Handeln und Rede ein. Situationswissen ist in diesem Sinne nicht nur enzyklopädisches Wissen, sondern immer auch auf Muster bezogenes Interaktionswissen.

Eine modifizierte Darstellung des Situationswissens schlägt Hartung (1974) vor. Er geht davon aus, dass jedes Kommunizieren auf einen sozialen Impetus oder ein individuelles Bedürfnis zurückzuführen ist. Daher rückt er das daraus resultierende Tätigwerden, die Tätigkeitssituation eines Individuums, ins Zentrum seines Modells.

– *Die Tätigkeits-Situation:* Das aktive Tun der Partner mit bestimmten Zielen in einer bestimmten Situation (etwa *das Einsteigen in die Straßenbahn, das Autofahren, das Brief-Schreiben ...*) ist nach Hartung (1974,274f.) die „wesentliche Grundlage für kommunikative Situationen" überhaupt. Dieser aktionale Rahmen gibt Ziele, Inhalte und teils auch Formen des Kommunizierens bis zu einem gewissen Grade vor. Beachtung verdient allerdings, dass das Sprachhandeln der Individuen in ritualisierten Prozessen von der Tätigkeits-Situation selbst (ab-)gelöst sein kann. Dabei (z.B. bei der *Morgen-Toilette,* beim *Einsteigen in die Straßenbahn ...*) können mit einem Partner andere Fragen als das Thema des aktuellen Tätigseins (etwa *die Planung eines Klassentreffens,* die *Empfehlung für einen Kino-Besuch ...*) besprochen werden.

– *Die Umgebungs-Situation:* Jedes Tätigsein vollzieht sich im Rahmen sinnlich wahrnehmbarer Handlungsfelder unter Einschluss des medialen Kanals (s.o.). Dabei nimmt der Handelnde konzentriert nur jene Konstituenten des Umfelds wahr, die für seinen konkreten Zweck von Bedeutung sein könnten. Alle anderen Elemente der Umgebungs-Situation (etwa *das Wetter* oder *die roten Haare* der Verkäuferin) rücken nur dann in sein Wahrnehmungsfeld, wenn sie thematisiert oder in anderer Weise bedeutsam werden für den jeweiligen Kommunikationsakt. Dass zudem die ‚Welt in potenzieller Reichweite' (Schütz/Luckmann 1979,64) zum situativen Umgebungs-Modell zu rechnen ist, wurde schon an anderer Stelle erwähnt.

– *Die soziale Situation/die Partner-Konstellation:* „Für jedermann ist auch die Sozialwelt als ein Ordnungssystem mit bestimmten Verhaltenskonstanten erlebbar." (Schütz-Luckmann 1979,41) Die Partner sind stets eingebunden in die soziale Hierarchie einer Gesellschaft; daher ist ihr interaktionales Tun oft ein Rollenverhalten, das bestimmten gesellschaftlichen Normen entspricht. Nach Hartung (1982,395) sind der eigentliche „Gegenstand kommunikativer Tätigkeiten ... die sozialen Beziehungen, die sich aus dem gemeinsamen Handeln ergeben". Daher sei jede Kommunikation sowohl Sachkommunikation zur Gewährleistung gegenständlich-praktischer oder kommunikativer Tätigkeiten als immer auch Beziehungskommunikation, d.h. ein Einwirken auf Partner mit bestimmten sozialen Parametern (z.B. bei *Auszeichnungen, Danksagungen, Höflichkeitskonventionen*).

Es gibt ein ununterbrochenes Kontinuum von Situationen, manche haben ein genau fixierbares Ende (z.B. der *Abschluss des Gesprächs mit dem Bekannten im Supermarkt,* identifizierbar an formelhaften verbalen und/oder gestischen Signalen); andere Situationen gehen eher ineinander über oder sind miteinander vernetzt (in unserem Beispiel die *Einkaufssituation* mit der *Begegnungssituation*). Theo Herrmann (1982,50) spricht in solchen Fällen von ‚Situationseinschüben' oder ‚situationsfremden Einschüben'.

Auch bei der Begrenzung des Situativen spielt wohl das ‚Deklarieren' der jeweiligen Situation durch das Individuum eine entscheidende Rolle.

Wir kommen abschließend noch einmal auf unser Ausgangsbeispiel in diesem Kapitel, die Kombination von Einkaufs- und Begegnungs-Situation in einem Supermarkt, zurück. Die Tätigkeits-Situation des Handelnden wird durch sein Ziel, den Einkauf von Lebensmitteln, bestimmt. Das Situationswissen kommt „durch Wahrnehmung, Selektion, emotionale Resonanz, Interpretation, Bewertung, Reflexion zustande" (Hiebsch 1986,386). Im Beispielfall steht er vor den Jogurt-Regalen (LOC und TEMP), sucht in einem Regal nach bestimmten Markenprodukten bzw. Erzeugnissen bestimmter Geschmacksrichtungen und konzentriert seine Wahrnehmung auf eine bestimmte Palette, aus der er einige ihm wegen ihrer besonderen Qualität (positiv bewertende Einstellung, Emotion) bekannte Jogurt-Becher herausnimmt und in seinem Wagen verstaut. Alle anderen Jogurt-Becher sind nur noch latent in seinem Aufmerksamkeitsfokus gegeben.

Da tritt ein Bekannter auf ihn zu und begrüßt ihn. Damit wird aus der Einkaufs-Situation im Supermarkt eine Begegnungs-Situation mit nur einem Partner (dyadische face-to-face-Kommunikation), wobei der Rahmen der Umgebungs-Situation (LOC und TEMP) nahezu unverändert bleibt. Aber nun steht der Bekannte im Zentrum seines Wahrnehmungsraums, andere Käufer oder die Jogurt-Regale sind nun nur noch latent gegeben. Zu diesem Bekannten (subjektiver Kontakt-Typ), einem Lehrer seines Sohnes (sozialer Status), hatte er schon immer gute Kontakte (Vorwissen), er freut sich über dieses Treffen (Emotion) und die Gelegenheit, mit ihm über den Sohn zu sprechen. Er weiß außerdem, dass der Bekannte an einem Gespräch mit ihm interessiert ist (Vorwissen). Und so geht er mit bestimmten Erwartungen in das Gespräch; damit wechselt zumindest kurzzeitig seine Intention. Er aktiviert das Muster/Skript eines Kurzgesprächs mit konventionellen Frage-Antwort-Ritualen ...

Nach Beendigung dieses Gesprächs wechselt wieder die Situation. Das Einkaufen wird fortgesetzt. Damit wird an diesem Einzelfall bestätigt, dass eine Situation „die Gesamtheit der objektiven und subjektiven räumlich-zeitlichen Bedingungen des Erlebens und Handelns" umfasst (Luther 1990,297) und dass „zur Situation gehört, was für die Kommunizierenden relevant ist." (Hannappel 1979,16)

3.3 Textmuster – Textsorten – Texttypen

Muster – ein Zauber muss von diesem Wort ausgehen, auch in den Wissenschaften, denn zu kaum einem anderen Thema sind seit Beginn der 90er Jahre so viele, teils einander widersprechende Publikationen entstanden, nicht zuletzt zu Mustern im Problemfeld Sprache und Text. Dieses Faktum zwingt uns zu einer Raffung der Darstellung zu dieser Thematik, zu einer Konzentration auf die Rolle des Musterbegriffs beim Umgehen mit Texten und zugleich innerhalb dieses Rahmens zu einer Beschränkung auf neuere und neueste Arbeiten (Kap. 3.3.2; 3.3.3). Auf den außerordentlich aufschlussreichen und wichtigen wissenschaftshistorischen Aspekt kann daher nur gelegentlich verwiesen werden.

Aufs engste verknüpft mit der Muster-Thematik, zumindest nach unserer Auffassung, ist der ebenso häufig diskutierte Problemkreis der *Textsorten* (unter diesem Titel wird eine Zeitschrift und eine besondere Buchreihe publiziert; s. Kap. 3.3.3). Gelegentlich spricht man sogar von einer eigenständigen Wissenschaftsdisziplin, der ‚Textsortenlinguistik‘. Im Rahmen dieser Darstellung ist daher in diesem Teilkapitel ein besonders hoher Grad der Komprimierung auf wesentliche und aktuelle Inhalte notwendig.

Natürlich haben ‚Text-Typen‘ etwas zu tun mit kognitiven Zuordnungen und folglich mit der ‚unendlichen Geschichte‘ von der *Klassifikation von Texten*. Wir werden diese weit ausgreifende Problematik hier in der Form eines Exkurses, immer nur auf Basisansätze von Klassifikationen und ‚Schaltstellen‘ der historischen Entwicklung bezogen, in unsere Gesamtdarstellung einbringen (Kap. 3.3.4).

3.3.1 Textmuster und Stilmuster

Eher mit als nach dem Kognizieren der kommunikativen Situation (der ‚Abberufung‘, Identifizierung und Zuordnung von ‚Situationsmustern‘) erfolgt bei den Kommunizierenden das Aufrufen von prozessualen, auf das Produzieren und Rezipieren von komplexen Textganzheiten gerichteten Mustern, die wir hier *Textmuster* nennen wollen. Sie stellen in erster Annäherung Rahmenmodelle dar für den Ablauf spezifischer Kommunikationsereignisse, die den Handelnden ein schnelles verbales Agieren und Re-agieren in bestimmten häufig wiederkehrenden Situationen erlauben, indem sie diese Rahmen durch partiell wiederum ‚vorgefertigte‘ Äußerungseinheiten und -strukturen ‚auffüllen‘.

Dieser diffizile Prozess des ‚Auffüllens‘ bzw. ‚Ausfüllens‘ von Textmustern wird im Abschnitt 3.3.4 detailliert erörtert werden. Zunächst ist aber zu fragen: Was sind ‚Textmuster‘? Wie unterscheiden sie sich von zahllosen anderen sprachlich geprägten Mustern? Welche Indizien berechtigen uns, diesen Muster-Typ als species sui generis zu kennzeichnen?

Es ist evident, dass sich naturwissenschaftliche ‚Beweise‘ für die Existenz solcher ‚Textmuster‘ – etwa ihre Bindung an bestimmte neuronale Bereiche – nicht vorbringen lassen. Wir sind hier wie bei den meisten kognitiven Phänomenen zunächst auf Hypothesen angewiesen, die durch Plausibilitätsüberlegungen gestützt werden können.

- Kommunizierende sind normalerweise in der Lage, in unterschiedlichen Situationen und Bereichen sowohl situativ als auch sozial angemessen zu handeln.
- Bei der Lösung bestimmter kommunikativer Aufgaben (z.B. beim *Erzählen* eines *Märchens* oder *eines Witzes*) bilden die Handelnden in vergleichbaren Situationen immer wieder Texte von annähernd gleicher Struktur, teils mit ähnlichen Formulierungen („*Es war einmal ...*"). Selbst wenn beim wiederholten Erzählen desselben Märchens partiell andere sprachliche Mittel eingesetzt werden oder wenn der Erzähler bei der Abfolge von Inhaltseinheiten variiert, so ist doch die Klasse des Textes (das Schema) davon nicht affiziert.
- Analog dazu verfügen die Kommunizierenden beim Textverstehen im Normalfall über die Fähigkeit, einen ‚gegebenen‘ Text (wieder *ein Märchen*) einer bestimmten Textklasse zuzuordnen und diese Zuordnung durch ein adäquates, d.h. konventio-

nelles Lexem (,*Märchen*') zu kennzeichnen. Das ist selbst dann der Fall, wenn im Text weder entsprechende Formulierungsspezifika (*Es war einmal* ..., *Prinz, Schloss, verzaubert*) noch andere Präsignale (z.B. *Märchenbuch, Textsammlung* ... auch *mit Märchen*) gegeben sind, die auf die Zugehörigkeit des Textes zu dieser Textklasse schließen lassen.

– Kommunizierende verwenden bestimmte Organisationsformen von Texten (Texteinleitungen, Textabschlüsse), sowie spezifische Formulierungen (*Im Namen des Volkes* ..., *Mit freundlichen Grüßen, liebe Hörer* ...) immer nur in Texten einer je spezifischen Textklasse. Nicht konventioneller Gebrauch solcher Phänomene wird von ihnen als ,Abweichung' oder gar als ,Fehler' eingestuft.

Aus all diesen Indizien folgt, dass die Kommunizierenden mit bestimmten Textklassen spezifische Inhalte und Funktionen verbinden, dass sie also über so etwas wie ein Schema-Wissen/ein Muster-Wissen über solche Textklassen verfügen. Offenkundig sind solche ,Textmuster', wie empirische Untersuchungen der kognitiven Psychologie bestätigen, als generelle Voraussetzungen für das kognitive und kommunikative Tun der Individuen anzusehen, da Informationen von großer Komplexität und Funktionalität nur mit Bezug auf solche Strukturierungs- und Formulierungsmuster verarbeitet werden können.

Wie aber lassen sich solche ,Textmuster' von der Vielfalt anderer ,Muster' abheben? Ausschließen aus unseren Überlegungen können wir zunächst alle ,Muster' aus dem Bereich der materiellen Produktion, also *Muster für Werkstücke*, für *die Damenkonfektion, Blumen-, Strick-* und *Häkelmuster* ... Als Bedeutungsinvariante dieser ,Muster'-Fassungen bleibt nur eine bestimmte Strukturiertheit, bezogen auf Flächen von Gegenständen (*Teppichmuster*) oder Abläufe von Prozessen (*Handlungsmuster für das Stricken* ...)

Auch in der Linguistik findet der Muster-Begriff seinen Niederschlag, bezogen auf die räumliche und zeitliche Erstreckung von Strukturen (s. Heinemann 1991,9). Da ist von *Satz- und Satzstrukturmustern* die Rede (Daneš 1978,7f.), von *Aufforderungs-, Anweisungs-, Berichts-* und *Erzählmustern* (Franke 1987,268f., Sandig 1986,45), da wird im Anschluss an die Sprechakt-Theorie immer wieder von *Sprach-* und *Sprachhandlungsmustern* gesprochen (Rehbein 1977; Ehlich/Rehbein 1979, Sandig 1986,45 ...), und erwähnt werden müssen hier außerdem *Intonationsmuster, Wortbildungsmuster* sowie *Gesprächs-* und *Vertextungsmuster* (Michel 1987,5; Sandig 1986,193, Brinker u.a. 2000,356ff.).

Resümierend dürfen wir daher festhalten, dass der Musterbegriff als kognitive Rahmenvorgabe für die Strukturiertheit linguistischer Einheiten auf allen Ebenen Verwendung findet. Und in der Tat: Der native-speaker des Deutschen weiß intuitiv, dass die finite Verbform im deutschen Aussagesatz an zweiter Stelle stehen muss, welche Wortstämme er mit den Suffixen ,*-lich*' bzw. ,*-ig*' verbinden kann, nach welchen Leit-Prinzipien er einen Erzähl-Text im Gegensatz zu einem deskriptiven Text gestaltet. All diese hier genannten Muster aber fungieren offenkundig als Teilmuster des oben in erster Annäherung charakterisierten ,Textmusters'. Da diese Teilmuster in ihrer Gesamt-

heit zur stilistischen Ausgestaltung des Textes beitragen (selbst wenn nicht alle frei wähl-
bar sind), fassen wir sie als *Stilmuster* oder *Text-Teilmuster* (Heinemann 2000,516) zusammen. Da sie immer nur auf Text-Teile, Teil-Texte oder Vertextungsrahmen von Ganz-
texten bezogen sind (dazu Heinemann 2000,356), sind sie eindeutig abgrenzbar von
den komplexen oder ,globalen' ,Textmustern'. Im Folgenden konzentrieren wir uns
ausschließlich auf die komplexen ,Textmuster'; von den ,Stilmustern' wird u.a. im
Kap. 4 die Rede sein.

3.3.2 Zur Kennzeichnung globaler Textmuster

Die aus den Plausibilitätsüberlegungen abgeleitete These, nach der die Existenz von
,Textmustern' bei den Kommunizierenden als conditio sine qua non für jede Form erfolgreichen Kommunizierens vorausgesetzt werden muss, ist in einigen Arbeiten der
Fachliteratur mit unterschiedlicher Argumentation in Frage gestellt worden. Auf diese
Gegenargumente wollen wir zunächst eingehen.
– Ausgehend von der allgemeinen Erfahrung, dass kein Text dem anderen gleicht,
   dass folglich dieselbe kommunikative Aufgabe von verschiedenen Handelnden in
   der Regel in unterschiedlicher Weise gelöst wird und umgekehrt mehrere Individuen
   denselben Text in einer bestimmten Situation in unterschiedlicher Weise verstehen,
   folgerte man, dass die hypothetisch postulierten ,Textmuster' letztlich als subjektive
   und individuelle Phänomene zwar existieren, aber nicht festleg- und beschreibbar
   seien. Dem ist entgegenzuhalten, dass sich alles erfolgreiche menschliche Handeln,
   in besonderem Maße jedoch das kommunikative Handeln auf standardisierbare situative Konstellationen und, daraus resultierend, ebenso standardisierbare
   Handlungswege gründet und daher im Kern in annähernd gleicher Weise verläuft.
   Beim Vollzug einer bestimmten Handlung haben zahllose Individuen immer wieder
   gleiche oder ähnliche Erfahrungen gesammelt und diesen Ablauf als erfolgverspre-
   chendes kognitives Muster gespeichert. Auch das Handeln mit Texten vollzieht sich
   im Rahmen solcher konventionell geprägter Formen, so dass das Individuelle bei
   menschlichen Tätigkeiten auf einen Varianz-Spielraum beschränkt ist, der den
   muster-bestimmten ,Kernbereich' des Handelns nur in begrenztem Maße tangiert.
– Ein anderes ,Gegenargument' bezieht sich auf das oben erörterte Faktum, dass Texte
   als Segmente umfassender Diskurse in komplexe interaktionale Zusammenhänge
   eingebettet sind, dass die Individuen folglich nicht ,Textmuster', sondern umfassendere Interaktionsmuster gespeichert haben. Gewiss, Textmuster sind als Teilmengen
   des Interaktionswissens zu verstehen, über das alle Kommunizierenden, wenngleich
   in unterschiedlichem Umfang und mit qualitativen Nuancierungen, verfügen; aber
   im Fokus der Interagierenden steht doch *eine* komplexe Handlungseinheit, die vielfach an einen von einem Handelnden ,gesetzten' Einzeltext gekoppelt ist. Das dabei
   aktivierte Textmusterwissen impliziert daher spezifisches Wissen um die gegebene
   Interaktion. Alle damit verbundenen verbalen und nonverbalen Aktivitäten des
   Gesamtdiskurses sind latent ,mitgesetzt', werden aber nur bei einem besonderen
   Reizimpuls über die Schwelle des Bewusstseins gehoben.

– Aus psychologischer Sicht wird gelegentlich die Frage gestellt, ob es sich bei ‚Textmustern' um konstante, mehr oder minder statisch gegebene und komplex abrufbare kognitive Größen handelt. Offenbar verfügen doch die Kommunizierenden „nicht über starr vorgegebene Orientierungsrahmen" (Antos 1989,253). Der Einzelne weiß doch nur im Ausnahmefall schon bei Beginn einer Interaktion, wie ein komplexer Text (z.B. ein *Privat-Brief*) von ihm in seiner Gesamtstruktur organisiert werden wird. Vielleicht gibt es auch nur das aktuelle Zusammenspiel von kognitiven Einzeloperationen in unterschiedlicher Verbindung unter unterschiedlichen Voraussetzungen, ohne dass diese zu relativ stabilen kognitiven Einheiten integriert werden (vgl. Strohner 1989,490f.)?

Auch wir gehen davon aus, dass Textmuster prozessualen und prozeduralen Charakter haben; sie sind also nicht, sozusagen holistisch kondensiert, ständig präsent. Die Konstitution eines Textmusters erfolgt daher immer erst auf der Basis eines interaktionalen Anstoßes und n.u.A. sukzessive, durch aufeinander folgende kognitive Aktivitäten/Operationen, beginnend mit dem äußeren und allgemeinsten Rahmen (mit Impulsen, die in das neuronale Grob-Aktivitäts-Muster ‚übersetzt' werden). Und dieser Rahmen wird dann wiederum zum Stimulus für die Operationalisierung damit assoziierter neuronaler Engramme (Gedächtnisspuren, ‚Eingrabungen'), wobei gemeinsam aktivierte Neuronen ihre Verbindungen untereinander verstärken zu sogenannten 'chunks' (s. Beaugrande/Dressler 1981,95), und – in Abhängigkeit vom jeweiligen Stimulus – gleichsam zwischen einzelnen Strängen hin- und her pendeln. Erst in ihrer Gesamtheit ergeben sie dann die ‚Ausfüllung' des Textmuster-Rahmens. Solche kognitiven Einzeloperationen setzen aber n.u.A. gleichsam als ‚Auslöser' oder Anreger die Existenz des Gesamt-Muster-Rahmens des jeweiligen Textmusters (z.B. bei einem Geschäftsbrief den *Briefkopf*, den Hauptteil mit dem jeweiligen Anliegen, den *Briefabschluss*) als relativ feste statische Engramme voraus.

Was bleibt dann nach all diesen Erwägungen noch vom Begriff des ‚Textmusters'? Textmuster sind zunächst allgemein Muster von Texten, d.h. von Textstrukturen und Textformulierungen, zugleich für die Generierung von Texten und ihr Verstehen. Wir wollen versuchen, die hier bereits erörterten allgemeinen Besonderheiten dieses Phänomens ohne weitere Kommentierung zusammenzufassen.

(Globale) Textmuster sind

– kognitive Rahmeneinheiten und Operationsfolgen der Individuen zur Lösung von – auf Textganzheiten bezogenen – kommunikativen Aufgaben, d.h. auf erfolgreiche kommunikative Erfahrungen zurückgehende Orientierungsmuster für die Produktion und das Rezipieren von Texten; sie prägen die Erwartungshaltungen der Interagierenden;
– Teilmengen des Interaktionswissens;
– diskursiv/intertextual eingebettet (s. Klein2000,34ff.);
– prozessual beinflusst;
– prozedural operierend;
– konventionell geprägt;

- individuell ausgestaltet (nach Umfang und Qualität);
- vage (als Reflex der mannigfaltigen Kommunikationsbedingungen; s. Beaugrande/
  Dressler 1981,193);
- flexibel (Schemata mit ‚Leerstellen') und variabel: Textmuster müssen nicht ‚abgearbeitet' werden; auch Mustermischungen und Abweichungen von einem Textmuster
  sind üblich;
- historisch veränderlich entsprechend den wechselnden kommunikativen Aufgaben
  und Lösungswegen;
- *mehrdimensional* (vgl. Heinemann/Viehweger 1991,145ff.).

Das zuletzt genannte – für die Kennzeichnung von Textmustern und Textsorten besonders wichtige – Charakteristikum bedarf der Kommentierung. Wie die konkreten Texte
selbst, so sind auch Textmuster nicht nur durch *eine* Dimension/Ebene zureichend
erfassbar; vielmehr müssen für die Konstitution von Textmustern immer Merkmale
mehrerer Ebenen zusammenwirken. Wir gehen daher von der Annahme aus, „dass das
Textmusterwissen durch multidimensionale Zuordnung von prototypischen Repräsentationen auf unterschiedlichen Ebenen ... zustandekommt." (Heinemann/Viehweger
1991,147) Ein Muster, das beispielsweise nur textinterne Charakteristika umfassen würde, wäre zwar textbezogen i.e.S., gäbe aber keinerlei Hinweise auf das Funktionieren
des Textes in der Interaktion. Andererseits: Würde ein Muster mit ausschließlich text-
externen Spezifika ausgestattet, könnten (fast) keine Aussagen mehr gemacht werden
über den Text selbst, seine Struktur und seine Formulierungsbesonderheiten.
    Da aber in der praktischen Kommunikation von den Kommunizierenden mit Not-
wendigkeit beide Grundaspekte verfolgt werden müssen, erhalten diese Hauptkriterien
obligatorischen Charakter für die Konstitution von Textmustern.
    Die weitere Ausdifferenzierung der Mehrdimensionalität ist in der linguistischen
Fachliteratur teils kontrovers diskutiert worden. Konsens besteht heute im Wesentlichen
darin, dass zumindest die folgenden *Ebenen/Dimensionen* als grundlegend für Texte
und Textmuster angesehen werden (auf weitere gehen wir hier nicht ein, vgl. dazu Sandig 2000,108ff.):
Funktionalität, eine spezifische Funktion des Textes. Texte werden ja von den Handeln-
    den nur produziert, um mit ihrer Hilfe über Partner bestimmte Zwecke zu erreichen.
    Unter funktionalem Aspekt können Textmuster daher als Modelle zur Lösung spezi-
    fischer kommunikativer Aufgaben gelten.
Situativität, die situative, interaktionale und diskursive Einbettung des Textes. Jedes
    Interagieren von Kommunizierenden setzt Situativität i.w.S., unter Einschluss des
    Kanals des Kommunizierens, voraus (s. Kap. 3.2). Hierher zu stellen ist die grund-
    sätzliche *Partnerorientiertheit* der kommunikativ Handelnden (mit spezifischen
    Subklassen je nach der sozialen Partner-Konstellation);
Thematizität, die Text-Thema-Geprägtheit (mit Bezugnahme auf den Diskurs und unter
    Einschluss von Text-Thema-Entfaltung und Textstrukturierung);
Formulierungsadäquatheit, das Wissen um spezifische Formulierungsmaximen und
    Formulierungsspezifika. Für die Lösung bestimmter kommunikativer Aufgaben (z.B.
    für die *Einreichung eines Antrags*) muss der Kommunizierende wissen, welche

Formulierungsmaximen (*Kürze, Distanziertheit, Sachorientierung* ...) für die Textgestaltung zu präferieren sind und welche Spezifika des Formulierens (*Sehr geehrte
Damen und Herren, hiermit beantrage ich* ..., *bezugnehmend auf* ...) die Abfassung
des Textes erleichtern können.

Diese vier Ebenen/Dimensionen wirken bei der Konstitution von Textmustern zusammen. Dabei kann den einzelnen Ebenen unterschiedliches Gewicht zukommen. Bei dem
oben apostrophierten Antrag, wie übrigens bei den meisten Textmustern, dominiert der
funktionale Aspekt. Andere Textmuster (z.B. *Telegramm, Privatbrief* ...) sind dagegen
funktional offen/indifferent. Mit Hilfe des Musters Telegramm kann man unterschiedliche kommunikative Ziele verfolgen: z.B. jemanden über einen Sachverhalt/ein Ereignis
informieren; jemanden zum Vollzug einer Handlung oder Sprachhandlung auffordern;
jemandem gratulieren ... Zwar haben natürlich auch solche Texte eine bestimmte kommunikative Funktion; im Hinblick auf die Musterprägung aber tritt die funktionale Komponente zurück. Diese Muster sind dann eher situativ dominierte Modelle. Bei wieder
anderen Textmustern (*Heiratsanzeige, Unfallbericht, Sportreportage* ...) stehen inhalt-
lich-thematische Aspekte im Zentrum der Aufmerksamkeit der Kommunizierenden. Und
bei belletristischen Texten schließlich dominieren ohne Frage Formulierungsaktivitäten.
     Diese unterschiedliche Gewichtung der einzelnen Dimensionen nach Distinktivität
und Dominanz lässt den prototypischen Charakter von Textmustern hervortreten
(vgl. Nussbaumer 1991,259). Wir fügen daher der Reihung von Spezifika der Textmuster noch ein Merkmal hinzu:
Prototypische *Wichtung*.
Das schließt ein, dass ein Textmuster nicht alle Charakteristika von potenziellen Textexemplaren einer bestimmten Textsorte enthält, sondern nur jene, die für die Textkonstitution relevant, d.h. „stereotyp" im Sinne von Rumelhart (1980) sind. Adamzik
(1995,28) spricht in diesem Zusammenhang von ‚kommunikativen Routinen‘. Sie bilden dann gleichsam einen prototypischen Handlungsrahmen mit generativer Kraft.
     Hervorhebung verdient, dass trotz der für ein spezifisches Textmuster charakteristi-
schen Fokussierung einer Typologisierungsebene die Typisierungen der anderen Ebenen doch stets ‚mitgesetzt‘ sind (Heinemann/Viehweger 1991,171f.). Ein Textmuster
lässt sich daher in erster Annäherung verstehen als Ergebnis der ‚Integration von Merk-
malen/Ausprägungen unterschiedlicher Dimensionen zu einer spezifischen Ganzheit,
die daher als Bündelung von Merkmalen bzw. von zentralen Merkmalen mit speziellen
Ausprägungen‘ (Sandig 2000,109) beschrieben werden kann. (Einzelheiten dazu bei
der Charakterisierung von Textsorten, Kap. 3.3.3.)

Exkurs: Tests zur Textmusterexplikation
Verfahren zur Explikation von Textmustern sind noch wenig entwickelt. Im Grunde
kann man aus dem mehr oder minder stereotypen Verhalten von Kommunizierenden bei
bestimmten Aufgabenstellungen in typischen Situationen nur Rückschlüsse ableiten auf
Inhalte und Umfang des individuellen Textmusterwissens, dem man aber doch wenigstens partiell intersubjektive Geltung zusprechen kann.

Bei Assoziationstests haben wir etwa einhundert Versuchspersonen befragt, was sie erwarten, wenn auf dem Briefkasten ein Zettel mit der Aufschrift ‚Telegramm' klebt. Die Antworten darauf waren erwartungsgemäß nicht einheitlich. Doch im Kern lässt sich die folgende ‚Durchschnittserwartung' an Textexemplare der Textsorte ‚Telegramm' rekonstruieren:

- Vordruck mit bestimmten ‚Vorgaben';
- wichtige Nachricht;
- Kurznachricht;
- schnell übermitteln;
- so knapp wie möglich formulieren;
- daher vor allem Ellipsen verwenden.

Diese vor allem textbezogenen Aussagen wurden durch vage Hinweise auf den Briefträger, das Postamt oder die telefonische Übermittlung ergänzt. Unterschiedlich waren die Antworten im Hinblick auf die kommunikative Funktion dieser Textklasse. In den meisten Fällen fehlten bezeichnenderweise Angaben zur Textfunktion; einige Probanden hoben den Ausdruck von Glückwunsch- oder Beileidsbekundungen hervor, andere die Möglichkeit, einen Partner zum Vollzug bestimmter Handlungen oder Sprach-Handlungen aufzufordern (*Hole mich doch bitte 16.05 Uhr vom Bahnhof ab./ Erwarte dringend Antwort-Telegramm ...*). Und eine dritte Gruppe betonte die Möglichkeit einer schnellen Informationsübermittlung (*Gut angekommen./Vertrag abgeschlossen! ...*) Diese Aussagen bestätigen unsere Hypothese, dass das Textmuster Telegramm funktional offen ist und im Hinblick auf das Erwartungsmuster letztlich als ‚funktional indifferent' bezeichnet werden kann.

Nicht thematisiert von den Probanden wurden andere, teils wesentliche Konstituenten. Telegramme übermitteln ja nicht nur einfach irgendwelche Informationen; entscheidend ist doch, dass ein dringlicher Anlass für die möglichst schnelle Übermittlung besteht, sofern andere schnelle Übermittlungswege (*E-Mail, Telefon, SMS ...*) nicht zur Verfügung stehen oder aus unterschiedlichen Gründen für nicht angemessen gehalten werden. Hinzu kommt, dass diese Informationen durch möglichst wenige Wörter explizit gemacht werden müssen und dass die zu übermittelnden Nachrichten von hohem Relevanzwert für den Partner (oder für Schreiber und Partner) sind. Damit wird zugleich auf Vor-Texte im Sinne der Diskursivität orientiert. Die Schnelligkeit der Informationsübermittlung wiederum wird als Dienstleistung von der Post übernommen. Auch der Handlungsaspekt des Textmusters, also die Aktivitäten, die die Handelnden in die erfolgreiche Umsetzung des Musters einbringen, (vgl. das ‚Handlungsrepertoire' im Sinne von Luckmann 1992,98), wurde bei diesem Test von den Probanden nicht aufgegriffen.

Wir leiten aus diesen Tests ab, dass spezifische Texterwartungen (und das sind ja im Grunde die Textmuster!) offenkundig Präsignale unterschiedlicher Art sowie intentionale Komponenten und charakteristische Textstrukturierungen und Formulierungen umfassen, dass folglich für die Kennzeichnung des Tetxmusterwissens zunächst jene Ebenen relevant sind, die wir schon oben als grundlegend für Texte und damit auch für Textmuster gekennzeichnet hatten. Von großer Bedeutung aber ist das ‚Außersprachliche', selbst wenn das den meisten Kommunizierenden nicht bewusst ist, vor allem die Einbindung in die jeweilige Situation i.w.S. (in unserem Beispiel etwa die Institution Post ...), und nicht zuletzt all die nonverbalen und verbalen Aktivitäten der Kommunizierenden (*das Ausfüllen des Formulars, das ‚Befördern' des Telegramms zur Post* ...) die notwendig sind, wenn ein solcher musterhaft vorprogrammierter Kommunikationsakt ‚glücken' soll.

A. Handlungsrahmen

Für den Textproduzenten:

Anliegen: dringliche und sehr schnelle Übermittlung einer Kurzinformation von hohem Relevanzwert für den Partner (oder für Schreiber und Partner).

Aktivitäten (auf die Textkonstitution bezogen): Ausfüllen eines Formulars (mit Adressatenspezifizierung und autorisierender Namensnennung);

Textformulierung mit minimalen sprachlichen Mitteln (extrem knapp, u.a. Ellipsen, aber eindeutig);

Aktivitäten (mit Bezug auf die Institution Post): Beförderung des ausgefüllten Telegrammformulars zu einem Postschalter und ‚Aufgabe' des Telegramms (oder telefonische Übermittlung des Telegramms an die Telegrammannahme der Post); Bezahlung (am Postschalter oder durch Überweisung).

Für den Textrezipienten:

Aktivitäten: Entgegennahme des Telegramms (vom Briefträger, aus dem Briefkasten, durch telefonische Übermittlung durch die Post).

Lesen und Verstehen des Textes (mit Hilfe der Aktivierung von Wissenselementen der Partnerorientierung, des Diskurses von Vortexten und des Formulierungsmusters ‚Telegrammstil').

Reaktion auf den Inhalt des Telegramms.

B. Textmuster i.e.S.

I	Textfunktion:	offen/indifferent
II	Situative Einbindung:	institutionell (gebunden an die Institution Post, fungiert als obligatorischer Vermittler zwischen Textproduzenten und Textrezipienten)
		Distanzkommunikation (schriftlich)
		Übermittlung mittels Formular
III	Text-Thema:	offen/indifferent
	Text-Strukturierung:	obligatorischer Anfangs-Teil = Initial-Teil (Kopf)
		obligatorischer Schlussteil = Terminal-Teil (Absender)
IV	Text-Formulierung:	Kommunikationsmaximen Kürze und Eindeutigkeit. Keine Anrede, oft nur ein Satz. Elliptische Konstruktionen.

Abb. 19: Textmuster Telegramm

Auch wenn Textmuster in der kommunikativen Praxis in der Regel nur sehr allgemeine Rahmenvorgaben darstellen (bei Telegrammen z.B. [Telegramm]-*Formular*; *Formular – kurz*; [Telegramm]-*Formular wichtig – kurz – schnell* ... usw.), die dann von den Individuen erst sukzessive ‚aufgefüllt' werden, wurde hier auf der Basis der voraufgehenden Beobachtungen und Überlegungen versucht, diesen Rahmen möglichst umfassend, dabei allerdings schon weit in die ‚Auffüll-Phase' hineinreichend, idealtypisch zu skizzieren.

Als eine Art Zusammenfassung all dieser Überlegungen seien hier noch einige *Kurzdefinitionen* und umfangreichere Verbaldefinitionen zum Begriff des Textmusters aneinandergereiht. Dabei schließen wir in diesem Zusammenhang Begriffsbestimmungen aus, die von einem anderen Textmusterverständnis ausgehen, z.B. Synonymie von Textmuster und Textsorte (Sandig 1986,173;1989,133).

Textmuster sind
- „konventionalisierte Darstellungsstrukturen, die per Konvention eingehalten werden" (van Dijk 1980);
- „kognitive Muster zur Herstellung und Wiedererkennung von Textganzheiten" (Heinemann 2000,516);
- „komplexe, auf Textganzheiten bezogene psychische Konzepte/Schemata, die als Orientierungsrahmen für die Prozesse der Textkonstitution und des Textverstehens fungieren" (Heinemann 1991);
- „standardisierte Formen verbalen Handelns zur Erreichung eines erklärbaren kommunikativen Ziels. Textmuster dienen der formalen und inhaltlichen Organisation von sprachlichen Handlungen im Hinblick auf jeweilige Funktionen" (Warnke 1999,219);
- „Teilmengen des Interaktionswissens der Kommunizierenden. Sie fungieren als gesellschaftlich geprägte und daher historisch veränderbare, von Individuen interiorisierte Schemata/Muster, die auf komplexe Interaktions- und Textganzheiten einer bestimmten Klasse bezogen sind. Sie basieren auf kommunikativen Erfahrungen und Lernprozessen der Individuen und werden als Orientierungsraster zur Auslösung kognitiver Prozesse mit dem Ziel der Lösung spezieller kommunikativer Aufgaben der Textkonstitution und des Textverstehens aktiviert" (Heinemann 2000e,23f.).

Wir sind bisher davon ausgegangen, dass Textmuster als kognitive Operationen zur Konstitution und zum Verstehen von Texten angesehen werden können, die einem bestimmten Textsortenrahmen zuordenbar sind. Das trifft für zahlreiche, häufig frequentierte und mehr oder minder ritualisierte Textsorten zu. Doch darf keine 1:1-Entsprechung angenommen werden: „Jede Textsorte hat ein konventionalisiertes Textmuster, aber nicht jedes Textmuster ist automatisch auf eine Textsorte bezogen" (Riehl 2001,96).

Da es sich bei Textmustern, wie oben gezeigt wurde, nie um statische Größen, sondern stets um das prozessuale Aufeinanderfolgen und das Ineinandergreifen kognitiver Operationen handelt, darf davon ausgegangen werden, dass die ersten Operationen zur Konstitution eines Textmusters offen sind für die Auslösung unterschiedlicher Folge-

und Spezifizierungsoperationen, dass folglich die Anfangsphase der Textmuster-konstitution nur den Rahmen abgibt für die Auslösung von spezifischen Operationen zur Generierung von Textexemplaren unterschiedlicher Textsorten. Oder anders: Die Textsortenspezifik ergibt sich erst sekundär aus dem jeweiligen allgemeineren Muster-rahmen, d.h. aus einem solchen Rahmen (*Initialteil, Textkern, Terminalteil*) können zahl-reiche Textsortenrealisierungen hervorgehen: *Privatbrief, Geschäftsbrief, Antrag, Ein-gabe, Widerspruch, mündliche Bitte* ... Mitunter kann schon ein einzelner Indikator (Präteritum vs. Futur bei einem Märchentext; vgl. Riehl 2001,179) eine solche 'Wei-chenstellung'/Schaltung des Muster-Merkmalbündels in die Richtung einer bestimmten Textsorten-Realisierung bewirken. Offenkundig enthalten alle Textmuster eine bestimm-te Anzahl von Leerstellen (='slots' s. Christmann 2000,118), die in einer bestimmten Situation von den Kommunizierenden auf Grund ihrer kommunikativen Erfahrungen 'aufgefüllt' werden (Heinemann 1989,186).

Das bedeutet, dass den kommunikativ Handelnden keineswegs alle Spezifika eines Textmusters ständig bewusst sind: Vielmehr dürfen wir davon ausgehen, dass nur das hier apostrophierte 'Rahmen'- und 'Kernwissen', also das 'gesellschaftliche Handlungs-repertoire' im Sinne von Luckmann (1992,96) in holistisch kondensierter Form im Langzeitgedächtnis gespeichert ist. Die detaillierteren Handlungsschemata zur Hervor-bringung und zum Verstehen von Textexemplaren einer bestimmten Textsorte entwik-keln sich dann erst aus sekundären Implikations-Operationen auf der Basis des 'Kern-wissens'.

Diese Hypothese könnte zugleich eine Erklärung bieten für das bekannte Faktum, dass ein Textmuster von den Kommunizierenden nicht systematisch 'abgearbeitet' wer-den muss (vgl. Antos 1989,253). Das Rahmenmuster als Textgestaltungspotenzial kann nicht nur vielfach variiert bzw. mit anderen Mustern vermischt werden (=Muster-mischung; Kallmeyer 1989,9ff., s. auch Sandig 1986,110: das Rotkäppchen-Märchen in amtssprachlicher Version); teils weichen die Handelnden bewusst von den Muster-Vorgaben ab, um bestimmte Effekte zu erzielen (z.B. bei Werbespots).

Stellt man sich nun die Frage nach der *Anzahl der Textmuster*, die die Individuen 'durch Erfahrung erworben' haben, so muss man zunächst einschränkend festhalten, dass wir hier nicht allgemeinste, text-übergreifende Muster im Blick haben (Typ: *schrift-lich – Einleitung – Kern – Schluss*; zu dieser Problematik gibt es u.W. kaum Vorarbei-ten); vielmehr konzentrieren wir uns ausschließlich auf die eigentlichen, d.h. textsorten-spezifischen Muster. Die Zahl solcher von den Individuen gespeicherter und abrufbarer Modelle differiert in hohem Grade in Abhängigkeit vom Entwicklungsstand der Indivi-duen sowie vom jeweiligen Bildungs- und Erfahrungs-Umfeld der Handelnden.

Allerdings gibt es eine Art Durchschnittsmenge solcher Textmuster, die von nahezu allen Erwachsenen einer bestimmten Kommunikationsgemeinschaft aktiv und passiv beherrscht werden. Dazu gehören vor allem häufig frequentierte Textmuster wie *Ent-schuldigungen, Privatbriefe, Alltagsgespräche* ... Bei der Beherrschung anderer Text-muster lässt sich eine Aufspaltung in Gruppen beobachten: Wenige Fachleute (z.B. Jour-nalisten) können mit diesen Mustern (*Leitartikel, Sportreportagen* ...) aktiv und passiv umgehen; der Großteil der Bürger begnügt sich in solchen Bereichen mit weit weniger Mustermerkmalen, die zur passiven Beherrschung notwendig sind. Schließlich sei noch eine sehr kleine Menge von Textmustern genannt, die nur von wenigen Experten beherrscht werden (*Essay, wissenschaftliche Abhandlung, Montage-Anleitung* ...). Der größte Teil der Bevölkerung aber registriert solche Muster gar nicht, weil sie in ihrer kommunikativen Praxis nicht gebraucht werden.

Das macht deutlich, dass es kein umfassendes ‚System‘ von Textmustern geben kann, dass also irgendeine Form von Exhaustivität bei der Erfassung von Textmustern von vornherein ausgeschlossen ist. Beschreibungen von Textmustern für didaktische Zwecke werden sich daher vornehmlich auf die zuerst genannte Menge der am häufigsten gebrauchten und daher weitgehend standardisierten Muster konzentrieren. Dazu gehören n.u.A. auch Textmuster der Sprechkommunikation, die in der Fachliteratur vielfach als ‚kommunikative Gattungen‘ bezeichnet werden (Günthner 1995,214f.), da wir aus funktionaler Sicht keinen Anlass zu einer grundlegenden Differenzierung von Mustern der Sprech- und der Schriftkommunikation sehen.

3.3.3 Textsorten

3.3.3.1 Vorüberlegungen

Häufig werden *Textsorten* als Basiseinheiten des Kommunizierens bezeichnet, als konkrete Texte also mit bestimmten kommunikativen Funktionen. Doch in der praktischen Kommunikation gibt es im Grunde keine konkreten ‚Textsorten‘. Diese These wird nachvollziehbar, wenn wir den Begriff ‚Unkraut‘ zum Vergleich heranziehen: ‚Unkräuter‘ sind keine realen Objekte der Natur, sondern nur Repräsentanten einer bestimmten Klasse von Pflanzen, die „wild wachsen und für menschliche Zwecke nicht nutzbar" sind, also als schädlich oder lästig angesehen werden (Kempcke 1984,1208). Wie bei ‚Unkräutern‘ können wir von ‚Textsorten‘ sagen, dass sie nicht real existieren; real existent ist vielmehr nur das Wissen der Sprachteilnehmer über mögliche Zuordnungen von Einzelexemplaren zu bestimmten Klassen.

Bezogen auf ‚Textsorten‘ heißt das: Bestimmte konkrete Textexemplare können bestimmte Merkmale aufweisen, die es rechtfertigen, sie aus praktischen Gründen zu einer Klasse von Texten, vorläufig ‚Textsorten‘ genannt, zusammenzufassen. Die konkreten Textexemplare sind folglich gleichfalls Repräsentanten einer solchen Klasse (also z.B. der *Textsorte Kochrezept*), und umgekehrt erweist sich der Begriff ‚Textsorte‘ letztlich als ein kognitives Phänomen, als ein auf einer bestimmten Menge von übereinstimmenden Merkmalen basierender Operator für Zuordnungsoperationen der Individuen; und als Ergebnis dieser kognitiven Operationen ergibt sich dann die Zusammenfassung einer bestimmten Menge konkreter Textexemplare zu einer (Text-)Klasse.

Diese Überlegungen lassen zugleich ein wichtiges Differenzierungskriterium für die Unterscheidung von Textmustern und Textsorten deutlich hervortreten: Auch wenn beide Phänomene kognitiv geprägt sind, so stellen doch ‚Textmuster‘, wie oben gezeigt wurde, allgemeine kognitive Rahmen-/Verfahrensvorgaben, also *kognitive Prozesse* zur Generierung und zum Verstehen/Verarbeiten konkreter Textexemplare dar, während ‚Textsorten‘ Ergebnisse kognitiver Operationen – bezogen auf konkrete Textexemplare und deren Merkmale – in Form von *Textklassen* darstellen, deren Fundierung sich aus der Merkmalhaftigkeit der Textexemplare ergibt.

Textsorten gehören zum *Alltag* und zum Alltagswissen der Kommunizierenden; sie haben etwas „intuitiv ungemein Einleuchtendes" (Sitta 1973,64). Bei nahezu allen Handlungen operieren die miteinander Kommunizierenden mit Textsorten(namen): *Kontaktanzeige, Nachricht, Wetterbericht, (Arzt-)Rezept, Rechnung ...* Dimter (1981,33f.) hat aus Wörterbüchern mehr als 1600 Textsorten-Namen aufgelistet, davon etwa 500 ‚grundlegende'. Die kommunikativ Handelnden verwenden diese Bezeichnungen für bestimmte Mengen von Texten, die im Alltagssprachgebrauch zum Zwecke der schnelleren Orientierung mit leicht handhabbaren Etiketten versehen werden (Heinemann 2000,507). Und sie sind in der Regel mühelos in der Lage, Textexemplare unterschiedlicher Art zu identifizieren und auf sie situativ und sozial angemessen zu reagieren. Für die Abgrenzung einzelner Textsorten voneinander oder gar die Bewusstmachung einzelner Merkmale dieser Komplexe besteht für die Individuen in der Alltagskommunikation weder Notwendigkeit noch Veranlassung.

Besonders für hochstandardisierte und im praktischen Leben bestimmter Gruppen immer wiederkehrende Textsorten haben sich die Mitglieder einer Sprachgemeinschaft im Laufe ihrer Entwicklung ein in der Regel vages Wissen über Textsorten (nicht zu verwechseln mit dem ‚Textmusterwissen'!) angeeignet. Dieses *Textsortenwissen* wird durch die Schule, andere Bildungseinrichtungen und eigene Erfahrung in Alltag und Beruf allmählich aufgefüllt und erweitert. Dabei zeigt sich, dass die Handelnden, vor allem Jugendliche, normalerweise kaum Schwierigkeiten haben, sich Wissen über neue Textsorten (*E-Mail, SMS, Hypertext*) anzueignen.

Wissenschaftler verschiedener Disziplinen, Soziologen, Psychologen, vor allem aber Linguisten haben sich, insbesondere seit der ‚pragmatischen Wende', um eine theoretische Fundierung dieses in der Kommunikation des Alltags und der Institutionen so wichtigen Phänomens bemüht, nicht zuletzt mit Blick auf mögliche praktische und vor allem didaktische Konsequenzen. Erwähnung verdient in diesem Zusammenhang, dass die ‚Geschichte der Textsorten-Linguistik' älter ist als das Bemühen um die wissenschaftliche Kennzeichnung von Textmustern. Bestimmte Einsichten bei der Beschreibung von Textsorten – etwa die Notwendigkeit, pragmatische und kognitive Aspekte in die Textsortenkennzeichnung mit einzubeziehen – gaben dann wiederum Impulse zur Eruierung von Spezifika der Textmuster, so dass zumindest neuere Darstellungen von Textsorten immer auch auf die Textmusterproblematik bezogen waren und vice versa.

Um Überschneidungen und Wiederholungen zu vermeiden, aber auch, um eine Konzentration auf das aktuell Relevante zu gewährleisten, verzichten wir hier auf den vielleicht erwartbaren wissenschaftshistorischen Exkurs und verweisen nur auf einige einschlägige Überblicksdarstellungen zur Herausbildung einer ‚Textsorten'-Linguistik (Adamzik 1995a; 1995b, Heinemann 2000,509ff.).

3.3.3.2 Textsorten in einer Textklassenhierarchie

Wie aber kann man sich dem Phänomen ‚Textsorte' unter Berücksichtigung der zahlreichen Arbeiten zu dieser Problematik in den letzten dreißig Jahren heute nähern? In jedem Falle ist allein angesichts des außerordentlich heterogenen *Problemfelds*, das mit dieser Thematik verknüpft ist, ein vielschichtiges Vorgehen notwendig. Es reicht von konkreten linguistischen Befunden über textuelle Strukturtypen, soziale, situative und funktionale Spezifika bis hin zu kognitiven Operationen. Hinzu kommt das Faktum, dass sich die zu klassifizierenden Texte im Hinblick auf ihren Umfang, die Inhalte sowie lexikalische und grammatische Belegungen als außerordentlich heterogene Einheiten erweisen. Vor diesem Hintergrund finden Vagheiten und Unschärfen des Begriffs, ja die Fast-Beliebigkeit des Umgehens mit diesem Phänomen in der Fachliteratur eine vorläufige Erklärung (s. Heinemann 2000,509).

Einen ersten, wenngleich sehr allgemeinen Ansatzpunkt für eine Charakterisierung von Textsorten bildet die berühmt gewordene Formel von Peter Hartmann (1964,23): Textsorten sind „Mengen von Texten mit bestimmten gemeinsamen Eigenschaften." Oder (1971,22): Textsorten sind „Teilmengen von Texten, die sich durch bestimmte relevante gemeinsame Merkmale beschreiben und von anderen Teilmengen abgrenzen lassen."

Textsorten sind immer Mengen von Texten, also *Textklassen*. Damit stoßen wir hier bereits in nuce auf das Problem einer Textklassifikation (dazu genauer 3.3.4). Die Individuen brauchen für die kommunikative Praxis solche kognitiven Bündelungen von Textexemplaren zu Textklassen, da sie nur dann in der Lage sind, sich in der unübersehbaren Vielzahl und Vielfalt von Texten zurechtzufinden und damit kommunikative Ordnungen, die „unmittelbar mit der Existenz einer Gesellschaft zusammenhängen" (Große 1974,254), zu durchschauen. Und da solche Klassen nicht zuletzt auf der Grundlage von gesellschaftlichen Aufgabenstellungen gebildet werden, erleichtern solche Text-Klassen nicht nur die Orientierung der Kommunizierenden in komplexen Interaktionsabläufen, sondern bilden zugleich auch die Grundlage für das adäquate kommunikative Agieren und Re-Agieren der Handelnden.

Das Formativ *Textklasse* soll im Interesse terminologischer Eindeutigkeit in dieser Darstellung allgemein und unspezifisch auf die Gesamtheit von potenziellen Textmengen/-Klassen überhaupt bezogen werden (vgl. Adamzik 1995b,14). Eine solche Textklasse kann also beispielsweise die Gesamtmenge aller Presse-Texte umfassen oder die Menge aller Schrifttexte oder die Menge aller Wetterberichte oder aller Reisewetterberichte. Aus dieser Reihung wird deutlich: Textklassen sind hierarchisch abgestuft. ‚Textsorten' bilden daher nur *eine* Teilmenge von ‚Textklassen'!

Wir können zahlreiche Texte zu einer Klasse zusammenfassen und damit eine ‚Großklasse' bilden (Schrift-Texte, Presse-Texte) mit einem großen oder sehr großen Geltungsbereich. Weit wichtiger aber für das Sich-Zurecht-Finden der Menschen in den Weiten gesellschaftlicher/kommunikativer Ordnungen aber sind Text-Klassen von relativ geringem Geltungsbereich, die dafür aber einen um so höheren Grad der Merkmalhaftigkeit aufweisen. Eben diese Klassen mit relativ geringem Geltungsbereich, und damit verbunden mit einer relativ niedrigen Stufe der Abstraktion von den zugrundeliegenden realen Ordnungen, wollen wir hier *Textsorten* nennen.

Wir kommen nun nochmals auf die ‚klassische' Textsortenbestimmung von Peter Hartmann zurück: Ersetzt man in seiner Kennzeichnung die allgemeine Formulierung ‚Teilmenge von Texten' durch das unspezifische Formativ ‚Textklasse' (s.o.) und die

‚Menge gemeinsamer Merkmale' durch das Symbol ‚G', so lässt sich formelhaft festhalten:

Ts → (G) Tk

Legende: Eine Textsorte ist eine Textklasse mit einer Menge von Gemeinsamkeiten.

Bezogen auf die oben erwähnte *Hierarchisierung von Textklassen* lässt sich – ausgehend von dieser Formel – in einem ersten Schritt festhalten:
– Wenn für ‚G' nur wenige, generelle Gemeinsamkeiten gesetzt werden, erhält man Textklassen mit einem großen Geltungsbereich und einer relativ hohen Abstraktionsstufe: *Schrift-Texte, politische Texte, Medien-Texte, Alltags-Texte* ... Diese Textklassen sollen *Text-Typen* genannt werden (s.u.).
– Wenn für ‚G' eine große Zahl konkreter Merkmale gesetzt wird, entstehen Basisklassen von Texten mit relativ geringem Geltungsbereich, aber mit niedriger Abstraktionsstufe: *Arztrezept, Kochrezept, Todesanzeige, Stipendienantrag, Privatbrief, Wetterbericht* ... Textklassen mit diesen Parametern sind *Textsorten*.
– Zwischen beiden Polen einer abstrakten Textklassen-Hierarchie ergeben sich in der Praxis noch verschiedene Zwischenstufen, sowohl für den Geltungsbereich als auch für die Anzahl der Gemeinsamkeiten: *medizinische Texte* (mit Bezug auf ‚Schrift-Texte), *Anweisungs-Texte* ... Für diese Zwischenstufen unterschiedlichen Grades verwenden wir den Terminus *Textsortenklasse*.
– Schließlich ist noch auf vor allem inhaltlich geprägte Subklassen der ‚Textsorten' zu verweisen: *Reisewetterbericht, Biowetterbericht* ... Diese Textklassen sollen hier *Textsortenvarianten* genannt werden.

Daraus ergibt sich:

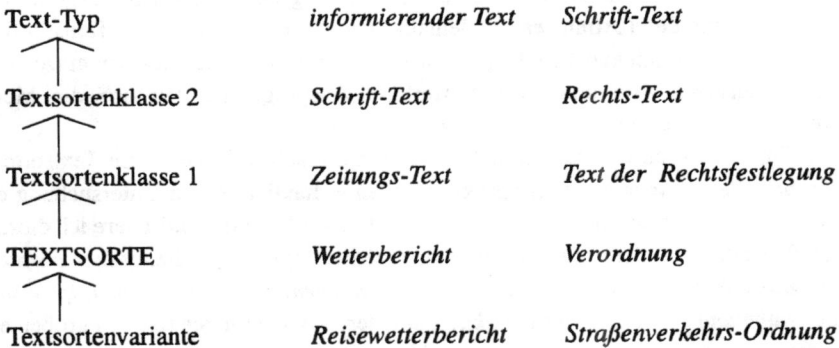

Text-Typ	*informierender Text*	*Schrift-Text*
Textsortenklasse 2	*Schrift-Text*	*Rechts-Text*
Textsortenklasse 1	*Zeitungs-Text*	*Text der Rechtsfestlegung*
TEXTSORTE	*Wetterbericht*	*Verordnung*
Textsortenvariante	*Reisewetterbericht*	*Straßenverkehrs-Ordnung*

Abb. 20: Hierarchische Stufung von Text-Klassen

Dieses allgemeine Schema der Hierarchisierung von Textklassen darf aber nicht als Absolutum verstanden werden. Wir erkennen schon aus den Beispielen, dass *Schrift-*

Texte, je nach dem Anliegen des Klassifikators, in unterschiedlicher Position in der Hierarchie erscheinen können. Auch *Zeitungs-Texte* können u.U., wenn etwa nur ein Überblick über Presse-Texte gegeben werden soll (vgl. dazu Kap. 3.3.4), die höchste Hierarchiestufe einer Klassifikation und damit den ‚Texttyp' in unserem Sinne bilden. Die ‚Zwischenstufen' sind keineswegs obligatorisch; sie variieren vielmehr in Abhängigkeit vom Ziel des Klassifizierenden. Und schließlich muss einschränkend festgehalten werden, dass die Relationen zwischen den Textklassen unterschiedlicher Hierarchiestufen keineswegs immer gradlinig verlaufen. Vielfach sind gerade die Zwischenstufen, die Textsortenklassen, mit anderen Textklassen-Repräsentationen derselben Hierarchiestufe vernetzt. So gibt es z.B. *Anweisungs-Texte* sowohl im medizinischen Bereich als auch in zahlreichen anderen Kommunikationsbereichen.

3.3.3.3 Merkmalspezifika

Wenden wir uns nun wieder den Basisklassen dieser Text-Hierarchie, den *Textsorten,* zu. In einem zweiten Schritt ist es notwendig, die Unbekannte ‚G' in unserer Ausgangsformel zu spezifizieren. Was kann/soll/muss als das ‚Gemeinsame' angesehen werden? Gerade in dieser Frage gehen die Auffassungen der Textlinguisten z.T. weit auseinander, da man ja nahezu jede Eigenschaft von Texten zum Ausgangspunkt einer Klassenbildung machen kann. Wir können in diesem Rahmen nicht auf die unterschiedlichen Ansatzpunkte eingehen (dazu zusammenfassend Heinemann 2000,509ff.), knüpfen aber an das oben bei der Erörterung der ‚Textmuster' Gesagte an, denn Textsorten unterliegen fraglos denselben Rahmenbedingungen wie Textmuster.

Im Sinne von Mehrebenen-Modellen fassen wir daher das ‚G' als Basis für die Zusammenfassung mehrerer Textexemplare zu einer Textklasse niederer Abstraktionsstufe, also einer Textsorte, beschreibbar als komplexe Merkmalbündel („je typische Komplexionen", Ermert 1979), bezogen auf die vier Basis-Ebenen: Funktionalität, Situativität, Thematizität und Formulierungsadäquatheit (s.o.). Andere Aspekte können je nach der Spezifik der Textsorte zusätzlich in die Darstellung einfließen. Die Frage ist nun als Weiterführung der Textmuster-Problematik, wie diese Ebenen bei der Konstitution von Textsorten zusammenwirken, welche Differenzierungskriterien auf den einzelnen Ebenen anzusetzen sind und welche Merkmal-Ausprägungen letztlich die Merkmal-Komplexion einer bestimmten Textsorte ergeben.

Wir illustrieren die Problematik durch ein einfaches Beispiel, die Textsorte ‚*Arztrezept'.* Wenn mir in einer Arztpraxis nach einer medizinischen Untersuchung ein bedruckter oder beschriebener Zettel ausgehändigt wird, dann identifiziere ich diesen Zettel als Arztrezept nicht nur aufgrund sprachlicher Signale (medizinischer Fachtermini: *Diagnose-Befund, pharmazeutischer Bezeichnungen, Angaben zur Identifizierung des Patienten und des Arztes/der Klinik ...*) und deren Bedeutungen (die ich großenteils gar nicht verstehe und auch nicht verstehen muss), sondern vor allem aufgrund des Handlungsrahmens: eine medizinische Einrichtung (LOC, TEMP) mit einem ausgebildeten Arzt als Textproduzenten (nur diese kleine Gruppe von Individuen ist befugt zur Konstitution von Texten dieser Textsorte!), und in meiner Rolle als Patient weiß ich natürlich sofort wegen analoger voraufgehender Diskurs-Erfahrungen, was ich mit diesem Zettel zu tun habe (nämlich das Einlösen/Kaufen der pharmazeutischen Präparate, Einnehmen/Auftragen der Präparate in bestimmten Dosierungen nach ärztlicher Vorschrift als Mittel gegen eine Krankheit oder zur Schmerzlinderung). Mit einem Wort: Ich assoziiere automatisch die Zweckbestimmung des Arztrezepts, seine kommunikative und praktische Funktion.

Es soll nun versucht werden, diesen Text als Repräsentanten der Textsorte ‚Rezept‘ zu kennzeichnen. (Das Formativ ‚Arztrezept‘ wird zur Unterscheidung vom Homonym ‚Kochrezept‘ nur von Linguisten gebraucht). Dazu sind noch einige Vorbemerkungen nötig: Wir sprechen in diesem Zusammenhang bewusst nur vom ‚Kennzeichnen‘, nicht von der ‚Beschreibung‘ der Textsorte, da wir das Textmuster- und Textsorten-Wissen der kleinen Gruppe möglicher Textproduzenten, der Ärzte also, hier ausklammern. Dieses Wissen ist – bedingt durch die alltägliche praktische Erfahrung – nach Umfang und Qualität weit umfassender als das des Normalbürgers: es umfasst also auch rechtliche Voraussetzungen, Beschränkungen, Finanzierungsregelungen usw.

Für Patienten ist das ‚Beschreiben‘ dieser Textsorte im Grunde irrelevant. Sie aktivieren in bestimmten Situationen (wenn ihnen der Arzt in der Praxis ein *Rezept* ‚ausstellt‘, wenn ihnen in der Apotheke gesagt wird, dass ein Medikament *rezept*pflichtig ist, wenn sie in der Presse einen Artikel über *Rezept*beschränkungen für Ärzte lesen …) nur ein sehr merkmalarmes Textmuster (*Handlungsanweisung auf Zettel – Arzt – Arztpraxis – Apotheke* …), das durch das Textsortenwissen nur in sehr begrenztem Maße in Abhängigkeit von den praktischen Erfordernissen aufgefüllt wird.

Nur der Linguist braucht ‚Beschreibungen‘ von Textsorten, da er daran interessiert sein muss, unterschiedliche Textsorten miteinander zu vergleichen, sie voneinander abzugrenzen, sie in ein hierarchisches System von Textklassen einzufügen … Aus diesem Grund aber sollte sich das ‚Beschreiben‘ von Textsorten nicht auf die nur additive Reihung auffälliger Merkmale beschränken. Vielmehr erscheint es sinnvoll und notwendig – auch wenn das vorerst nur als Postulat verstanden werden kann – solche Beschreibungen systematisch anzulegen, um einen bestimmten Grad von Einheitlichkeit der Beschreibung und damit der Vergleichbarkeit von Texten zu gewährleisten. Diese Systematik sollte sich vor allem auf die Eruierung von Merkmalen beziehen, obwohl sich jede Beschreibung nur auf einige typische und grundlegende Merkmale beschränken muss.

3.3.3.4 Modellierungsansatz zur Merkmalerfassung

Wir wollen im Folgenden versuchen, das hier angedeutete Procedere zu modellieren. Ausgehend von einer Überblicksdarstellung (Abb. 21), bemühen wir uns zunächst um die systematische Eruierung der für eine bestimmte Textsorte relevanten Merkmalausprägungen der vier Basis-Ebenen. Dabei betrachten wir die Merkmalausprägungen als ‚Belegungen‘ von ‚Leerstellen‘ (Differenzierungsaspekten) der vier Basis-Ebenen. In einem weiteren Schritt erfolgt dann bei unterschiedlicher Gewichtung die Integration der Einzelmerkmale zur charakteristischen Ganzheit der jeweiligen Textsorte.

Schematisch:

| Textebenen | 1 | 2 | 3 | 4 |

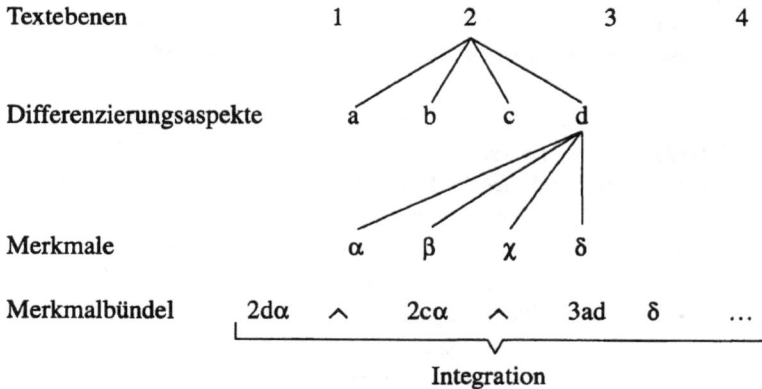

Legende: 1 = Funktionalität
2 = Situationalität
3 = Thematizität
4 = Formulierungsadäquatheit
a, b, c, d ... = Symbole für Differenzierungsaspekte der einzelnen Ebenen,
z.B. zu 2: d = ‚Umgebungssituation'
α, β, χ, δ ... = Symbole für Merkmalausprägungen,
z.B. zu 2d: α = LOC

Abb. 21: Beschreibungsaspekte für die Kennzeichnung von Textsorten

Wir heben nochmals hervor, dass sich diese Systematisierung nur auf die Merkmalerfassung bezieht, dass sie nur als Orientierung für Textsortenbeschreiber zu verstehen ist,
möglichst alle wesentlichen Merkmalaspekte in die Textsortenkennzeichnung einzubeziehen. Im übrigen sind Textsorten wie Textmuster durch Vagheit und Variabilität geprägt, so dass Adamzik (1995,28) zuspitzend feststellen konnte, dass Textsorten „durchaus unsystematisch" seien, „nämlich nach dem jeweiligen kommunikativen Bedarf sich
ausbildende Konventionen oder Schemata zur Bildung bestimmter Texte, ... so etwas
wie Routineformeln auf der Textebene."

Und doch: Es ist ohne Frage richtig, dass sich die Repräsentanten bestimmter Textsorten nur bedingt ähnlich sind, dass die konkreten Ausprägungen der Textsorten immer
wieder je nach dem speziellen Interaktionszusammenhang, in dem sie gebildet werden,
differieren. Aber – und darauf kommt es uns in diesem Zusammenhang an – wir könnten im Alltag nicht von ‚Textsorten' sprechen, wenn es nicht bestimmte übereinstim-
mende Konstanten in Textexemplaren gäbe. Und der Eruierung eben dieser textkonstitutiven und textsortenspezifischen Konstanten gilt unser Bemühen.

Im Beschreibungsmodell (Abb. 21) wird dieses Ziel in drei Schritten verfolgt:

– Mehrdimensionalität als Ausgangspunkt, schon angelegt durch das jeweilige Textmuster und fassbar als das Miteinander der Dimensionen/Ebenen Funktionalität, Situationalität, Thematizität und Strukturiertheit, sowie Formulierungsadäquatheit.
– Subdifferenzierungen einer jeden Dimension unter kategorialen Differenzierungsaspekten. Es ist schwer, aus der Fülle von Beschreibungsrastern in der Spezialliteratur die jeweils relevanten Aspekte herauszufiltern, da dabei insbesondere der Grad der Theoriebezogenheit der jeweiligen Darstellung zum Tragen kommt. Dennoch gehen wir davon aus, dass die in den fachspezifischen Arbeiten vorgeschlagenen Subkategorien bei aller terminologischen Verschiedenheit im Wesentlichen doch miteinander kompatibel sind. Daher dürften die unterschiedlichen Termini der fachspezifischen Arbeiten auf die von uns vorgeschlagenen Subkategorien zumindest beziehbar, wenn nicht ihnen zuordenbar sein. In der Darstellung beschränken wir uns hier nur auf die Nennung der Subkategorien, die für den größten Teil der Textsorten von Relevanz sind (eine eingehende Erörterung der Problematik findet sich in Heinemann/Viehweger 1991,147ff.; s. auch Heinemann 2000,513ff.).

1. Funktionalität:
    Hauptfunktionen → a) Sich Ausdrücken
                         b) Kontaktieren
                         c) Informieren
                         d) Steuern
                         e) Ästhetisch Wirken

2. Situationalität:
    Situationsklassen → a) Tätigkeitssituation
                         b) Soziale Organisation der Tätigkeiten in Kommunikationsbereichen
                         c) Kanal/Medium
                         d) Anzahl der Partner
                         e) Soziale Rollen der Interagierenden
                         f) Umgebungssituation

3. Thematizität und Strukturiertheit → a) Thematische Geprägtheit
                         b) Text-Thema-Entfaltungen (einschließlich Vertextungsmuster)
                         c) Textstrukturierung

4. Formulierungsadäquatheit → a) Kommunikationsmaximen
                         b) Textsortenspezifische Formulierungsmuster
                         c) Stilistische Besonderheiten

– Merkmalidentifizierung. In der aktuellen Merkmalbelegung der kategorialen Ebenen und ihrer Subklassen wird die eigentliche Textsortenspezifik fassbar. Die Kennzeichnung solcher Merkmalausprägungen nach Anzahl, Umfang, Form, terminologischer Prägung ist in der Fachliteratur umstritten, da auch dabei wieder die schon genannten Theorie-Aspekte ebenso relevant werden wie praktische Interessen und Ziele der Text-Analysatoren und Interpreten.

In unserem Modellvorschlag beschränken wir uns bewusst nur auf die Erfassung und Hervorhebung einer relativ kleinen Menge von Merkmalen, die bei bisherigen Textsortenbeschreibungen eine wesentliche Rolle spielten. Wir berücksichtigen daher hier nicht (n.u.A. sekundäre) Merkmale der Handlungsbeteiligten wie Alter, Geschlecht, Beruf, Einstellung zu bestimmten Sachverhalten oder zum Partner, wiewohl diese für die Kennzeichnung einzelner vor allem institutionell geprägter Textsorten von großer Bedeutung sein können. Dasselbe gilt für n.u.A. sekundäre ,Merkmale' aus anderen Ebenen: für das Handeln auf der Grundlage einer Anweisung, eines Appells oder einer Bitte im Bereich der ,Funktionalität', und für Abkürzungen, Vergleiche, dominierende Satztypen ... auf der Formulierungsebene. Wir haben in diesem Rahmen nicht die Möglichkeit, auf stark oder eher schwach distinktive Merkmale zu verweisen oder auf die ,Bestimmtheit' vs. ,Unbestimmtheit' einzelner Ausprägungen. (Zu Einzelheiten dieser Problematik s. Heinemann/Viehweger 1991; Heinemann 2000,525ff.)

Das Feld der ,Merkmalidentifizierung' erläutern wir exemplarisch an wenigen Beispielfällen:

Funktionsklasse 1d: Steuern
Das (direktive) ,Steuern' des Partners kann umschrieben werden durch die Aufforderungen

α) P (=Partner) soll H tun   = Aufforderung zum praktischen Handeln
    P soll H' vorbereiten
β) P soll X sagen   = Aufforderung zu einer Sprachhandlung/Antwort-
                                     Handlung
χ) P soll Z einschätzen   = Aufforderung zu Bewertungen von Handlungen
    = sagen und bewerten
δ) P soll W lernen   = Aufforderung zur kognitiven Verarbeitung von W.

Situationsklasse 2d: Anzahl der Partner
α) dyadische Kommunikation   = nur ein Partner (*Alltagsgespräch, Privatbrief*)
β) Gruppenkommunikation   = Kleingruppe als Partner (*Gruppengespräch, Rund-
                                schreiben ...*)
χ) Massenkommunikation   = (oft anonyme) Großgruppe (*Leserkreis einer Tages-
                                zeitung, Teilnehmer bei einer Großkundgebung ...*)

Formulierungssklasse 4b: Textsortenspezifische Formulierungsmuster
α) syntaktische Spezifika   dominierender *Satztyp*
                                  Verhältnis *Hauptsätze : Nebensätze*
                                  Komplexitätsgrad

Verhältnis *Satzlänge* : *Kürze der Sätze*, u.a. *elliptische Konstruktionen*
Abweichungen von üblichen Grund-Strukturen ...

β)   lexikalische Spezifika   *Indikatoren* der Textfunktion
Mehrfachkomposita
Dominanz bestimmter *Derivationen*
textsortenspezifischer Wortschatz
Fremdwörter/Fachwörter/Kurzwörter
Kollokationen
stereotype Satzkonstitutive ...

Auf der Grundlage solcher Merkmalidentifizierungen lassen sich Merkmallisten für jedes im Hinblick auf seine Textsortenzuordnung zu untersuchende Textexemplar zusammenstellen. Solche Auflistungen von elementaren Bausteinen sind allerdings für Textexemplare derselben Textsorte keineswegs identisch, da dieselben Einzelmerkmale in
verschiedenen Texten unterschiedlich gewichtet sein können und oft weitere Merkmale
für eine adäquate Charakterisierung bestimmter Textexemplare herangezogen werden
müssen. Dennoch stellen solche offenen Listen von Merkmalen eine objektive, teils
statistisch abgesicherte Basis für Textsortenkennzeichnungen dar.

Aber die ausschließlich additive Reihung solcher ,Bausteine' ergibt keineswegs
schon eine zureichende Beschreibung der zu untersuchenden Textsorte. Die entscheidenden Schritte für die Textsortenkennzeichnung müssen vom Textinterpreten vorgenommen werden: die Aussonderung aller nichttypischen Merkmale, die Selektion und
Wichtung aller für die jeweilige Textsorte relevanten und konstitutiven Parameter (nach
dem Selektions-Prinzip: X ist spezifisch für Textsorte A/ ohne X ist A nicht möglich ...)
und schließlich die Bündelung und Integration der konstitutiven Merkmale zu der je
spezifischen Merkmalkomplexion der jeweiligen Textsorte. Erst eine solche Bündelung
von möglichst wenigen Merkmalen unterschiedlicher Provenienz macht Textsorten miteinander vergleichbar, lässt Übereinstimmungen und Unterschiede zwischen ihnen deutlich hervortreten.

Es wurde schon darauf verwiesen, dass das Ergebnis einer solchen Bündelung nicht
als Absolutum angesehen werden kann. Auch die auf diese Weise rekonstruierten Text-
sorten-Merkmale stellen ja im Grunde Reflexe von kommunikativen Erfahrungen der
Individuen dar; daher „handelt es sich dabei nicht um starre, unveränderbare Komplexe,
sondern um kognitive und kotextuelle Variablen" (Heinemann 2000,514). Hinzu kommt,
dass das hier vorgestellte Procedere nur auf in hohem Grade standardisierte Textsorten
anwendbar ist, da „nicht alle Klassen von Texten ... in Bezug auf immer die gleiche Art
und Anzahl von texttypologisch relevanten Eigenschaften spezifiziert werden" können
(Adamzik 1995,37).

Am Beispiel der oben erwähnten Textsorten ,Telegramm' und ,(Arzt)-Rezept' demon-
strieren wir in nuce den Grundansatz des hier skizzierten Vorgehens.

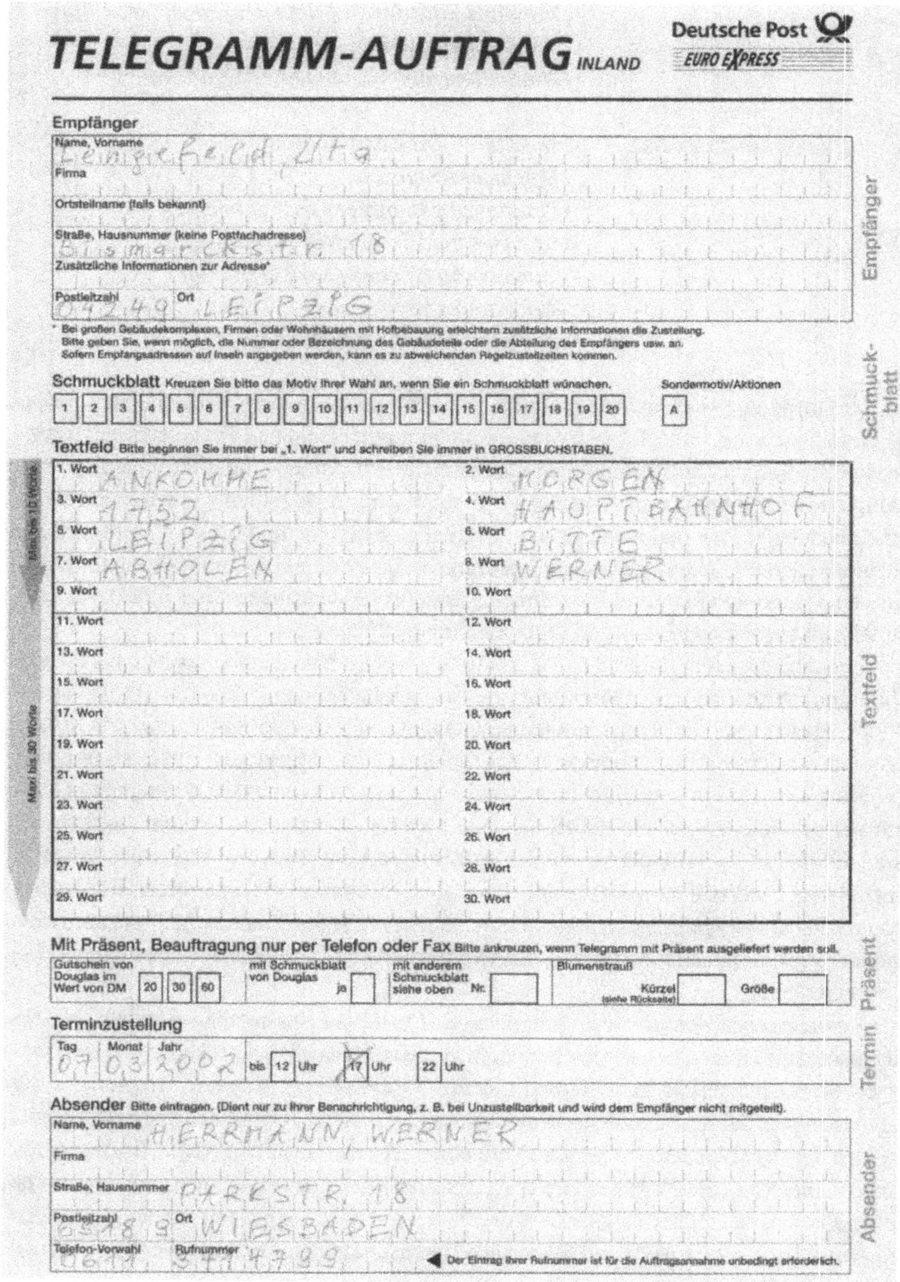

150

TELEGRAMM-AUFTRAG INLAND

Deutsche Post
EURO EXPRESS

Textfeld Bitte beginnen Sie immer bei „1. Wort" und schreiben Sie immer in GROSSBUCHSTABEN.

1. Wort	ANKOMME	2. Wort	MORGEN
3. Wort	1752	4. Wort	HAUPTBAHNHOF
5. Wort	LEIPZIG	6. Wort	BITTE
7. Wort	ABHOLEN	8. Wort	WERNER
9. Wort		10. Wort	
11. Wort		12. Wort	
13. Wort		14. Wort	
15. Wort		16. Wort	
17. Wort		18. Wort	
19. Wort		20. Wort	
21. Wort		22. Wort	
23. Wort		24. Wort	
25. Wort		26. Wort	
27. Wort		28. Wort	
29. Wort		30. Wort	

Abb. 22: Textexemplar Telegramm

Merkmalerfassung

1 i   (da Telegramme im Hinblick auf ihre Funktion offen = indifferent sind).
         Bezogen auf das konkrete Telegramm (oben) ergibt sich:
         1 d α) = Steuern (Aufforderung zu praktischem Handeln).
         1 c β) = Informieren (über LOC und TEMP des Handelns).
2 a α) kommunikative Tätigkeit von P_1 und P_2 (einschließlich der Partner-Identifizierung
         und einer eventuellen Bezugnahme auf Vor-Texte)
   b ε) Institution (=Kommunikationsbereich) Post und Telekommunikation
   c α) Schrift-Text
   d α) dyadische Kommunikation
   e α) symmetrisch
   f α) LOC Postamt (Telegrammaufgabe)
   f β) TEMP = Zeitpunkt, der gewährleistet, dass die Nachricht rechtzeitig zum Partner kommt
         f χ)   sehr schnelle Übermittlung
3 i   (da Telegramme auch im Hinblick auf ein bestimmtes Thema nicht festgelegt sind);
         bezogen auf das konkrete Thema (oben):
         3 a α) Abholen vom Hauptbahnhof
           c α) Textstruktur nach Formularvorlage ,Telegramm'
4 a α) Kürze
   a χ) Präzision/Eindeutigkeit
   b α) Elliptische Konstruktionen. Reduktion von Grundstrukturen: *Bitte abholen!* (=zwei Wör-
         ter, also billiger) statt *Hole mich bitte ab!* (=vier Wörter). *Ankomme morgen ...* (=zwei
         Wörter) statt *Ich komme morgen an* (=vier Wörter).
   b β) Indikator der Textfunktion: *abholen.*

Nach dieser ,Merkmalidentifizierung', die hier nur exemplarisch vorgestellt wurde und
natürlich auch ohne die hier vorgegebenen Abbreviaturen auskommen kann, ist es Aufgabe des Textinterpreten, zunächst die für die Kennzeichnung der jeweiligen Textsorte
irrelevanten ,Bausteine' auszusondern (im konkreten Fall betrifft das die mit ,i' gekennzeichneten Aspekte der Funktionalität und der Thematizität) und danach eine ,Bünde-
lung' der relevanten Aspekte vorzunehmen. Als solche erweisen sich zunächst (hier nur
summarisch zusammengefasst):

2 a α), 2 b ε), 2 c α), 2 d α), 2 e α), 2 f α), 2 f β), 2 f χ),
3 c α),
4 a α), 4 a χ), 4 b α), 4 b β).

Die ,Wichtung' dieser Merkmale zeigt dann, dass auch 1c von besonderer Bedeutung
ist, die schnelle Übermittlung einer dringlichen (=für den Texter und/oder den Adressaten relevanten) Information. Außerdem bleiben beim Relevanztest (s.o.) als textsortenspezifisch erhalten die Merkmale

2 a α), 2 b ε), 2 f χ),. 3 c α), 4 a α), 4 a χ), 4 b α) und 4 b β).

Wenn zusätzlich noch eine Komprimierung der Merkmale auf jene Eigenschaften erfolgen soll, die für die Konstitution der Textsorte ,Telegramm' unerlässlich sind, erhalten
wir die Merkmalkomplexion

1 c), 2 b ε) (dieses Merkmal impliziert auch 2 f α), 2 f χ), 3 c α), 4 a α und χ), 4 b α und β.)

Umgesetzt in eine alltagssprachliche Formel lässt sich dann festhalten:
Ein *Telegramm* ist ein Schrifttext, bei dem es darum geht, eine relevante und dringliche Information an Partner sehr schnell und über die Institution Post mittels eines ,Telegramm'-Formulars weiterzuleiten. Der Textaufbau ist an die Formularvorgabe gebunden; die Information selbst muss aus Kostengründen kurz und eindeutig sein. Alle Möglichkeiten der Kurzfassung von Äußerungen (u.a. elliptische Konstruktionen, Abkürzungen, Reduktionen von usuellen Konstruktionen ...) werden dabei genutzt.

(Arzt-)Rezept

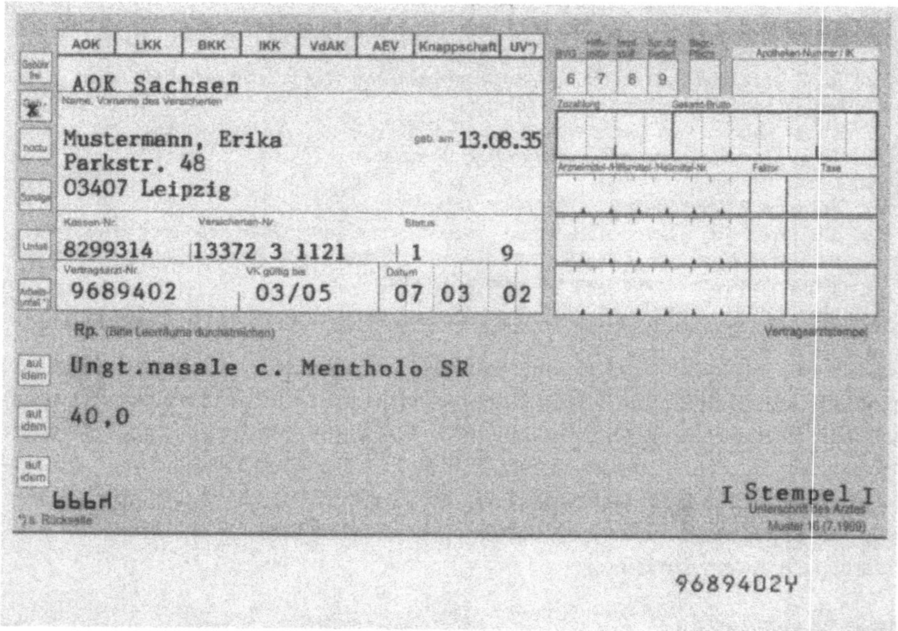
AOK | LKK | BKK | IKK | VdAK | AEV | Knappschaft | UV*)

AOK Sachsen

Name, Vorname des Versicherten

Mustermann, Erika gab. am 13.08.35
Parkstr. 48
03407 Leipzig

Kassen-Nr. 8299314 Versicherten-Nr. 13372 3 1121 Status 1 9

Vertragsarzt-Nr. 9689402 VK gültig bis 03/05 Datum 07 03 02

6 7 8 9

Apotheken-Nummer / IK

Zuzahlung Gesamt-Brutto

Arzneimittel-/Hilfsmittel-/Heilmittel-Nr. Faktor Taxe

Rp. (Bitte Leerräume durchstreichen)

Vertragsarztstempel

aut idem Ungt.nasale c. Mentholo SR

aut idem 40,0

aut idem

I Stempel I

Unterschrift des Arztes

9689402Y

Abb. 23: Textexemplar (Arzt-)Rezept

Merkmalerfassung

1 d α) Steuern (aus der Sicht des Patienten: gesteuert werden), d.h. der Patient erhält von einem Arzt ein Rezept (von lat. *recipio* = wieder-fangen, erhalten) und soll mit Hilfe dieses Rezepts bestimmte Pharmazeutika/Heilmittel in einer Apotheke einlösen sowie die vom Arzt verordneten Mittel nach den Mengen- bzw. Frequenz-Angaben des Arztes einnehmen/auftragen ...

2 a α) kommunikative Tätigkeit Arzt – Patient (einschließlich der Partner-Identifizierung und einer eventuellen Bezugnahme auf Vor-Texte)

  a β) als Ergebnis einer praktisch-gegenständlichen Tätigkeit (medizinische Untersuchung)

  b δ) Institution (=Kommunikationsbereich) Gesundheitswesen

  c α) Schrift-Text

  d α) dyadische Kommunikation

  e β) asymmetrisch: Arzt ist sozial und kommunikativ dominant.

  f α) Arztpraxis

3 a φ) thematische Prägung durch pharmazeutische Mittel zur Heilung von Patienten oder zur Linderung von Schmerzen

  c α) Textstruktur nach Formularvorlage

4 a α) Kürze

  a χ) Präzision/Eindeutigkeit

  b α) Wortreihen; elliptische Konstruktionen

  b β) medizinisch-pharmazeutische Lexik als Indikatoren der Textfunktion. Fachwörter. Fremdwörter. Abkürzungen

  c γ) medizinische Fachsprache

Aussonderung untypischer und Reihung relevanter Textsortenmerkmale:
1 d α), 2 b δ), 2 d α), 2 e β), 2 f α), 3 a φ), 3 c α), 4 a α und β), 4 b α und β).

Wichtung und Bündelung der konstitutiven Merkmale (bezogen auf den Patienten):
1 d α), 2 f α) =impliziert 2 b δ/, 3 a φ), 3 c α).

Der eigentliche Text ist für den Patienten irrelevant (Er versteht ihn sowieso nicht). Er nimmt daher in der Regel nicht einmal den Rezept-Vordruck bewusst wahr. Daher erweisen sich für das Textsortenwissen des Patienten im Grunde nur die Merkmale 1 d α) und 2 f α) als textsortenspezifisch.

Daraus resultiert: Ein (Arzt-)*Rezept* ist ein von einem befugten Arzt auf einem Formular verfasster Schrift-Text, der es einem Patienten in bestimmten Kulturkreisen ermöglicht, die auf diesem Text verzeichneten Heilmittel und Medikamente in einer Apotheke einzulösen und diese Mittel zur Heilung einer Krankheit oder zur Linderung von Schmerzen nach der Vorgabe des Arztes einzunehmen bzw. aufzutragen.

Die Beispiele verdeutlichen nochmals den engen Zusammenhang und das *Ineinandergreifen von Textmustern und Textsorten.* Textmusterrahmenvorgaben werden prozessual und prozedural ‚aufgefüllt' („Globalstrukturen werden zirkulär mit Detailstrukturen in Beziehung gesetzt." Rehbein 2002,1) und können so von den Individuen auf der Basis von Merkmalspezifika zu Textklassen niederer Abstraktionsebene, eben Textsorten, gebündelt werden.

Ein Witz kann diese enge Verflechtung von Textmustern und Textsorten veranschaulichen (vgl. Heinemann 2001e,20):

Chef zur Sekretärin:
Also schreiben Sie: Anrede wie üblich, übliche Einleitung, dann: Ihr Schreiben vom So-und-so-
vielten haben wir dankend und so weiter ... Leider sind wir im Augenblick nicht in der Lage ...
bla, bla, bla, ... wir hoffen aber dennoch ... pi, pa, po ... Schluss wie gehabt. Und jetzt lesen Sie
mir das Ganze noch einmal vor!

Diese gestellte Szene reflektiert in pointierter Form die ‚Null-acht-fünfzehn-Praxis‘ bestimmter Chefs und Direktoren aller Hierarchie-Ebenen und Bereiche beim Abfassen von Geschäftsbriefen. Dabei wird die Stereotypie von Texten dieses Musters überdeutlich; nachvollziehbar wird auch, dass ein solches kommunikatives Verhalten nur funktionieren kann, wenn beide Partner genau wissen, wie ein solcher Rahmen im gegebenen Fall üblicherweise auszufüllen ist. Das abstrakte Muster dieser Variante von Geschäftsbriefen mit entsprechenden ‚Auffüllungen‘ haben fraglos auch Sekretärinnen anderer Unternehmen interiorisiert; sie würden aber an der aktuellen Aufgabenstellung scheitern, da ihnen die konkreten kommunikativen Erfahrungen zur Auffüllung der ‚Leerstellen‘ dieses Musters fehlen. Sie verfügen folglich, zugespitzt formuliert, über eine ‚Textmusterkompetenz‘ und eine allgemeine ‚Textsortenkompetenz‘, nicht aber über die für die Lösung der konkreten Aufgabe notwendige spezielle ‚Textsortenkompetenz‘.

Das Textsortenwissen der Handelnden wird immer durch den umgreifenderen Textmusterrahmen mitgeprägt, es umfasst daher die wichtigsten funktionalen und situativen Parameter, impliziert also das Wer, Wann, Wo und Wie des Funktionierens von Texten. Primär aber kann sich das Textsortenwissen an sprachlichen Strukturen und Inhalten von konkreten Texten orientieren. Sprachliche Phänomene bilden daher den ‚Kern‘ dieser Wissensmenge. Doch macht das Rezept-Beispiel deutlich, dass nicht in jedem Falle der eigentliche Text den Zuordnungsprozess eines Textexemplars zu einer Textsorte bestimmt, dass vielmehr der schon durch ein Textmuster determinierte Handlungsrahmen bei solchen Zuordnungsentscheidungen für die Konstitution einer Textsorte den Ausschlag geben kann. (Zur praktischen Relevanz von Textsortenbeschreibungen s. Kap. 4.3).

Textsorten sind zwar virtuelle Phänomene und wegen der Vagheit und Variabilität kognitiver Operationen und Prozeduren nach Anzahl und Umfang nicht exakt festlegbar. Sie fungieren aber dennoch als „objektive Typen sozialen Handelns" (Soeffner 1986,17), da sie „gerade mit dem Zweck konstruiert sind, gegenüber der Empirie systematisch Unrecht zu haben, und zwar insofern in ihnen einerseits das Besondere des Einzelfalls nur unzulänglich enthalten ist und wiedergegeben wird, andererseits aber gerade die Konstruktion des ‚Idealtypus‘ dem Einzelfall dadurch zu seinem Recht verhilft, da dieser als das historisch Besondere vor dem Hintergrund struktureller Allgemeinheit sichtbar wird" (ebd. 18).

Ohne dass wir hier nochmals alle Einzelmerkmale von Textmustern und Textsorten hervorheben, lässt sich zusammenfassend festhalten: *Textmuster* beruhen auf individuellen Erfahrungen und an Konventionen orientierten Lernprozessen der Kommunizierenden und stellen gleichsam Operationsmodelle für das allgemeine kommunikative Verhalten (konzentriert auf das ‚Kernwissen‘) dar, indem sie als prototypische Orientierungsraster bei der Generierung neuer Texte fungieren. Sie bieten aber auch bei Rezeptionsprozessen

Orientierung durch das Wiedererkennen/oder Nichterkennen des Musterhaften in einer gegebenen Interaktion.

Die Basis für die Konstitution von *Textsorten* hingegen ist typologischer Natur. Sie werden von den Individuen auf der Basis des Vergleichs konkreter (und virtueller) Textexemplare durch Zuordnungsoperationen auf der Grundlage bestimmter stereotyp auftretender Merkmale als Abstraktionsklassen auf niederer Abstraktionsstufe konstituiert. Sie sind daher text-nah und umfassen typische, vor allem sprachliche Parameter von Texten derselben Klasse. Sie stellen gleichfalls Orientierungsraster dar, bezogen aber auf die Zuordnung von Textexemplaren zu einer Textklasse auf niederer Abstraktionsstufe.

Vereinfacht: Das Textmusterwissen darf als Wissen über kognitive Operationen, vor allem zur Herstellung und Darstellung neuer Texte charakterisiert werden; das Textsortenwissen dagegen ist ein Wissen über Zuordnungsoperationen zur Klassenbildung auf der Basis von Relationen zwischen Texten und prototypischen Merkmalen von Textexemplaren. Von Textexemplaren als Repräsentanten einer bestimmten Textsorte kann man auf übergreifende Textmuster schließen; andererseits sind die Textmuster wiederum Voraussetzung für Zuordnungsoperationen bei der Bildung von Textklassen auf niederer Abstraktionsstufe.

Abschließend listen wir in chronologischer Abfolge noch einige Bestimmungen des Begriffs *Textsorte* auf:

Ermert 1979,66: Eine Textsorte kann allgemein als eine Klasse von Texten beschrieben werden, die einem komplexen Muster sprachlicher Handlungen zuzuordnen ist.

Beaugrande/Dressler 1981,193: Eine Textsorte ist eine Reihe von Heuristika für die Produktion, Vorhersage und Verarbeitung von textuellen Erscheinungen, und dient folglich als wichtige Entscheidungsinstanz für Effizienz, Effektivität und Angemessenheit.

Gläser 1990,85: Unter Textsorte verstehe ich ein historisch entstandenes, gesellschaftlich akzeptiertes, produktives und in der Regel empirisch beherrschtes graphisch oder akustisch materialisiertes Textbildungsmuster zur geistig-sprachlichen Verarbeitung eines komplexen Sachverhalts.

Rolf 1993,129: Textsorten sind Problemlösungsmuster für die Art, in der bestimmte, mit sprachlichen Mitteln verfolgte ... Ziele angestrebt werden können.

Adamzik 1995b,26: Textsorten sind Klassen von niedriger Abstraktionsebene, ... als gebräuchliche Arten von Texten, die leicht identifizierbar und wiedererkennbar sind.

Brinker 1997,132: Textsorten sind konventionell geltende Muster für komplexe sprachliche Handlungen und lassen sich als jeweils typische Verbindungen von kontextuellen (situativen), kommunikativ-funktionalen und strukturellen (grammatischen und thematischen) Merkmalen beschreiben. Sie haben sich in der Sprachgemeinschaft historisch entwickelt und gehören zum Alltagswissen der Sprachteilhaber; sie besitzen zwar eine normierende Wirkung, erleichtern aber zugleich den kommunikativen Umgang, indem sie den Kommunizierenden mehr oder weniger feste Orientierungen für die Produktion und Rezeption von Texten geben.

Heinemann 2000,518: Textsorten werden allgemein als Sammelbegriff verstanden für eine finite Menge von – durch Übereinstimmung textkonstitutiver Merkmale gekennzeichneten – realen und virtuellen Textexemplaren. Die Zuordnung eines konkreten Textexemplars zu einer Textklasse niederer Abstraktionsebene, einer Textsorte, erfolgt auf der Basis des Wiedererkennens/Identifizierens von Grundkomponenten eines idealtypischen Textmusters und weiterer Spezifika einer Menge von Textexemplaren. Darstellbar ist das Wissen über Textsorten, das als Resultat kommunikativer Erfahrungen der Individuen gelten darf, durch Bündelungen solcher Merkmale unterschiedlicher Ebenen. Textsorten fungieren als Orientierungsraster für die Bewältigung immer wiederkehrender kommunikativer Aufgaben in bestimmten Situationen.

3.3.4 Texttypen und das Problem der Klassifizierung von Texten

Das Formativ *Text-Typ* wird in der Fachliteratur immer wieder gebraucht, in der Regel allerdings ohne nähere Explikation und vielfach bezogen auf beliebige Textklassen. Dieses terminologische Durcheinander hat zu zahlreichen Missverständnissen und Fehlinterpretationen geführt. Da es sich bei dieser Bezeichnung aber nur um ein Etikett handelt, das einer großen Zahl von Textphänomenen zugeordnet werden kann, gehen wir hier im Interesse terminologischer Eindeutigkeit von einer Festlegung des Formativs aus, und zwar, wie wir oben (s. 3.3.3.2, insbesondere Abb. 20) gezeigt haben, als Nomination für die Kennzeichnung der jeweils höchsten Stufe einer Texthierarchie. Damit aber ist der unmittelbare Zusammenhang dieser Festlegung mit der Problematik einer Klassifizierung von Texten evident.

Ansätze zur Klassifikation von Texten (wenn wir darunter einfach das Bemühen verstehen wollen, Ordnung in das komplexe Beziehungsgefüge von Texten zu bringen) gibt es mindestens seit der Antike, weil man seit alters die unüberschaubare Vielfalt und Vielzahl von Texten auf eine begrenzte Menge von Grundtypen zurückführen wollte (vgl. dazu Heinemann/Viehweger 1991,145ff.). Verwiesen sei in diesem Zusammenhang auf verschiedene Klassen von Reden vor Gericht, auf Klassen von belletristischen oder religiös geprägten Texten, und – seit der industriellen Revolution und der damit sich grundlegend verändernden Gesellschaft – auch auf Textklassen der Technik, der Wissenschaft, des Bank- und Finanzwesens und der Politik.

Bei all diesen Ansätzen aber ging es immer um die Konstituierung von Rahmensetzungen, von Text-Großbereichen, denen man dann eher unsystematisch bestimmte Einzeltexte zuordnen konnte. Versuche des hierarchischen In-Beziehung-Setzens von Texteinheiten im Sinne einer Typologie sind kaum erkennbar; nicht hinterfragt wurden daher Formen der sprachlichen Ausgestaltung solcher Text-Großklassen.

Erst mit dem Aufkommen der Textlinguistik verlagerte sich das Interesse von Linguisten bei der Konstitution von Text-Klassifikationen in zunehmendem Maße auf die für das praktische Handeln der Individuen relevanten Basisklassen der Kommunikation, auf die Textsorten. Und erst von diesem Zeitpunkt an kann man in der Tat von einer relativ eigenständigen Textsortenlinguistik sprechen.

Seither wurde vor allem von Linguisten eine große Zahl von Klassifizierungsvorschlägen erarbeitet. Diesen Modellen wurde jeweils *ein* dominierendes Kriterium zugrundegelegt, gleich, ob es sich dabei um grammatisch geprägte Ansätze handelte (= ‚Signal-Ansätze', Terminus nach Franke 1991,164) oder um primär semantisch (= ‚Thema-Ansätze' oder Sequenzierungs- und Inhaltsmodelle) bzw. pragmatisch fundierte Modelle (= ‚Situations'- und ‚Funktionsmodelle'). Einzelheiten dieser **eindimensionalen Klassifizierungsansätze** können hier nicht erörtert werden (vgl. dazu zusammenfassend Heinemann 2000,525ff.).

Als Beispiel für solche eindimensionalen Ansätze stehe hier ein Funktionsmodell, die „erste fundierte funktionale Typologie im deutschsprachigen Raum" (Heinemann 2000,534) von Ernst Ulrich Große 1976.

Textklasse	Textfunktion	Beispiele
1. sachinformierende Texte	Informationstransfer	*Nachricht, wissenschaftliche Texte*
2. auffordernde Texte	Aufforderungen	*Gesuch, Werbung*
3. selbstdarstellende Texte	Kundgabe	*Tagebuch, Biographie*
4. Kontakt-Texte	Kontakt-Funktion	*Glückwunsch*
5. normative Texte	normative Funktion	*Gesetze, Verträge*
6. gruppenindizierende Texte	gruppenindizierende Funktion	*Gruppenlieder*
7. poetische Texte	poetische Funktion	*Roman, Komödie*
8. Übergangsklasse	Doppelfunktion: normativ und informativ	*Gesetze*

Abb. 24: Funktions-Typologie nach Große 1976

Diese funktional determinierten Textklassen – bei Große ‚Text-Typen' genannt –, die in deutlicher Anlehnung an die drei Bühlerschen Grundfunktionen konstituiert und zu acht Klassen ausgeweitet wurden, „ergeben sich und sind notwendig zu der Interaktion." (1974,254). Sie sind nach Große hierarchisch abgestuft und regelhaft bestimmbar. Allerdings wird in diesem Modell wie in allen eindimensionalen Klassifizierungsansätzen deutlich, dass das eine Basiskriterium nicht zureichend für die Aufstellung einer umfassenden Typologie ist. Das geht schon aus der von Große angenommenen ‚Übergangsklasse' hervor, aber auch aus Überlappungen einzelner Funktionen sowie der Ambivalenz des allgemeinen Zuordnungskriteriums ‚dominante Funktion', und weiter daraus, dass zahlreiche Schwierigkeiten auftreten beim Versuch der Zuordnung konkreter Textexemplare zu einer dieser ‚Funktionsklassen'.

Trotz oder vielleicht wegen der im Einzelnen wohl begründeten Kritik Isenbergs (1978,572ff.) an den bis zu diesem Zeitpunkt entwickelten Klassifikationsansätzen für

Texte (dem ‚Dilemma der Texttypologie') und den daraus abgeleiteten grundlegenden Forderungen an eine theoretisch fundierte Texttypologie' (*Homogenität* – eine einheitliche Typologisierungsbasis, *Monotypie* – Ausschluss der Möglichkeit mehrfacher Zuordnung von Textexemplaren zu Textklassen, *Striktheit* – Ausschluss der Möglichkeit typologisch ambiguer Texte im Geltungsbereich eines Texttyps und *Exhaustivität* – Geltung der Typologie für alle in ihrem Bereich auftretenden Texte) zeigte sich, dass zwar jeder einzelne Aspekt als grundlegend für Textklassifikationen angesehen werden kann, dass aber die Gesamtheit dieser Aspekte nicht gleichzeitig erfüllbar und in einer Typologie realisierbar ist, dass Versuche jedweder Art, zu einer universellen, systematischen und damit aber statischen Klassifikation zu gelangen, letztlich doch scheitern müssen, da sie reale Zielstellungen von Klassifikatoren und konkrete Gegebenheiten des Miteinander-in-Beziehung-Setzens von Texten außer Acht lassen, bestenfalls tangieren. Damit ist evident, dass „eine Text-Typologie … nicht als grundlegendes, für alle Zeiten geltendes Modell angesehen werden" kann, dass „sie vielmehr prinzipiell offen sein muss gegenüber Veränderungen jeder Art" (Heinemann/Viehweger 1991,146).

Wenn sich schon Textsorten als durch Aspekte unterschiedlicher Ebenen gleichzeitig geprägt erwiesen hatten, musste es als sinnvoll und notwendig erscheinen, die für Textsorten-Zuordnungen geforderte **Mehrdimensionalität** auch für alle anderen Textklassen als Grundkriterium anzusetzen und sie als Basis für die Typologisierung von Texten zu nutzen. Alle Textklassen der zu konstituierenden Texthierarchien wurden daher in den Mehreben-Modellen als Resultate des Zusammenwirkens von Merkmaltypen und Komponenten mehrerer Typisierungsebenen, als Merkmalbündel, als ‚Ensembles' relevanter integrierter Eigenschaften von Interaktionseinheiten unterschiedlicher Stufe beschrieben (vgl. Heinemann/Viehweger 1991,145ff.). Am Rande sei vermerkt, dass die Berücksichtigung mehrerer Klassifizierungsaspekte, wenn auch eher intuitiv, schon in älteren textlinguistischen Arbeiten der achtziger Jahre angestrebt worden war (Ermert 1979,175ff.; Dimter 1981,54ff.; Gülich 198619ff. …); erste Ansätze für eine Systematisierung finden sich aber erst seit etwa 1990: Gläser 1990, Nussbaumer 1991, Heinemann/Viehweger 1991.

Von noch größerer Relevanz für die Klassifizierung von Texten erwies sich ein zweites grundlegendes Merkmal mehrdimensionaler Ansätze: die grundsätzliche Flexibilität und Variabilität von Typisierungen. Textklassifikationen können als Orientierungsrahmen kommunikativen Handelns *flexibel* eingesetzt werden. In Abhängigkeit vom jeweiligen kommunikativen Zweck einer Klassifikation bilden Textklassen unterschiedlicher Hierarchiestufen, also auch Textsorten, eher offene Reihen und sind prinzipiell offen für Mehrfachzuordnungen von Texten und Textsorten (vgl. Heinemann/Viehweger 1991,146f.).

So wie Textmuster auf erfolgreiche kommunikative Erfahrungen der Handelnden zurückgehen, werden Textklassifikationen und mehr noch Teilklassifikationen immer nur zu bestimmten *Zwecken* vorgenommen. Mit der Veränderung von Zwecken jedoch geht die Änderung der konkreten Ordnung/Klassifikation einher, vor allem im Hinblick auf die jeweiligen Bezugspunkte der Klassifikation (also die Text-Typen in unserem

Verständnis), zudem bezogen auf Menge und qualitas der für die jeweilige Ordnung herangezogenen Textklassen.

Deutlich wird dieses Faktum an einem Beispiel aus einem anderen Bereich: Wer Bücher ordnen und sortieren will, hat bekanntlich verschiedene Möglichkeiten: Er kann sie nach der Größe aufstellen (wenn beispielsweise nur eine relativ kleine Fläche im Bücherregal für die Aufnahme großformatiger Bücher zur Verfügung steht), ein Ästhet ordnet seine Bücher vielleicht nach den Farben der Einbände, Menschen mit spezifischen Interessen ordnen die Bücher zweckmäßigerweise nach Inhalten (*Tierbücher, Bücher über Autos, Computer, Nachschlagewerke, Belletristik ...*), und wieder andere Personen präferieren die Ordnung ihrer Bücher nach dem Alphabet der Autorennamen.

Diese allgemeinen Prinzipien des Sortierens können natürlich innerhalb einer Großklasse zu Sub-Ordnungen führen, bei inhaltlicher Gesamtgliederung etwa die Differenzierung von ‚Auto-Büchern‘ nach Kraftfahrzeug-Typen oder Hersteller-Firmen. Und innerhalb dieser Subklassen sind weitere Unter-Sortierungsgruppen (*Mercedes der A-Klasse, der C-Klasse, der E-Klasse ...*) für den besseren Überblick durchaus sinnvoll, immer unter der Voraussetzung, dass eine entsprechend große Menge von Büchern bestimmter Klassen bzw. Subklassen überhaupt vorhanden ist. Und es liegt ebenso nahe, dass manche Bücherfreunde mehrere Prinzipien miteinander kombinieren, also beispielsweise alle Sachbücher nach Inhalten ordnen, die Belletristik aber in alphabetischer Reihenfolge der Autoren-Namen.

Fazit: Es gibt zahlreiche Möglichkeiten von Klassenbildungen und Ordnungen, nicht nur für das Sortieren von Büchern, sondern selbstverständlich genauso für das Ordnen anderer Texte, immer in Abhängigkeit davon, was der jeweils Ordnende für zweckmäßig und notwendig hält. Auch für die Sortierung von Texten und Textsorten gibt es kein mehr oder minder verbindliches, allgemeines und in sich geschlossenes System, sondern eine außerordentlich große Flexibilität und Variabilität der Klassenbildung und des Miteinander-in-Beziehung-Setzens von Texten (vgl. dazu auch Adamzik 1995). Das allgemeinste Ziel von Text-Klassifikationen besteht daher nicht in der Aufstellung eines stringenten und abgeschlossenen/unveränderlichen Systems, sondern darin, eine bestimmte Teilmenge von Texten – immer mit dem Blick auf bestimmte Zwecke und die Bezogenheit auf andere Textmengen – überschaubarer zu machen, weil dann spezielle sprachliche und nichtsprachliche Routinen zum Tragen kommen, die die Handelnden bei ihren kommunikativen Aktivitäten entlasten. Letztlich ist das Ziel jeder Textsortendarstellung nicht irgendeine Typologisierung, sondern die Beschreibung spezieller Routinen (Adamzik 1995b,28). In diesem Sinne ist das Klassifizieren „eine fundamentale Aktivität" (Kalverkämper 1983,96).

Wesentlich für Klassifikationsansätze ist zugleich ein weiterer Aspekt: Psychologen haben in Arbeiten zur Begriffsbildung darauf verwiesen, dass über ein und derselben Objektmenge unterschiedliche Zuordnungen vorgenommen werden können, in Abhängigkeit vom Tätigkeitsziel, dem Anlass der Orientierung und den Spezifika des jeweiligen Objekts. Eine Rose (‚ein kriechender oder aufrechter stacheliger Strauch mit paarig gefiederten Blättern und weißen oder farbigen Blüten, der als Zierpflanze kultiviert wird‘, Kempcke 1984,957) wird normalerweise als Blume mit einer besonderen Blütenform, einer bestimmten Farbe und einem typischen Duft verstanden. Der Rosenöl-produzent wird sich dagegen nur sehr bedingt für die genannten Eigenschaften interessieren, für ihn ist eine Zuordnung als ‚Ausgangsprodukt für die Herstellung ätherischer Öle' naheliegender, und ein Kind, das sich beim Pflücken einer Rose eine Verletzung zugezogen hat, könnte die Rose als Quelle von Schmerzen, von Gefahren allgemein ansehen.

Wir dürfen davon ausgehen, dass bei der Ordnung/Klassifikation von Texten ähnliche Zuordnungsoperationen vorgenommen werden. Derselbe Gegenstand, bezogen nun auf bestimmte Textstrukturen und -Formulierungen etwa bei einer Vorlesung, kann von verschiedenen Rezipienten in unterschiedlicher Weise aufgenommen und verstanden werden, in Abhängigkeit vom Vorwissen der jeweiligen Adressaten, ihren Interessen oder bestimmten Aufgabenstellungen. Auch hier zeigen sich also bestimmte Ansatzpunkte für unterschiedliche Zuordnungsmöglichkeiten und Einbettungen ein und desselben Textes in bestimmte Interaktionszusammenhänge.

Auch das Typisieren in der Praxis des Textverstehens lässt sich als sukzessive und damit flexible Handlungsabfolge, als Prozess kennzeichnen. Ausgehend von der Grobidentifikation eines Textexemplars (z.B. *einer Fußballreportage*) gelangt der Interpret über die Aktivierung eines allgemeinen Musters des *Berichtens* (auf der Basis von Präsignalen und anderen Indikatoren) bei gezieltem Ausschluss aller mit dem Ausgangstext nicht korrespondierenden Bereiche (aller Nicht-Sport-Texte) und damit der Eingrenzung des Zuordnungspotenzials über die inferierende Einbeziehung des Mediums (*Presse, Journalistik*) schließlich zum sukzessiven In-Beziehung-Setzen der global und mit vielen Leerstellen selektierten Einheiten in der Form hierarchisch geordneter Ketten. So entsteht ein begrenztes, in Ansätzen hierarchisch gestuftes Textsortenfeld, das auch Schrift-Texte als Großklasse impliziert. Völlig irrelevant ist dabei, in welcher Beziehung die Fußballreportage zu anderen Textsorten steht, beispielsweise zu einer *Kleinanzeige*, zum *Wetterbericht* oder zu einer *wissenschaftlichen Arbeit* (Heinemann 2000,539f.).

Einem solchen prinzipiell offenen Textsortenfeld entspricht das Faktum, dass einzelne Textsorten unterschiedliche Positionen in der Hierarchie von Texten einnehmen können: Die Textsorte *Wetterbericht* kann z.B. bei bestimmten Anlässen auf die GEI (die ‚Gemeinsame Einordnungs Instanz') *Schrift-Texte* bezogen werden; in anderen Fällen kann eine Zuordnung und Kennzeichnung derselben Textsorte als Klasse der *Presse-Texte* zweckmäßig sein; und ebenso denkbar sind bei bestimmten Voraussetzungen Charakterisierungen des Wetterberichts mit Bezug auf die Großklasse *Informations-Texte* oder (für Meteorologen) auf *Fach-Texte*. Mit wenigen Modifikationen kann ein Wetterbericht sogar eine Deutung als *Gedicht* zulassen (Bienek 1969,25).

Versucht man nun, die Praxis des Umgehens mit Texten mit dem Blick auf Textklassifikationen zu charakterisieren, dann begegnen dabei die folgenden **Grundtypen von Text-Ordnungen**:

1. *Additive Aufzählungen und Reihungen*:
In der Alltagskommunikation wie in Fachtexten werden immer wieder bestimmte ad-hoc-Reihungen von Textklassen unterschiedlichen Umfangs gebildet: *Sage* und *Märchen*; *Antrag* und *Bescheid*; *Bewerbung* und *Lebenslauf*, *Baubeschreibung* mit *Lageplan*; *Gebrauchstexte* und *literarische Texte*; *Zeitungen*, *Zeitschriften* und *Bücher*; *Fernseh-Krimis*, *Action-* und *Science-Fiction-Filme*, *Seifenopern* und *Unterhaltungssendungen* ... Solche einfachen lockeren Bündelungen von Textklassen machen dem Partner bestimmte Teilbereiche der ‚Textwelt' transparenter und damit leichter überschau- und beherrschbar.

2. *Textsorten-Reihungen/Diskurse im Sinne fester Ablauffolgen*:
Diese obligatorischen, „verfahrensmäßig geregelten" (Klein 1991,251) Ablauffolgen von Textsorten entsprechen dem Procedere bestimmter Institutionen.
Im Bereich des Rechtswesens ist z.B. detailliert festgelegt, welche Handlungen bestimmter Gremien vollzogen und, damit verbunden, welche Textsorten in einer festen Abfolge produziert werden müssen, wenn ein *Gesetz* verabschiedet werden soll:
   a. *Vorschlag* für/*Antrag* auf Neuregelung eines Sachverhalts (=‚Initiative' durch die Bundesregierung, einzelne Abgeordnete, Experten oder Bürger); *Entwurf des Gesetzes*;
   b. parlamentarische *Beratungen* zwischen Abgeordneten in ihren Fraktionen in Fachausschüssen, dazu Einholung von *Experten-Gutachten*, dreimalige *Beratung* und *Abstimmung* im Bundestag;
   c. *Beratung* und *Beschlussfassung* des Bundesrates (für einen großen Teil der Gesetze);
   d. Prüfung und *Ratifizierung* des Gesetzes durch den Bundespräsidenten (durch seine Unterschrift);
   e. Publikation des Gesetzes im *Bundesgesetzblatt*. Erst danach tritt ein *Gesetz* in Kraft und ist allgemein gültig.
Gleichfalls strikt geregelt sind Verfahrensprozeduren im Bereich der Verwaltung:
   a. *Antrag* eines Bürgers/einer Institution;
   b. *Beratung* des zuständigen Verwaltungsgremiums; Hinzuziehung von *Experten-Gutachten; Beschlussfassung*;
   c. *Bescheid* der Verwaltung an den Bürger (zustimmend oder ablehnend);
   d. (möglicherweise) *Widerspruch* des Bürgers;
   e. Beratung und *Beschlussfassung* des Verwaltungsgremiums; *Widerspruchsbescheid* des Verwaltungsgremiums an den Bürger.

3. *Lockere Zuordnungen von Textexemplaren zu Text-Großklassen*:
Die Text-Großklassen fungieren bei diesem Ordnungs-Typ als ‚Text-Typen' im oben erörterten Sinne. So können z.B. *Nachrichten*, *Leitartikel*, *Todesanzeigen*, *Kultur-*, *Wirtschafts-* und *Sportberichte* bei gegebenem Anlass zur Großklasse (=Textsortenklasse bzw. Texttyp) *Zeitungstexte* zusammengefasst werden.
Solche bottom-up-Text-Ordnungen können sich u.U. aber bereits auf niederer Abstraktionsstufe ergeben, wenn etwa *Todesanzeigen*, *Kontaktanzeigen*, *Stellenaus-*

schreibungen, Stellengesuche, Verkaufsanzeigen von einer Linguistin in einer Qualifizierungsarbeit als ‚*Presse-Anzeigen*' zusammengefasst werden.

In all diesen Fällen aber geht es nur um die Kennzeichnung der Eckpunkte von Zuordnungen, nicht um die Erfassung und Beschreibung hierarchischer Zwischenstufen.

4. *Eindimensionale hierarchische Typisierungen:*
Diese top-down-Modelle gehen von einem Text-Typ, einer gemeinsamen Einordnungsinstanz (=GEI), einem grundlegenden Bezugsbereich des In-Beziehung-Setzens von Texten, aus. Diesem Text-Typ werden nun – immer nur unter einem bestimmten Aspekt, z.B. dem funktionalen – hierarchisch untergeordnete Einheiten zugeordnet. Diese Subklassen repräsentieren dann wiederum immer nur diese eine Grundeigenschaft von Textklassen, und die Klassifikatoren begnügen sich in der Regel mit wenigen, auf relativ hoher Abstraktionsstufe anzusetzenden, nicht distinktiven Sub-Einheiten, die folglich nicht bis zu den kommunikativen Basiseinheiten, den Textsorten, hinunterreichen. (Als Beispiel für die Subklassifizierung von dialogischen Texten sei hier auf Franke 1990 verwiesen).

In wenigen Darstellungen (z.B. Rolf 1993) wird versucht, diesen Grundansatz, gleichfalls unter funktionalem, hier sprechakttheoretischem Aspekt, auszuweiten. Diese Darstellung führt – ausgehend von den Searleschen illokutiven Text-Typen (*Assertiva, Direktiva, Kommissiva, Expressiva* und *Deklarativa*) – über mehrere, sich immer weiter verzweigende hierarchische Zwischenstufen zu zahlreichen Einzeltextsorten. Exemplarisch sei hier auf die *Direktiva* verwiesen, die über die Zwischenstufen *bindende Direktiva* sowie die bei Kontrollgewalt auf Seiten des Textproduzenten bindenden Direktiva zu den Einzel-Textsorten *Dienstordnung, Kleiderordnung, Satzung, Staatsverfassung* ... spezifiziert werden.

Außer den funktionalen Typisierungen begegnen in der Spezialliteratur auch situative (z.B. Gülich/Raible 1975,153, bezogen auf die Umgebungs-Situation; z.B. Fleischer/Michel 1975, orientiert auf Funktional-Stile, d.h. Kommunikationsbereiche) sowie inhaltsbezogene Typisierungen (*Erzähl-Texte, politische Texte, Wirtschafts-Texte* ...) als Bezugs-Text-Typen. Streng genommen handelt es sich bei all diesen Modellen nicht um Typologien i.e.S., sondern lediglich um in der Regel theoriebezogene Ansätze zur Erarbeitung von Analysekategorien (s. Adamzik 1995b,37).

5. *Mehrdimensionale hierarchische Typisierungen:*
Klassifikationen dieses Typs, die ‚eigentlichen' Texttypisierungen, sind in großer Zahl entwickelt worden. Dabei versuchen die Klassifikatoren, möglichst viele Dimensionen und Klassifizierungsaspekte aufeinander zu beziehen und in einer Gesamtdarstellung oder Teildarstellung Texte und Textsorten eines bestimmten Text-Typs in ein hierarchisches System auf mehreren Abstraktionsebenen zu bringen.

Ausgehend von einem Basiskriterium – meist präferiert man in neueren Darstellungen funktionale Aspekte – werden sukzessive weitere Ebenen (z.B. der mediale Aspekt oder die Umgebungssituation) herangezogen und dann fortschreitend subklassifiziert und spezifiziert.

Die einzelnen Klassifizierungsvorschläge unterscheiden sich vor allem durch die jeweilige ,Setzung' des Basiskriteriums und die Reihenfolge der Zuordnung anderer Differenzierungskriterien. Diese Arbitrarität der Festlegung ergibt sich aus unterschiedlichen Zwecksetzungen, die der Klassifikator mit seiner Klassifikation verfolgt, und kann daher n.u.A. nicht als ,Dilemma' der Textklassifikation angesehen werden. Als Nachteil solcher integrativer Beschreibungen erweist sich, dass ein und dieselbe Dimension mehrfach als Differenzierungskriterium herangezogen werden muss, je tiefer sie hierarchisch angesetzt ist. Dabei können gelegentlich Zusammenhänge zwischen bestimmten Texteinheiten, die für eine bestimmte Ebene evident sind, auf einer anderen hierarchischen Ebene zurücktreten.

Schematisch (vgl. Adamzik 1995b,34, mit Situationsebene als Basis):

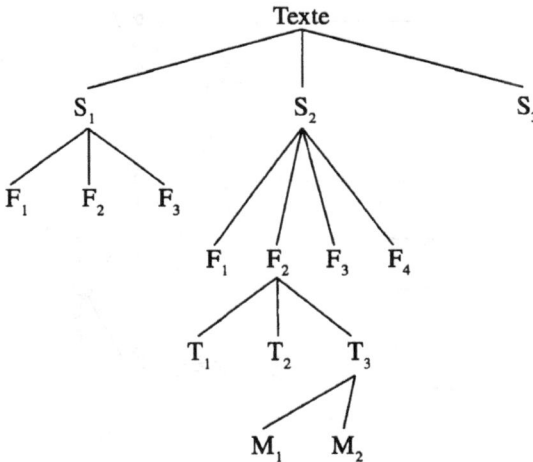

Legende: S = Situationstyp   F = Funktionstyp
          T = Textthemen-Entfaltungstyp   M = Medialer Typ

Abb. 25: Mehrdimensionales hierarchisches Klassifikationsmodell

Als Beispiele für solche Typisierungen von Texten für bestimmte Teilbereiche und spezifische Zwecke, die jederzeit umgeordnet werden können, seien hier genannt: für
– Texte allgemein: Brinker 1985; Gülich 1986; Heinemann/Viehweger 1991;
– journalistische Texte: Lüger 1977; 1983;
– Naturwissenschaften und Technik: Göpferich 1998;
– Briefe: Ermert 1979;
– politische Texte: Klein 1991;
– Rechtstexte: Busse 1992;
– Verwaltungs-Texte: Rehbein 1998.
Detailliert dargestellt sei hier nur der Versuch einer Systematisierung von Pressetexten, nach Hundsnurscher 1984 (s.S. 164).

BEKANNTGABE

KURZNACHRICHT

NACHRICHT

BERICHT

REPORTAGE

HINWEIS

MELDUNG

BEKANNTMACHUNG

ANZEIGEN

KOMMENTAR

GLOSSE

(Film-, Buch-, Musik-, Theater-)
BESPRECHUNG

DIAGNOSE

INTERVIEW

LESERBRIEF

ZITAT

ROMAN

KURZGESCHICHTE

WITZ

ANEKDOTE

SPRUCH

(Gebrauchs-, Montage-, Pflege-...)
ANLEITUNG

KOCHREZEPT

RATSCHLAG

HOROSKOP

IMPRESSUM

INHALTSVERZEICHNIS

BEILAGENHINWEIS

rein faktenorientiert

primär informierend

zusammenhangsorientiert

geschehensorientiert

erlebnisorientiert

gewichtet

chronologisch

vorrangig

redaktionell

amtlich

kommerziell

beiläufig

argumentativ

polemisch

kritisch

analytisch

stellvertretend

direkt

literarisch

praktisch

lebenspraktisch

handlungsorientierend

lektüreorientierend

informationsbetont

meinungsbetont

Publizistische TEXTSORTEN

instruierend

Annektierte TEXTSORTEN

Textsorten in Zeitungen

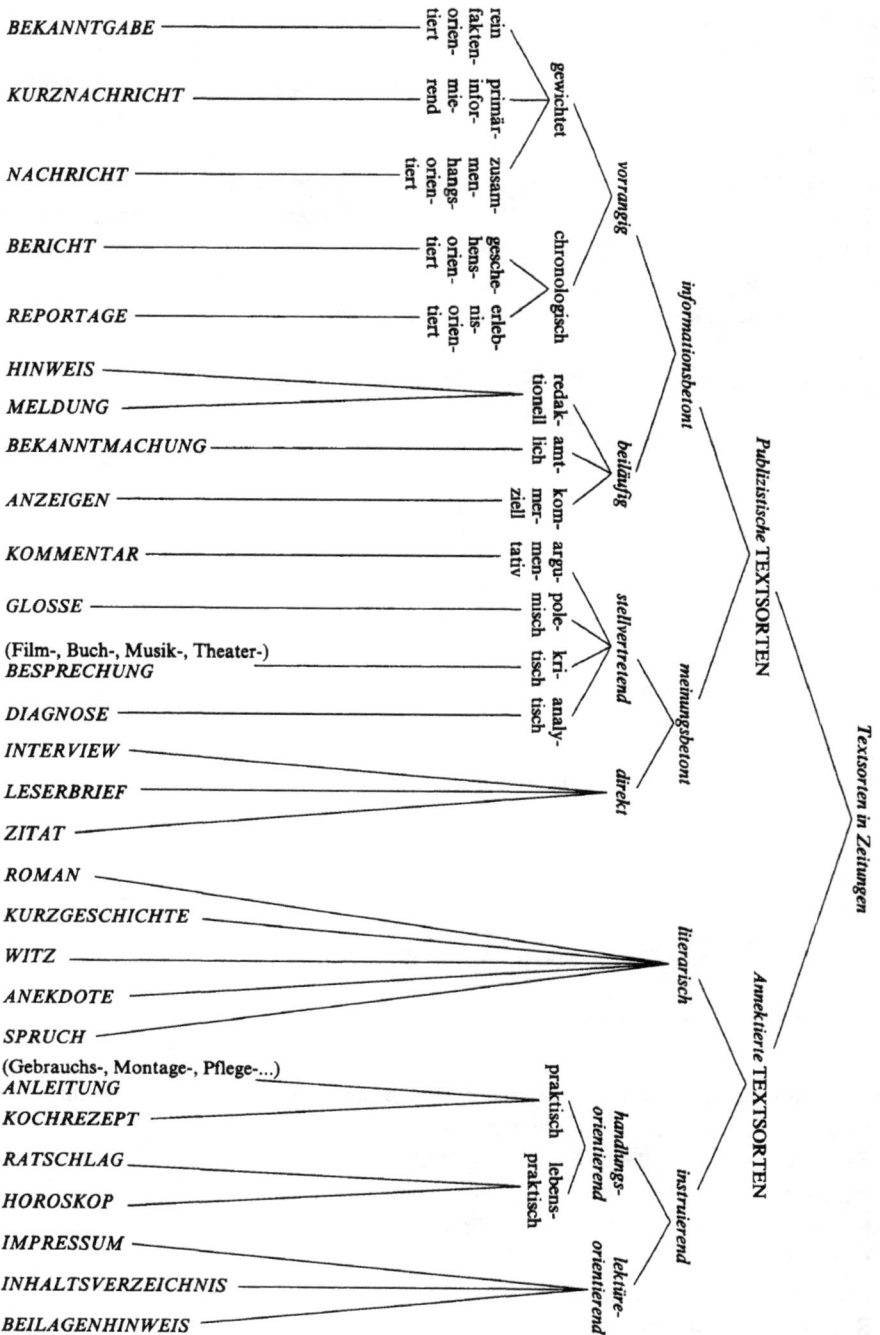

Abb. 26: *Presse-Texte (nach Hundnurscher 1984, Quelle: Heinemann 2000,542).*

Wir kehren nun – und damit schließt sich der Kreis – zu unserer Ausgangsthese zurück: Texttypen markieren die jeweils höchste Stufe einer Texthierarchie. Als solche Top-Bezugseinheiten von Teil-Klassifikationen können Repräsentationen unterschiedlicher Abstraktions- und Hierarchiestufen fungieren; sie sind der Bezugspunkt von Vernetzungen bzw. Einbettungen von Klassen unterschiedlicher Dichte und Ausfüllung.

Problematisch werden solche Klassifizierungsmodelle nur dann, wenn versucht wird, irgendeine Art von Gesamt-Typologie zu konstituieren, also beispielsweise eine Klassifikation aller Texte der deutschen Sprache oder aller geschriebenen Texte des Deutschen. Denn eine Gesamtklassifikation müsste nicht nur distinktiv sein und mehrere hierarchische Ebenen umfassen, sie müsste darüber hinaus ein für alle Mal systemhaft festgelegt und daher in irgendeiner Form absolut und damit letztlich verbindlich für alle Klassifikatoren sein. Eben das aber kann weder erreicht noch ernsthaft intendiert werden, denn Textklassifikationen eignen sich immer nur für bestimmte Zwecke und haben Relevanz immer nur unter bestimmten Voraussetzungen, da sie immer als Mittel und Ergebnisse integriert sind in konkrete Interaktionsereignisse. Bei entsprechendem ‚Bedarf‘ können daher jederzeit auch andere Fokussierungen und Gewichtungen von Komponenten und Aspekten desselben Gegenstandsbereichs vorgenommen werden. Und umgekehrt: Ein umfassendes, universelles Textklassensystem wird offenkundig gar nicht gebraucht; es wäre „weder praktisch noch theoretisch nützlich" (Adamzik 1995b,39).

3.4 Textverarbeitung und Textgenerierung

3.4.1 Zur Interdependenz von Textproduktions- und Textverarbeitungsprozessen

Nahezu alle Sprecher haben wohl erfahren, dass Prozesse des Sprechens und des Verstehens von Äußerungen zumindest in der Alltagskommunikation einander bedingen. Die Sprecher haben ja in der face-to-face-Kommunikation kaum einmal Gelegenheit, die von ihnen mit dem Blick auf einen bestimmten Effekt beim Partner fokussierten Sachverhalte mit Bedacht auszuformulieren, sie Zug um Zug zu versprachlichen, einen vollständigen Text nach einem Plan zu einem bestimmten Abschluss zu bringen. Denn der Partner (=P_2) reagiert ja zumindest im Ansatz unmittelbar auf das von P_1 Gesagte: durch zustimmende oder ablehnende Gesten oder Blicke oder andere nonverbale und sprachliche Signale (Körperhaltungen der Abwehr; äh!; *das kann doch nicht wahr sein!* ...), und vielfach unterbricht er den Redebeitrag von P_1, um seinerseits seine Stellungnahme zu signalisieren oder das von P_1 Gesagte zu hinterfragen.

Der Sprecher muss also während seines Redebeitrags ständig das Verhalten des Partners beobachten und sein eigenes Verhalten und Sprach-Verhalten darauf einstellen. Dadurch ändert er vielfach noch während des eigenen Redebeitrags sein ursprüngliches Konzept und formuliert anders als geplant, auch neue inhaltliche Akzente können hinzukommen. Und wenn der Partner den Redebeitrag von P_1 mit einer kommentierenden Bemerkung unterbricht oder einfach die Sprecher-Rolle übernimmt, dann befindet sich

P_1 unversehens in der Situation eines Rezipienten, der den Partner-Text aufnehmen und verarbeiten muss.

Folglich ist das Text-Produzieren bei allen kommunikativen Ereignissen der face-to-face-Kommunikation unmittelbar mit dem Rezipieren von Partner-Texten verbunden. (Diese Besonderheit des alltäglichen Kommunizierens wurde in mehreren Interaktions-modellen thematisiert, s.o., Kap. 1.3.4.)

Wenn im Folgenden dennoch eine Differenzierung von Text-Produktions- und Text-Verarbeitungsprozessen vorgenommen wird, dann hat das vornehmlich methodische Gründe. Denn im Rahmen eines Hochschul-Lehrbuchs kann es nur um die Kennzeich-nung von grundlegenden psychischen Prozessen und Operationen beim Herstellen und Verstehen von Texten und Diskursen gehen, jener Prozesse und Operationen also, die außer den schon erörterten Phänomenen der Herausbildung von Intentionen, der Kognizierung der Partner und der Situation sowie der Muster- und Textsorten-Aktivie-rung und -Identifizierung bei allen kommunikativen Akten des Umgehens mit Texten eine entscheidende Rolle spielen. Erst an anderer Stelle, bei der Analyse und Interpreta-tion von Texten und Diskursen (Kap. 4), sollen dann Aspekte der durch die Partner-Einwirkung ausgelösten Modifikation der grundlegenden kognitiven Prozesse und Ope-rationen in die Darstellung einfließen.

Generell gilt natürlich, dass alle psychischen Aktivitäten nur in sehr begrenztem Um-fang exakt erfasst oder gar erklärt und gemessen werden können. Selbst dem Anschein nach simple und selbstverständliche psychische Gegebenheiten wie etwa das optische Wahrnehmen, das ja für das Wahrnehmen des Partners und von Texten eine conditio sine qua non darstellt, sind nach dem gegenwärtigen Stand der Forschung keineswegs zureichend erklärbar. Zwar ist neuere psychologisch-neuronale Forschung durchaus in der Lage, die neuronalen und physiologischen Grundlagen von Wahrnehmungs-prozessen (Gehirn, Augen, Nervenbahnen) bis in letzte Details zu kennzeichnen und sie zur Basis medizinischer und therapeutischer Eingriffe zu machen; man kennt das aus einhundert Milliarden (!) Neuronen bestehende Zentralnervensystem des Menschen und kann Erklärungen anbieten für das Funktionieren neurologischer Prozesse als Umwand-lung von Umweltreizen in elektrochemische Signale, die wiederum schnelle Ionen-ströme auslösen; man weiß auch im Prinzip, dass feste neuronale Verbindungen (En-gramme) die Grundlage für Speicherungsprozesse und Gedächtnisleistungen der Individuen sind usw. usf. ...

Und doch: Offen bleibt letztlich, wie aus visuellen Reizen und elektrochemischen Veränderungen in den Nervenbahnen das Phänomen des ‚Sehens‘ zustandekommt, wie aus naturwissenschaftlich beschreibbaren Prozessen ein kognitives ‚Bild‘, eine ‚Wahr-nehmung‘ entsteht. Hypothetisch geht man davon aus, dass in bestimmten Neuronen Impulse zunächst punktuell ‚verfestigt‘ werden (‚punktuelles Sehen‘), dass dann be-stimmte Nervenschleifen ‚verfestigt‘ werden (=Konturen-Sehen), dass dann das Hell-Dunkel-Sehen und das Farbsehen hinzukommt, bis schließlich das komplexe Sehen, die Wahrnehmung, erreicht ist. Das alles aber vermag den eigentlichen ‚Sprung‘, den Um-schwung von neuronalen in psychische Ereignisse, nicht, ja nicht einmal im Ansatz zu erklären.

Es liegt wegen des begrenzten Umfangs der Gesamtdarstellung nahe, dass wir hier nicht auf solche Basisprobleme der kognitiven Psychologie eingehen können. Wir konzentrieren uns vielmehr ausschließlich auf die für die Konstitution und Verarbeitung von Interaktionen und Texten relevanten psychischen Prozesse, so aufschlussreich und interessant auch die Kennzeichnung von Laut- bzw. Wortidentifizierungen in unter schiedlichen medialen Bereichen für den Leser sein könnte.

Im Grunde konzentrieren wir uns auf zwei Basisfragen:
- In welchen kognitiven Teilschritten vollzieht sich der Prozess der Aufnahme von Text-Informationen bei den Individuen, deren kognitive Verarbeitung und die Konstitution von Text-Sinn? Auf welche Weise erfolgen Speicherungs- und Behaltensprozesse? (s. Kap. 3.4.2)
- Wie produziert ein Sprecher in einer bestimmten Situation einen Text?
Wie funktioniert das Zustandekommen und Verbalisieren von mentalen Strukturen, deren sprachliche Repräsentation einen positiven kommunikativen Effekt für den Sprecher erwarten lässt? (s. Kap. 3.4.3)

3.4.2 Prozesse des Textverstehens und der Textverarbeitung

3.4.2.1 Grundannahmen

Es wurde schon darauf hingewiesen, dass das Textverstehen nicht isoliert von Textproduktionsprozessen gesehen werden kann, da es sich in der Regel nur um ein Zwischenstadium, eine Teilaktivität eines kommunikativ Handelnden im Rahmen von umfassenden Interaktionsprozessen handelt. Der Kommunikationsprozess endet ja nicht mit der wahrnehmbaren Repräsentationsform des Textes und dem bloßen Verstehensresultat des Rezipienten, also der Verständigung von Partnern über reale oder fiktive Ereignisse, Tätigkeiten und Handlungen, Kenntnisse, Meinungen und Emotionen, sondern Verständigung impliziert stets eine konkrete interaktionale Funktion, etwa die Motivation des Rezipienten zum Vollzug von vom Partner erstrebten Handlungen, die Erweiterung des Wissenshorizonts von P_2, der wiederum Ausgangspunkt für Folge-Handlungen oder kognitive Operationen sein kann, oder einfach die Festigung/Bestärkung von Einstellungen des Rezipienten zu bestimmten Sachverhalten bzw. Personen, gegebenenfalls deren Korrektur: In der Regel aber ist der Kommunikationsprozess mit dem bloßen Verstehen des Textes durch den Rezipienten noch nicht abgeschlossen.

Bei der allgemeinen Charakterisierung dieses Prozesses des Textverstehens und der Textverarbeitung gehen wir (anknüpfend vor allem an Kintsch/van Dijk 1978; van Dijk/ Kintsch 1983; Strohner 1990: Figge 2000; Christmann 2000) von den folgenden *Grundannahmen* aus:
- Ausgangspunkt des Textverstehens ist nicht der Text selbst, sondern die *pragmatische Vorab-Orientierung* des Rezipienten (Knobloch 1984,103), eine *Erwartungshaltung*, die Ziele und gegebenenfalls Strategien des Rezeptionsprozesses einschließt und in eine konkrete Phase des jeweiligen Interaktionsprozesses eingebettet ist. Diese Erwartungen des Rezipienten gründen sich auf das Kognizieren und Bewerten der

aktuellen kommunikativen Situation (auf der Basis von situativen und kontextuellen Präsignalen und kommunikativen Erfahrungen) und richten sich auf erwartbare Veränderungen der Situation und den zu erwartenden Text/die Textsorte. Damit grenzen die Rezipienten-Erwartungen die gesamte Rezeptionstätigkeit ein und fokussieren das Textverstehen.

– Textverstehen ist nicht, wie vielfach angenommen wird, eine bloße, eher passive Übertragung gegebener sprachlicher Text- (oder Teil-Text-)Information in die entsprechende kognitive Repräsentation. Zwar ist Textverstehen immer nur möglich über das Wahrnehmen des Textes oder von Teilen des Textes; aber die Analyse von sprachlichen Strukturen und Mitteln allein erweist sich keineswegs als zureichend für das adäquate Erfassen des Textsinns. Vielmehr ist das Interpretieren und Verstehen von Texten immer auch ein *aktives Konstruieren* von Textsinn (vgl. schon Mandl 1981,4), bei dem der Rezipient weit über die gegebenen sprachlichen Textdaten hinausgeht und die meist vage Textstruktur durch entsprechende Kenntnisse aus seinem Vorwissen ‚auffüllt‘, wobei er stets, wenngleich vielfach unbewusst, die soziale Funktion des zu erwartenden Textes in seine Überlegungen einbezieht und damit Stellung nimmt zum Zusammenhang von Gesagtem, Gemeinten und der Situation. Das Resultat des Verstehensprozesses enthält daher immer ein Mehr an Information als der Ausgangstext.

Textverstehen erfolgt in diesem Sinne nicht nur textgeleitet, sondern vor allem wissensgeleitet (Vorwissen, Musterwissen/Schemawissen, spezifisches Interaktionswissen), determiniert durch die jeweilige soziale Interaktion.

– Der Textverstehensprozess erweist sich zwar als aszendenter Prozess des Satz-für-Satz-Aufnehmens und -Verarbeitens; er ist aber primär als ein deszendentes, von der Interaktions- und Textganzheit ausgehendes Identifizieren von Informationseinheiten und Konstruieren von Text-Sinn zu verstehen, wobei vom Interpreten fortlaufend Wissenselemente inferiert und sukzessive zyklisch verarbeitet werden.

3.4.2.2 Ein Beispiel

Diese Thesen sollen zunächst an einem alltagssprachlichen Beispiel erläutert werden. Ein Bürger ist gewohnt, täglich nach dem Aufstehen die Tageszeitung aus dem Briefkasten zu holen und sich, teils noch während des Frühstücks, meist aber unmittelbar danach, über die wichtigsten aktuellen Ereignisse aus aller Welt, insbesondere die aus seiner Heimatregion, zu informieren. Er war noch vor wenigen Jahren aktiver Sportler und verfolgt daher die Sportnachrichten allgemein, insbesondere aber Informationen über Fußballspiele, sowie Ergebnisse und Tabellen, mit besonderem Interesse. Diese Vorbemerkungen über Interessen, Einstellungen, Wertungen sind notwendig, um sein Rezeptionsverhalten nachvollziehbar zu machen. Es versteht sich von selbst, dass hier nicht konkrete Zeitungstexte wiedergegeben werden können; wir konzentrieren uns daher ausschließlich auf das Leseverhalten des Rezipienten an einem Montag (nach den Fußballspielen am Wochenende).

Der Rezipient X holt also an einem Montag wie üblich ‚seine‘ Zeitung aus dem Briefkasten und ist vor allem an Informationen über die Fußballspiele des zurückliegenden Wochenendes, vor allem natürlich am Ergebnis ‚seines' Clubs, *interessiert*. Daher schlägt er als erstes den lokalen Sportteil ‚seiner' Zeitung auf, entsprechend seiner *Einstellung* zum Spaß- und Problemfeld ‚Fußball': Er weiß aus Erfahrung, dass Berichte über die Spiele der Lokal-Fußball-Vereine auf Seite 17 der Zeitung zu finden sind, und so fokussiert er entsprechend seiner Primär-*Intention* und seiner *Motivation* und der daraus abgeleiteten *Strategie* gerade diesen Lokal-Sportteil der Zeitung.

Dort sucht er als erstes Informationen über das Ergebnis des Spiels seines Vereins. Er überfliegt die *Überschriften* dieser Seite und findet endlich: *Tor in letzter Minute.* Und ergänzend als Top-Zeile: *Oberliga Süd: VfB unterliegt dem Spitzenreiter 0:1.* Sein Interesse ist befriedigt, aber seine Enttäuschung ist groß, weil er weiß, dass sein ‚Club' nun wahrscheinlich doch nicht mehr den Aufstieg in die Regional-Liga schaffen kann. Daher fällt sein Blick besorgt auf die neben dem Bericht stehende Tabelle; und dort vergewissert er sich über die Punkte-Differenz zum derzeit führenden Club der Oberliga. Und noch bevor er sich dem eigentlichen *Bericht* über das Spiel zuwendet, *inferiert* er sein Vorwissen über die noch ausstehenden Spiele seines Clubs und wägt besorgt ab, welche Ergebnisse sein Verein erreichen müsste, um den von vielen erhofften Aufstieg doch noch zu erreichen.

Erst jetzt, nach dieser Phase der *pragmatischen Vorab-Orientierung*, in der er, gleichsam im ‚optischen Überflug', als komplexe optische ad-hoc-Erfassung, nur nach Einzelsignalen ‚gefahndet' und zahlreiche andere Überschriften, Tabellen, Sport-Nachrichten und Kommentare auf derselben Seite der Tageszeitung als weniger interessant für ihn aus seinem Aufmerksamkeitsfokus zunächst ausgeschlossen hatte, wendet er sein Interesse dem Kern des Textes zu, dem *Bericht* über das Fußballspiel, um zu erfahren, wie es zu dieser Niederlage kommen konnte.

Nun beginnt er mit dem eigentlichen *Lesen*, dem Identifizieren und Erkennen von Buchstaben- und Wortmustern und deren sukzessiver mentaler Integration zu Propositionen (Details dazu Kap. 3.4.2.3). Für den Fall, dass der Fußballbegeisterte am gesamten Spielverlauf interessiert ist, liest er zwar Zeile für Zeile des Textes, aber er nimmt nicht wie in der Schule Wort für Wort bewusst wahr, sondern fasst bestimmte Wortgruppen zu (Teil-)Sinneinheiten zusammen: *In der Anfangsphase ... des hochdramatischen Spiels ... war der VfB ... noch drückend überlegen ... Vor allem ... aus dem Mittelfeld ... wurde der Ball ... nach gewonnenen Zweikämpfen ... immer wieder ... vor das gegnerische Tor ... gebracht.* Der Leser identifiziert und ‚versteht' die wahrgenommenen sprachlichen Blöcke als (Teil-)Propositionen, die er dann mit den folgenden propositionalen Einheiten in Beziehung setzt und bei Selektion alles Unwesentlichen zu immer komplexeren Sinneinheiten zusammenfügt, wobei er immer wieder Elemente seines *Vorwissens* in die neu zu konstituierende Textbedeutung einbringt. Verstanden hat er den Text dann, wenn der ermittelte ‚Sinn' an den eigenen ‚Wissenshorizont' anschließbar ist (Scherner 1984).

Wenn der Rezipient aber nur daran interessiert ist, *wie* das entscheidende Tor zustande kam, wird er die anderen Texteinheiten nur überfliegen und sich gleichsam durch den Text ‚hindurchhangeln', den Text also kursorisch lesen, bis er – ohne dass grammatische Strukturen des Textes und andere lexikalische Einheiten vollständig wahrgenommen wurden – die ‚eigentliche‘, für ihn wesentliche Information, den *Text-Sinn* (wieder bei Einbringung eigenen Vorwissens) erschließen kann.

Das Ergebnis dieses Leseprozesses ist für den Rezipienten in diesem Falle enttäuschend: sein Verein hat verloren. Aber er muss sich mit diesem Befund irgendwie abfinden und ‚einrichten‘. Ob er sich nun einfach nur mit der Hoffnung auf bessere Ergebnisse in den nächsten Spielen zufrieden gibt oder aber daraus für sich die Schlussfolgerung ableitet, den Club in irgendeiner Form – vielleicht sogar finanziell – zu unterstützen, damit der Aufstieg über die Förderung neuer Spieler doch noch erreicht werden kann, ist wieder vom Interesse und Engagement des Lesers abhängig.

Die den Leser in zweiter Linie interessierenden ‚Nachrichten aus aller Welt‘ nimmt er in analoger Weise, also interessengeprägt auf. Dieser Prozess wird hier nicht weiter verfolgt.

3.4.2.3 Leser-Strategien

Wir haben schon an anderer Stelle gezeigt, dass ein und derselbe Text von verschiedener Rezipienten in unterschiedlicher Weise ‚verstanden‘ werden kann. Das ist zum großen Teil von den Individuen selbst abhängig, von ihrem Vorwissen, von Einstellungen und Bewertungen Sachverhalten und Personen gegenüber, von ihren Interessen, aber auch von ihrem habituellen Befinden. Das unterschiedliche Leseverstehen kann aber genauso durch Spezifika der kommunikativen Situation oder/und durch kommunikative Aufgaben geprägt sein.

Ein *historischer Roman* beispielsweise wird von einem Historiker mit anderen Augen und damit einer anderen Strategie aufgenommen werden als von einem Leser, der Unterhaltung sucht und beiläufig etwas von den Lebensumständen einer bestimmten historischen Epoche erfahren möchte oder gar von einem Schüler, der sich eben diesem Roman als Pflichtlektüre zuwenden muss. Dass man eine *Zeitungsnachricht* oder einen *Pressebericht* mit besonderem Interesse aufnehmen oder ihn nur kursorisch lesen kann (ganz abgesehen davon, dass bestimmte Leser diese Texte ‚überlesen‘ und gar nicht zur Kenntnis nehmen), hatte das Beispiel deutlich gemacht. Schließlich sei darauf verwiesen, dass bestimmte Rezipientengruppen auf Grund ihrer sozialen Rolle zum Lesen verpflichtet sind: Der Lehrer muss Schüleraufsätze und Klassenarbeiten lesen und korrigieren, der Schüler liest als Hausaufgabe Textteile aus Lehrbüchern, Regierungsbeamte müssen Berichte, Protokolle, Anträge lesen und auswerten ...

Die hier angedeuteten unterschiedlichen Haltungen und Einstellungen von Rezipienten zum Verstehen von Texten lassen erkennen, dass das Textverstehen/Lesen nie Selbstzweck, sondern auf ein Ziel gerichtet ist. Man liest also, um damit etwas zu erreichen, um das Textwissen später zu benutzen (Mandl 1981,4). Vor diesem Hintergrund können die oben erwähnten unterschiedlichen Einstellungen und Herangehensweisen der Leser zum Verstehen von Texten als grundlegende Aspekte von *Leserstrategien* gekennzeichnet werden. Sie ergeben sich letztlich aus der jeweiligen Interaktions-Konstellation und sind weitgehend bestimmt für die Art der Informationsaufnahme und ihrer Speicherung einerseits und die daraus resultierende Reaktion des Rezipienten in der Interaktion auf der anderen Seite. Leserstrategien schließen daher alle oben erörterten top-down-(Teil-)Prozesse in der Phase der pragmatischen Vorab-Orientierung bei der Rezeption von Schrift-Texten (Kognizierung von Situation und Partner, Einstellungs- und Musteraktivierung, Präsignal-Suche und Identifizierung ...) ein. Ein Versuch zur Typisierung solcher Leserstrategien ist u.W. erstmals von Heinemann/ Viehweger (1991,263) vorgelegt worden.

In Anlehnung an diese Vorgaben unterscheiden wir die folgenden **Grundtypen von Leserstrategien:**

– *Interessegeprägtes Textverstehen:* Interessehaltungen gegenüber Gegenständen, Personen und Sachverhalten spielen bei allen Rezeptionsprozessen eine wesentliche Rolle. Von interessegeprägtem Textverstehen soll aber nur dann gesprochen werden, wenn nicht irgendeine Form des ‚Sollens‘, sondern Interesse (als kognitive Gerichtetheit von – für die Individuen relevanten – Einstellungen der Individuen zu Gegenständen und Sachverhalten der Realität) zum primären Stimulus von Rezeptionsprozessen wird. Dann prägen die Interessen das Erwartungsschema, dem beim Lesen selektive Funktion zukommt: Bestimmte Informationen werden wegen ihres subjektiven Relevanzwertes mit besonderer Intensität aufgenommen, andere werden von vornherein ausgesondert oder bestenfalls kursorisch rezipiert.

Dieser Typ von Leser-Aktivitäten ist charakteristisch für die Aufnahme und Verarbeitung von Texten der Massenmedien (vgl. dazu das Beispiel des fußballbegeisterten Lesers) und von Sachbüchern; aber auch Werbe-Spots, Unterhaltungsliteratur und vor allem die Belletristik fordern vom Rezipienten ein interessegeprägtes Leseverhalten. (Die Produzenten von Texten dieser Bereiche berücksichtigen daher diese Besonderheit bei der formalen und inhaltlichen Gestaltung der Texte.)

– *Aufgabenorientiertes Textverstehen:* Dieses Leseverhalten wird immer dann notwendig, wenn ein Individuum zur Lösung einer kommunikativen oder nichtkommunikativen Aufgabe in hohem Grade auf das Verstehen bestimmter Schrift-Texte angewiesen ist. Daraus ergibt sich für den Leser eine positive Motivation für die gezielte und meist umfassende Rezeption solcher Texte, und daher werden die entsprechenden funktional relevanten Informationen mit besonderer Aufmerksamkeit und Intensität wahrgenommen.

Dabei sucht der Rezipient den Text nach den für die Aufgabenstellung relevanten Informationen ab, ordnet diese dem von ihm aktivierten Aufgaben-Schema zu bzw. betrachtet sie als Stimuli für neue Lösungswege. Aus diesem Grunde führt dieser Typ der Leserstrategie vielfach zu guten Behaltensleistungen.

Unterschiede innerhalb dieses Strategie-Typs ergeben sich vor allem in Abhängigkeit von der Art der zu bewältigenden Aufgabe. Studenten, die eine Qualifizierungsarbeit schreiben sollen/wollen, müssen in dieser Arbeit ihre Befähigung zur selbständigen Erfassung und Lösung wissenschaftlicher Teilprobleme nachweisen. Voraussetzung dafür aber ist die systematische Durcharbeitung wissenschaftlicher Texte eines bestimmten Forschungsbereichs. Erst ein solcher Rezeptionsakt ermöglicht es dem Studenten, die Forschungssituation in diesem Teilbereich zu kennzeichnen. Zugleich erhält der Studierende in der Regel Anregungen für die eigenständige Lösung der ihm übertragenen wissenschaftlichen Aufgabe.

Die für ihn relevante wissenschaftliche Spezialliteratur arbeitet der Student daher systematisch (vgl. dazu 3.4.2.4) Teil für Teil durch und prüft die dort dargestellten Thesen im Hinblick auf ihre Auswertbarkeit für das eigene Anliegen. Bei wissenschaftlichen Texten, die das zu bearbeitende Problem nur tangieren, geht der Student dagegen in der Regel kursorisch vor, versucht im Überblick das Wesentliche zu erfassen, die ihm wichtig erscheinenden Informationen aufzugreifen und sie mit der eigenen Texterwartung in Beziehung zu setzen, bei bewusster Vernachlässigung anderer Informationen mit niedrigerem funktionalen Relevanzwert. Und bei einer weiteren Gruppe von wissenschaftlichen Texten (bei Texten aus Nachbardisziplinen oder bei Nachschlagewerken) kann sich schon punktuelles Textverstehen als zureichend erweisen (das gezielte Aufsuchen einzelner Begriffe bzw. problemhafter Textteile). Allen Vorgehensweisen des Studenten aber ist gemeinsam, dass sie in Abhängigkeit von der zu bewältigenden Aufgabe eingesetzt werden.

Aufgabenorientiertes Leseverhalten ist nicht nur bei der Bewältigung wissenschaftlicher Aufgaben gefragt, sondern auch bei der Abfassung von Rezensionen, bei Lernprozessen aller Art oder bei der Rezeption von Bedienungsanleitungen (z.B. zum Aufbau einer Schrankwand).

- *Verhaltensorientiertes Textverstehen:* Mit diesem Terminus sollen Rezeptionsprozesse gekennzeichnet werden, bei denen der Leseakt zum auslösenden Stimulus für vom Textproduzenten erwartbare Handlungen des Rezipienten wird oder werden kann. Eine solche unmittelbare Aktionsorientierung (das Vollziehen oder Unterlassen von Rezipienten-Handlungen) liegt vor bei Hinweisschildern, aber auch bei bestimmten Rechtstexten oder Texten der Verwaltungskommunikation.

  Hinweisschilder (*Vorsicht! Baustelle! – Einfahrt verboten! – Bitte festhalten! ...*) sind meist in hohem Grade komprimierte Warnungen, Ge- oder Verbote; sie werden von den Handelnden an bestimmten Plätzen und in bestimmten Gebäuden erwartet und in der Regel nur punktuell wahrgenommen, d.h. der steuernde Gesamtsinn des Hinweisschilds wird vom Rezipienten mit der Identifikation eines Einzelelements auf der Grundlage von Routine-Operationen erfasst und normalerweise auch befolgt. Ein Abweichen von solchem punktuellen Textverstehen ist offenbar nur dann notwendig, wenn das Hinweisschild nicht mit den Erwartungsvorstellungen des Rezipienten übereinstimmt.

- *Partnerbezogenes Textverstehen:* Die Partner-Orientierung spielt bei jedem Textverstehen eine Rolle. Relevant für das Leseverhalten aber wird die Partner-Relation nur in jenen Fällen, in denen der Adressat die ihm mitgeteilten Informationen in unmittelbare Beziehung zum Partner bringt, wenn er Ereignisse oder Probleme gleichsam mit den Augen des Partners sieht. Das ist vor allem bei Privatbriefen der Fall, bei deren Rezeption der Leser die Textinformationen (über den Urlaubsort, eine neue Beziehung, einen neuen Job, ein Erlebnis) mit seinem Wissen über den Partner in unmittelbare Beziehung setzt. Er aktiviert also beim Rezipieren ein Partner-Schema, in das er dann die aktuellen Informationen des Textes einfügt. Dieser Rahmen wird dann für das normalerweise vollständige Lesen des Textes relevant, und vor allem auch für die entsprechenden Reaktionen des Rezipienten.

Dieser Grobüberblick über Grundtypen von Leserstrategien ist ohne Frage unvollständig und bedarf sowohl der Ergänzung als auch der Spezifizierung. Dennoch könnten diese Grundtypen des Leserverhaltens, die natürlich nur selten in ‚reiner Form' vorkommen, sondern häufig und in unterschiedlicher Weise miteinander kombiniert werden, als Ansatzpunkte für die erklärende Spezifizierung der top-down-Phase des Leseverhaltens gesehen werden.

3.4.2.4 Zyklische Textverarbeitung

Wie aber vollziehen sich die Verstehensprozesse im Einzelnen? Wie erfolgt der bottom-up-Prozess des Lesens, die Verarbeitung von Informationen und das Verstehen bei den Individuen? Psychologen und Linguisten haben als Erklärungsangebote für diese nicht direkt nachvollziehbaren und messbaren psychischen Operationen mehrere Modelle vorgelegt (u.a. das story-grammar-Konzept, die Theorie der mentalen Modelle, das Problem-Löse-Konzept, vgl. dazu zusammenfassend Heinemann/Viehweger 1991,115f.), die aber hier nicht im Einzelnen referiert werden können. Den n.u.A. höchsten Grad an Plausibilität darf der Strategie-Ansatz von van Dijk/Kintsch 1983 beanspruchen, der den folgenden Darlegungen zugrundegelegt wird.

Da das Text-Verstehen vor allem ein strategischer Prozess ist, „wäre es ganz irrational, wenn der Hörer seine Verstehenstätigkeit mit dem Satz als Gebilde begänne" (Knobloch 1984,103). Aber dieser strategische Grundansatz, der die Schema-Aktivierung einschließt, führt nur im Ausnahmefall schon zum adäquaten Verstehen des Anliegens des Textproduzenten. In der Regel muss diese außerordentlich wichtige Vorab-Orientierung ergänzt werden durch die mehr oder minder systematische kognitive Aufnahme und Verarbeitung der Text-Daten. Daher lässt sich wohl die Annahme, Verstehen komme einfach, d.h. ohne Verarbeitung vor, sei also ein einfacher Dispositionsbegriff (Ryle 1969,66), heute nicht mehr aufrechterhalten. Im Gegenteil: Verstehen ist kein einmaliger Akt, sondern ein differenzierter kognitiver Prozess der Verarbeitung von Bewusstseinskorrelaten. Das Wesen des Verstehensprozesses besteht n.u.A. gerade in dieser mentalen Verarbeitung von Informationen und der damit einhergehenden Konstruktion von Textsinn durch den Rezipienten.

Wie aber darf man sich diese ‚Verarbeitung' vorstellen? Die erste Phase des **Wahrnehmens von Textelementen** lässt sich ja noch exakt erfassen: Der Blick des Rezipienten bewegt sich zunächst in kleinen Sprüngen (=Sakkaden) über die Zeilen des Textanfangs und ruht dann jeweils 0,2 bis 0,3 Sekunden auf einer bestimmten Textstelle. Und nur während dieser Stillstandsphase (=der Fixation) wird das Gesehene – die *Buchstabenfolge*, die *Wortreihe* – als sinnhaft identifiziert, indem elementare Phänomene des Textes mit im Bewusstsein gespeicherten ‚Mustern' verglichen werden, und erst beim Erkennen der Übereinstimmung von Textelement und Muster kommt es zur Aufnahme von Information.

Bei ungeläufigen *Wörtern* wird Buchstabe für Buchstabe mit Hilfe von Buchstabenmustern identifiziert (‚i' wird gebildet aus einer Vertikale = ‚I' mit einem Punkt darüber; ‚e' aus einer Horizontale = ‚–' mit einem Halbkreis oben, der nach unten offen ist = ‚∩' und einem Halbkreis links, der nach rechts geöffnet ist ⊂; ‚p' wiederum aus einer Vertikale = ‚l‘ und einem nach links geöffneten Halbkreis, der mit dem oberen Teil der Vertikale verknüpft ist I ⊃). Normalerweise aber werden vor allem bekannte Wörter, gelegentlich aber auch ungeläufige Wörter, automatisiert und ganzheitlich wahrgenommen (vgl. Ballstedt 1981,43).

So wie Buchstaben oft nur an einem einzigen Musterelement identifiziert werden, können **Wörter** an einem hervorstechenden Merkmal oder gar nur am Umriss eines solchen Merkmals erkannt werden:

T . X T oder

reicht also aus für die Identifizierung des Formativs ‚Text‘ usw. Schon Neisser (1979,7) konnte daher behaupten: „Ohne Muster sieht der Mensch nichts.“

Da nahezu alle Lexeme mehrdeutig sind, muss der Rezipient schon auf dieser Ebene den Kontext zur Monosemierung der lexikalischen Einheiten heranziehen. Dem Lexem *Geschäft* beispielsweise kommt in den folgenden Äußerungen unterschiedliche Bedeutung zu: *Das Geschäft ist bis 20 Uhr geöffnet. – Das Geschäft zwischen X und Y wurde gestern erfolgreich abgeschlossen. – Das Geschäft geht gut. – Er versteht sein Geschäft.* Bei der *Dekodierung* dieses Lexems in unterschiedlichen Äußerungen kommt dem Rezipienten der textuelle und der situative Kontext zu Hilfe, so dass er die jeweilige Variante dieses Lexems, ergänzt durch eigene Erfahrungen im Umgang mit dieser lexikalischen Einheit, in der *Interpretationsphase* in den Prozess der Konstitution von Sinn einbetten kann. ‚Verstanden‘ hat der Leser ein Wort immer dann, wenn er dem im Text vorkommenden Element die ihm in der jeweiligen Situation zukommende adäquate und ‚eindeutige‘ Bedeutung zuordnen kann.

Analoges gilt für Prozesse der **Satzerkennung**. Der Rezipient nimmt normalerweise nicht nacheinander Wort für Wort auf, sondern er segmentiert die Äußerung, indem er ‚Wortblöcke‘ = *(chunks,* (s. Hajnk 1997,66) zu Sinneinheiten zusammenfasst (*Das Geschäft … in der Prager Straße …*). In der Regel geht der Leser bei der Dekodierung von einem meist im ersten Satz auftretenden Substantiv mit den grammatisch und semantisch mit ihm verknüpften Einheiten aus; und dieses Substantiv ‚setzt‘ er hypothetisch und intuitiv als ‚Subjekt‘, semantisch als grundlegendes Argument einer Proposition. Danach sucht der Rezipient, nachweisbar durch die Augenbewegungen beim Lesen, nach den dazugehörenden verbalen Einheiten und erschließt so den Funktor der Äußerung und weitere Spezifika des Satzes. So gelangt er sukzessive durch das In-Beziehung-Setzen dieser Einheiten miteinander und mit Einheiten des Kon-Textes sowie mit inferierten Konzepten der Situation bzw. der Interaktion zum (abermals intuitiven) Erfassen des propositionalen Gehalts der Äußerung (vgl. Engelkamp 1976; Bock 1978; Lurija 1982,277; van Dijk 1980,170ff.). Verstanden ist ein Satz, wenn die aktivierten Muster, auch die Satzstrukturmuster, mit der gegebenen Textstruktur kongruieren. Ist das nicht der Fall, müssen andere Muster aktiviert werden.

Erwähnung verdient, dass bei bestimmten ambivalenten Satzstrukturen (*Die Beratung des Parlaments wurde gestern abgeschlossen.* kann interpretiert werden als *Das Parlament berät X* oder als *Y berät das Parlament*) keine semantische ad-hoc-Identifikation möglich ist. In solchen Ausnahmefällen sind zusätzliche syntaktische Umformungen zum Erfassen des Satzsinns notwendig.

Generell kommt jeder Information im **Textverstehensprozess** die Rolle eines *cue* zu (eines Fingerzeigs, einer Instruktion) zum kognitiven Aufbau einer semantischen Struktur (Mandl 1981,4), so dass man Verstehen allgemein kennzeichnen kann als ein Transformieren sprachlicher Signale in semantische Strukturen/Teilstrukturen. Alles Syntaktische der jeweiligen Äußerung wird dagegen schnell wieder vergessen, da die weitere Verarbeitung, das Textverstehen, ausschließlich auf semantischer Basis erfolgt.

Beachtung verdient, dass die syntaktischen und lexikalischen Gegebenheiten eines Textes eine große Rolle beim Textverstehen spielen: Einfache syntaktische Strukturen werden von Lesern natürlich schneller aufgenommen als mehrfach ineinander geschachtelte Sätze oder Sätze mit einer Häufung von Attributketten (Daher gilt bei der ‚Bildzeitung' die Norm, dass ein Satz nicht mehr als dreizehn Wörter enthalten darf!). Ähnliches ist bei der Überfrachtung von Texten mit Fachwörtern zu registrieren, weil deren Identifikation ebenso wie die der oben genannten komplexen syntaktischen Strukturen zusätzliche kognitive Schlussoperationen bzw. Inferenzierungen notwendig macht, die nicht nur mehr Zeit in Anspruch nehmen, sondern teils nur von einer begrenzten Menge von Fachexperten geleistet werden können.

Theoretische Modelle (van Dijk/Kintsch 1983; Strohner 1990; 1995; Rickheit/ Strohner 1998) gehen von der Annahme aus, dass Propositionen (=konzeptuelle Strukturen, die elementare Sachverhalte abbilden) neben komplexen Schemata (s. Rumelhart 1977) als zentrale Basiseinheiten beim Textverstehen fungieren. Daher ist es von besonderer Relevanz, wie solche propositionalen Bedeutungskonzepte miteinander verknüpft werden. Wenn ein Rezipient Kenntnisse über den Zusammenhang verschiedener Sachverhalte hat (*Es schneit. Die Straße ist glatt.*), kann er die beiden Propositionen mühelos miteinander in Beziehung setzen und sie einem kausalen Modell der *propositionalen Integration* zuordnen (in der Analyse darstellbar durch Konnektoren wie WEIL, DENN, FOLGLICH...). Auf der Basis seines Wissens kann er dieser Äußerungsfolge das Merkmal ‚kohärent' im Sinne eines Bewertungsprädikats zuschreiben.

Aber nicht immer sind die Zusammenhänge zwischen Sachverhalten so eindeutig wie im oben genannten Beispiel. In solchen Fällen, in denen z.B. bestimmte Sachverhalte in Texten nicht explizit gemacht wurden, weil der Textproduzent annimmt, dass der Leser die ‚Leerstellen im Text' problemlos erschließen kann, muss der Rezipient weiteres Wissen aktivieren; teils ergibt sich das unmittelbar aus dem Handlungskontext, teils muss das zum Verstehen notwendige Wissen durch kognitive Operationen inferiert werden. Inferenzen können in diesem Sinne als Wissensergänzungen verstanden werden, als Erschließungs- und Schlussoperationen, die allerdings vielfach an bestimmte Präferenzen, Meinungen und Wertungen des Interpreten gebunden sind (vgl. Heinemann/Viehweger 1991,119ff.). Zu unterscheiden sind horizontale, d.h. aus der Zusammengehörigkeit von Propositionen der unmittelbaren Nachbarschaft resultierende Integrationsprozesse und vertikale propositionale Integrationen (wenn ein übergeordneter Integrator, eine gemeinsame Einordnungsinstanz [=GEI] gefunden werden muss; s. Lang 1983).

Immer handelt es sich bei der propositionalen Integration um Basisprozeduren der ersten Stufe für das *Textverstehen*. Auf die hier skizzierte Weise können Propositionen bei fortschreitender Integration im Hinblick auf ihre Relevanz für die Bedeutung und den Sinn des Gesamt-Textes charakterisiert werden. „Eine Proposition ist für die Textverarbeitung umso wichtiger, je höher die hierarchische Ebene ist, die sie einnimmt" (Rickheit/Strohner 1985,13). Neben ‚Top-Propositionen' (=thematischen Propositionen auf höchster Hierarchie-Ebene, s. Christmann 2000) lassen sich subsidiäre Propositionen eruieren, die eher stützende bzw. begründende Funktion haben. „In jedem Text gibt es zentrale und periphere Propositionen, wobei die zentralen besser behalten werden." (Mandl 1981,18).

Die entscheidende Frage aber ist, wie sich aus der fortschreitenden Integration von Propositionen unter Einbeziehung von Schema-Modellen die Textbedeutung bzw. der Textsinn eruieren lässt. Wir rekurrieren hier auf die schon 1932 von Bartlett aufgestellte Konstruktivitätshypothese, nach der das Textverstehen nicht nur als Sinnentnahme im Sinne des registrierenden Aufnehmens von im Text angebotenen Informationen zu verstehen ist, sondern als ein differenzierter kognitiver Prozess der Verarbeitung und Konstruktion von Bewusstseinsinhalten.

Als plausibel für die Erklärung der Basisprozesse des Textverstehens darf die Hypothese von der *zyklischen Verarbeitung* von Bewusstseinsinhalten gelten (Kintsch/van Dijk 1978; van Dijk/Kintsch 1983). Ausgangspunkt ist die Beobachtung, dass das menschliche Gedächtnis komplexe Texte nicht detailliert speichern kann; dennoch sind die Individuen in der Lage, rezipierte Texte wiederzugeben, zusammenzufassen oder zu korrigieren.

Offenkundig werden also vom Rezipienten aus den Oberflächenstrukturen eines Textes zunächst minimale Bedeutungseinheiten (=Mikropropositionen, hier $p_1, p_2, \ldots$ genannt) ‚entnommen', durch Integration zusammengefasst und auf Wesentliches komprimiert. Oder anders: Durch das In-Beziehung-Setzen und Rückkoppeln aufzunehmender Textinformationen erfolgt sukzessive die Konstitution komplexerer Verstehenseinheiten (von ‚Makropropositionen' in der Terminologie von van Dijk). Dabei ist zu beachten, dass als die zur Verarbeitung anstehenden Propositionen nicht nur die aus dem Text aufgenommen Mikropropositionen zu verstehen sind, sondern auch Resultate der Kognizierung der Situation und Propositionen des Vorwissens der Kommunizierenden.

Wegen der begrenzten Speicherkapazität des Kurzzeit-Gedächtnisses (=KZG; als maximale Speicherkapazität gelten etwa 50 Elementarpropositionen) muss ein Teil der bereits aktivierten Bedeutungseinheiten wieder gelöscht werden, damit Platz geschaffen wird für die Aufnahme weiterer textueller, situativer und individueller Vorwissensinformationen. Von der ‚Löschung' besonders betroffen sind jene (Teil-)Einheiten, die aus der Sicht des Rezipienten irrelevant oder nur von untergeordneter Bedeutung sind. Eine neu zu verarbeitende Information wird daher nicht in die komplexe, bereits verarbeitete Teil-Bedeutung integriert, sondern nur in das zu diesem Zeitpunkt noch im Speicher befindliche Substrat von verarbeiteten Text-Informationen.

Die Verarbeitung der jeweils neuen Information, ihre Reduktion und die Integration in die für die Kohärenzbildung relevanten Hyperstrukturen erfolgt daher nur kurzzeitig mit Hilfe der Operationen Auslassen, Generalisieren, Selegieren und Konstruieren

(Kintsch/van Dijk 1978; vgl. auch Christmann 2000,14), und zwar während eines *Zyklus* im Arbeitsgedächtnis. („Die Zeitspanne des Verweilens dieser Propositionen in dem für die Kohärenzbildung zuständigen Arbeitsgedächtnis wird Zyklus genannt", Rickheit/ Strohner 1985,18.) Im nächsten Zyklus werden dann nach der Leading-Edge-Strategie neue Propositionen für das Arbeitsgedächtnis ausgesucht; und sie verweilen nur so lange im Arbeitsgedächtnis, solange sie für die Bildung der jeweils neuen, komplexeren Bedeutung und damit zur stufenweisen Herstellung der Kohärenz des Textes relevant sind. Dabei zeigt sich also, dass das Textverstehen vor allem von der jeweiligen Relevanz von Informationen für den Rezipienten abhängig ist.

Schematisch:

$$p_1 \wedge p_2 \qquad \rightarrow \quad p^1$$

$$p^1 \wedge p_3 \qquad \rightarrow \quad p^2$$

$$p^2 \wedge p_4, p_5 \ldots \quad \rightarrow \quad p^3$$

$$p^3 \wedge p_x \ldots \qquad \rightarrow \quad p^T$$

Legende: $p_{1\ldots}$ = Mikropropositionen
$p^{1\cdots}$ = Makropropositionen unterschiedlicher hierarchischer Stufe (der besseren Übersicht wegen durch *Kursivdruck* hervorgehoben)
p^T = Text-Proposition = Textbedeutung (und Textsinn)

Abb. 27: Zyklische Textverarbeitung

Es sei nochmals erwähnt, dass mit diesem Modell nur die Basisprozeduren von Textverarbeitungsprozessen abgebildet werden. Die Praxis des Textverstehens wird vielfach modifiziert durch strategisch bedingte Operationen und ‚kontextuelle Annahmen' (die funktionalistische, die kommunikative, die pragmatische, die interaktionistische und die situative Annahme; Rickheit/Strohner 1985,24) sowie die jeweiligen Spezifika der pragmatischen Vorab-Orientierung. Daher wurde mehrfach betont, dass die interaktionalen Aspekte der Tätigkeit des Individuums „für die Textverarbeitung vielleicht … wichtiger sind als zum Beispiel die Abfolge der Propositionen" (Schnotz 1981,538). Und doch: Trotz dieser zahlreichen pragmatischen ad-hoc-Modifikationen und -Abweichungen ist die Relevanz dieses Modells für die Basis-Operationen der zyklischen Textverarbeitung unbestritten.

Generell gilt, dass der Text-Verstehensprozess dann als abgeschlossen gelten kann, wenn der Rezipient glaubt, das für ihn Relevante eines Textes erfasst zu haben. Das kann schon der Fall sein, wenn ein Leser den Prozess der vollständigen Informationsaufnahme noch gar nicht abgeschlossen hat (wenn er z.B. im Fernsehen Informationen über einen Flugzeugabsturz aufgenommen hat, und am nächsten Tag eine entsprechende Überschrift in den Nachrichten der Tagespresse auf dasselbe Ereignis verweist). Es ist also keinesfalls notwendig, alle Texte Satz für Satz bis zum Ende durchzuarbeiten; der Rezipient beginnt mit dem Text-Verstehen im Grunde schon bei der Rezeption des ersten Satzes (,Online-Annahme'; van Dijk/Kintsch 1978,370).

Verwiesen sei auch darauf, dass die einzelnen Phasen des Textverstehens ineinandergreifen, dass sich das Verstehen nicht als strikt geregeltes Nacheinander von Operationen vollzieht, sondern eher als ein paralleles, nahezu simultanes Neben- und Miteinander von Prozeduren. Das gilt insbesondere für Schrift-Texte von nur geringem Umfang.

Grundlegend anders verlaufe das ,Verstehen' nach Nothdurft 1995,88 bei Texten der Sprechkommunikation. In seinem ,Plädoyer für die Abschaffung des Verstehens' behauptet er, dass dabei das herkömmliche Verstehen irrelevant sei, ja sogar „den Blick für eine angemessene Betrachtung mündlicher Kommunikation" verstelle (ebd.). Vielmehr komme es beim Aufnehmen von Sprech-Teiltexten auf „Schnelligkeit der Ereignisfolge, Flüchtigkeit, Interaktivität, Musikalität und Inszeniertheit" an (1995,89). Da Inferenzen in der face-to-face-Kommunikation „in sehr hohem Maße selbstreflexiv" seien, besitze „die Rede des anderen ... nur marginale Relevanz. Wenn man jemanden in der Kommunikation versteht, dann bestenfalls sich selbst" (ebd.). Diese pointiert vorgetragenen Thesen verweisen fraglos auf einige zusätzliche Besonderheiten (d.h. Modifikationen) der Verstehensprozesse der Sprechkommunikation; die oben erörterten Grundlagen des Textverstehens sind aber n.u.A. in dialogischen Gesprächen genauso gegeben wie in der Schriftkommunikation, mit dem Unterschied freilich, dass die Konstruktion von Sinn/Teil-Sinn unter dem Einfluss interaktionaler Faktoren weitaus stärker pragmatisch fundiert ist und wesentlich schneller erfolgt als beim Verstehen von Schrift-Texten.

So bleibt festzuhalten, dass sich das Verstehen als ein Text-Daten- und wissensgeleiteter Vorgang erweist, bei dem der Rezipient weiteres Wissen instrumentalisiert, so dass unter primärer Nutzung von pragmatisch fundierten Signalen der Rezipient aus dem per se vagen und defizienten Text den jeweiligen kommunikativen Sinn konstituieren kann. Dieser kommunikative Sinn des Interpreten aber ist in der Regel nur approximativ identisch mit der Intention des Textproduzenten.

3.4.3 Zur Produktion von Texten

3.4.3.1 Basistypen des Erzeugens von Äußerungen

Dass Menschen in der Lage sind, sich mit anderen zu verständigen, in einer bestimmten Situation genau jene Elemente aus ihrem Wissensspeicher abzurufen, die für die Erreichung eines bestimmten Ziels geeignet und angemessen sind, dass sie ferner befähigt sind, diese Elemente so miteinander in Beziehung zu setzen und zu organisieren, dass ein sinnvolles und zielorientiertes mentales Textkorrelat entsteht, und dass sie vor allem dieses mentale Konstrukt in solche sprachliche Signale transformieren können, die von nahezu allen Mitgliedern einer bestimmten Kommunikationsgemeinschaft verstanden werden ..., das alles darf ohne Frage heute noch als ,Wunder der Sprache' (Porzig 1957) gelten, da verschiedene Wissenschaftsdisziplinen zwar bestimmte Teilaspekte dieses Phänomens beschreiben und erklären können, letzte Fragen der Erzeugung von Lauten,

Wörtern, Sätzen oder gar Texten aber nach wie vor als noch nicht zureichend geklärt bezeichnet werden müssen.

Nun kann die *Produktion* von sprachlichen Signalen nur sehr bedingt aus einer generalisierenden Perspektive gekennzeichnet werden: Die Konstitution isolierter *Laute* (etwa beim Fremdsprachenlernen) wird durch Spezifika der Artikulation bestimmt; *Wörter* werden als gleichsam ‚vorgefertigte‘ Produkte mit mannigfaltigen Vernetzungen aus dem Gedächtnis ‚abgerufen‘; für *Sätze* gibt es zwar ‚vorgefertigte‘ Satzmuster mit entsprechenden Submustern, sie müssen aber in jedem Falle in einer aktuellen Situation erst linear organisiert und als Satz neu konstituiert werden; und selbstverständlich gilt auch bei *Texten*, dass sie nicht als im Gedächtnis schon vorgefertigte, ‚fertige‘ Texte einfach aus dem Gedächtnis ‚abgerufen‘ werden; vielmehr vollzieht der Textproduzent in jedem Falle eine konstruktive, schöpferische Tätigkeit, bei der gesellschaftlich erworbenes Wissen und gesellschaftliche Erfahrungen eingesetzt werden zur immer wieder neuen individuellen Konstitution von Textsinn.

Wir konzentrieren uns hier nur auf die **Generierung von Texten**. Aber auch dabei gibt es mannigfaltige Unterschiede in Abhängigkeit vor allem vom jeweiligen Medium und dem Umfang eines Textes.

In der Sprechkommunikation (der *face-to-face-Kommunikation*, der Kommunikation der Nähe mit Partner-Präsenz), in der das ‚Verstehen‘ über den Text, vor allem aber über sekundäre Verstehenshilfen (Mimik, Gestik, Körpersprache) zustandekommt, in der das unmittelbare Zeigen auf die Dinge (=die Ostension) und das Auf-sie-Verweisen (=die Deixis) zum Grundgestus der oralen Kommunikation gerät, vollzieht sich alles Kommunizieren unmittelbar interaktionsbezogen und spontan und orientiert sich letztlich am jeweiligen Zweck (s. Chafe 1977; Heinemann/Viehweger 1991,211). Und im Grunde geht es hier beim Produzieren von Teiltexteinheiten nur um die schnelle und spontane Aktivierung elementarer Muster, ihre Versprachlichung und die umgehende Einbettung in das aktuelle interaktionale Procedere (=*Typ I* der Produktion von Texten).

Nicht grundlegend anders liegen die Dinge beim Produzieren von *Kurztexten der Schriftkommunikation = Typ II* (z.B. beim Schreiben von Gruß- und Glückwunsch-Postkarten, von brieflichen Kurzinformationen, beim Ausfüllen von Telegrammen oder üblichen einfachen Formularen ...). Bei der Bewältigung dieser einfachsten Schreibaufgaben haben die Kommunizierenden in der Regel keinerlei Schwierigkeiten, da die Schreibprozesse gleichfalls in enger Anlehnung an interiorisierte elementare Muster vorgenommen werden. Die Bewältigung dieser Schreibaufgaben besteht daher im Wesentlichen nur im routinemäßigen Ausfüllen/Ergänzen des durch das Muster vorgegebenen Formulierungsrahmens (*freundliche/herzliche/liebe/schöne Grüße aus X; verkaufe/zu verkaufen/abzugeben/biete ... Y*). Dabei kann der Schreiber Tempo und Intensität der Informationsübermittlung selbst bestimmen, so dass sein Gedächtnis anders als bei der face-to-face-Kommunikation entlastet wird.

Erhebliche Probleme dagegen haben die Handelnden beim *Typ III* der Generierung von Äußerungen: bei der *Produktion komplexer und umfangreicherer Sprech- und Schrifttexte*. Zu denken ist in diesem Zusammenhang an das Konzipieren und Formulieren von *Reden, Vorträgen* oder *mündlichen Berichten*; in noch stärkerem Maße aber bezieht sich diese Feststellung auf entsprechende Textkomplexe der Schrift-Kommunikation: das Schreiben von *Briefen, Berichten, Protokollen, Anträgen, Entschuldigungen* ... Im Zuge der medialen Umschichtung des Kommunizierens, der weitaus stärkeren Inanspruchnahme und Nutzung von *Telefon/Handy, Funk/Fernsehen, Computer* ... spielen komplexe Schreibaufgaben im Alltag vieler Bürger eher eine periphere Rolle; hinzu kommt, dass viele Bürger negative Erinnerungen an die ‚berüchtigten' *Aufsätze* in der Schule haben, die vielfach ohne für Schüler nachvollziehbaren Sinn angefertigt werden mussten. So ist bei vielen das Gefühl einer Insuffizienz gegenüber schriftlichen Textgestaltungsaufgaben geblieben. Und daher gehen manche solchen Aufgaben möglichst aus dem Wege oder lösen sie nur widerwillig. Selbst bei Studenten sind Defizite im Hinblick auf das Abfassen-Können schriftlicher Arbeiten (z.B. *Hausarbeiten, Magisterarbeiten* ...) unübersehbar.

Wegen dieser weit verbreiteten negativen Urteile und Vorurteile gegenüber dem Abfassen von komplexeren Schrift-Texten werden wir das Thema ‚Textproduktion' am Beispiel dieses dritten Grundtyps, bei dem noch weitere Subdifferenzierungen vorgenommen werden müssen, erörtern (Kap. 3.4.3.3; 3.4.3.4).

3.4.3.2 Phasen der Textproduktion. Modellierung

Fragen wir uns zunächst: Was ist all den oben skizzierten Formen des Erzeugens von Äußerungen gemeinsam? Kann man das Generieren von Äußerungen als Prozess, als Abfolge sich immer wiederholender Phasen darstellen? Oder anders: Was sind die Konstanten der Prozesse der Textkonstitution?

Wir versuchen, diese Phasen zu rekonstruieren, indem wir uns vorstellen, welche äußeren und inneren Bedingungen gegeben sein müssen, wenn wir beispielsweise einen Privatbrief schreiben wollen, denn die „Textproduktion ist ein komplexer Handlungsprozess, der eine Vielzahl kognitiver und sozial-kommunikativer Anforderungen stellt" (Wrobel 2000,458).

– Den Ausgangspunkt für alle Textproduktionsprozesse bildet (wie wir schon mehrfach hervorgehoben haben) ein – aus einer bestimmten Interaktionssituation resultierender – Stimulus, ein Anstoß (eine *Kommunikationsaufgabe*, eine ‚Quaestio'), der/die auf die Verfolgung eines bestimmten sozialen Zwecks oder die eigene Bedürfnisbefriedigung des Handelnden gerichtet ist. Bezogen auf den erwähnten Beispielfall: Wir wollen einen Freund zu einer Geburtstagfeier einladen. Damit ist nicht nur die *Intention* des Kommunizierenden gegeben, sondern zugleich das *Text-Thema*, und damit werden beim Textproduzenten habituelle und aktuelle Einstellungen zum Gegenstand potenziellen Kommunizierens aktiviert.

– Gleichfalls im engsten Zusammenhang mit dieser Ausgangssituation steht die *Kognizierung von Situation und Partner* (=Aktivierung von Situations- und Partnerwissen). Wir wissen, dass der Freund in einer benachbarten Kleinstadt lebt, wahrscheinlich am Tag der Geburtstagsfeier Zeit hat, vermutlich auch gern der Einladung folgen wird, und er wird voraussichtlich mit dem Zug nach X kommen. Also ist es sicher zweckmäßig, ihn vom Bahnhof abzuholen und ihm eine Übernachtung bei uns anzubieten. Und die Einladung übermitteln wir ihm per Brief, da sein Telefonanschluss derzeit gesperrt ist. So hat er noch Zeit, sich schriftlich zu dem Angebot zu äußern. Diese *Partnerorientierung* impliziert faktisch die Antizipation des möglichen Partner-Verstehens und -Reagierens.

Nun wenden wir uns der Konkretisierung der Schreibaufgabe zu. Eine besondere *Planungsphase*, die Konzipierung der Organisation der Textstruktur und der Formulierung unter dem Aspekt des gegebenen Ziels, dürfte sich bei dieser einfachen Konstellation erübrigen, zumal wir auf allgemeines *Diskurswissen* rekurrierend wissen, wie man üblicherweise einen Einladungsbrief und speziell einen Einladungsbrief an eine vertraute Person schreibt. Wir aktivieren also unser spezifisches *Textmusterwissen/Textsortenwissen* (und zusätzliches – der Situation angemessenes – lexikalisch bzw. syntaktisch für diese Schreibaufgabe geeignetes *Textwissen*, das allgemeines Weltwissen und Handlungswissen, insbesondere natürlich das aus eigener Erfahrung gespeicherte, diskursiv geprägte ‚Vorwissen' einschließt). Als Ergebnis konstituiert der Kommunizierende einen Gesamtplan (im Sinne der ‚Entfaltung' des Text-Themas) und sukzessive kleinere Text-Planungseinheiten („vororganisierte Informationen"; Wrobel 2000,459), immer mit Bezug auf den Gesamtplan des Textes. In dieser Planungsphase geht es also immer um die Suche und die Auswahl von aufgabenspezifischem Wissen, wobei die jeweils gefundene Information in die Suchanweisung integriert und damit (wie beim Textverstehen, s.o.) zyklisch verarbeitet wird.

Die Organisation dieser Wissensmengen erfolgt gleichfalls sukzessive unter dem Zielaspekt und impliziert die Linearisierung und Segmentierung der Informationseinheiten zu 'chunks'. Überlagert werden diese Grund-Operationen durch individuelle Bewertungen und pragmatische Erwägungen mit Bezug auf Relevanz und Effektivität der jeweiligen Wissensmengen. In Anlehnung an Hörmann (1982,32) lassen sich bei jeder Textproduktion die folgenden ‚Stufen' voneinander abheben: Ausgehend von der *Konzeptualisierung* (der Aktivierung von Teilen des im Langzeitgedächtnis gespeicherten Wissens), über die *Selektion* (die Auswahl dessen, was man sagen will, aus der Menge des Sagbaren) bis hin zur prosodischen, lexikalischen und syntaktischen *Encodierung* (der ‚Übersetzung' der mentalen Einheiten in entsprechende vorsprachliche Signale, aber noch ohne konkrete phonetische Realisation).

Die aus linguistischer Sicht vielleicht wichtigste und noch längst nicht zureichend erforschte (vgl. Wrobel 2000,462) Phase der Produktion von Texten ist die *Transformation* des mentalen Planungs-Konstrukts *in sprachliche Signalketten*. Dadurch können wir Bewusstseinsinhalte mitteilbar machen. Beim Formulieren – dem Prozess des Versprachlichens, der ‚Übersetzung' kognitiver Gehalte in sprachliche Äußerungen (s. Hayes/Flower 1980), der Auswahl und Zuordnung propositionaler Gefüge und syntaktischer Muster zu entsprechenden sprachlichen Signalen (im konkreten Falle zu Signalen der Schriftkommunikation) – geht es primär um irgendeine Form des Ausdrucks der eigenen Intention, von Strategien des bewussten Verbergens der eigenen Absicht einmal abgesehen, dann aber auch um das Transformieren globaler und zahlreicher stilistischer Muster (Satzmuster, topologischer Muster, Kollokationen, textsortenspezifischer lexikalischer Einheiten) in entsprechende sprachliche Strukturen und Formulierungen. Der Textproduzent „verbalisiert also das Gemeinte pars pro toto – unter dem Aspekt der zureichenden Information für den Hörer" (Herrmann 1982,10).

Herrmann bringt ergänzend auch das Tun des Partners auf eine Formel: Der Rezipient „rekonstruiert aus der von ihm dekodierten Äußerung das, was der Textproduzent meint: totum ex parte" (ebd.), wobei allerdings die spezifische Konstitution von Sinn durch den Rezipienten noch nicht explizit gemacht wird.

Erwähnung verdient, dass der Textproduzent nur im Ausnahmefall die gesamte propositionale Basis seines mentalen Programms verbalisiert. Denn der Partner ist ja „zur gedanklichen Rekonstruktion fähig; daher wäre es sogar im höchsten Grade unökonomisch, einen ‚informativeren' Text zu produzieren, als dies die konkrete Situation erforderlich macht" (Heinemann/Viehweger 1991,107).

Auf unser Beispiel bezogen: Der Einladende folgt zunächst dem Strukturmuster des Privatbriefs (Briefkopf, Anrede der Vertrautheit: *Lieber Hans!* mit entsprechenden rituellen Grußformeln am Schluss; *Herzliche Grüße! Und alles Gute! Bis zum Wiedersehen!*; auch der eigentliche Text wird mit Hilfe zahlreicher vorgeformter Muster formuliert: *Wir freuen uns ...; wir laden dich herzlich ein zu ... am ...; wir hoffen doch sehr ...; selbstverständlich kannst du bei uns übernachten; wir holen dich natürlich vom Bahnhof ab* – ohne dass wir ausdrücklich schreiben, dass wir das mit unserem Pkw tun werden – *wir freuen uns sehr auf das Wiedersehen!* ...

– Schließlich wird der Text vom Schreiber schon während der Phase der Textherstellung, aber auch danach fortlaufend überprüft und gegebenenfalls korrigiert. Diese *Kontrollphase* (auch ‚Überprüfungsphase') spielt in unserem Beispielfall nur eine untergeordnete Rolle, kann aber – vor allem bei komplexeren Texten – von besonderer Bedeutung sein, da hier vielfältige Möglichkeiten der Rückkoppelung in vorgelagerte Stadien gegeben sind.

Überschaut man den Gesamtprozess der Textproduktion, so zeigt sich, dass sich drei Hauptphasen herausheben lassen: die Phase der Planung (wenn man die kognitiven Aktivitäten der Motivierung, der Zielbildung und der Aktivierung von Wissen und Mustern in den Komplex der Planung einbezieht), die der Translation und die der Überprüfung. Deren Zusammenwirken wird geregelt durch eine zweckorientierte mentale Steuerungsinstanz, einen ‚Monitor' (Wrobel 2000,459). Nicht übersehen werden aber darf dabei, dass diese Phasen nicht als ein striktes Nacheinander, sondern eher als ein Neben- und Miteinander zu verstehen sind, als ein „rekursiv geregeltes ..., teilweise parallel verlaufendes oder reflexiv gekoppeltes Zusammenwirken einzelner Komponenten oder Stufen" (Wrobel 2000,459). Und am Rande sei vermerkt: Sichere Auskünfte über die Reihenfolge der Aktualisierung einzelner Kenntnissysteme können noch immer nicht gegeben werden. Ebenso wenig ist es möglich, anzugeben, welche Repräsentationsformen sich daraus ergeben, welche Operationen andere voraussetzen oder welche Operationen andere dominieren. Offenkundig gelangen bestimmte mentale Operationen gar nicht erst über die Schwelle des Bewusstseins, sondern laufen eher ‚halbbewusst' ab.

Als eine erste Teilzusammenfassung soll im Folgenden versucht werden, die Gesamt-
problematik der Textproduktion, aufbauend auf dem Basismodell von Hayes/Flower
1980, modellhaft zu skizzieren.

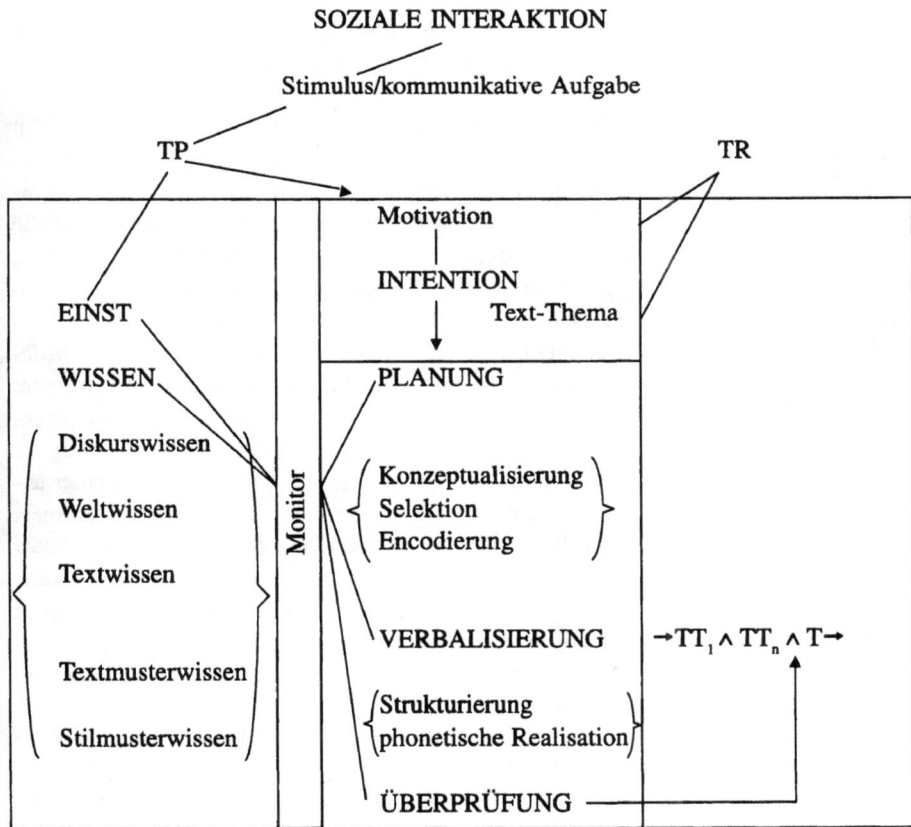

SOZIALE INTERAKTION

Stimulus/kommunikative Aufgabe

TP   TR

		Motivation	
EINST		INTENTION Text-Thema	
WISSEN		PLANUNG	
Diskurswissen	Monitor	Konzeptualisierung / Selektion / Encodierung	
Weltwissen			
Textwissen			
Textmusterwissen		VERBALISIERUNG	→TT$_1$ ∧ TT$_n$ ∧ T→
Stilmusterwissen		Strukturierung / phonetische Realisation	
		ÜBERPRÜFUNG	

Legende: TP = Textproduzent   TR = Textrezipient
         TT = Teiltext   T = Gesamt-Text

Abb. 28: Modell der Textproduktion

Zu den beiden wichtigsten Komponenten dieses Modells, der Planungsphase und der
Verbalisierungsphase, sollen nun – vor allem mit dem Blick auf die Konstitution umfangreicherer Schrift-Texte – einige erläuternde und spezifizierende Kommentare hinzugefügt werden.

3.4.3.3 Strategische Aspekte bei der Produktion von Texten

Viele Wege führen bekanntlich zum Ziel. Das gilt in besonderem Maße für kommunikative Prozesse, bei denen die Textproduzenten in der Regel vor der Notwendigkeit stehen, sich für eine von mehreren Handlungsalternativen zu entscheiden. Dass solche Entscheidungen wesentlich durch den Typ der jeweiligen Kommunikationsaufgabe beeinflusst werden, darf nach den bisherigen Erörterungen als allgemeine Regel vorausgesetzt werden.

Ein und derselbe Typ der Kommunikationsaufgabe (z.B. der funktionale Grundtyp des AUFFORDERNs) lässt jedoch zahlreiche Variierungen bei der praktischen Ausgestaltung zu. Eine Aufforderung kann beispielsweise sehr höflich und unverbindlich vorgetragen werden (= als BITTE); sie kann verbunden sein mit einem Hinweis auf die soziale/moralische/ästhetische Notwendigkeit oder Zweckmäßigkeit (= als APPELL); man kann sie aber auch strikt und verbindlich – gegebenenfalls verbunden mit Androhung von Sanktionen – formulieren (= als BEFEHL oder als WEISUNG).

Selbst wenn wir uns nun nur auf einen dieser Grundtypen, das BITTEN, konzentrieren, hat der Handelnde eine Vielzahl von Möglichkeiten, sein Anliegen vorzubringen. Er kann die Bitte direkt formulieren oder dem Partner nur indirekt zu verstehen geben; er kann den vom Partner erwünschten Vollzug einer Handlung als besonders wichtig für den Partner oder eine Gruppe darstellen *(= Aufwertungsstrategie)*; er kann in einer anderen Situation oder mit anderer Motivation die besonderen Fähigkeiten des Partners hervorheben, die im Grunde nur ihn als kompetent oder fähig zum Vollzug eben dieser vom Schreiber erwünschten Handlung erscheinen lässt *(= Streichel-Strategie)*; er kann ihn umgekehrt anspornen, indem er die mit dem Vollzug dieser Handlung verbundenen Schwierigkeiten als unproblematisch bzw. leicht überwindbar hinstellt *(= Mutmache-Strategie)*; der Handelnde kann aber auch die eigene Hilfsbedürftigkeit und das Angewiesensein auf die erbetene Partner-Handlung ins Zentrum seiner Bitte rücken *(= Strategie der emotionalen Verstärkung)*; und als eine weitere von vielen Varianten darf die *Imponier-Strategie* angesehen werden, bei der der Schreiber seine eigenen Fähigkeiten und Erfolge bei der Bewältigung ähnlicher Aufgaben herausstreicht und den Partner dadurch stimuliert, es ihm durch den Vollzug der erwünschten Handlung gleichzutun.

Wir erkennen unschwer, dass sich daraus eine außerordentliche Vielfalt und Variabilität von Textproduktionsprozessen herleiten lässt, die vom Textproduzenten immer wieder Entscheidungen verlangen im Hinblick auf den jeweils einzuschlagenden Weg zur Erreichung des kommunikativen Ziels, die dann wiederum wesentlichen Einfluss haben auf die Strukturierung und Formulierung des konkreten Textes. Für diese vielfältigen, über den allgemeinen Begriff der Planung hinausgehenden Entscheidungsprozesse verwenden wir im Folgenden den Terminus **Strategie**, und wir wollen versuchen, einige strategische Grundtypen für das Herstellen von Texten herauszuarbeiten.

Der Terminus *Strategie* stammt eigentlich aus dem militärischen Bereich und bezeichnet dort Wege zur Erreichung von weiter gesteckten militärischen Zielen und wird in der Regel mit dem Pendant ‚Taktik‘ (Wege zur Erreichung von Teilzielen) verwendet (vgl. Wagner 1978,14ff.;159f.). Heute wird der Terminus ‚Strategie‘ in vielen Bereichen des gesellschaftlichen Lebens gebraucht, besonders dann, wenn es um die Planung und Durchsetzung grundlegender Ziele geht.

In der Linguistik wurde der Terminus in den 70er und 80er-Jahren nur gelegentlich und zunächst mit Bezug auf die Produktion von Einzelsätzen gebraucht. Mit dem Aufkommen der Textlinguistik aber wurden Texte (genauer die Gesamtheit der zielgerichteten, bewusst ablaufenden Verarbeitungsoperationen bei der Produktion und Rezeption von Texten; vgl. dazu Kap. 3.4.2.3) zur Orientierungsgröße des Begriffs. Daraus ergibt sich, dass das Formativ ‚Strategie‘ seither – auch über den Text i.e.S. hinausweisend – weitgehend synonym mit differenzierter Sprecher-Planung und Leser-Planung verwendet wird (s. verallgemeinernd Michel 1988,27: Strategie ist eine „Konzeption, die auf die optimale Lösung einer Kommunikationsaufgabe gerichtet ist." Vgl. auch Rehbein 1977,205; Wagner 1978,14). In diesem Sinne bestimmen auch wir – mit Heinemann/ Viewweger (1991,214ff.) – Strategie als „das Resultat einer Kette von – in der Regel bewusst ablaufenden – Auswahl- und Entscheidungsoperationen, durch die Lösungsschritte und Mittel markiert werden zur Durchsetzung kommunikativer Ziele". Damit wird deutlich, dass Strategien zwischen den jeweiligen kommunikativen Aufgaben und Zielen der Partner einerseits und den zu ihrer Realisierung einzusetzenden sprachlichen und nonverbalen Mitteln andererseits vermitteln.

Nach van Dijk/Kintsch 1983 verfolgen Sprecher und Schreiber bei der Textproduktion zwei grundlegende strategische Ziele:
– Das *Darstellen des Textes*. Dazu sind zu rechnen die Aktivierung, die Auswahl und Bewertung jener Konzepte und Muster der Kenntnissysteme, die nach Meinung des Textproduzenten in einer bestimmten Situation zur Erreichung des dominierenden Ziels am besten geeignet sind (Auswahl und Ordnung dieser Einheiten im Sinne ihrer logischen und kommunikativen Zusammengehörigkeit; prosodische, syntaktische und lexikalische Encodierung; s.o.).
– Das *Herstellen des Textes*, die Sicherung des Textverständnisses. Die logisch und kommunikativ geordneten Informationen müssen so strukturiert und formuliert werden, dass sie vom konkreten oder potenziellen Leser möglichst schnell und problemlos aufgenommen werden können. Das bedeutet u.a., dass der Schreiber besondere Interessen und Erwartungen des Lesers/der Leser berücksichtigt und erwartbare Inferenzleistungen des Lesers bei der Textgestaltung einplant.

Außer diesen allgemeinsten strategischen Prinzipien bei der Konstitution von Texten ergeben sich, in Abhängigkeit von den kommunikativen Zielen und Bedingungen, nahezu für die Generierung eines jeden komplexen Einzeltextes unterschiedliche Möglichkeiten, um das jeweilige Handlungsziel zu erreichen. Natürlich ist es nicht möglich, für alle der oben angedeuteten individuellen Sekundärstrategien (z.B. der Streichel-Strategie, der Strategie des Aufwertens oder Abwertens von Personen oder Sachen/Sachverhalten; der Strategie des Ignorierens oder Verschleierns von Ereignissen, der Strategie des bewussten Verkomplizierens oder Vereinfachens von Sachverhalten oder Problemen; der Strategie der emotionalen Verstärkung ...; im Einzelnen dazu Wagner 1978,159ff.) verallgemeinernde Muster strategischen Vorgehens zusammenzustellen; wohl aber erscheint es sinnvoll und notwendig, einige strategische Grundtypen für das Produzieren von komplexen Texten (= Typ III, s.o.) zu eruieren und zu charakterisieren.

Wir übergehen in diesem Zusammenhang die Typen I und II, da bei ihnen normalerweise vor allem elementare Muster situationsbezogen aktiviert und sprachlich encodiert werden, so dass bei diesen alltäglichen rituellen Operationen strategische Aspekte für das Umgehen mit Texten nur eine periphere Rolle spielen oder gar nicht erforderlich sind.

Unter strategischem Aspekt nehmen wir bei diesem Grundtyp III die folgenden Subdifferenzierungen vor:
– **Strategien als individuelle Realisierungen einfacher Musterkomplexionen.** Dabei handelt es sich um Operationen, bei denen die grundlegende intentionale Komponente mit einer begrenzten Menge anderer Muster kombiniert wird. Dieser Typ wird kommunikativ immer dann relevant, wenn der Textproduzent auf Grund der besonderen Bedingungen der Interaktion und der Partner-Voraussetzungen erwartet oder Gründe für die Annahme hat, dass die erwünschte Reaktion des Partners durch die bloße Formulierung des eigenen Anliegens nicht oder nicht in vollem Umfang erreicht werden kann.
Zur ‚Stützung' seines Anliegens fügt der Schreiber daher der Kennzeichnung des jeweiligen intentionalen Grundtyps noch eine Komponente X hinzu, um unerwünschte Reaktionen, Missverständnisse und Zurückweisungen des Partners vorausschauend zu vermeiden.

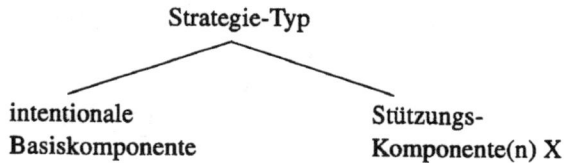

Strategie-Typ

intentionale
Basiskomponente

Stützungs-
Komponente(n) X

Dabei lassen sich drei Haupttypen von Komponenten mit Stützungsfunktion unterscheiden (vgl. Rosengren 1986,180; Motsch 1987,58ff.; Heinemann/Viehweger 1991,224):

$X_1 \rightarrow$ BEGRÜNDEN
$X_2 \rightarrow$ SPEZIFIZIEREN
$X_3 \rightarrow$ EXPLIZIEREN

Aus der Kombination der intentionalen Basiskomponente mit einer oder mehrerer dieser Stützungskomponenten ergibt sich eine Vielzahl strategischer Optionen, z.B. AUFFORDERN + BEGRÜNDEN, MITTEILEN + SPEZIFIZIEREN, ANFRAGEN + EXPLIZIEREN usw. In der kommunikativen Praxis vervielfältigt sich diese Zahl, da ja sowohl die intentionalen Grundtypen als auch die Stützungskomponenten wiederholt und in Subklassen differenziert auftreten können. Und jede der aus solcher Verknüpfung resultierenden Strategie-Typen kann zusätzlich noch durch die schon erwähnten individuellen Sekundärstrategien modifiziert werden.
Da die Kommunizierenden eine bestimmte Anzahl solcher Strategie-Typen und entsprechende Sekundärstrategien auf Grund entsprechender Erfahrungen interiorisiert

haben, bilden solche ‚Muster' den Ausgangspunkt für strategische Entscheidungen der Handelnden in bestimmten Situationen. Daraus resultiert dann die konkrete Textorganisation, insbesondere die Strukturierung des Textes und entsprechende Formulierungsentscheidungen. Einige dieser Strategie-Typen werden im Kap. 5 vorgestellt.

– **Strategien auf der Basis ganzheitlicher Vertextungsmuster.** Während der Strategie-Grundtyp der Musterkomplexion auf der einfachen Reihung bzw. Mischung von (Teil-)Mustern beruht, handelt es sich bei den Vertextungsmustern als Teilkomponenten von Text-Strategien (Heinemann 2000,356) um auf den Gesamt-Text oder zumindest auf zusammenhängende Teiltexte bezogene, ganzheitliche feste Strukturierungsmuster. Sie haben sich im Laufe der historischen Entwicklung auf Grund erfolgreicher kommunikativer Erfahrungen vieler Generationen der Kommunizierenden als feste Grundmuster der Textkonstitution herausgebildet.
Als solche relativ feste komplexe Strategiemuster, bei denen allerdings der strategische Spielraum für die Textgestaltung eingeschränkt ist, unterscheidet man in der Fachliteratur im Allgemeinen (s. Brinker 2000,356ff.) die Vertextungsmuster der *Narration,* der *Deskription* und der *Argumentation,* gelegentlich ergänzt durch das Muster der *Explikation.*

Bei der **Narration** (zusammenfasssend Gülich/Hausendorf 2000,369; vgl. auch Heinemann/Viehweger 1991,241ff.) handelt es sich um die chronologisch geordnete Reihung von Propositionen/Illokutionen, die zusammen genommen ein Ereignis repräsentieren. Vereinfacht:

a DANACH b DANACH c DANACH y ...

Legende: b setzt semantisch a voraus, y die Kette abc ...

Für die Aneinanderreihung solcher Ereignis-Teileinheiten verwendet man in der Erzähltheorie den Terminus *Plot.* Beachtung verdient, dass ein und derselbe Plot (z.B. ein Verkehrsunfall) nach unterschiedlichen narrativen Teilmustern gestaltet werden kann. Vereinfacht:
Man kann über den Unfallhergang BERICHTEN (= hier NARR I [REFERIEREN] genannt, beispielsweise in der Form eines Berichts für die Verkehrspolizei) oder ERZÄHLEN (= hier als NARR II bezeichnet, z.B. als unmittelbar Betroffener bzw. Augenzeuge in der Form einer Erlebnisdarstellung einer vertrauten Person gegenüber).

Das Vertextungsmusters der **Deskription** (=beschreiben; zusammenfassend Heinemann 2000,356ff.; vgl. Heinemann/Viehweger 1991,244ff.) kann metaphorisch als ein ‚Zeichnen mit sprachlichen Mitteln' umschrieben werden. Im Zentrum von Strategien, in denen dieses Vertextungsmuster zum Tragen kommen soll, stehen daher nicht Handlungs- bzw. Ereignis-Ketten, sondern Komplexe von Gegenständen/Objekten (= O), deren Merkmale (= M) systematisch erfasst und aus einer vom Schreiber zu wählenden, der jeweiligen Aufgabe angemessenen übergeordneten Perspektive (= Strategie) sprachlich dargestellt werden.

Schema:

(MO) a UND (MTO) b UND (MTO) c UND (MTO) x

Legende: MO = Merkmal(e) eines Objekts (hier: a)
MTO = Merkmal(e) von Teilen eines Objekts

Bei der Realisierung dieses Vertextungsmusters ist der Schreiber bemüht, dem Leser das Objekt in seiner Form, Beschaffenheit und Funktion vorstellbar zu machen. Daher sind exakte Angaben über Größen-, Form- und Lagebeziehungen der einzelnen Teile des Gegenstands ebenso wie genaue Bezeichnungen für die zu beschreibenden Teile von großer Bedeutung.

Charakteristisch für Strategien nach dem Vertextungsmuster **Argumentation** (Eggs 2000,397ff.; vgl. Heinemann/Viehweger 1991,249) ist das Darstellen von Sachverhaltszusammenhängen auf der Grundlage von Begründungen (weites Argumentationsverständnis) und Schlussregeln (Argumentationen i.e.S.). Das Basisschema bildet daher das In-Beziehung-Setzen von strittigen Annahmen/Behauptungen (das Gesetzte als Prämisse), aus denen durch ein ALSO eine Conclusio/Schlussfolgerung abgeleitet wird. Grundlage für eine solche Schlussfolgerung ist eine semantische Bedingungsrelation zwischen Sachverhalten. Voraussetzung für den Einsatz einer solchen Strategie ist das Erkennen dieser Zusammenhänge und deren schlüssige Darstellung mit dem Ziel des ‚Überzeugens' von Partnern.

Das daraus resultierende Sequenzierungsmuster dieses Verfahrenstyps, bezogen auf komplexe Texte, kann wie folgt gekennzeichnet werden:

WENN a, DANN b UND c UND d ...
↔ a → b UND c UND d ...
↔ a ALSO b UND c UND d ...

Legende: ↔ Zeichen für Äquivalenz
→ Symbol für eine implikative Relation

Diese Grundstruktur kann vielfältig variiert und modifiziert werden, auch durch Aussparung von Einzelschritten der Argumentationsabfolge, wenn die Herstellung dieser Zusammenhänge vom Partner als selbstverständlich erwartet werden darf.

Das Vertextungsmuster der **Explikation** (= erklären; zusammenfassend dazu Jahr 2000,385ff.) sei hier der Vollständigkeit wegen mit aufgeführt, obwohl es eher als ‚Mischkonzept' angesehen werden muss, da ja Sachverhalte und Objekte sowohl mit Hilfe von Argumenten ‚erklärt' werden können als auch durch ergänzendes Beschreiben, Berichten oder Erzählen.

Als ERKLÄRUNG bezeichnet man (s. Kondakow 1983,149) die „Aufdeckung des Wesens von Objekten und Fakten sowie ihr theoretisches Durchdringen", wobei jeweils zwischen einem Explanandum (dem zu Erklärenden) und dem Explanans (dem Erklärenden) unterschieden wird. Da sich aus der Klasse der so zu konstituierenden ,Erklärungs-Texte' (s. Lang 1976) keine charakteristischen Strukturierungs-Prinzipien und -Merkmale für komplexe Texte ableiten lassen, werden wir diesen Ansatz bei den folgenden didaktischen Implikationen und Beispielillustrationen nicht berücksichtigen.

– **Strategien zur Gestaltung umfangreicherer Schrift-Texte.** Obwohl die Produktion von ,überdimensionierten' Schrift-Texten normalerweise Spezialisten (als Autoren von Monographien, Dissertationen, Forschungsberichten, Lehrbüchern, Sachbüchern, Romanen …) vorbehalten ist, wollen wir hier wenigstens im Ansatz Spezifika von übergreifenden Langzeit-Strategien mit erfassen, da ja Studenten bei der Abfassung von Qualifizierungsarbeiten aller Art immer wieder mit solchen Aufgaben konfrontiert werden.

Voraussetzung für das Abfassen eines solchen Groß-Textes ist natürlich die Sachkompetenz des Schreibers, aber auch eine spezifische kommunikative Kompetenz zum Abfassen wissenschaftlicher Arbeiten. Auch die oben erörterter allgemeinen Aspekte strategischen Vorgehens spielen natürlich bei der Generierung von Texten dieser Klasse eine wesentliche Rolle. Der Schreiber muss vor allem wissen, was er mit einem solchen Text primär zu sagen hat. Danach richtet sich die ,Portionierung' der Informationsmenge, die Herausstellung von Textteilen mit Kerninformationen einerseits und die Konzipierung der diese umrahmenden Textteile mit stützender Funktion. Der Schreiber sollte bei der strategischen Planung einer solchen Aufgabe aber immer auch in Rechnung stellen, was mit Hilfe dieses Textes bei bestimmten Lesergruppen (z.B. bei bestimmten Fachspezialisten, aber auch bei einem Prüfungsgremium; bewirkt werden könnte.

Das eigentliche Problem bei der Gestaltung besonders umfangreicher Schrift-Texte aber liegt ohne Frage in ihrer Dimensionierung.

Die außerordentliche Fülle der zu einem bestimmten Zweck zu vermittelnden Informationen muss daher vom Schreiber systematisch erfasst und vor allem geordnet werden, und zwar so, dass der Rezipient in die Lage versetzt wird, Aufbau und Inhalt des Gesamt-Textes zu überschauen.

Es erweist sich daher als notwendig, das umfangreiche Material systematisch aufzuarbeiten und unter dem Zielaspekt als *Groß-Text* zu strukturieren, *Teil-Texte* und deren Subeinheiten herauszuarbeiten und sie in ein logisch-semantisches Beziehungsgefüge zu bringen. Das Gliedern und Untergliedern des Gesamt-Textes wird daher bei Groß-Texten zu einer conditio sine qua non; und jeder größeren Arbeit sollte daher eine detaillierte Gliederung vorangestellt werden. (Zur Problematik von Teil-Texten s. Graustein/Thiele 1983,49ff.)

Schematisch:

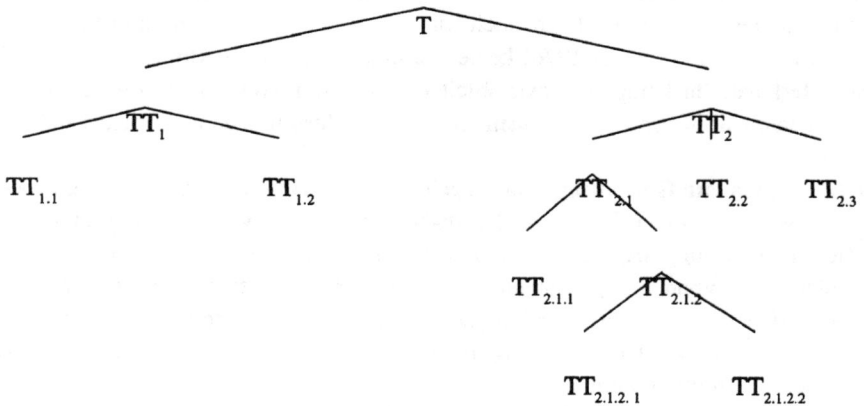

Legende:

T		Text
TT_2		Teiltext (Hauptkapitel)
$TT_{2.1}$		Kapitel
$T_{2.1.1}$		Abschnitt
$T_{2.1.2.1}$		Absatz

Abb. 29: Text und Teiltext

Die Abgrenzung der Teiltexte unterschiedlicher Hierarchiestufen voneinander wird häufig nicht nur durch Gliederungspunkte, sondern auch durch Gliederungssignale markiert. Im Grunde muss für jede Teiltexteinheit eine Teilstrategie entwickelt werden, und die Sinnklammerungsstrategie mit pragmatischen Kommentaren und Querverweisen (s. Kadow 1987,107ff.) gewährleistet dann das funktionale und semantische Aufeinander-Bezogensein der unterschiedlichen Teiltexte und Textteile und erleichtert dem Rezipienten die Sinnkonstitution.

Hervorhebung verdient an dieser Stelle noch ein nicht strategisch bedingtes Spezifikum der Konstitution von Groß-Texten: Die Phase der Überprüfung/Kontrolle des bereits Geschriebenen (s. Kap. 3.4.3.2) nimmt bei fast allen Schreibern breiten Raum ein: Vielfach kommt es zur Umformulierung des Textes, eventuell gar zur Umorganisation des ursprünglich konzipierten Textes: Der Schreiber verändert bei neuen Einsichten das Grobgliederungsschema, modifiziert einzelne Teiltexte, ergänzt andere, nimmt Umstellungen vor oder eliminiert bestimmte Teileinheiten, die er für das Glücken der Text-Schreibhandlung für entbehrlich oder unwesentlich hält.

3.4.3.4 Zur Verbalisierung mentaler Strukturen

Alle bisher erörterten Teilprozeduren der Textproduktion münden letztlich im Prozess der Versprachlichung mentaler Strukturen. Daher gehen auch diese Teilaspekte der Textproduktion auf interaktionale Rahmenbedingungen zurück und stellen damit Ergebnisse strategischer Entscheidungen der Textproduzenten dar. Strategien richten sich also nicht nur auf die globale Textplanung (die Fixierung strategischer Maximen, den Gesamtaufbau von Texten, die Subgliederung und Gewichtung der Teiltexte), sondern in besonderem Maße auf die Prozesse der Textformulierung.

Dieser „zentrale Aktivitätskomplex des Formulierens ist bislang nur unzureichend erforscht" (Wrobel 2000,462). Als eine Ursache dafür sieht Wrobel, dass der Formulierungsprozess als eine eher nur vage zu bestimmende Schnittstelle zwischen kognitiven und sprachlichen Strukturen zu begreifen ist. (Die Kognitionswissenschaften sehen den Gegenstand ihrer Untersuchungen in Problemen der kognitiven Organisation, also *vor* der Formulierungsphase, und die Linguisten setzen mit ihren Überlegungen erst *nach* dieser Phase an, also dann, wenn sprachliche Strukturen bereits greifbar sind.)

Jedes Formulieren setzt mit einer *Planungsphase* (vgl. Abb. 30; bei Anderson 1989,349 ‚Konstruktion' genannt) ein, in der das für die Lösung einer bestimmten Schreibaufgabe notwendige Wissen aktiviert und geordnet wird. Dabei legt der Textproduzent fest, *was* mit dem Blick auf die jeweilige kommunikative Aufgabe gesagt werden soll und in welcher Reihenfolge die Informationen zweckmäßigerweise angeordnet werden sollten, und er überlegt und entscheidet – nun orientiert auf das erwartbare Partner-Wissen – *wie* er das zu Sagende am effektivsten vermitteln kann, indem er bei der Auswahl entsprechender sprachlicher Mittel an erwartbar Gewusstes beim Partner anknüpft und auf der Grundlage allgemeiner und textsortenspezifischer Kommunikationsmaximen aus einem ungeordneten gedanklichen Konstrukt eine lineare Kette sprachlicher Signale macht, die sich zunächst als lockere Propositions- und Wortfolge erweist. Wrobel (2000,464) spricht in diesem Zusammenhang von *Prä-Texten*, von „sprachlichen, aber noch nicht schriftlich realisierten Vorstufen des zu produzierenden Textes, die im Formulierungsprozess tentativ gebildet, erprobt, den globalen oder lokalen Formulierungsanforderungen angepasst und schließlich zu inskriptionsfähigen Textäußerungen ausgeformt werden". Da das Formativ ‚Prä-Text' aber in den Kognitionswissenschaften und in der Linguistik bereits durch andere Begriffsinhalte ‚besetzt' ist, sprechen wir von noch semantisch geprägten *Vorformulierungen* des Textes.

In der zweiten Phase der Verbalisierung, der *Transformation*, erfolgt die eigentliche Umformung von propositionalen Bedeutungseinheiten in eine sprachliche Mitteilung, indem der Schreiber nach syntaktischen Regeln Sätze erzeugt. Dabei geht er aber nicht Wort für Wort vor. Vielmehr formt er, wenn die Reihenfolge der zu erzeugenden Äußerungseinheiten entsprechend der interaktionalen Gesamtkonstellation annähernd festgelegt ist, zunächst die ‚Hauptaussage' der Proposition/der Propositionen in einen Satzrahmen um, in ein charakteristisches Satzmuster (z.B. einen Aussagesatz), das dann sukzessive, Konstituente für Konstituente, ‚aufgefüllt' wird. Innerhalb des Satzrahmens erfolgt daher die Erzeugung der Äußerung Phrase für Phrase, werden Bedeutungsrepräsentationen in Konstituentenmuster überführt.

Für Linguisten dürfte es von größtem Interesse sein, dass sich Konstituenten nicht nur als grammatische Teilstrukturen von Sätzen erweisen, sondern auch – wie psychologische Tests beweisen – als psychisch fundierte Einheiten (Anderson 1989,360). Gleichfalls aufschlussreich für den Prozess der Transformation sind Ergebnisse von psychologischen Untersuchungen von ‚Versprechern' der Individuen, aus denen hervorgeht, dass Schreiber innerhalb der Konstituentenstruktur zuerst immer das jeweilige (Wort-)Muster festlegen (z.B. bestimmte ‚Funktionsmorpheme' *-ung, -te, ge-, -en* ...), ehe sie zur lexemischen Auffüllung des Musters gelangen (ebd. 362).

Die Phase der *Exekution* (Anderson 1989,363) bzw. – auf Schrift-Texte bezogen – der *Inskription* (Wrobel 2000,464) steht für den eigentlichen, physischen Prozess des Sprechens oder Schreibens (*mit der Hand schreiben*, mit *Schreibmaschine, Computer, diktieren* ...), durch den die einzelnen Sätze und in ihrer Gesamtheit der Text erzeugt werden. Wir verzichten hier auf die Kennzeichnung der kognitiven und motorischen Fähigkeiten der Individuen zur Erzeugung von Buchstaben und Buchstabenkomplexen, da diese als selbstverständliche Voraussetzung für das Produzieren von komplexen Schrift-Texten anzusetzen sind. Wichtig aber erscheint uns der Hinweis, dass sich die Kommunizierenden beim kreativen Prozess des Schreibens zunächst auf pragmatisch-inhaltliche Aspekte der Darstellung konzentrieren sollten, erst sekundär auf den Stil, auf syntaktische Ausprägungen oder die Rechtschreibung.

Die Phase der Exekution, insbesondere bei Texten der Distanzkommunikation, schließt häufig einen Prozess der Überarbeitung, der *Revision* der schon produzierten Textteile ein. Damit kann der Schreiber den Text (durch Hinzufügungen, Tilgungen, Umstellungen, Ergänzungen spezifischer Signale zur leichteren Sinnkonstitution für den Partner, aber auch durch stilistische, grammatische oder Rechtschreib-Korrekturen) optimieren, d.h. ihn im Hinblick auf den angestrebten Zweck wirkungsvoller machen. In diesem Zusammenhang sei darauf verwiesen, dass die hier skizzierten drei Hauptphasen der Textproduktion keinesfalls als feste Abfolge von Prozeduren zu verstehen sind. Zwar kann eine spätere Phase erst beginnen, wenn die vorangehende bereits läuft, aber ein Schritt muss nicht notwendigerweise abgeschlossen sein, bevor der nächste anfängt. „Normalerweise planen Sprecher ihre Bedeutungen, während sie Sätze produzieren." (Anderson 1989,362)

Erwähnung verdienen schließlich Versuche vor allem im Rahmen der ‚Künstlichen Intelligenz'-Forschung, Textproduktion maschinell zu bewältigen. Hauptschwierigkeit bei der experimentellen Untersuchung von Textproduktion ist im Allgemeinen „die kontrollierbare Vorgabe einer mentalen Struktur als Ausgangsbasis." (Figge 2000,100). In verschiedenen Modellen der ‚Künstlichen Intelligenz' wurde daher dem Versuch der Simulation von Textproduktion eine sehr eingeschränkte Wissensdomäne zugrundegelegt. Auf der Basis solcher Wissensrepräsentationen wurden Algorithmen der Textproduktion konstruiert und implementiert. Als Ergebnisse wurden Rezipienten Informationen in Textform übermittelt, wobei in der Regel zunächst eine Makrostruktur erstellt wurde, die man anschließend einem ‚Vertextungsprozess' unterzog. Zum Teil können auf diese Weise Sequenzierung und Koordination/Subordination von Sätzen, die Einfügung von Konnektoren und sogar die Setzung bestimmter Artikel gesteuert werden. Da es aber keine Algorithmen gibt, die Sätze nicht nur satzweise, sondern als Text grammatisch analysieren können, sind diese Analyse-Verfahren für die Textproduktion nur in sehr begrenztem Maße anwendbar, ganz abgesehen davon, dass nur

erste Ansätze registriert werden können, von der kommunikativ neutralen Wissens-
organisation zum kommunikativ bestimmten Text überzugehen, d.h. auch situationale
und intentionale Komponenten und im Zusammenhang damit auch spezifische Textsorten bei Textproduktionsprozessen zu berücksichtigen. Nach wie vor „bleibt es in der
Regel ein Problem, wie man top-down von der Textstruktur oder dem Textplan zur Ebene der Wörter und der Satzsyntax kommt" (Rothkegel 2000,850).

4 Zur Praxis des Umgehens mit Texten/Diskursen: Textanalyse, Textbeschreibung, Textproduktion

4.1 Vorbemerkungen

Nach der Erörterung der ‚Grundlagen' der Textlinguistik wenden wir uns nun einigen speziellen Fragen der Anwendung dieser weit ausgreifenden Konzepte zu, dem praktischen Umgehen mit Texten. Wegen der Relevanz gerade dieses Aspekts ('the eating is the proof of the pudding') müsste den damit verbundenen Fragestellungen ein außerordentlich breiter Raum eingeräumt werden; doch können wir in diesem Rahmen nur von einem sehr begrenzten Umfang dieser Teilkapitel ausgehen.

Dabei sind zwei Hauptproblemkreise zu berücksichtigen:

- Welche Möglichkeiten ergeben sich für die Analyse und Beschreibung vorliegender Textexemplare, immer einen spezifischen Zweck der Analyse/Beschreibung vorausgesetzt? Damit thematisieren wir das praktische Umgehen mit Texten aus der Sicht von Textrezipienten (s. Kap. 4.2; 4.3).
- Welche Hilfen kann man Kommunizierenden geben, die vor die Aufgabe gestellt werden, Texte eines bestimmten Typs zu produzieren? Diese n.u.A. außerordentlich wichtige Frage mit praktischen, insbesondere didaktischen Konsequenzen spielte in bisherigen linguistischen und kommunikationsorientierten Darstellungen keine oder bestenfalls eine periphere Rolle. Wir wollen uns hier dieser grundlegenden kommunikativen Aufgabe aller linguistischen und kognitiven Forschung wenigstens im Ansatz stellen, indem wir versuchen, einige kognitive Muster und Rahmenmodelle mit entsprechenden Leerstellen für die Bewältigung spezifischer kommunikativer Aufgaben zu kennzeichnen (s. Kap. 4.4).

Bei der Auswahl der kleinen Menge der in diesem Rahmen darstellbaren Textmodelle waren wir bemüht, sowohl Texte der Sprech- als auch der Schriftkommunikation aus unterschiedlichen Kommunikationsbereichen zu berücksichtigen – immer unter dem Aspekt der Praxisrelevanz für den Alltagssprecher. In Einzelfällen fungierten für uns methodologische Aspekte der Darstellung als Kriterium für die Textauswahl. Nur ein Teil der hier vorgestellten Texte ist originär im Hinblick auf die wissenschaftliche Bearbeitung. Die Darstellung erfolgt in diesen Sonderfällen in Anlehnung an die Vorgaben, jedoch mit besonderer Akzentuierung der hier entwickelten Beschreibungsaspekte. Erwähnung verdient noch, dass wir uns bei der Wiedergabe von (Sprech-)Texten im Allgemeinen einer vereinfachten Transkription bedienen, von der wir nur in Ausnahmefällen – wenn das im Hinblick auf den Verstehenszusammenhang sinnvoll ist – abweichen.

Da uns für die Darlegung der Praxisprobleme der Textlinguistik nur relativ wenig Raum bleibt, ist es uns nicht möglich, alle zu analysierenden Einzeltexte und Diskurse in dieser Darstellung vollständig wiederzugeben. Wir müssen uns daher häufig auf den Abdruck und die Interpretation relevanter Textteile beschränken. Doch gehen wir davon aus, dass Leser die auf diese Weise entstehenden ‚Lücken' der Darstellung und der Analyse auf der Grundlage der entsprechenden Literaturverweise, der Lektüre der Grundlagenkapitel dieses Buches und ihrer eigenen kommunikativen Kompetenz mühelos überbrücken können.

4.2 Zu einigen methodologischen Aspekten der Analyse und Beschreibung von Texten und Diskursen

Für die Analyse von Texten sind in wissenschaftlichen Darstellungen zahllose Vorschläge unterbreitet worden, die sich großenteils als Explikationen bestimmter theoretischer Konzepte erweisen (z.B. grammatisch oder semantisch orientierte, handlungstheoretisch fundierte, kognitiv gestützte ... s.o.), teils aber auch auf unmittelbare praktische Erfahrungen bei der Analyse bestimmter Textklassen zurückgehen.

Wir verzichten in diesem Rahmen auf eine vergleichende Darstellung von Text-Modellen und akzentuieren in diesem Zusammenhang zusammenfassend nochmals die n.u.A. wesentlichen Prinzipien und Schritte für das kognitive Erfassen von Texten (‚Textverstehensoperationen'), das Analysieren (‚Text-Analyse-Modelle') und Beschreiben von Texten (‚Text-Beschreibungs-Modelle').

Dabei soll das ‚Erfassen' des Textsinns die vielfältigen kognitiven Prozeduren reflektieren, die für das Textverstehen grundlegend sind.

Textverstehensoperationen (hier als ‚Phasen', ein Nacheinander von Operationen dargestellt; in der Textverarbeitungspraxis greifen diese Operationen vielfach ineinander):
– pragmatische Vorab-Orientierung des Rezipienten:
  Kooperationsbereitschaft und Ziele des Rezipienten in der Interaktion, Rezeptions-Strategien, Kognizierung und Bewertung der aktuellen kommunikativen Situation und des Partners (auf der Basis von Präsignalen);
– Aktivieren eines bestimmten, der Interaktionskonstellation und einer Textsorte entsprechenden Textmusters (Schema-Aktivierung);
– Wahrnehmen und Identifizieren von herausgehobenen Textsignalen (Überschrift, Layout ...) mit propositionaler Zuordnung (Text-Thema und Text-Erwartung);
– Wahrnehmen und Identifizieren von 'chunks' des ersten Satzes/der ersten Äußerung/des ersten Absatzes/des ersten Redebeitrags mit Transformation in entsprechende semantische Einheiten/Strukturen;
– sukzessives Wahrnehmen und Identifizieren weiterer 'chunks' und Sätze/Absätze ... und deren Umsetzung in semantische Einheiten/Strukturen bei fortlaufenden Inferenz-Operationen;
– fortlaufende Prozesse der propositionalen Integration und der Erschließung von Teil-Textbedeutungen immer höherer Ordnung bis zum Erfassen der Textbedeutung und zur Konstitution des Textsinns (wieder begleitet von Inferenzprozessen).

Diese Verstehensprozeduren können aber nicht schon als Modelle für das schriftlich fixierte komplexe Charakterisieren/Beschreiben von Texten angesehen werden; diese fungieren vielmehr nur als Mittel zum Zweck: der Herausarbeitung und Darstellung der wesentlichen Aspekte der jeweiligen Textganzheit in einer gegebenen Interaktions-konstellation. Daher unterscheiden sich Erfassungs- und Analyse/Beschreibungs-verfahren sowohl operational als auch substanziell im Hinblick auf die zu erfassenden bzw. zu beschreibenden Texteinheiten/Text-Teileinheiten.

Es gibt zahllose Vorschläge für Textanalysen/Textbeschreibungen. Sie lassen sich im Hinblick auf das Procedere zwei Haupttypen von ‚Modellen' zuordnen: einem bottom-up-Vorgehen, das von der Analyse der Oberflächenphänomene kleinerer Texteinheiten ausgeht (im Folgenden als *Analyse-Modell* gekennzeichnet), und einem top-down-Vor-gehen, bei dem in der Darstellung primär die Textfunktion/die Intention des Textpro-duzenten fokussiert wird, weil aus den interaktionalen Faktoren nahezu alle Einzelphä-nomene des Textes ableitbar und damit erklärbar werden (im Folgenden *Beschreibungs-Modell* genannt).

Wenden wir uns zunächst dem zuerst genannten Grund-Typ, dem **Analyse-Modell**, zu. Dabei rücken die Prozesse der mehr oder minder traditionellen Analyse der Ober-flächenstrukturen ins Zentrum der Darstellung: die Kennzeichnung von ‚Schlüsselwör-tern', lexikalischer Mittel zur Herstellung von Konnexität und textgeleiteter Kohärenz, von Satzbauplänen und syntaktischer Komplexität … Es versteht sich von selbst, dass die Darstellung dieser Analysen zumindest bei umfangreicheren Texten auf exempla-risch ausgewählte Textteile beschränkt bleiben muss. Welchen Umfang müsste sonst etwa allein die syntaktische Analyse eines Romans haben?

Das Zusammenwirken der oberflächenstrukturellen Elemente, das eigentlich ‚Textuelle' also, kann bei diesem Prozedere transparent gemacht werden, indem der Analysierende ausweist, wie Textteilbedeutungen und letztlich auch die Textbedeutung zustandekommen. In welchem Detailliertheitsgrad und in welcher Notation er die se-mantischen Teilstrukturen kennzeichnet, ist vom jeweiligen Zweck der Analyse abhän-gig. Die Darstellung semantischer Zusammenhänge ist durchaus auch ohne logisch-semantische Formeln möglich; sie können vereinfacht wiedergegeben werden durch die für bestimmte Propositionen charakteristischen sprachlichen Ausdrücke. In jedem Falle aber sollte die Analyse die grundlegenden semantischen Zusammenhänge des Textes für den Leser nachvollziehbar machen. Erst nach den eigentlichen Analyseprozessen kennzeichnet der Analysierende auf der Basis des In-Beziehung-Setzens der Text-Teil-strukturen mit den situativ-pragmatischen Gegebenheiten die Funktion des Gesamt-Textes und die Intention des Textproduzenten. Damit wird zugleich deutlich, dass das Analyse-Modell zumindest partiell mit dem kognitiven Textverarbeitungsmodell korres-pondiert.

Textanalyse-Modell (hier nur schematische Grobskizze der grundlegenden Schritte; die praktische Ausgestaltung dieser Hauptschritte lässt zahlreiche Variierungen zu):

- Lexikalische und syntaktische Analyse der Initial-Einheit des Textes einschließlich bestimmter Präsignale, der Überschrift, des Gesprächseröffnungsrahmens … Markieren von ‚*Schlüsselwörtern*' und *Konnexionen*, von Indikatoren der Textbedeutung und der Textfunktion. Fixieren der nach Auffassung des Analysierenden für den jeweiligen Zweck der Analyse semantisch relevanten oberflächenstrukturellen Repräsentationsformen der Initial-Einheit, gegebenenfalls in logisch-semantischer Notation.
- Analoge Analyse weiterer Text-Einheiten. Semantische Umformungen, Zusammenfassung von Teiltexteinheiten zu immer größeren Informationsblöcken. In-Beziehung-Setzen semantischer Teil-Einheiten untereinander (bei Sprech-Texten Markierung von Formen des Sprecher-Wechsels), Hervorhebung von sprachlichen Mitteln zur Herstellung textueller (Teil-)Kohärenz.
- Analoge lexikalische/syntaktische und semantische Analyse des Terminalteils des Textes.
- Integration der Analyse-Ergebnisse auf globaler Textebene bei grundsätzlichem In-Beziehung-Setzen mit den interaktionalen Rahmenbedingungen. Zuordnung des Textes zu einer Textsorte, Fixierung der erschlossenen Intention des Textproduzenten. Einschätzung und Kennzeichnung von Auswahl und Verwendung sprachlicher Mittel im Hinblick auf den intendierten Zweck und die Realisierung der textsortenspezifischen Kommunikationsmaximen. Je nach Zweck der Analyse Markierung von Stützungszusammenhängen zwischen den Teiltexten im Sinne der Text-Thema-Entfaltung, Fokussierung von charakteristischen syntaktischen oder lexikalischen Strukturen des Gesamt-Textes oder von Einzelphänomenen.

Am weitesten verbreitet für die Charakterisierung von Gesamt-Texten sind ohne Frage die oben apostrophierten top-down-Modelle, die **Text-Beschreibungs-Modelle** i.e.S. (vgl. dazu u.a. Brinker 1997,126ff., auch wenn dort der Terminus ‚Analyse-Modell' präferiert wird). Bei diesen Ansätzen geht es nur sekundär um die Charakterisierung der Oberflächenstrukturen; Ausgangs- und Zielpunkt dieser Textbeschreibungen ist vielmehr das praktische Funktionieren des Textes (gegebenenfalls auch des Gesamt-Diskurses). Daher folgen diese Modelle nur noch eingeschränkt dem Phasenablauf der Textverstehensprozesse. Die bei der Textverarbeitung gewonnenen Einsichten werden unter dem Aspekt der Gesamtcharakterisierung des Textes und seiner Rahmenbedingungen neu geordnet und systematisch bestimmten, für wesentlich erachteten Beschreibungskategorien zugeordnet. So nimmt beispielsweise die Intention des Textproduzenten eine Art Pole-Position bei diesen Textbeschreibungen ein, weil sie zentral ist für das Funktionieren des Textes, während dieselbe Kategorie beim Textverstehensprozess – wie wir oben zeigten – erst als abschließende Conclusio des Textrezipienten fassbar wird.

Bei den im Folgenden charakterisierten Beispiel-Textbeschreibungen stützen auch wir uns auf ein solches top-down-Rahmen-Modell, das nachstehend begründet und erläutert wird. Es ist natürlich nur eines von vielen möglichen Rahmen-Modellen, das bei Einzelinterpretationen je nach dem konkreten Zweck der Beschreibung der Ergänzung und ‚Auffüllung' bedarf. Bei der Spezifizierung eines solchen top-down-Beschreibungsrahmens gingen wir von folgenden *Vorüberlegungen* aus:

Konzeptionell setzen wir wie schon Wunderlich (1981,3ff.) vier Hauptkomponenten an, die n.u.A. für das Beschreiben von Texten von größter Bedeutung sind: Interaktive Prozesse, interaktionale Rahmenbedingungen, kognitive Prozeduren und sprachliche Prozesse. Die Notwendigkeit eines solchen über den Text i.e.S. hinausgehenden Konzepts ist in der Fachliteratur fast unbestritten: Die Frage ist aber, *wie* eine solche Vielfalt in einem überschaubaren und leicht handhabbaren Modell dargestellt werden kann.

Die kognitiven Prozeduren bei der Textverarbeitung haben wir schon oben schematisch zusammengefasst. Sie bilden keine eigenständige Komponente der Text-Beschreibung. Vielmehr werden bei Text-Beschreibungen immer nur Ergebnisse dieser kognitiven Operationen berücksichtigt, soweit sie auf situativ oder textuell wahrnehmbare Größen/Einheiten bezogen sind oder aber erschlossene Einstellungen und Intentionen der Partner bzw. die Textsortenzuordnung betreffen.

Dass *interaktive Prozesse und interaktionale Rahmenbedingungen* als determinierende Faktoren für die Kennzeichnung von Texten anzusehen sind, wurde schon oben begründet. Sie bilden daher wie in anderen Beschreibungsansätzen (vgl. dazu etwa Brinker 1997) die Basis und damit den Ausgangspunkt der Textbeschreibung (= Ebene I des Beschreibungsmodells). Die interaktionale Konstellation umfasst nicht nur die Partner mit ihren Einstellungen und Intentionen, sondern vor allem die situativen Faktoren in ihrer Gesamtheit: die Umgebungssituation, die Tätigkeitssituation, das Medium und die ‚Kommunikationsformen' (Brinker 1997,134ff.), den Kommunikationsbereich.

Bei der Kennzeichnung der situativen Faktoren ist zu beachten, dass sich der Textbeschreiber, der ja im Grunde einen Text rezipiert und verarbeitet, in einer anderen Situation befindet als der unmittelbar an der Interaktion beteiligte ‚eigentliche' Rezipient des Textes. Der Textbeschreiber kann die Umgebungssituation nicht direkt kognizieren, sondern muss versuchen, LOC und TEMP des ‚fremden' Kommunikationsereignisses aus Indikatoren des Textes und des Kontextes zu erschließen. Analoges gilt für das Erfassen aller weiteren interaktionalen Rahmenbedingungen. Und erst die auf dieser Grundlage mögliche Rekonstruktion der Ziele und Intentionen des Textproduzenten (sekundär auch des ‚eigentlichen' Textrezipienten) und der allgemeinen und spezifischen kommunikativen Funktion des zu untersuchenden Textes erlaubt dem Beschreibenden schließlich Aussagen über die Bewertung des Textes unter verschiedenen Aspekten, nicht zuletzt im Hinblick auf den kommunikativen Erfolg.

Da der Beschreibende am zu untersuchenden Kommunikationsakt nicht beteiligt ist, nimmt er eine grundsätzliche Distanzhaltung zum ‚eigentlichen' Kommunikationsereignis ein. Während beispielsweise der ‚eigentliche' Rezipient auf eine an ihn in einem Schreiben gerichtete Aufforderung durch den praktischen Vollzug oder Nichtvollzug einer Handlung/Sprachhandlung unmittelbar reagiert, kogniziert der Beschreibende lediglich das gesamte Kommunikationsereignis, stellt dabei nur distanziert den Handlungsablauf fest und nimmt dieses Faktum als Grundlage für Bewertungen im Rahmen seiner Text-Beschreibung.

Als kontextgebunden i.w.S. ist auch das Textualitätsmerkmal der Diskursivität (s.o.) einzuschätzen. Die Einbeziehung von Diskurselementen in Textbeschreibungen kann jedoch nicht generell als obligatio betrachtet werden. Während etwa in einem Zivilprozess der Rückgriff auf vorausgehende Aussagen (oder Handlungen) oder die Vorausschau auf mögliche künftige Verhaltensweisen des Angeklagten von entscheidender Bedeutung für die Urteilsfindung und -begründung sein kann, gibt es andere Texte, die zwar objektiv in einem mehr oder minder umfangreichen Diskurszusammenhang stehen, subjektiv aber kann dieser übergreifende Bezug von einem oder beiden Kommunikationspartnern in einer bestimmten Situation für vernachlässigbar oder nicht wesentlich gehalten werden. Wenn das der Beschreibende den am eigentlichen Kommunikationsprozess Beteiligten unterstellt, erscheint es durchaus legitim, wenn in solchen Fällen auf das Explizitmachen von Diskurselementen verzichtet wird. Der Grad der Einbeziehung des diskursiven Umfelds eines Textes ist daher primär abhängig von der Relevanz der Diskursteile für die mit dem jeweils aktuellen Text verfolgten Ziele der Kommunizierenden.

Die zweite Ebene unseres Beschreibungsansatzes lässt sich als *Globalorientierung*, d.h. Orientierung auf den Gesamt-Text und Diskurs umschreiben. Dabei kommt es darauf an, die Grobstrukturierung des Textes zu erfassen und zu kennzeichnen, bezogen sowohl auf die schon mit der Intention des Textproduzenten gegebene Text-Thema-Prägung und deren thematische Thema-Entfaltung als auch auf die formale Subgliederung des Gesamt-Textes in Absätze, Abschnitte, thematische Blöcke ... Diese ganzheitliche Orientierung setzt die schon erwähnte Distanzhaltung des Beschreibenden voraus.

Das Besondere unseres Vorgehens aber wird vor allem im dritten Block des Beschreibungsmodells (der Ebene III) deutlich. Hier werden die einzelnen Komponenten nicht wie in den meisten Modellen nacheinander oder nebeneinander – vergleichbar mit eigenständigen Modulen – gekennzeichnet; vielmehr soll hier das Miteinander dieser Komponenten, ihr Zusammenwirken transparent gemacht und damit gezeigt werden, wie aus den komplexen sprachlichen Einheiten und Strukturen ‚Texte in Funktion‘ werden.

Auf dieser *lokalen Ebene* werden daher nicht – wie in zahlreichen Analyse-Modellen – Oberflächenstrukturen, semantische Strukturen und illokutive Strukturen des Gesamt-Textes nebeneinandergestellt. Der Beschreibende konzentriert sich bei diesem Procedere vielmehr auf kleinere Teiltexte und Textteile in ihrer Komplexität, versucht zunächst die approximative Gesamtbedeutung dieses Text-Abschnitts hervorzuheben, die Rolle dieses Teiltexts für den Gesamt-Text zu kennzeichnen und zugleich zu eruieren, mit welchen sprachlichen und gegebenenfalls nonverbalen Mitteln der Textproduzent diese Teil-Textbedeutung im konkreten Text realisierte. Lexikalische Elemente und grammatische Strukturen können auf diese Weise eingebettet und integriert, ja ‚aufgehoben‘ werden in komplexe – semantisch geprägte – Basiseinheiten. Die Darstellung der semantischen Einheiten kann natürlich in logisch-semantischer Form, durch propositionale Strukturformeln, erfolgen. Für die Beschreibung dieser Einheiten können aber auch, wie schon oben angedeutet, einfachste Formen eingesetzt werden, etwa die die jeweilige komplexe Bedeutung repräsentierenden Nomina (z.B. *Anlagemöglichkeiten*) oder entsprechende Wortgruppen (*mögliche Anlagen*) oder Einfach-Sätze (*Anlagen sind möglich bei ...*), wobei dann der kohäsive Zusammenhang zwischen verschiedenen Teilbedeutungen durch begründende oder spezifizierende Konnektoren zusätzlich markiert werden sollte, beispielsweise durch WEIL, DAHER, DANACH ...; zur Verdeutlichung semantischer Zusammenhänge können aber auch einfache Strukturformeln eingesetzt werden: ‚X ist Y' (bei Definitionen u.ä.), X → Y, ‚wenn A ... dann B' u.a.

Auch für die Charakterisierung von Propositionen in komplexeren Texten gilt schon aus Gründen des Umfangs der Darstellung wieder die oben formulierte Darstellungsbeschränkung, konzentriert auf jene Propositionen/Propositionskomplexe, die der Beschreiber für die Konstituierbarkeit des Textsinns für relevant hält, und die zugleich zusammengenommen den inneren Zusammenhang der Textteile transparent machen. Außerdem wird für den Interpreten evident, welche Funktion den einzelnen Teil-Text-Einheiten für die Gesamtaussage zukommt. Dieselbe Darstellungsmaxime gilt für das Explizitmachen von referenziellen Intertextualitätsrelationen (dazu Heinemann 1997,11ff.; Fix 2000,449ff.).

Die komplexe Form der Kennzeichnung lokaler Texteinheiten präferieren wir für alle Zwecke der Textbeschreibung mit Ausnahme relativ weniger Fälle, in denen die Beschreibung ausdrücklich auf die Kennzeichnung von Einzelphänomenen gerichtet ist (*Fachlexik*, ‚*schwere Wörter'*, s. Strauss/Zifonun 1983,65ff.; Frequenzen und Typen von *Nebensätzen* oder *Nominalisierungen*, *Partikelgebrauch* u.ä.)

Im vierten Block des hier vorgestellten Textbeschreibungsmodells geht es schließlich um die *Integration der Teilergebnisse* der voraufgehenden Beschreibungsebenen, um eine zusammenfassende und wertende globale Textkennzeichnung. Dabei werden je nach Zweck der Beschreibung unterschiedliche Aspekte relevant. In jedem Falle werden aber wichtig sein

– der mit Hilfe des Textes bewirkte kommunikative Effekt, das ‚Glücken' der Texthandlung; die Relation zwischen der Intention des Textproduzenten und dem erreichten Resultat des Kommunikationsereignisses;

– die Textsortenadäquatheit der Darstellung, die Angemessenheit der bei der Textgestaltung realisierten Kommunikationsmaximen;

– die Art der im Text realisierten Text-Thema-Entfaltung, die Angemessenheit des Textaufbaus/der Textstrukturierung im Hinblick auf den verfolgten Zweck und die gegebene Situation; im Zusammenhang damit das Transparent-Machen von Konnexionen und der textuellen Kohärenz als Verstehenshilfen für den Rezipienten;

– die stilistische Adäquatheit, die Angemessenheit der Verwendung lexikalischer und syntaktischer Mittel und Strukturen teils auch unter ästhetischem Aspekt, wieder mit Bezug auf die Intention des Textproduzenten. Hervorhebung der für den Textsinn und die Textfunktion relevanten sprachlichen und nonverbalen Indikatoren.

Auch wenn sich, gerade bei Textanalysen und -beschreibungen, erhebliche Unterschiede ergeben zwischen Schrift-Texten und Texten der Sprechkommunikation, versuchen wir hier (und das wird sicher bei den Repräsentanten der Konversationsanalyse auf Widerspruch stoßen!), von einem übergreifenden Rahmen auf hoher Abstraktionsstufe für die Beschreibung von Texten aller medialen Ausprägungen auszugehen, der sich für die

Kennzeichnung von Schrift- und Sprech-Texten gleichermaßen im Sinne einer allgemeinen Rahmenvorgabe als brauchbar erweisen könnte. (Auf die Kennzeichnung von nur akustisch konservierten Sprech-Texten mit speziellen Angaben etwa für das Sprechtempo der kommunikativ Handelnden, für Pausen oder unterschiedliche phonetische Realisierungen gehen wir in diesem Rahmen nicht ein). Dieses Vorgehen kann gestützt werden durch das Faktum, dass „auch monologische Texte latent dialogischen Charakter haben" (Sandig 1987,120; vgl. Beaugrande/Dressler 1981; Quasthoff 1981). „In diesem Sinne sind alle Texte funktional dialogisch, wenngleich sie nicht immer formal dialogisch realisiert werden." (Weigand 1981,118ff.)

Obwohl die einzelnen Phasen praktischer Textverarbeitungsprozesse ineinander greifen und teils simultan ablaufen (s.o.), setzen wir die Einzelschritte der Beschreibung aus didaktischen Gründen in einer (relativ) festen Ablauffolge an, die dann bei allen Beispielbeschreibungen beibehalten wird. Die dabei verwendeten Chiffrierungen (z.B. II.2 a ...) stehen bei den Einzelinterpretationen als Abbreviaturen für immer dieselben, im Rahmenansatz umschriebenen Inhalte.

Nach diesen Überlegungen versteht es sich von selbst, dass die in diesem Rahmen gekennzeichneten und voneinander abgehobenen Einzelschritte der Beschreibung keineswegs für alle Texte gleichermaßen relevant sind; daher ist es weder notwendig noch sinnvoll, die Gesamtheit dieser Schritte systematisch ‚abzuarbeiten'. Vielmehr sollten die hier empfohlenen Einzelschritte nur als mnemotechnische Stütze verstanden werden für weniger routinierte Produzenten von Textbeschreibungen, nicht aber als irgendeine Form eines Regulariums.

Die folgende Darstellung eines Textbeschreibungsmodells beschränkt sich auf die thesenhafte Kennzeichnung von wenigen – bei den meisten Textbeschreibungen notwendigen – Arbeitsschritten. Diese Schritte sollten bei konkreten Textbeschreibungen in Abhängigkeit vom jeweiligen Zweck, aber auch von der erschlossenen Intention des Textproduzenten und der Situation i.w.S. ergänzt und modifiziert werden.

Textbeschreibungsmodell

Vorbemerkung:
In jedem Falle sollte sich der Verfasser einer Textbeschreibung vor Beginn der Erarbeitung der Beschreibung fragen, welcher *Zweck* mit dieser Beschreibung (bei besonderer Hervorhebung der jeweils zu fokussierenden Aspekte) bewirkt werden soll: z.B. globale Charakterisierung eines Textexemplars zum Vergleich mit anderen Texten/Textklassen, zur Eruierung von konstitutiven Textsortenspezifka, von Text-Thema-Entfaltungen und/oder des Sprecherwechsels bei Sprech-Texten, von für den Text relevanten Kommunikationsmaximen, von situativen oder funktionalen Indikatoren, von Diskurszusammenhängen oder kognitiven Aspekten potenzieller Textverarbeitung, von Vorgaben textueller Kohärenz, von – für den Gesamt-Text relevanten – Stilbesonderheiten, von lexikalischen oder syntaktischen Spezifika ..., um nur einige herauszugreifen. Daraus ergibt sich eine bestimmte *Rezeptions-Strategie* für den Beschreibenden (z.B. das aufgabenorientierte Vorgehen).

I. Pragmatische Vorab-Kennzeichnung: Die interaktionale Gesamtkonstellation

I.1 Textsortenzuordnung
- daraus resultierende Kommunikationsmaximen und Vertextungsmuster
- Einbettung in den Diskurszusammenhang, gegebenenfalls Kennzeichnung von relevanten Diskursteilen

I.2 Textproduzent(en) (=TP)
(wenn bekannt): Alter, Geschlecht, Beruf, sozialer Status, weitere Kennzeichen ...; habituelle Einstellungen

I.2.a Intention des TP
(impliziert die Motivation und den interaktional bedingten Anlass des TP zum Sprechen/Schreiben)
Hauptfunktionen (s. Heinemann/Viehweger 1991,148ff.):
expressiv (sich ausdrücken)
kontaktiv
informativ:
    repräsentativ (Informationen vermitteln)
    deklarativ (Informationen setzen mit sozialen Konsequenzen)
direktiv (steuernd)
ästhetisch wertend

I.3 Textrezipient (=TR)
analoge Angaben zu Individuen wie beim TP, bei Gruppen als TR Differenzierung in Kleingruppen, Großgruppen, die anonyme ‚Masse' (vgl. Heinemann/Viehweger 1991,156f.)

I.3.a Intention des TR

I.4 Relationen zwischen TP und TR
symmetrisch/asymmetrisch; anonym, bekannt, vertraut ...
Einstellungen zum Partner

I.5 Umgebungssituation und Tätigkeits-Situation
LOC und TEMP
Layout, Gesprächsrahmen
(soweit diese Faktoren für die Textbedeutung und die Textfunktion von Relevanz sind)

I.6 Kommunikationsbereich
(meist schon implizit durch die Umgebungssituation ‚mitgesetzt'): z.B. Rechtswesen, Verwaltung, Gesundheitswesen, Wissenschaft und Hochschulen, Erziehung und Bildung, Handel und Dienstleistungen, Verkehrswesen, Kultur, Politik, Post und Telekommunikation, Medien, religiöse Institutionen, Alltagskommunikation ...

I.7 Medialer Rahmen
gesprochen vs. geschrieben
‚Kommunikationsformen' (Brinker 1997,135):
Telefon, Rundfunk, Fernsehen, Brief, Zeitung/Zeitschrift/Buch, Computer.

II. Global-Orientierung

II.1 formale globale Textstrukturierung
Überschrift, Kapitel, Paragraphen, Abschnitte, Gesprächseröffnungsrahmen, Redezüge bei Sprechtexten ...

II.2 Text-Thema und Text-Thema-Entfaltung
Text-Thema (=die Grundinformation, aus der sich subordinierte semantische Einheiten ableiten lassen). Kennzeichnung thematischer und propositionaler Blöcke sowie thematischer Zusam-

menhänge durch Stützungs-Relationen (Spezifizierungs-, Begründungs-, Erklärungsrelationen), auch durch graphische Darstellungen. Erfassung von komplexen Vertextungsmustern.

II.3 Kennzeichnung der zu beschreibenden Text-Teileinheiten
In Anlehnung an II.1 und II.2. detaillierte Gesamtgliederung des Textes in Teiltexte und subordinierte Textteile.

III. Beschreibung lokaler Texteinheiten

Sukzessive komplexe Charakterisierung der Text-Teileinheiten, beginnend mit der Überschrift bis zum Terminalteil (s. II.3), immer mit Bezug zur Intention des TP und zum Text-Thema.

III.1 Charakterisierung der Text-Initial-Teileinheit

III.1.a Umschreibung des semantischen Gehalts des Informationsblocks
Propositionale Kennzeichnung oder Darstellung durch sprachliche Repräsentationsformen.

III.1.b oberflächenstrukturelle Realisierung der semantischen Prädikate und Argumente der komplexen Makroproposition
Darstellung der für die Teil-Textbedeutung und die Teiltext-Funktion relevanten lexikalischen Einheiten und syntaktischen Strukturen.

III.1.c Hervorhebung von spezifischen sprachlichen Mitteln zur Herstellung textueller (Teil-)Kohärenz und von intertextuellen Bezügen
(u.a. durch Formen der expliziten und impliziten Wiederaufnahme [s. Brinker 1997,27ff.], der propositionalen und thematischen Integration [s. Heinemann/Viehweger 1991,122ff.], des Zitierens, des Anspielens …)

III.2–n Analoge Charakterisierung der Text-Teileinheiten 2–n.

III.x Kennzeichnung des textuellen Zusammenhangs aller Text-Teileinheiten.
Relevanz von Konnexionen und komplexen Vertextungs-Mustern.

IV. Integrative Textkennzeichnung und -bewertung

Zusammenfassende Hervorhebung und Bewertung der für die Textfunktion und den Textsinn relevanten semantischen und oberflächenstrukturellen Merkmale
bezogen vor allem auf
die Textfunktion und den kommunikativen Effekt,
die Textsortenadäquatheit der Darstellung,
die Art der im Text realisierten Text-Thema-Entfaltung,
die stilistische Adäquatheit.

Der erste Eindruck dieses Textbeschreibungsvorschlags mag manchem als zu spezifiziert und zu detailliert erscheinen. Bedenkt man aber, dass damit der Zweck verfolgt wird, dem ‚Vergessen' wichtiger Aspekte bei Textbeschreibungen entgegenzuwirken, dass es gar nicht um das systematische ‚Abarbeiten' der hier genannten Einzelphänomene geht, so wird evident, dass dieser Beschreibungsrahmen der individuellen Kreativität bei der Gestaltung von Textbeschreibungen nicht im Wege steht.

Im Gegenteil: Vielleicht darf solch ein weitgesteckter Beschreibungsrahmen geradezu als Prämisse für die Vergleichbarkeit von Textbeschreibungen angesehen werden, als allgemeine und objektive Grundlage, auf der aufbauend dann auch kreative Fokussierungen – in Abhängigkeit von Textfunktion und Situation, aber auch von Einstellungen und Bewertungen der Textbeschreiber – zum Tragen kommen können. Im Grunde könnte man ja diesen Textbeschreibungsvorschlag gleichsam als Folie über jeden zu beschreibenden Text legen und nur jene Punkte in die konkrete Textbeschreibung aufnehmen, die sich als deckungsgleich oder zumindest deckungssimilar mit der Folie erweisen. Aus dieser Sicht aber wäre das Modell eine didaktische Erleichterung für Textbeschreiber – quod erat demonstrandum.

4.3 Beschreibungen von Texten und Diskursen

Da wir uns in diesem Rahmen auf wenige Beispiele beschränken müssen, gehen wir hier zunächst als Illustration des Modells von einem Textexemplar einer vertrauten und daher relativ einfach beschreibbaren Textsorte aus. In den folgenden Beispielinterpretationen sollen dann auch eher problematische Fälle im Sinne unserer Textbeschreibungsempfehlung gekennzeichnet werden.

4.3.1 Die Wetterinformation in Tageszeitungen

O. Der Text: s.S. 206/207

Zweck der Beschreibung:
Eruierung von relevanten Merkmalen der Textsorte Wetterbericht.
Vergleich mit allgemeineren Wetterinformationen in der Presse.

I. Interaktionale Gesamtkonstellation

I.1 Textsortenzuordnung
Textsorte Wetterbericht/Wetterinformation in Tageszeitungen:
– sachorientiert, beschreibend (=deskriptiv), relative Kürze;
– typologischer Diskurszusammenhang mit Textexemplaren der Textsorte Wetterbericht, insbesondere mit Textexemplaren der unmittelbar voraufgehenden Tage in derselben Tageszeitung. Für die Kennzeichnung des aktuellen Textes nur bedingt relevant.
I.2 TP
Journalist/Redakteur einer Tageszeitung = TP 2;
setzt Informationsübermittlung von Daten einer Wetterstation des meteorologischen Dienstes voraus = TP 1.
    1.2.a INT des TP
    – Informationen über das aktuelle Wetter in leserfreundlicher Form täglich in einer bestimmten Rubrik einer Tageszeitung (weiter-)vermitteln an potenzielle Leser;
    – informativ-repräsentativ.
1.3 TR
anonyme Leser-Großgruppe einer bestimmten Tageszeitung.
Von den Journalisten wird der DIL (der durchschnittlich intelligente Leser) als TR erwartet.

Zunehmend bewölkt, im Tagesverlauf Sch[

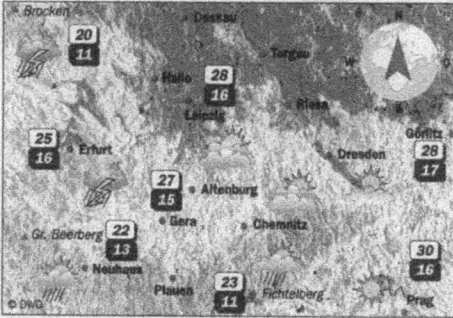

Wetter gestern 12 Uhr

Berlin	heiter	28
Frankfurt/M.	heiter	26
Greifswald	heiter	26
Hamburg	heiter	27
Hannover	heiter	27
Köln	wolkig	25
München	heiter	25
Nürnberg	heiter	26
Rostock	wolkenlos	29
Stuttgart	heiter	25
Chemnitz	heiter	23
Dresden	heiter	26
Erfurt	heiter	25
Görlitz	heiter	26
Halle	heiter	27
Leipzig	heiter	27
Naumburg	heiter	26

☼ 05:03   ☽ 04:59

Leipzig 21:27
☽ 22:54   ☽ 22:48   Dre
06:30 ☽

Biowetter

Nach einem wenig erholsamen Schlaf kann
fühligen und Kranken zu Beschwerden kom
fälligkeit für Herz-Kreislauf-Probleme ist erh
Neigung zu Migräne oder Kopfschmerzen
gibt einen mäßigen Flug von Gräser- und Be

Ausflugswetter bis übermorgen

Harz: Zunehmend bewölkt, im Tagesverlauf a
Schauer oder Gewitter. Temperaturanstieg
Grad, an den Folgetagen unbeständig und k
Thüringer Wald: Meist stark bewölkt mi
Schauern und Gewittern, 19 bis 23 Grad. Im
lauf unbeständig und allmählich kühler.

Vogtland und Erzgebirge:
stark bewölkt mit Schauer
tern, 20 bis 24 Grad. An de
wechselhaft mit weiteren S
mählicher Temperaturrückg
Elbsandsteingebirge: Zur
wölkt, nachfolgend Schauer
24 bis 27 Grad. Im we
Schauerwetter und allmähli
Bayerischer Wald: Die Bew
allmählich zu, nachfolgend
er und Gewitter auf, 20 bis
weiteren Verlauf unbeständ

Wassertemperaturen

Nord- und Ostsee:	1
Schwarzes Meer:	2
Adria:	2
Östl. Mittelmeer:	2
Ägäis:	2
Westl. Mittelmeer:	2
Algarve:	19
Biskaya:	19
Kanarische Inseln:	2

Vorhersage für heute

Heute nehmen die Wolken allmählich zu und besonders nachmittags
und abends muss man mit Schauern und Gewittern rechnen. Die
Temperatur steigt auf 26 bis 28
Grad. Dabei weht ein schwacher bis
mäßiger, auf Südwest drehender
Wind, der in Schauer- und Gewitter-
nähe böig auffrischt. In der Nacht
ist der Himmel stark bewölkt, wei-
terhin gibt es Schauer und Gewitter.
Die Temperatur sinkt auf 18 bis 14
Grad.

Aussichten bis Mittwoch

Bei meist starker Bewölkung gibt
es zeitweise Schauer und Gewitter
mit teils ergiebigen Niederschlä-
gen. Die Temperatur erreicht 22 bis
24 Grad. Zu Wochenbeginn stellt
sich in frischer Meeresluft wechselhaftes Wetter ein. Heitere Abschnitte sind nur von kurzer Dauer,
immer wieder bilden sich Schauer
und Gewitter. Die Höchsttemperatur liegt bei 22 bis 24 Grad. Es weht
ein schwacher bis mäßiger Süd-
westwind.

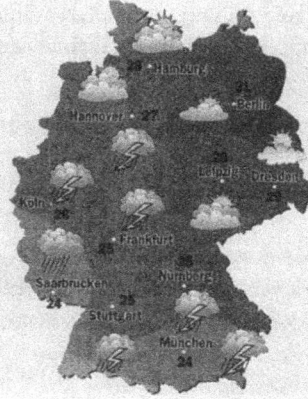

Sonntag	Montag	Dienstag	Mittwoch
23 / 16	23 / 15	22 / 14	24 / 12

Abb. 30: Wetterinformation in Tageszeitungen
(Quelle: Leipziger Volkszeitung, 07./08.07.2001,24)

Gewitter, schwülwarm

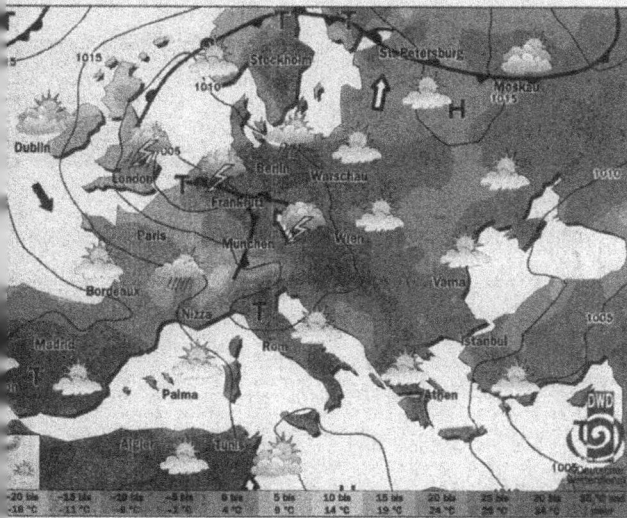

tter
rgen

stseeküste: Heiter bis wolkig, vereinzelt
chsttemperatur um 26 Grad.

echien, Slowakei: Schauer und Gewitter,
rad, dann Abkühlung auf 19 bis 23 Grad.

Schweiz: Von West nach Ost ziehende Ge-
Regenschauer. Später Wetterbesserung.
er Tagestemperatur von 30 auf 20 Grad.

ta: Meist sonnig und trocken. In Norditalien
he Wärmegewitter. Höchsttemperatur am
ad, sonst 30 bis 33 Grad.

Spanien, Portugal: Sonnig und trocken, im Bergland
Quellwolken mit einzelnen Gewittern. 25 bis 32 Grad.

Griechenland, Türkei, Zypern: Durchweg sonnig und
trocken. Höchsttemperatur 30 bis 35 Grad.

Ungarn, Bulgarien: Zunächst sonnig. Später starke Bewölkung und verbreitet Gewitter. 28 bis 34 Grad.

Benelux, Frankreich: Wechselhaft mit Schauern und
Gewittern. Höchsttemperatur 23 bis 26 Grad.

Madeira, Kanarische Inseln: Meist heiter bis wolkig.
Höchsttemperatur zwischen 24 und 30 Grad.

Tunesien, Marokko: Sonnig und trocken. An der Küste
25 bis 30 Grad, im Binnenland 33 bis 40 Grad.

I.3a INT des TR

Ein Teil der Lesergruppe will als Orientierungshilfe für ihr praktisches Handeln ständige Informationen über das Wetter haben.

Diese Leser erwarten den Wetterbericht an immer derselben Stelle ihrer Tageszeitung.

I.4 Relationen zwischen TP und TR

asymmetrisch.

I.5 Umgebungs-Situation und Tätigkeits-Situation

LOC: Tageszeitung. Typographisch vom übrigen Text deutlich abgehobene Rubrik auf einer bestimmten Seite.

TEMP: Erscheint täglich.

MOD: Durch graphische und bildhafte Darstellungen sowie Tabellen ergänzt. Schrift-Bild Montage.

I.6 Kommunikationsbereich

Printmedien, Tageszeitung.

I.7 Medialer Rahmen

Schrift-Text, Kommunikationsform Tageszeitung.

II. Global-Orientierung

II.1 Formale globale Textstrukturierung

1 – Schlagzeile
2 – Karte 1
3 – Schrift-Teiltext 1a
     Schrift-Teiltext 1b
4 – schematische Darstellung 1
5 – Tabelle 1
6 – Karte 2
7 – schematische Darstellung 2
8 – Schrift-Teiltext 2
9 – Schrift-Teiltext 3
10 – Tabelle 3
11 – Karte 3
12 – Schrift-Teiltext 4

II.2 Text-Thema und Text-Thema-Entfaltung

Text-Thema = Wetter.

Ist für alle Textexemplare der Textsorte festgelegt. Konstituenten: Sonne/Wolken/Regen, Winde, Temperaturen. Situierung durch Lokal- und Temporalangaben.

Text-thematische Entfaltung:

A – Schlagzeile

B – Wetter für Sachsen/Mitteldeutschland   Teiltexte 2,3,4.

C – Wetter für Deutschland   Teiltexte 5,6,7,8,9.

D – Wetter für Europa   Teiltexte 10,11,12 …

II.3 Kennzeichnung der zu beschreibenden Text-Teileinheiten

A   Teiltext (=TT) 1:   Schlagzeile, Kerninformation.

B   Bild-TT 2:   Karte (Sachsen), Überblick über Temperaturen (Tag, Nacht) und Bewölkung.

   Schrift-TT 3.1:   Wetterlage am Tag X in Sachsen.

   Schrift-TT 3.2:   Wettervoraussage für Sachsen.

   Bild-TT 4:   Schematische Zusammenfassung der Wetteraussichten für Sachsen.

C	Schrift-TT 5:	Tabelle, Wetter des Vortags in Deutschland.
	Bild-TT 6:	Karte (Deutschland), Überblick über Temperaturen des Tages und Bewölkung in verschiedenen Regionen.
	Schema-TT 7:	Tabelle, Auf-/Untergang von Sonne/Mond für Leipzig und Dresden. (gehört eigentlich zu B = Sachsen).
	Schrift-TT 8:	Biowetter (keine Differenzierung der Angaben für einzelne Regionen).
	Schrift-TT 9:	Ausflugswetter für ausgewählte Reiseziele in Mitteldeutschland und Bayern.
D	Schrift-TT 10:	Tabelle. Wassertemperaturen Europa/Kanarische Inseln.
	Bild-TT 11:	Karte (Europa). Überblick über Temperaturen und Bewölkungsverhältnisse in Europa und Nordafrika.
	Schrift-TT 12:	Reisewetter in beliebten Urlaubsregionen in Europa und Nordafrika.

III. Beschreibung lokaler Texteinheiten

III.1 Informationsblock A:

TT 1: Initial-Text (Schlagzeile)
durch Fettdruck und große Druck-Typen hervorgehoben.

III.1.a Kerninformation über das Wetter des Tages,
beschränkt auf drei semantische Prädikate (*bewölkt, Schauer/Gewitter, schwülwarm*). Das Argument *Wetter* ist implizit ‚mitgesetzt'.

III.1.b Wortgruppenreihung zum Ausdruck der Wetter-Konstituenten.
Wechsel von adjektivischem und substantivischem Ausdruck der Wetter-Prädikate aus stilistischen Gründen: durchgehende Substantiv-Verwendung hätte zu nicht gebräuchlichem ‚Schwüle' geführt, durchgehender Adjektivgebrauch zu – aus Gründen ambiguer Konnotationen – nicht akzeptablem ‚schauerig'.

III.1.c Kohärenz ist hier ausschließlich thematisch bedingt.

III.2 Informationsblock B (Wetter in Sachsen):

TT 2: Karte Sachsen

III.2.a zugrundeliegende Proposition:
WILL INFORMIEREN (J, L, W)
wobei: J = Journalist L = Leser W = Wetter in Sachsen.

III.2.b Bildhafte Umsetzung der Proposition auf einer farbigen Landkarte Sachsens
(aus der auch topografische Gegebenheiten ablesbar sind).
Spezifizierung von W: Rechteckige Doppelkästchen mit Temperaturangaben (hell: für den Tag; dunkelblau: für die Nacht), verteilt auf verschiedene Gebiete Mitteldeutschlands; analoge bildhafte Andeutung der Bewölkung (Wolken mit Sonne, teils auch mit gelbem Blitzpfeil für Gewitter).

III.2.c Anschauliche Form der Darstellung:
Die einzelnen Daten können vom Leser schnell erfasst werden und erlauben Sofortvergleiche. Auch die Reihenfolge der rezeptiven Aufnahme der einzelnen Daten bleibt dem Leser überlassen. Die Kohärenzbildung vollzieht sich wissensgeleitet.

TT 3.1: Schrift-Text – Wetterlage
Teilüberschrift (fett): *Vorhersage für heute* (standardisiert für *Wetterlage*).

III.3.a Proposition – wie II.2.a Zusätzliche Information über Windverhältnisse.

III.3.b Verbale Ausformung eines Teils der Informationen von TT 2.
Sachorientierte Reihung von (Wetter-)Fakten (*Wolken nehmen zu, ein schwacher Wind weht, es gibt Schauer und Gewitter* ...) in der Form einfacher, vollständig ausgeformter und verbal ge-

prägter Sätze (ergänzt durch einem spezifizierenden Relativsatz) mit durchgehendem Präsens.
Schematisch:

$$a\,(\,W\,)\wedge b\,(\,W\,)\wedge c\,(\,W\,)\,\ldots$$

wobei a,b,c … als Wetter-Merkmale zu verstehen sind.

Die Sachbezogenheit der Darstellung wird unterbrochen durch eine eher subjektiv geprägte, auf Leser-Erwartungshaltungen bezogene Äußerung: *Man muss mit Schauern und Gewittern rechnen* (abgeschwächt allerdings durch das verallgemeinernde Indefinitpronomen *man*).

Das wird durch die schematische Darstellung deutlich, in die TR und TP mit Notwendigkeit involviert sind:

MUSS ERWARTEN (TR/TP (d (W))

d gilt hier als weiteres Wettermerkmal.

III.3.c Kohärenz ergibt sich schon aus objektiven Sachverhaltszusammenhängen:
Wolkenzunahme → Schauer (und Gewitter).
Auffallend ist das Bemühen des TP um Leserfreundlichkeit.
Das zeigt sich u.a. im Präferieren von vollständigen Sätzen (während Wetterinformationen sonst häufig nur durch elliptische Wortgruppenreihungen ausgedrückt werden) und in der verbal (und nicht nominal) geprägten Darstellungsweise: *der Wind frischt auf* statt *auffrischender Wind*.

TT 3.2: Schrift-Teiltext – Wettervoraussage

Gleichfalls mit Teilüberschrift (fett): *Aussichten bis …*
In dieser Zeitung wiederum standardisiert für ,*Wettervoraussage*'.

III.3.a Analoge Basisproposition, bezogen auf die Wetterprognose
(auf die auf meteorologischen Daten gestützte Wetter-Erwartung des TP.)

III.3.b Weiterführung der sachorientierten Darstellung,
wieder in vollständigen Sätzen mit durchgehendem Präsens, obwohl hier eigentlich Futur erwartbar wäre (Zeitraum des hier zu kennzeichnenden Wettergeschehens, Unsicherheitsgrad der Prognose). Auch die Betonung der verbalen Ausdrucksweise wird beibehalten (*gibt es …; bilden sich …, es weht …*).

III.3.c wie in TT 3.1 *(frische Meeresluft → wechselhaftes Wetter)*

TT 4: Bild-Text – Wettervoraussage

III.4.a Propositionaler Gehalt wie TT 3.2.

III.4.b Bildhafte Darstellung
Vier Blätter eines Abrisskalenders (mit Beschriftung für die Wochentage des Vorhersage-Zeitraums), mit Temperaturangaben (hell: für den Tag; dunkelblau: für die Nacht) sowie bildhaften Symbolen für Sonne mit Wolken und Sonne mit Wolken und Regen, verteilt auf die einzelnen Kalenderblätter (= Wochentage).

III.4.c Kohärenz bei Rezipienten wird hergestellt über Sachverhaltszusammenhänge und Inferierung von Vorwissen (Abfolge der Wochentage, bildhafte Symbole …).

(Die Informationsblöcke C und D werden hier aus Raumgründen nicht beschrieben.)

III.x Textueller Zusammenhang aller Teiltexte

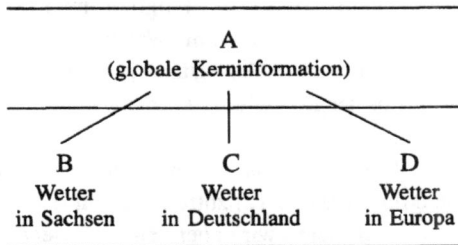

$$
\begin{array}{ccc}
 & \text{A} & \\
 & \text{(globale Kerninformation)} & \\
\text{B} & \text{C} & \text{D} \\
\text{Wetter} & \text{Wetter} & \text{Wetter} \\
\text{in Sachsen} & \text{in Deutschland} & \text{in Europa}
\end{array}
$$

Trotz der Vielzahl von Teiltexten klarer, logischer Aufbau des Gesamt-Informations-Komplexes. Verknüpfung von Schrift- und Bild-Texten sichert schnelle optische Informationsvermittlung. Textuelle Kohärenz zwischen den Text-Teilen ist durch Sachzusammenhänge und erwartbares Vorwissen der Rezipienten gewährleistet.

IV. Integrative Textkennzeichnung und -bewertung

— Der intendierte kommunikative Effekt wird bei Lesern, die an Wetterinformationen interessiert sind, mit einem sehr hohen Grad an Wahrscheinlichkeit erreicht werden.
— Klarer, logischer Aufbau des Gesamt-Textes. (Dass TT 7 im Komplex C [= Wetter in Deutschland] lokalisiert ist, obwohl er nur Angaben über Daten aus Sachsen enthält, kann in diesem Zusammenhang vernachlässigt werden.)
Aber: keine Überschrift für den Gesamt-Text, diese könnte als Blickfang fungieren. Die feste Position der Wetterinformationen im Gesamtaufbau der Zeitung bietet für nichtständige Leser dieser Tageszeitung keine zureichende Orientierung.
— Komplexe Schrifttext-Bild-Montage, bewirkt Anschaulichkeit, schnelle Rezipierbarkeit.
Aber unruhiger Gesamteindruck (Layout), wirkt eher verwirrend. Das Bemühen um Vermittlung einer außerordentlich großen Zahl von Detail-Informationen führt beim Einsatz unterschiedlicher medialer Mittel zu einer begrenzten Menge nichtförderlicher Redundanzen. Dadurch ergeben sich für den TP künftig Möglichkeiten für Kürzungen und eine Konzentration auf wenige – auch drucktechnisch hervorzuhebende – Hauptinformationen. Das Schrifttext-Bild-Prinzip sollte auch bei Textoptimierungsbemühungen beibehalten werden.
— Textsorten-Adäquatheit wird erreicht, sowohl bei Auswahl und Gestaltung der Bild-Teiltexte als auch bei der verbalen Textgestaltung (textsortenspezifische Lexik, hier allerdings wenige fachsprachliche Begriffe und Wendungen [*auf Südwest drehender Wind* ...], einfache syntaktische Konstruktionen, Präsens als textsortenspezifische Zeitform ...).
— Die Kommunikationsmaxime ,Sachorientierung' wird im Allgemeinen realisiert, auch wenn der TP um rezipientenfreundliche Auflockerung und verbale Ausdrucksweise bemüht ist. Das Vertextungsmuster ist ,deskriptiv', d.h. belegbar durch den Merkmals-/Eigenschaftscharakter der semantischen Prädikate, und nicht ,narrativ',

wie etwa beim gleichfalls sachorientierten, aber auf Handlungsabfolgen bezogenen ‚Berichten' (vgl. Heinemann 2000,356). Folglich müsste man eigentlich von ‚Wetterbeschreibungen' sprechen, nicht vom ‚Wetterbericht'. Aber der Terminus ist nun einmal üblich geworden, da der Gegenstand ja eine polyseme Zustandsabfolge ist; daher halten wir uns in der Darstellung (wie etwa auch beim ‚Rückumlaut') an gegebene Konventionen.

– Der tradierte Terminus *Wetterbericht* ist zudem auch nur für die TT 3.1 und 3.2 (mit Einschränkungen auch für TT 9 und 12) zutreffend. Für den gesamten Textkomplex mit diesem Text-Thema präferieren wir daher den umfassenderen Ausdruck *Wetterinformation*.

4.3.2 Der Maueröffnungs-Diskurs

Diese Beispielinterpretation soll belegen, dass das oben entwickelte Beschreibungsmodell auch auf heterogene Textkomplexe, auf Diskurse, anwendbar ist. Als Beispiel dient hier ein multifunktionaler, multithematischer, multimedialer und unterschiedliche Textsorten umfassender Diskurs (vgl. Abb. 15), also ein Problemfall par excellence für Textbeschreibungen. Da der uns zur Verfügung stehende Raum begrenzt ist, greifen wir auf den Text eines Diskurses zurück, der schon in anderem Zusammenhang Gegenstand der Darlegungen war. Zudem handelt es sich dabei um einen auch gesellschaftspolitisch brisanten Diskurs, einen „der eklatantesten Fälle von weltveränderndem Sprachgebrauch des ausgehenden 20. Jahrhunderts" (Adamzik 2001,248). Auch bei der folgenden Interpretation dieses Diskurses betonen wir, dass diese nur als Anregung für die Konstitution komplexer Textbeschreibungen dienen kann, keinesfalls aber als fester Beschreibungsrahmen missverstanden werden sollte.

0. Der Text
(Auszug, s.S. 115–117)

Zweck der Beschreibung:
Transparentmachen von Diskurszusammenhängen, Einbettung unterschiedlichster Teiltexte in einen übergreifenden, pragmatisch und semantisch geprägten diskursiven Bezugsrahmen.

Der Versuch der Charakterisierung eines so komplexen und heterogenen Diskurses (der im Grunde den Zeitraum vom Bau der Mauer 1961 und dem damit verbundenen Reise- und Ausreiseverbot für DDR-Bürger bis zum Abriss des ‚antifaschistischen Schutzwalls' 1989 umfasst, aber auch die Folgen einschließt), stellt den Beschreibenden vor grundlegende methodische Probleme. Offenkundig ist es nicht sinnvoll, nur den allgemeinen Zusammenhang der Teile dieses Textsortenkonglomerats zu konstatieren, so wie jeder Text ‚irgendwie' mit anderen Texten zusammenhängt, ohne auf die verschiedenartigen Teildiskurse und Diskurs-Teile einzugehen. Umgekehrt stehen der detaillierten Beschreibung *aller* Diskurs-Teileinheiten praktische Erwägungen (u.a. auch den Umfang einer solchen Beschreibung betreffend) entgegen.

Wir versuchen dieses generelle Problem für diesen Beispielfall so zu lösen, dass wir uns zunächst *(=Abschnitt A)* auf einen Basis-Text (= BT) konzentrieren, für dessen Kennzeichnung auch der oben skizzierte Beschreibungsrahmen verwendet wird. Da dieser BT für heutige Rezipienten nicht mehr ohne weiteres nachvollziehbar ist, werden im *Abschnitt B* wesentliche Aspekte der Genesis des BTes aufgegriffen, und zwar durch die summarische Kennzeichnung einer Reihe von Vor-Texten (=VT), die auf die für das Verstehen des BT relevanten Merkmale reduziert werden. Und im *Abschnitt C* schließlich verweisen wir, wiederum zusammenfassend und ausgehend vom BT, auf reale und potenzielle Folge-Texte (=FT).

A. BASIS-TEXT (=BT)

I. *Interaktionale Gesamtkonstellation.*

I.1 Textsortenzuordnung
Textsorte *Pressekonferenz,* am 09.11.1989. Sprechtext, Vortrag und Frage-Antwort-Dialoge.
I.2 TP
Repräsentant(en) staatlicher Institutionen (Regierungssprecher), Sprecher von Wirtschaftsverbänden oder Parteien als Einladende (im BT Mitglied des ZK der SED, Schabowski = Sch.).
Journalisten als Gesprächspartner für den Frage-Antwort-Dialog.
I.2.a INT des TP
Information der Journalisten (und damit der Öffentlichkeit) über aktuelle Beschlüsse des Ministerrates der DDR (noch nicht über die geplanten neuen Reiseregelungen [!]). Rechtfertigung des Handelns der Regierung der DDR.
Informativ-repräsentativ; argumentativ.
I.3 TR
Journalisten. Evtl. auch weitere Teilnehmer der Pressekonferenz.
(Repräsentanten von Institutionen, Parteien, Wirtschaftsverbänden ...).
Allgemeines politisches Expertenwissen darf vorausgesetzt werden.
I.3.a INT des/der TR
Aufnahme neuer/neuester offizieller Informationen zur (Weiter-)Verarbeitung in der Form von Kommentaren, Berichten, Reportagen ...
I.4 Relationen zwischen TP und TR
asymmetrisch.
Die Veranstalter der Pressekonferenz (Repräsentanten der Exekutive, der Parteien, der Wirtschaft) sind den Journalisten in der Regel bekannt.
I.5 Umgebungs-Situation und Tätigkeits-Situation
LOC: Raum eines öffentlichen Gebäudes.
TEMP: Zeitraum der Pressekonferenz. / Bei BT: 09.11.89, 17–19 Uhr.
MOD: Mikrofone.

I.6 Kommunikationsbereich
Medien. Staatliche und politische Institutionen.
I.7 Medialer Rahmen
Sprechtext(e). (Sprechendes) Zitieren aus Schrift-Texten.
   (Mündliche) Verweise auf Schrift-Texte.

II. *Global-Orientierung*

II.1 formale globale Textstrukturierung

Teil 1 des BTes:
Bericht und Kommentar als zusammenhängender Vortrag Schabowskis über die Bera-
tung des ZK der SED vom 09.11.1989. Reihung von Fakten nach den Punkten der
Tagesordnung der ZK-Beratung.

Teil 2 des BTes:
Frage-Antwort-Dialog zwischen den Journalisten und Sch.
Kurze – teils grammatisch nicht korrekte – Fragen, zunächst längere erklärende Repliken Sch.s. Dann nur noch knappe Antworten, teils grammatisch fehlerhaft, mit Satzab-
brüchen, Pausen, Verlegenheitssignalen (*äh* ...).

II.2 Text-Thema und Text-Thema-Entfaltung

Teil 1 des BTes:
Komplexes Text-Thema: Beratung und Beschlüsse des ZK der SED, Reihung und Kommentierung der Einzelmaßnahmen bei – möglicherweise bewusster – Aussparung der
geplanten neuen Reiseregelungen.

Teil 2 des BTes:
Weiterführung des komplexen Text-Themas.
Neues Text-Thema: Ein italienischer Reporter greift das aus der Sicht der DDR heikle
Thema des Reiserechts für DDR-Bürger auf, indem er sich auf den Entwurf des Reisegesetzes vom 06.11.89 bezieht. Sch. erkennt die Brisanz dieser Frage angesichts der
ständig zunehmenden Ausreisewellen von DDR-Bürgern, wirkt dadurch verunsichert
(s.o.), zitiert zu seiner Rechtfertigung (in veränderter Reihenfolge!) Auszüge aus dem
neuen Beschluss des ZK, einem Sch. als Presse-Mitteilung (=VT 4) vorliegenden
Schrift-Text, den er aber erst kurz vor Beginn der Pressekonferenz erhalten und folglich
nur ,überflogen' hatte.
Auf drängende Fragen anderer Journalisten räumt Sch. ein, selbst nicht detailliert infor-
miert zu sein, gibt aber zu erkennen, dass nach dem neuen Gesetzentwurf *Privatreisen
nach dem Ausland* sowie *ständige Ausreisen über alle Grenzübergangsstellen der DDR
erfolgen* können, und zwar *unverzüglich*, ab sofort. Die Frage nach der Zukunft der
Mauer aber bleibt – vorgeblich aus Zeitgründen – unbeantwortet.

Mit der Vagheit dieser Äußerungen aber hat Sch., wie die Folge-Texte zeigen, entgegen seiner ursprünglichen Intention eine Lawine ins Rollen gebracht. Er wurde damit nicht nur zum *Verkünder und Inkraftsetzer* (Sch. in einem Interview mit dem SFB) der neuen Reiseregelung, sondern er gab, offenkundig wider Willen, das Signal zum Fall der Mauer.

II.3 Kennzeichnung der zu beschreibenden Teil-Texteinheiten

– Für den Maueröffnungs-Diskurs ist nur der Teil 2 des BTes relevant. Dabei heben wir die folgenden Subeinheiten voneinander ab:
   1 die Frage des italienischen Journalisten;
   2 der Antwort-Zug Schabowskis;
   3 der weiterführende Dialog.
– Hinzu kommen – wie schon erwähnt – globale Kennzeichnungen von ‚Vor-Texten‘ und einigen ‚Folge-Texten‘.

III. *Beschreibung lokaler Texteinheiten*

BT, Teil 2:
Frage-Antwort-Dialog zwischen Sch. und den Journalisten.

III.1 Initialeinheit

III.1.a Frage des italienischen Reporters, ob der Reisegesetzentwurf vom 06.11.89 ein ‚*Fehler*‘ war.
Fehler: etwas Falsches, vom ‚Richtigen‘, von einer Norm abweichend.
FEHLER ↔ NW (RG)
Legende: RG = Reisegesetz NW = negativen Wert habend, von X negativ bewertet.
Das Reisegesetz wird von X negativ bewertet, als Abweichung von einer erwarteten Norm = als ‚Fehler‘.
III.1.b Anrede. Einleitender Feststellungssatz über allgemeine „Fehler" mit direkter Bezugnahme auf eine Äußerung Sch.s. Daran anknüpfend Umformulierung des Themas als vorsichtige Frage, nicht als Behauptung (Das hätte man als Provokation auslegen können!). Die Entscheidungsfrage wird zudem als Vergewisserungsfrage mit positiver Antworterwartung gestellt: *Glauben Sie nicht, dass ...?*; der Reporter unterstellt damit dem Sprecher des ZK, er müsste bei diesem Thema eigentlich dieselbe Position vertreten wie der Fragende.
Obwohl die Frage nicht in korrektem Deutsch formuliert wurde (das ist in diesem Zusammenhang völlig unerheblich), kommt ihr doch außerordentliche Bedeutung zu, da dadurch ein Tabu-Thema der DDR öffentlich gemacht wurde.
III.1.c In-Beziehung-Setzen von allgemeinen Fehlern, von denen auch Sch. gesprochen hatte, mit dem nach Auffassung des Reporters „fehlerhaften" Reisegesetz.

III.2 Antwort-Zug Sch.s

III.2.a Man könnte die hier von Sch. vorgebrachten, teils bruchstückhaften Äußerungskomplexe auf die Frage des Reporters semantisch zusammenfassen als ‚NEIN –
ABER ...'
Der Verneinung (allerdings mit der Einschränkung: *Nein, das glaube ich nicht.*) folgen Sequenzen, die die Unsicherheit Sch.s in dieser Situation reflektieren (*eh, ... so
viel ich weiß* ...), und die dann einmünden in die These, dass die DDR den Wün-
schen der Bevölkerung nach Reisen ins Ausland mit der neuen gesetzlichen Regelung entgegenkomme. Jedem Bürger der DDR solle es künftig möglich sein, über
Grenzübergangsstellen der DDR auszureisen.
Zusammenfassung der Antwort: Das Reisegesetz der DDR war kein Fehler
(=‚NEIN'). Die neue Regelung bietet aber jedem Bürger die Möglichkeit zur Ausreise (=‚ABER ...').

~ ZUSTIMMEN   (Sch., ANNAHME (J, X))
∧ WEISS   (Sch., WOLLEN AUSREISEN aus (B, DDR))
∧ VERWEISEN   (Sch., NRG)
∧ ERLAUBEN   (NRG, KANN AUSREISEN aus (B, DDR))
Legende: J = italienischer Journalist   X = Reisegesetzentwurf ist ein Fehler
         B = Bürger der DDR   NRG = Neues Reisegesetz

III.2.b Negierende Feststellung als Antwort auf die direkte Frage, durch Wiederholung (Satzäquivalent ‚nein' und ‚nicht' im negativen Satz, vgl. Heinemann 1983)
verstärkt. Verlegenheitspause (*eh ...*); dann räumt Sch. verunsichert in einer ge-
schraubten Konstruktion ein: Auch die Regierenden in der DDR *wissen um dieses
Bedürfnis der Bevölkerung zu reisen oder die DDR zu verlassen.* (Statt einer einfachen, verbal geprägten Feststellung: *Es ist bekannt,* oder auch: *Wir wissen, dass viele
Bürger ausreisen wollen.*)
Sch. verweist dann – zunächst noch in einer vollständigen Satzkonstruktion – darauf, dass die alte Reiseregelung durch ein neues Reisegesetz verändert werden soll;
er verheddert sich aber beim Aussprechen der für DDR-Regierende mit negativen
Konnotationen versehenen Formel *ständige Ausreise,* unterbricht sich immer wieder
und spricht sogar nach mehrfachen Verlegenheitsäußerungen (*wie man so schön sagt
... oder wie man sagt ...*) vom *Verlassen der Republik.* Damit aber muss er fürchten,
zu weit gegangen zu sein, er korrigiert sich nuschelnd (unverständliche Passage)
selbst und führt dann den abgebrochenen Satz mit einem neuen Satzmuster – nun in
versuchter Anlehnung an den Wortlaut der ihm vorliegenden Pressemitteilung –
weiter: *eine Regelung zu treffen, die es jedem Bürger der DDR möglich macht* (neue
Verlegenheitsunterbrechung *eh ...*) *... auszureisen.*

III.2.c Das *Bedürfnis der DDR-Bürger zu reisen* und die Korrektur der alten Reiseregelung stehen in einem Kausalzusammenhang.

III.3 Weiterführender Dialog

Kurzfragen verschiedener Journalisten und Repliken Sch.s.
III.3.a Text-Thema: Spezifizierende Umstände des neuen Reisegesetzes. Konsequenzen daraus. Zukunft der Mauer.
III.3.b Nach der sensationellen Information Sch.s über potenzielle Ausreisemöglichkeiten für DDR-Bürger (III.2) wird Sch. durch mehrere Journalisten mit Kurzfragen nach den näheren Umständen der Realisierung des Neuen Reisegesetzes bedrängt: *Wann treten diese Regelungen in Kraft? Gilt das auch für West-Berlin? Was wird dann aus der Mauer?*
Sch. versucht zunächst, durch Rückfragen (*Bitte?*) Zeit zu gewinnen. Dann zitiert er, um sich selbst abzusichern, Passagen aus der Pressemitteilung. Und die drängenden Fragen der erregten Journalisten nach den spezifizierenden Faktoren TEMP und LOC der neuen Maßnahmen beantwortet er, sich dafür noch gleichsam entschuldigend (*weil ich in dieser Frage nicht also ... ständig auf dem Laufenden bin ...*), nach seinem Kenntnisstand (*Ausreisemöglichkeit sofort und überall*), aber nicht korrekt im Sinne der neuen Regelungen: Ausreisen sollten nicht *unverzüglich* möglich sein, sondern frühestens am Folgetag, weil die Reisen beantragt werden sollten und die Dienststellen am Abend nicht geöffnet waren.
Bei der Frage nach der Zukunft der Mauer ist Sch. offenkundig völlig aus dem Konzept gebracht. Er versucht, sich auf das formale Ende der Pressekonferenz zu berufen (*Es ist 19 Uhr.*). Und bei der Wiederholung der Frage eines Journalisten greift er sogar – wieder, um Zeit zu gewinnen – das Lexem ‚Mauer‘ auf, ein gravierender Verstoß gegen die offizielle Sprachregelung der DDR. Er ertappt sich dabei und ist sofort bemüht, diesen Lapsus zu korrigieren, indem er diese im Alltagssprachgebrauch in Ost und West damals gebräuchliche Version durch die offizielle Nomination *befestigte Staatsgrenze der DDR* substituiert. Statt einer abschließenden und zusammenfassenden Erklärung ist Sch. dann nur noch in der Lage, einige Satz- und Teilsatzstereotype des geregelten Politsprachgebrauchs (*Auskünfte im Zusammenhang mit der Reisetätigkeit ... die Frage nach dem Sinn der befestigten Staatsgrenze der DDR ...*) eher zusammenhanglos aneinanderzureihen.
Im Grunde aber hat Sch. letztlich nichts Verbindliches gesagt, zumindest nicht im Hinblick auf eine Öffnung der Grenze. Vieles bleibt im Vagen ...

III.3.c Kennzeichnend für diese Teil-Texteinheit ist die Zuspitzung des Dialogs auf das damals gravierende Problem der Öffnung der Grenze und damit des Falls der Mauer. Sch. versucht, sich durch eine gewisse Vagheit der Aussagen zu behaupten; vergeblich, wie die Folge-Texte beweisen.

IV. *Integrative Kennzeichnung und Bewertung*

Hervorhebung verdient insbesondere das Faktum, dass der TP (= Sch.) die ursprüngliche Intention im Verlauf der Pressekonferenz unter dem Einfluss der Fragen der Journalisten immer wieder modifizieren muss. Sch. wird in die Rolle des Verteidigers von

Grundpositionen des DDR-Regimes gedrängt; argumentativ kann er dieser Aufgabe nicht gerecht werden; er versucht daher lediglich, das brisante Problem der Grenzöffnung bis zu weiteren detaillierten Entscheidungen des ZK der SED offenzuhalten.

Der Dialog macht darüber hinaus deutlich, dass grammatische Kompetenz für die Durchsetzung kommunikativer Ziele nur von untergeordneter Bedeutung ist und dass sich die Funktion eines Dialogs oft erst im Prozess seiner Realisierung herausbildet.

B. VOR-TEXTE

Sch. hatte – wie oben dargestellt wurde – in III.2, (dem Antwort-Zug während der Pressekonferenz) explizit auf die *Beratung des ZK der SED* vom 09.11.1989, also vom gleichen Tag, 12–16 Uhr, Bezug genommen und aus der von diesem Gremium in Auftrag gegebenen *Pressemitteilung* zumindest ansatzweise zitiert. Und der italienische Reporter hatte den *Entwurf des Reisegesetzes* vom 06.11.1989 als „Fehler" hingestellt und damit die von der DDR-Spitze seit Jahren so gefürchtete ‚Fehler-Diskussion' ausgelöst. Diese drei Texte dürfen daher, nicht zuletzt wegen der intertextuellen Bezüge, als unmittelbare Konstituenten des Mauer-Diskurses gelten. Wir kennzeichnen sie in ihrer chronologischen Abfolge als VT 1 (=der *Entwurf des Reisegesetzes*), VT 2 (=die *Beratung des ZK*) und VT 3 (=die *Pressemitteilung*).

Gleichfalls zum Diskurs gehören (auch wenn sie im Basis-Text nicht explizit erwähnt wurden) aus der Sicht ihrer pragmatischen Funktion und/oder des thematischen Zusammenhangs aber auch zahlreiche andere Vor-Texte, die teils allerdings nur von untergeordneter Bedeutung oder gar nicht mehr rekonstruierbar sind. Wir heben hier nur jene hervor, die als notwendige Prämissen für das Zustandekommen des Basis-Textes angesehen werden dürfen:

- *Die Beratung und der Beschluss des Ministerrates der DDR*, den Entwurf des Reisegesetzes vom 06.11.1989 zu ändern (auch ständige Ausreisen aus der DDR – aber ohne Wiederkehr – offiziell auf Antrag zu ermöglichen) = VT 1a;
- die aus diesem Beschluss resultierende *Weisung des Innenministers der DDR* an vier Offiziere des Ministeriums zur Ausarbeitung eines *Entwurfs* für diese neue Reise-Verordnung und die sich daran anschließende *Beratung* dieser Offiziersrunde = VT 1b;
- die *telefonische Rücksprache* der Offiziere mit dem zuständigen General der Staatssicherheit zur Absicherung gegenüber möglichen staatsgefährdenden Konsequenzen = VT 1c.

Erwähnung verdient noch, dass dieser nun vom Stasi-General sanktionierte VT 1b dem ZK der SED zur Beratung und Beschlussfassung (=VT 2, s.o.) vorgelegt wurde.

Das Zusammenspiel und Ineinandergreifen dieser Vor-Texte des Diskurses verdeutlicht das folgende Schema:

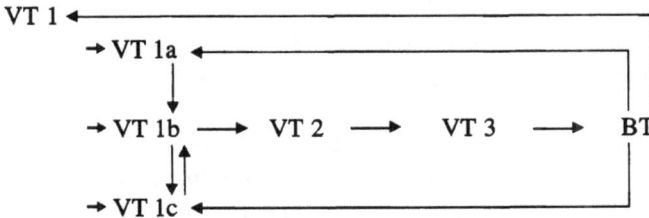

```
VT 1  ◄─────────────────────────────────────────────┐
   └─► VT 1a ◄──────────────────────────────────┐    │
          │                                      │    │
          ▼                                      │    │
   └─► VT 1b ──────► VT 2 ──────► VT 3 ──────► BT │    │
          ▲│                                           │
          │▼                                           │
   └─► VT 1c ◄───────────────────────────────────────┘
```

Abb. 31: Vernetzung von Vor-Texten mit dem Basis-Text

(Alle hier genannten VTe sind in dieser Darstellung durch die sie konstituierenden und für den Basis-Text relevanten Hauptfaktoren markiert: Textproduzenten und Textrezipienten, das jeweilige Text-Thema mit wesentlichen inhaltlichen Konstituenten, der jeweilige mediale Typ, die pragmatische Funktion. Eine weitergehende Beschreibung dieser VTe erscheint hier für die Kennzeichnung des Gesamt-Diskurses irrelevant, sie könnte aber bei entsprechendem Zweck und Anlass durchaus spezifizierend hinzugefügt werden.)

Als Vor-Texte dieses Diskurses i.w.S. müsste aber auch die Gesamtheit jener Texte gelten, die letztlich zum zwingenden Stimulus für die DDR-Führung wurde, die restriktive Reisepolitik zu ändern. Dazu gehören vor allem die politischen Ereignisse des Jahres 1989, (die ja immer auch mit Texten verbunden waren!), die Massenflucht also von Zehntausenden von DDR-Bürgern über die Botschaften der BRD in Prag, Budapest und Warschau; in diesem Zusammenhang auch eine DDR-Note an die Sowjet-Union mit der Zusicherung, die Ausreise-Möglichkeiten über die CSSR sofort zu stoppen, andererseits auch Protestnoten der Botschaften der ‚befreundeten' Staaten, die eine Sofortregelung der unhaltbaren Zustände forderten (um nur einige Beispiele herauszugreifen) die aber bisher noch nicht systematisch aufgearbeitet wurden. Im Grunde beginnen die Vor-Texte dieses Diskurses spätestens mit dem Bau der Mauer und dem Verbot für DDR-Bürger, ins westliche Ausland zu reisen.

C. FOLGE-TEXTE

Die Beschreibung knüpft nun wieder an den Basis-Text an, an die Pressekonferenz am 09.11.1989, die gegen 19 Uhr zu Ende gegangen war. Auch die Journalisten waren nun verunsichert: Sch. hatte nicht gesagt, dass die Grenzen bereits geöffnet seien oder dass die Grenzöffnung unmittelbar bevorstehe. Aber die Vagheit der Schabowski-Äußerungen konnte offenkundig auch eine solche oder ähnliche Interpretation zulassen. Und so setzte sich der Diskurs nun geradezu lawinenartig fort, beginnend mit immer neuen telefonischen oder Mail-Texten der Journalisten an ihre Redaktionen und Agenturen, dann auch veröffentlicht in den verschiedenen Medien.

Die hier vorgenommene Nummerierung der Texte lehnt sich teils an die chronologische Abfolge an, ist aber nur eine ungefähre Orientierungsgröße, da ja hier nur eine verschwindend kleine Anzahl der Folge-Texte erfasst werden kann.

- FT 1 a–n meist *telefonische Berichte* der Journalisten an Agenturen und Redaktionen; sie sind nicht mehr – oder nur über Archive – rekonstruierbar.
- FT 2 Nachrichtenagentur Associated Press (09.11.1989, 20 Uhr): *DDR öffnet Grenzen* (Schlagzeile).
- FT 3 Aktuelle Kamera (DDR-Fernsehen), 09.11.1989, 20 Uhr
  (offizielle Version der DDR): *Neuregelung des Reiseverkehrs. Ausreisen können über alle Grenzübergangsstellen der DDR zur BRD bzw. Berlin-West erfolgen. Die Reisen müssen beantragt werden.*
- FT 4 a–n Diese ‚Gegen'-Darstellung aber dringt nicht durch.
  Vielmehr hatte sich die Sensationsmeldung westlicher Nachrichten-Agenturen schnell verbreitet. Viele Berliner fragten daher telefonisch bei den Redaktionen der verschiedenen Medien an, ob denn das Unglaubliche doch wahr sei ...
- FT 5 a–x Mauer-Gespräche, ab etwa 21.30 Uhr. Die Berliner testen den Wahrheitsgehalt dieser Meldungen an der Mauer. Gespräche mit den anfangs noch ratlosen Grenztruppen-Angehörigen; telefonische Rückfragen der Grenzer bei übergeordneten Dienststellen; Öffnung vieler Übergangsstellen aus Furcht vor einer Eskalation. Gespräche zwischen Ost- und Westberlinern an der Mauer und in West-Berlin.
- FT 6 Tagesthemen des BRD-Fernsehens, 09.11.1989, 22.30 Uhr: *Die DDR hat mitgeteilt, dass ihre Grenzen ab sofort für jedermann geöffnet sind. Die Tore der Mauer stehen weit offen ...*
- FT 7 ∞ Es folgt eine Kettenreaktion weiterer Folge-Texte, wiederum auch von Journalisten (von den Morgenstunden an auch in den Printmedien), aber auch Gesprächs-Texte von unzähligen erregten und bewegten Bürgern nicht nur in Berlin, sondern in ganz Deutschland, ja sogar weltweit.
  Natürlich wurde das zugrundeliegende welthistorische Ereignis, der Mauer-Fall, keineswegs von allen Leuten und in allen Regionen einheitlich bewertet, aber das ist für die Zuordnung der gegen unendlich tendierenden Menge dieser Texte zum Maueröffnungs-Diskurs unerheblich. In der Praxis durchgesetzt hatte sich die ‚West-Version', nämlich die ungehinderte Ausreisemöglichkeit für alle ohne Antrag. Ein außerordentlich großer Teil dieser Text-Menge konnte natürlich nicht erfasst und damit in die Beschreibung des Diskurses einbezogen werden. Aber das ist für die substanzielle Kennzeichnung des Gesamt-Diskurses irrelevant; entscheidend ist vielmehr der grundsätzliche pragmatisch-thematische Gesamtzusammenhang, der sich als prägend für einen großen Teil dieser Texte erweist. Vor diesem Hintergrund aber wird auch deutlich, dass die Beschreibung eines Diskurses nicht auf irgendeine Form von Exhaustivität gerichtet sein kann.

4.4 Muster für Textproduktionsprozesse

4.4.1 Textbeschreibungsmodelle und strategische Muster für die Textproduktion

Gegen Textbeschreibungsmodelle wird oft der Einwand vorgebracht, sie seien zu detailliert und zu umfangreich, gingen zu stark von besonderen Bedingungen konkreter Textexemplare aus und seien daher nur in geringerem Maße Repräsentanten von allgemeineren Textmustern und Textsorten, kurzum: Sie seien für die kommunikative Praxis nur bedingt einsetzbar.

Wir wollen uns daher im Folgenden bemühen, wenigstens in ersten Ansätzen allgemeine Modelle zu konzipieren, die Kommunizierenden bei der Lösung bestimmter kommunikativer Aufgaben unmittelbar helfen könnten. Da es sich dabei um Rahmenmodelle für die Textproduktion handelt, müssen sie eher allgemein bleiben, wird man sich folglich bei der Konzipierung solcher strategischer Rahmenvorgaben zwangsläufig dem Vorwurf zu geringer Detailliertheit und zu geringer Berücksichtigung jeweils konkreter individueller, teils wohl auch situativer Aspekte aussetzen. Dennoch halten wir die Erarbeitung solcher produktionsorientierter Modellierungen für ein dringliches Desiderat linguistischer, daneben auch psychologischer und soziologischer Forschung, denn solche Mustervorgaben für die Produktion spezifischer Texte zur Lösung unterschiedlicher kommunikativer Aufgaben werden in der Praxis dringend gebraucht, nicht nur in der Schule, sondern auch in berufsbildenden Einrichtungen und generell beim gezielten Training bestimmter kommunikativer Prozesse. Das bezeugt u.a. die außergewöhnlich starke Nachfrage bei Kursen von oft privaten Instituten, die entsprechende spezifische Trainingsprogramme im Angebot haben.

Textbeschreibungsmodelle bauen – wie wir gesehen haben – auf Prozessen der Textrezeption und der Textverarbeitung auf. Sie heben zwar das für einen Einzeltext oder eine ganze Textsorte kommunikativ Relevante hervor und kennzeichnen vor allem auch das (zurückliegende!) Funktionieren des Textes in einer konkreten Interaktionskonstellation. Und doch: Die Beschreibung/Analyse eines Textes lässt sich nur bedingt auch für Textproduktionsprozesse fruchtbar machen. Gewiss, solche Beschreibungen mit ihren detaillierten Struktur- und Formulierungshinweisen können auch als Grundlage, als Ausgangspunkt für die Musterbildung von Textproduktionsprozessen genutzt werden, zu musterhaften Teil-Vorgaben mutieren.

Da aber Textrezeptions- und Textproduktionsstrategien grundsätzlich nicht deckungsgleich sind (denn Leserstrategien sind mit Text-Produktionsstrategien nicht identisch, ja nur bedingt vergleichbar) müssen solche Muster-Vorgaben von Text-Beschreibungen n.u.A. in spezifische kognitive – und sekundär auch sprachliche – Aktivitätskomplexe, die für die *Generierung* textueller Einheiten entscheidend sind, involviert werden (vgl. dazu Kap. 3.4.3).

4.4.2 Zu den Ablaufphasen/Komponenten der Text-Produktion

Bestimmte Aufgaben des Kommunizierens wiederholen sich in der kommunikativen Praxis immer wieder, wenngleich nicht in strikt derselben Form. Das macht auch bestimmte Text-Produktionsprozesse in hohem Grade prädiktabel und modellierbar. In solche allgemeinen Modelle des Produzierens von Texten aber kann immer nur das gesellschaftlich mehr oder minder Genormte (bzw. Normbare) eingehen; dagegen sind alle individuellen, aber auch alle eher subjektiv geprägten strategischen Teil-Aspekte des Produzierens von Texten nicht generalisier- und lehrbar und finden daher in Modellansätzen keine Berücksichtigung.

Die von uns angestrebte didaktisch orientierte Modellierung bestimmter Text-Produktionsprozesse kann aber nicht einfach die Phasen der Text-Produktion (s. Kap. 3.4.3.2) abbilden. Natürlich stellen diese theoretisch fundierten und detailliert beschriebenen Prozesse auch die Grundlage und den Ausgangspunkt für jede Modellierung dar; für die Zwecke der didaktischen Anwendung aber ist es notwendig, die Ablauf-Prozeduren zu reduzieren, umzuformen und neu zu bündeln, immer mit dem Blick auf konkrete Textproduktionsaufgaben der kommunikativen Praxis.

Für Handelnde, die bestimmte kommunikative Produktions-Aufgaben zu lösen haben, könnte das Produzieren des Textes eines bestimmten Typs wesentlich erleichtert werden, wenn durch textsortenspezifische Muster-Vorgaben ein vereinfachter Rahmen für didaktische Trainingsprogramme aller Art zur Lösung von praktischen Aufgaben der Text-Erzeugung geschaffen wird. Ein solcher strategischer Rahmen zur Textproduktion kann dem Kommunizierenden natürlich nicht die Aufgabe der eigentlichen Text-Hervorbringung abnehmen (wie das verschiedene Programme der Künstlichen Intelligenz für begrenzte Bereiche in Aussicht stellen); wohl aber bietet er den Handelnden wie ein ,Fahrplan' mit bestimmten ,Haltepunkten' schnelle Orientierung über den Gesamtverlauf der Produktions-,Strecke' und fungiert – zugleich, mit Vorstrukturiertem und Vorformuliertem – als unmittelbare Anleitung zu praktischem Text-Handeln. Dabei versteht es sich nach den konzeptionellen Überlegungen von selbst, dass die Komponenten des Modells nicht als starre und obligatorisch abzuarbeitende Vorgaben verstanden werden dürfen, sondern als Rahmenstrukturen mit ,Leerstellen', die der individuellen Ausgestaltung noch zureichenden Spielraum lassen.

Aus all diesen Gründen sollten solche strategischen Modelle überschaubar, einfach und leicht in Textstrukturen und -Formulierungen umsetzbar sein. Allgemeinste strategische Losungen (*Augen zu und durch! Lieber langsam als gar nicht!*) sind dafür ebenso wenig geeignet wie die bloße Kennzeichnung genereller Ziele, die mit Hilfe von Texten erreicht werden sollten: *Effizienz* (ein Minimum an Aufwand), *Effektivität* (ein Maximum an Wirkung) und *Angemessenheit* (die Übereinstimmung der Handlungsabfolge mit dem jeweiligen Bedingungsgefüge; vgl. Beaugrande/Dressler 1981,14).

Auch das Vorgeben von textsortenspezifischen Makro-Strukturen allein dürfte als Anleitung zu konkreten Textproduktionshandlungen nur bedingt geeignet sein. Als Beispiel dafür stehe hier das IMRAD-Schema, das für die Abfassung eines wissenschaftlichen Artikels im naturwissenschaftlichen Bereich schon seit den 60er Jahren als eine Art Norm angesehen wird (s. Adamzik 2001, 267):

I = Introduction
M = Methods
R = Results
A = And
D = Discussion

Außer dieser mehr oder minder verbindlichen Makrostruktur des Hauptteils gelten auch die formalen Konstituenten eines naturwissenschaftlichen Zeitschriftenartikels als obligatorisch: 1 – author, 2 – title, 3 – subtitle, 4 – abstract. Nach diesem ‚Vorspann' folgt das IMRAD-Schema für den Hauptteil der Gesamtstruktur mit den Ziffern 5–8. Den Abschluss bilden 9 – remarks, und 10 – bibliography.

In ähnlicher Weise wird gelegentlich auch das Makrostruktur-Schema von van Dijk (1980,142) als Modell für die Generierung von Erzähl-Texten interpretiert (vgl. Adamzik 2001,269). Zu beiden Ansätzen ist anzumerken, dass hier im Grunde nur Ergebnisse/Makrostrukturen von Textbeschreibungen und -Analysen aufgegriffen werden. Die unmittelbare Einbindung in das Procedere der Textproduktion ist dabei n.u.A. noch nicht gegeben.

Als Kernproblem für das Funktionieren von Textproduktionsmodellen sehen wir die Frage an, welchen unmittelbaren ‚Aufhänger'/Anknüpfungspunkt ein Handelnder, der vor der Lösung einer Textproduktionsaufgabe steht, in einem Modell findet. Makrostrukturen zeigen dem Textproduzierenden zwar das anzustrebende Ergebnis des Text-Produktionsprozesses, nicht aber den Weg, der den Handelnden dorthin führen könnte.

Da wir davon ausgehen, dass jeder Kommunizierende im Normalfall weiß, was er kommunikativ erreichen will, (die Veränderung des Zustands Z in den Zustand Z'), erscheint uns eben diese Intention des Handelnden als der geeignete Anknüpfungspunkt für jeden Produktionsprozess. Gerade bei dieser Problematik könnte der Kommunizierende den ‚Einstieg' finden in das Modell und damit den ‚Anschluss' an sein eigenes – auf eine konkrete Handlung bezogenes – Wollen. Das aber setzt ein differenziertes ‚Angebot' voraus: die Differenzierung der Vielzahl möglicher Intentionen und deren Reduktion auf wenige intentionale Grundtypen.

Wie aber kann man zu einer solchen Typisierung gelangen? Die meisten neueren linguistischen Arbeiten gehen dabei – wie schon Searle 1971, dann auch mit Modifikationen Brinker 1985 und Rolf 1993 – von grundlegenden, durch Einzelsätze geprägten Sprachhandlungen (Sprechakten, Illokutionen) aus und unterscheiden auf der Basis detaillierter Analysen, bei denen jeweils nach dem *illocutionary point* gefragt wird, fünf illokutive Grundtypen. Diese illokutionären Typen von Sätzen werden dann auch einer intentional geprägten Klassifikation von Texten zugrundegelegt. Danach werden unterschieden: Repräsentativa (*Feststellungen, Behauptungen, Vorhersagen ...*), Direktiva (*Bitten, Weisungen, Anträge ...*), Kommissiva (*Versprechen, Drohungen, Garantien ...*), Expressiva (*Beileidsbekundungen, Klagen, Grußadressen ...*) und Deklarativa (*Trauungen, Ernennungen, Berufungen ...*; vgl. Brinker 1997,101).

Geht man bei dem Versuch einer solchen Typisierung nicht von Einzel-Sprachhandlungen, sondern von der gesellschaftlichen Funktion komplexer Texte aus, von ihrem Beitrag zur Lösung gesellschaftlicher Aufgabenstellungen und individueller Ziele, so lassen sich (mit Heinemann/Viehweger 1991,149, auch mit Rückgriff auf Brinker 1997) wiederum fünf n.u.A. textuell geprägte Grundtypen voneinander abheben.

Mit Hilfe von Texten kann ein Textproduzent

– sich psychisch entlasten	→ SICH AUSDRÜCKEN (SELBST DARSTELLEN)
– Kontakt mit Partnern aufnehmen/ erhalten/abbrechen	→ KONTAKTIEREN
– Informationen an Partner vermitteln	→ INFORMIEREN
– Partner veranlassen, Handlungen/ Sprachhandlungen zu vollziehen	→ AUFFORDERN / STEUERN
– bei Partnern eine ästhetische Wirkung erzielen	→ ÄSTHETISCH WIRKEN

Die vier Grundfunktionen stehen in einem Inklusionsverhältnis zueinander: Für das Kontaktieren ist normalerweise eine Äußerung/Entäußerung des handelnden Individuums notwendig, das Informieren setzt in der Regel den Kontakt zwischen Partnern voraus, und steuernde Texte vermitteln zumindest mittelbar auch Informationen. Die ästhetische Funktion nimmt dagegen eine Sonderstellung ein: nicht nur, weil hier die Formulierungsebene im Zentrum steht, mit deren Hilfe eine fiktive Welt geschaffen wird, sondern auch, weil diese Grundfunktion alle anderen Basisfunktionen überlagern kann.

Natürlich gibt es zahlreiche ‚Übergänge' zwischen diesen Grundtypen, ist auch das Realisieren von mehreren Grundfunktionen zugleich keine Seltenheit (z.B. kommt Gesetzestexten zugleich informierende und steuernde Funktion zu), und es bleiben auch Fälle, die im Hinblick auf die Zuordnung der hier genannten Grundtypen nicht eindeutig sind. Das schließt aber nicht aus, dass eine Modellierung von Textproduktionsprozessen von einer solchen Grundorientierung ausgeht.

Schematisch:

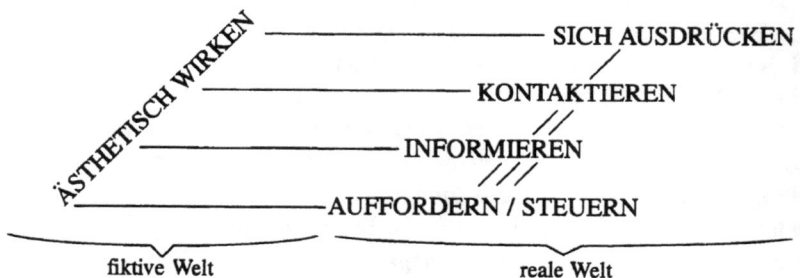

Abb. 32: Elementare Textfunktionen

A. Basiskomponente

Die hier genannten Grundintentionen/-Funktionen sind nun auch die Basis, der Ausgangspunkt, unseres Textproduktionsrahmens. Da diese Basisfunktionen aber nicht gleichermaßen relevant sind für die kommunikative Praxis, beschränken wir uns bei unserem Modellierungsansatz zunächst auf die in der praktischen Kommunikation am häufigsten frequentierten intentionalen Basisklassen des Informierens und des Aufforderns. Der besseren ‚Anschließbarkeit' wegen werden diese Grundfunktionen allerdings bei unserem Vorgehen nochmals in Subtypen untergliedert: *repräsentativ* und *deklarativ* ‚INFORMIEREN'; *rogativ, appellativ* und *direktiv* ‚STEUERN' (vgl. Abb. 33). Und diese Subtypen bilden dann den Ausgangspunkt für bestimmte, auf die Repräsentation spezifischer Textsorten gerichtete Ablauffolgen. Oder anders: Von jedem dieser Intentions-Subtypen geht ein besonderer Bearbeitungsstrang für Textproduktionsprozesse (gekennzeichnet durch die Komponenten B, C und D, s.u.) aus.

B. Planungskomponente

In dieser Phase wird der Handelnde stimuliert, die mit der jeweiligen Intention gegebenen und auf den geplanten Text bezogenen Wissenskomponenten über die Schwelle des Bewusstseins zu heben. Beim *Text-Thema* kann sich jeder Sprachteilhaber unmittelbar ‚einklinken', es ist ja direkt an die Intention gebunden. Auch beim *Situationswissen* ist das in hohem Grade wahrscheinlich; der Textproduzent muss ja wissen, *wen* er informieren oder steuern will und unter welchen Umständen er das erfolgversprechend tun kann! Und auch ein – wenngleich oft allgemeines und vages – *Textsortenwissen* (betreffend die zu produzierende Textsorte) darf wohl bei den meisten Kommunizierenden vorausgesetzt werden, auch wenn nicht immer erwartbar ist, dass der Handelnde das Textsortenwissen auch zuordnen und mit einem Etikett versehen kann. All diese Faktoren zusammengenommen können als eine Art Ausgangspotenzial für jeden Textproduktionsprozess gelten.

C. Komponente Globale Orientierung

Dabei geht es um die Frage, welche und wie viele *Teiltexte* der Textproduzent (im Sinne der bereits erörterten Text-Thema-Entfaltung) zur Erreichung/Stützung seines fundamentalen Ziels für sinnvoll und angemessen halten könnte (zur Stützung der Intention des TPen ‚begründen' oder zur Ergänzung bzw. Kommentierung des Text-Themas ‚spezifizieren', ‚erklären'). Damit wird nicht nur die semantische Vernetzung annähernd festgelegt, sondern zugleich auch die Grobsequenzierung und formale Strukturierung des globalen Textes – immer auch mit dem Blick auf aktivierte spezifische *Makro- und Rahmenstrukturen* der jeweiligen Textsorte.

Zur Globalorientierung zu rechnen sind auch Entscheidungen des TPen über – bei umfangreicheren Texten erwartbare – globale Strukturierungsprinzipien und *Vertextungsmuster* (Narration I oder II, Deskription, Argumentation ...), die die Gesamtstruktur des Textes wesentlich prägen. Und im Zusammenhang mit diesen allgemeinen Textstrukturierungsfragen sind im Modell auch Vorgaben erwartbar für die Dominanz bzw.

das Zusammenwirken bestimmter *Kommunikationsmaximen* und -prinzipien bei der Konstitution eines Textes einer bestimmten Textsorte.

D. Komponente Lokale Ausgestaltung

Entsprechend den Rahmen-Vorgaben der voraufgehenden Komponenten sollen in dieser Phase Anstöße/Anregungen vermittelt werden zur konkreten Ausgestaltung des Textes, zur ‚eigentlichen' Textproduktion. Der dabei notwendige Prozess der Encodierung zur Konstitution einzelner 'chunks' und komplexer Sätze wird im Modell durch Mustervorgaben unterschiedlicher Typen gestützt, gegründet auf den jeweiligen Intentionstyp und den spezifischen Textsortenrahmen: textsortenspezifische und themengebundene Lexik (u.a. Fachwörter, Termini, charakteristische gruppen- und institutionsspezifische Lexik, Kollokationen ...), typische, für die jeweilige Textsorte dominante syntaktische Muster (Sequenzierungsprinzipien, syntagmatische Stereotype, Satzbau- und Konnexionsmuster für komplexere syntaktische Strukturen ...), Muster für Restringierungen des Formulierens wegen der Dominanz bestimmter Kommunikationsmaximen ..., Muster- und Grenzmarkierungen für bestimmte Teiltexte (*Anreden, Schlussformeln, Gliederungssignale* ...).

Mit Notwendigkeit sind diese Mustervorgaben relativ allgemein gehalten, können sie immer nur Grundstrukturen, Textsortenspezifisches fokussieren, Stimuli sein für die konkrete Ausgestaltung des Textes durch den TPen. Durch solche Vorgaben werden TPen bei Textproduktionsprozessen wesentlich entlastet; sie können sich dann stärker auf inhaltliche Probleme und Formulierungsalternativen konzentrieren.

Der Textproduktionsrahmen lässt sich dann schematisch wie folgt zusammenfassen:

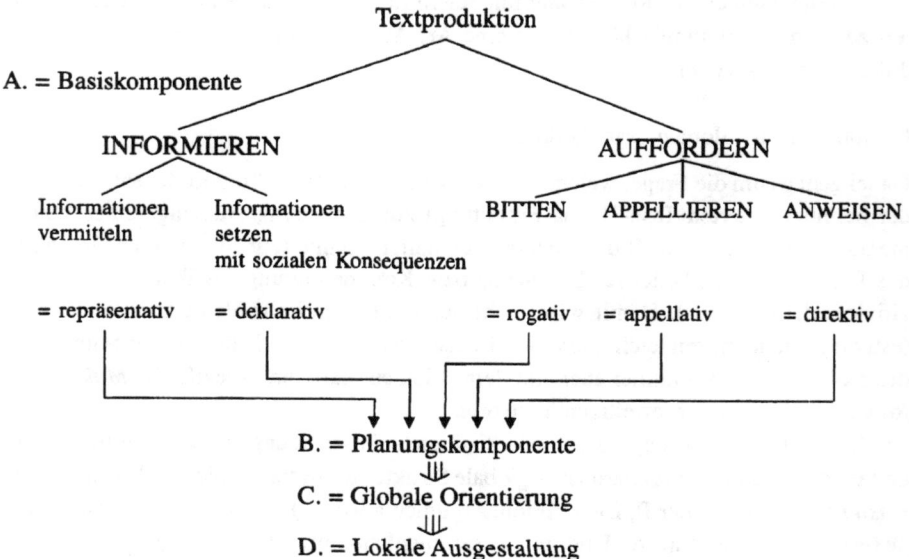

Abb. 33: Mustervorgaben für Textproduktionsprozesse

Grundlegend für unser Procedere ist das Ausgehen von unterschiedlichen Intentions-typen und die Orientierung auf Spezifika einer Textsorte. Dazu gehören ja – wie gezeigt wurde – nicht nur die Textstrukturen und -Formulierungen, sondern auch nonverbale Handlungen.

Die Schwierigkeit einer solchen Modellierung besteht u.a. darin, dass die außerordentliche Vielfalt möglicher Textgestaltungen in einem Modell nur in sehr begrenztem Maße adäquat erfasst werden kann. Wir haben nur bei der intentionalen Komponente erste Differenzierungen vorgenommen. Dabei blieben die zahlreichen subjektiven sekundär-strategischen Aspekte (etwa die *Imponier-Strategie*, die *Aufwertungs-Strategie*, die Streichel-Strategie …) noch unberücksichtigt; in gleicher Weise aber müssten auch andere Aspekte des Produzierens von Texten durch charakteristische Ablauf-Folgen spezifiziert werden (die Differenzierung nach Text-Themen, nach Text-Themen-Entfaltungstypen, nach situativen Charakteristika, nach Anzahl und Qualitas der Adressaten …). Eine solche fortschreitende Untergliederung von Textproduktionsprozessen in immer kleinere Teilstränge – vielleicht auch in der Form sich stetig aufsplittender Algorithmen – kann aber gegenwärtig nur als Desiderat bezeichnet werden.

Die von uns vorgeschlagenen Ablaufstränge lassen sich als ,WENN-DANN'-Operationen interpretieren: Wenn ein bestimmte Intentionsstruktur gegeben ist, folgen daraus (allerdings nicht zwingend!) charakteristische Text-Thema-Entfaltungen, Textstrukturierungen und Formulierungs-Ketten. Aber nicht alle Komponenten des Modells kommen bei allen Textproduktionsprozessen gleichermaßen zum Tragen. Je nach Zweck und Situation ist hier flexible Handhabung gefragt. Das schließt umgekehrt auch ein, dass manche Teilaspekte für bestimmte konkrete Texte besonders wichtig sein können und daher mehrfach realisiert werden.

Die Explikation des Modells muss sich auf wenige Beispiele beschränken. Die Darstellung konzentriert sich dabei auf generalisierbare Phänomene; die Auffüllung der Leerstellen des Textproduktions-Rahmens muss dem Anwender überlassen bleiben.

4.4.3 Vorgaben für textsortenspezifische Textproduktionsprozesse

4.4.3.1 Textsorte Magisterarbeit

Magisterarbeiten stehen im typologischen Diskurszusammenhang mit Textexemplaren der Textsortenklasse ,wissenschaftliche Qualifizierungsarbeit' sowie konkret im engeren Zusammenhang mit allen wissenschaftlichen Arbeiten zur Lösung eines bestimmten, vom jeweiligen Verfasser thematisierten Problems. Mit anderen wissenschaftlichen Qualifizierungsarbeiten (wissenschaftlichen Hausarbeiten, Staatsexamensarbeiten, Dissertationen u.a.) haben sie grundlegende Merkmale gemeinsam, unterscheiden sich in eher peripheren Charakteristika.

A = Basiskomponente in Verbindung mit B = Planungskomponente

Die intentionale Komponente wurde in unserem Modell nur aus Gründen der besseren ,Anschließbarkeit' besonders hervorgehoben. In der Praxis aber sind die Konstituenten der Planungskomponente unmittelbar an die jeweilige Intention des Textproduzenten gebunden: Wenn der Textproduzent ein bestimmtes Ziel verfolgt, weiß er immer auch, wen er informieren oder steuern will oder soll und welche Umstände sich für diesen Zweck am besten eignen. Daher stellen wir hier A und B in ihrem unmittelbaren Zusammenhang dar.

Wer eine Magisterarbeit schreibt, kann damit ohne Frage mehrere Ziele verfolgen: Er/ sie will vor allem das Studium durch ein Magisterexamen abschließen (=fundamentales Ziel). Damit verbunden sind vielfach weitere Fern- oder begleitende Ziele: als M.A. (magister artium) bessere Chancen bei Bewerbungen um eine leitende Stelle, das Ausüben einer solchen führenden Position in der Gesellschaft, ein Mehr an Ansehen in der Gesellschaft/bei Freunden/in der Familie. Die Magisterarbeit selbst ist in diesem Kontext für Studenten in der Regel Mittel zum Zweck. (Nur gelegentlich steht bei Studenten von vornherein das Anliegen im Zentrum, Ergebnisse eigener wissenschaftlicher Untersuchungen einer begrenzten wissenschaftlichen Öffentlichkeit zugänglich zu machen)
Eine wichtige Voraussetzung für den Erwerb des ersten akademischen Grades aber ist das Schreiben einer Magisterarbeit: Damit soll der Student den Nachweis erbringen, in einem bestimmten wissenschaftlichen Bereich umfassend orientiert zu sein und zugleich einen eigenen Beitrag zur Erforschung eines wissenschaftlichen Teilproblems leisten zu können.
Worin besteht dann die eigentliche Intention des Studenten mit dem Verfassen eines solchen Textes? Er schreibt ihn für eine zunächst kleine Gruppe von Textrezipienten (Hochschullehrern, Prüfern), die er mit diesem Text *informieren* will, dass er in der Tat über die genannten Voraussetzungen für die Zulassung zum Magister-Examen verfügt. Sekundär kann ein solcher Text auch als *Aufforderung* an diese Hochschullehrer verstanden werden, dieses informative Textangebot unter dem Aspekt der Zulassung zum Magister-Examen zu prüfen und ein entsprechendes Votum auszustellen.

Daraus ergibt sich:

WILL BESTEHEN (TP, ME)
→   WILL/MUSS SCHREIBEN (TP, MA)
↔   WILL (TP, INFORMIEREN (TR, X))
→   FÄHIG SEIN (TP, LÖSEN (TP, X'))

Legende: ME = Magister-Examen
TR   = Promotor, Prüfer, Experten eines wissenschaftlichen Bereichs
MA = Magisterarbeit
X   = wissenschaftliches Problem und Problemlösungsansatz
X'   = wissenschaftliches Teilproblem
→   = Symbol für Implikationsbeziehung
↔   = Symbol für Äquivalenzrelation

Abb. 34: Basiskomponente für das Produzieren/Schreiben einer Magisterarbeit.

Dieses *Informieren* ist repräsentativ, also auf das Vermitteln von Informationen gerichtet, die für den TR in irgendeiner Weise relevant sind. Erst wenn ein Hochschullehrer bei der Verleihung eines Titels einen entsprechenden Text verfassen würde, der mit sozialen Konsequenzen verbunden ist (dem Recht, einen akademischen Grad zu führen), hätten wir es mit einem deklarativ informierenden Text zu tun.

Wer eine Magisterarbeit schreiben will, weiß sofort, an wen (an welche *Partner*) diese Arbeit primär gerichtet ist: an Hochschullehrer, die als Betreuer bzw. als Gutachter/Prüfer fungieren. Erwähnt sei an dieser Stelle, dass als sekundäre Rezipienten auch andere an diesem Problem Interessierte in Frage kommen. Daher sollten verteidigte Magisterarbeiten mindestens für einige Jahre auch für andere potenzielle Leser auf Anforderung verfügbar sein.

Mit dem wissenschaftlichen Betreuer muss der Kandidat zunächst das *Thema* der Arbeit festlegen, das hier wegen der Vielfalt der Möglichkeiten nur allgemein als ‚wissenschaftliches Problem‘ umschrieben wird. Und der Betreuer legt auch weitere situative Rahmenbedingungen fest: Die Arbeit ist an einem Institut/einer Fakultät einer bestimmten Universität (LOC) einzureichen, in vielen Fällen auch öffentlich zu verteidigen. Auch der Zeitraum (TEMP) für die Abfassung und Abgabe der Arbeit wird entsprechend den Prüfungsbestimmungen festgelegt. Schließlich erhält der Kandidat in der Regel auch Hinweise über den jeweils angemessenen Umfang der Arbeit (MOD) und einige Formalia (Computerausdruck, teils auch mit Diskette; Regelungen für die Anfertigung des Literaturverzeichnisses und für die formale Gestaltung von Anmerkungen). Damit ist zugleich der *textsortenspezifische* äußere *Rahmen* für die Produktion eines solchen Textes abgesteckt.

C. Globale Orientierung

Ausgehend vom Ziel der Arbeit und dem jeweiligen Thema muss der Schreiber einer Magisterarbeit zunächst eine Rahmenkonzeption für den Gesamt-Text zusammenstellen, in der er die grundlegenden, d.h. für die Erreichung des angestrebten Ziels unerlässlichen *Teil-Texte* festlegt. Dass eine solche Erst-Disposition in der Regel nur als Arbeits-Hypothese anzusehen ist, die im Prozess der Textherstellung normalerweise mehrfach umgeformt wird, entbindet den Kandidaten nicht von der Aufgabe des Entwurfs einer Makrostruktur für den geplanten Gesamt-Text.

Diese Teil-Text-Struktur erster Stufe, bei der jeder einzelne Teil-Text in unmittelbarem Zusammenhang mit dem zu untersuchenden Problemfeld (dem Leitmotiv) steht, erweist sich als eine spezifische Form der Text-Thema-Entfaltung. Die einzelnen Teil-Texte bilden gleichsam thematische Blöcke/Bausteine mit je spezifischen Aufgaben, die nicht nur mit dem Ausgangsproblem (dem Text-Thema), sondern auch untereinander in vielfältigen Kohärenzbeziehungen stehen.

Die Makrostruktur einer linguistischen Magisterarbeit mit den Teil-Texten der ersten Stufe umfasst in der Regel die folgenden Teil-Text-Einheiten:

1. Einführender Teiltext:
Ihm kommt die Aufgabe der Hinführung zum eigentlichen Leit-Thema zu. Allgemeine unverbindliche Einführungsfloskeln, die keinen direkten Thema-Bezug haben, sind daher zu vermeiden. Vielmehr kommt es schon in diesem Einführungsteil darauf an, das zur Diskussion stehende Problemfeld wenigstens grob einzugrenzen, die aus der Sicht der Forschung noch offenen Kernprobleme zu markieren und von hier aus die speziellen Ziele der Arbeit abzuleiten.

2. Theorie- und forschungsbezogener Teiltext:
Teile davon können u.U. schon in den einführenden TT integriert sein.
Jeder Magisterarbeit kommt die Aufgabe zu, das zu erörternde Problemfeld theoretisch zu verorten. Dazu gehört es:
– Grundbegriffe dieses Problembereichs auf der Basis grundlegender und neuester Arbeiten zu dieser Problematik terminologisch zu hinterfragen und sich selbst – gegebenenfalls in Anlehnung an theoretische Vorbilder – argumentativ zu positionieren;
– wesentliche Vorschläge der bisherigen Forschung zur Lösung des Problems aufzugreifen, Vorzüge und Begrenztheiten unterschiedlicher Ansätze zu erörtern und daraus den eigenen Lösungsansatz (u.U. auch wieder in Anlehnung an theoretische Vorbildmodelle, aber unterlegt durch eigenes Beispielmaterial oder ergänzt durch spezifische Anwendungskonzepte) begründend vorzustellen.

3. Problembearbeitungs-Teiltext:
Den Kern und damit den umfangreichsten Teil-Text jeder linguistisch orientierten Magisterarbeit bildet die Darstellung der eigentlichen Untersuchungen des Problems.
Der Kandidat wird hier zweckmäßigerweise zunächst das seinen Untersuchungen zugrundeliegende (Text-)Material allgemein und mit detaillierten Quellenangaben charakterisieren und begründen, warum er sich gerade auf dieses Material stützt.
Wichtigster Teilabschnitt dieses Text-Teils aber ist die detaillierte Kennzeichnung und Begründung des eigenen methodischen Vorgehens. Dazu gehört die Eingrenzung der zu untersuchenden Fragestellungen, die Formulierung von Arbeitshypothesen und vor allem als eine Art Konsequenz aus der unter 2 dargestellten Forschungssituation die Kennzeichnung der vom Verfasser angewandten grundlegenden Methoden und der sich aus ihnen ergebenden konkreten Arbeitsschritte zur Lösung des Problems.
Dieser methodologischen Ausgangsdarstellung kommt bei den folgenden eigentlichen Untersuchungen Modellcharakter zu, da nun das gesamte textuelle Beispielmaterial Fall für Fall systematisch im Sinne der Arbeitsschritte und im Hinblick auf die Problemlösung getestet werden sollte. Die Formulierung von Teilergebnissen, immer nur bezogen auf den Einzelfall, bildet eine wesentliche ‚Anschlussstelle' für den abschließenden Teiltext.

4. Abschließender Teiltext
Diesem Teiltext kommt die Aufgabe zu, die Untersuchungsergebnisse anknüpfend an die in 3 formulierten Teileinsichten zusammenzufassen, sie zu systematisieren und mit anderen Vorschlägen zur Lösung des Problems zu vergleichen. Von besonderer Bedeu-

tung sind schließlich Hinweise auf Möglichkeiten zur Anwendung der ermittelten Ergebnisse und auf Aufgaben weiterführender Forschungen.

Auch die weitere Untergliederung dieser Teiltexte und erste Ansätze zu ihrer ‚Auffüllung' – etwa durch charakteristische Leitwörter, Stichpunkte, Verweise auf noch zu bearbeitende Fachliteratur, gelegentlich auch schon durch typische Syntagmen oder Formulierungsbruchstücke – wird vielfach schon in dieser Phase der Global-Orientierung erfolgen.

Zweckmäßig ist es auch, wenn sich der Kandidat schon an dieser Stelle bewusst macht, welche *kommunikativen Prinzipien* und Kommunikationsmaximen den eigenen Schreibprozess steuern sollten, damit der Gesamt-Text auch textsortenadäquat gestaltet wird. Für die Textsorte Magisterarbeit sind wie für alle wissenschaftlichen Darstellungen die folgenden Gestaltungsprinzipien hervorzuheben:

– Strikte Sachbezogenheit und Objektivität. Das impliziert die ‚Zurücknahme' des Ego, neutrale Sachverhaltskennzeichnung, auch in der Formulierung (nicht: *Ich habe XY untersucht; ich bin der Auffassung, dass ...*, sondern: *XY wurde untersucht ...; dabei ergab sich, dass ...*).

– Exaktheit/Präzision/Eindeutigkeit. Daraus resultiert das Präferieren von *Fachwörtern*, von *Termini*, von *Kurzwörtern* und *Abkürzungen*, von *formelhaften Wendungen* und *Formeln*. Im Interesse der Eindeutigkeit der Darstellung sollte auf stilistische Variation bei der Wiederaufnahme von Begriffen/Sachverhalten verzichtet werden, stattdessen sind wörtliche Wiederholungen von Termini zu präferieren.

– Knappheit der Darstellung. Damit verbunden ist die Konzentration auf Wesentliches, der Verzicht auf Wiederholungen oder Ausschmückungen. Die Knappheit der Ausdrucksweise schlägt sich nieder in syntaktischen Strukturen, die einen hohen Komplexitätsgrad aufweisen (*Einfachsätze* mit zahlreichen *Attributsketten*, vor allem von *Genitiv-Attributen*, Häufung von *Nominalisierungen* und *Mehrfachkomposita ...*).

– Verständlichkeit. Dieses Prinzip fungiert als eine Art Korrektiv zu den anderen hier genannten Maximen. Der Kandidat sollte bei der Textgestaltung der Magisterarbeit darauf achten, dass der Text zwar allgemein an Experten gerichtet ist, aber auch für Nicht-Spezialisten unter den Experten versteh- und nachvollziehbar sein muss. Unter diesem Aspekt sollte sich der Schreiber darauf einstellen, an bestimmten – für das Gesamtverständnis des Anliegens wichtigen – Stellen auch förderliche Redundanzen in den Text einzubauen sowie Abkürzungen und Formeln auf ein Minimum zu reduzieren.

D. Lokale Ausgestaltung

Durch die Komponenten A–C ist der Text der Magisterarbeit weitgehend in Teil-Texte vorstrukturiert worden, liegen z.T. auch schon weitergehende Subgliederungen einzelner Teil-Texte vor. Auch die ‚Auffüllung' der Teil-Texte (s.o.) wurde schon vorbereitet; und letztlich weiß der Kandidat auch, welche Prinzipien bei der konkreten Ausformulierung des Textes, der chunk-für-chunk-, der Satz-für-Satz-Gestaltung berücksichtigt werden sollten.

Und doch: Die entscheidende Aufgabe der lokalen Ausgestaltung des Textes, der Ausformulierung im Detail, der Auffüllung des Textsortenrahmens muss noch geleistet werden. Unter der Voraussetzung, dass der Kandidat nun genau und detailliert weiß, über welche Problem-Inhalte er die Rezipienten informieren will, muss er zur Lösung dieser Aufgabe – wie übrigens auch bei jeder anderen Form der Textproduktion – zahllose Formulierungsmuster aktivieren (einfache und komplexe, stilistische und textuelle, lexikalische und syntaktische ...). Das sind für den Muttersprachler Routine-Operationen, die zwar gelegentlich trainiert werden sollten, aber für Produzenten einer Magisterarbeit vorausgesetzt werden können.

Nur bei *textsortenspezifischen Mustern* dürften bestimmte Vorgaben für die Textproduzenten im Regelfall sinnvoll und notwendig sein. Dass das in diesem Rahmen nur in sehr eingeschränktem Umfang möglich ist, er gibt sich schon daraus, dass wir hier auf die Konstruktion eines Beispielfalls mit thematischer Festlegung verzichtet haben, so dass zwangsläufig auch die Vorgabe von Sequenzierungs- und Formulierungsmustern allgemein bleiben muss.

Wir beschränken uns auf folgende Hinweise:

1. Zum Gesamt-Text

Textbeginn:

Titelblatt (obligatorisch), enthält Angaben über die Textsorte (Magisterarbeit), das Text-Thema (Titel der Arbeit, das Problem), die Institution (=LOC), bei der die Arbeit eingereicht wird (*eingereicht bei ...*), den Namen des Textproduzenten (*vorgelegt von ...*) und das Datum (=TEMP). In der Regel werden auch Betreuer und Gutachter benannt.

Vorwort (fakultativ), eher subjektive Aspekte der Auseinandersetzung mit dem Thema, gegebenenfalls auch Danksagungen.

Textabschluss:

Literaturverzeichnis.

Anmerkungen (fakultativ).

Eidesstattliche Erklärung des Kandidaten, dass er die Arbeit selbständig und nur unter Verwendung der angegebenen Hilfsmittel angefertigt hat.

2. Zu den Teil-Texten (Grenzmarkierungen):

Textbeginn:

Eingangsformulierung für den einleitenden Teil-Text: Sie bereitet vielen Kandidaten größte Schwierigkeiten. Empfehlung, von der Relevanz des zu bearbeitenden Problems (für die Gesellschaft, die linguistische Forschung, die Methodologie) auszugehen. Oder direkt mit der Zielformulierung beginnen: *Mit der vorliegenden Arbeit wird das Ziel verfolgt ...*

Bei anderen Teil-Texten erfolgt die Einleitung vielfach durch reihende Gliederungssignale: *Im nun folgenden Kapitel ..., im Folgenden ..., einen anderen Aspekt der Problematik stellt XY dar ...*

Dadurch Hinführung zu den Kerninhalten der jeweiligen Kapitel.

Textabschluss:
  Besondere Schlussmarkierungen der Teil-Texte sind weder üblich noch notwendig. Häufig nochmals Zusammenfassung bestimmter Grundthesen oder direkte Überleitung zum nachfolgenden Teil-Text.

3. Zur ‚Auffüllung‘ der Sub-Teiltexte

Diese Teileinheiten der Teil-Texte sollten thematisch und formal wiederum auf die jeweils übergeordnete Text-Einheit bezogen und auch mit den anderen Sub-Teiltexten semantisch vernetzt sein. (Vgl. dazu die sogenannte Sinnklammerungs-Strategie, Kadow 1987,107ff.: *lexikalische Verflechtungen, Konnektoren, Querverweise, Gliederungssignale, pragmatische Kommentare: Damit wird X zur entscheidenden Voraussetzung für Y ... Den Begriff Z fassen wir im Gegensatz zu P wie folgt ...; s.* Kap. *...*).

Häufig frequentiert sind in Magisterarbeiten neben zahllosen anderen die folgenden semantischen Kernstrukturen:
  X   IST Y (bei Begriffsbestimmungen);
  X   WEIL Y; X DENN Y (bei Kausalitäts- und Begründungsrelationen);
  X   SPEZIFIZ Y (bei Merkmalskennzeichnungen);
  X   BEWERT Y (bei wissenschaftlichen Einschätzungen von Problem-Lösungsvorschlägen) ...

Für diese Grundtypen lassen sich Formulierungsmuster und -varianten in Abhängigkeit von den konkreten Realisierungen von X und Y zusammenstellen.
  Beispiel für X IST Y (Begriff ‚Konstituente‘):
  Eine Konstituente ist Teileinheit einer umfassenderen sprachlichen Ganzheit (eines Satzes, eines Textes ...).
  Unter einer Konstituente versteht man ...
  Konstituenten werden von P bestimmt als ...
  Eine Konstituente lässt sich als ...bestimmen ...

  Formelhafte Wendungen für X $\wedge$ Y:
  Erwähnung verdient noch ...; erwähnt werden muss noch ...; Hervorhebung verdient ...; ein weiteres Problem stellt Y dar ...; im Anschluss an X ist noch auf Y zu verweisen ...

4.4.3.2 Textsorte Bewerbung

A = Basiskomponente und B = Planungskomponente

Bewerbungen haben – nicht nur sprachlich – etwas mit ‚Werbung‘ zu tun. Mhd. *werben* bedeutet ursprünglich ‚sich drehen‘, sich bemühen‘, ‚sich um jemanden bewegen‘. Und aus diesem allgemeinen ‚Sich Bemühen‘ um eine Person ist das heute leicht archaische ‚Werben‘ um die Gunst, die Liebe einer Frau hervorgegangen, ebenso die ‚Werbung‘, das zielgerichtete Beeinflussen/Auffordern von anonymen Großgruppen zum Kauf bestimmter Produkte oder Dienstleistungen oder aber zu praktisch-gegenständlichen oder geistigen Handlungen im Interesse einer bestimmten Partei oder Organisation (auch wenn diese Form der politischen ‚Werbung‘ im heutigen Sprachgebrauch durch Lexeme wie ‚*Agitation*‘ oder ‚*Propaganda*‘, bei negativer Konnotation durch ‚*Manipulation*‘ substituiert wird)

Auch das ‚Bewerben‘ (eigentlich das ‚Versehen mit Werbung‘) ist ein Sich-Bemühen um eine Zielgruppe – hier allerdings bestehend aus Leitern oder Mitarbeitern von gesellschaftlichen oder wirtschaftlichen Institutionen. Und das Objekt dieses ‚Bewerbens‘, dieses Aufforderns, ist nicht ein Produkt oder eine gesellschaftliche Organisation, sondern die eigene Person des Bewerbers. Der Partner, eine mit Prestige und Befugnissen ausgestattete Person/eine Personengruppe, der ‚Umworbene‘ also, wird hier aufgefordert, im Sinne des Textproduzenten zu handeln, d.h. ihn in eine von TP erwünschte Position/Stellung in einem Unternehmen/einer gesellschaftlichen Institution zu bringen.

Damit aber sind schon die grundlegenden Charakteristika von Bewerbungen markiert: Ausgangspunkt und Prämisse ist immer ein Bedürfnis einer Person (ein Wunsch, ein Begehren, ein fundamentales Ziel), aus einem gegebenen – aus der Sicht des TP mit Mängeln behafteten – Zustand Z (einer bestimmten Position/einem bestimmten Amt von TP in einer Institution/einem Unternehmen) einen Zustand Z' zu machen, der für TP bessere Lebensbedingungen mit sich bringt: höheres Einkommen, bessere Arbeitsbedingungen, verantwortungsvollere, interessantere, leichtere Tätigkeit, besseres Arbeitsklima …

WILL (TP, Z')

Legende: Z' = von TP angestrebte Position/Stellung in einem Unternehmen/einer gesellschaftlichen Institution

Ein solches erstrebenswertes Ziel Z' kann TP suchen in einer neuen/anderen beruflichen Tätigkeit, einem Job, einem Amt, einem Mandat, einer Kandidatur, in einem Studium oder einer Weiterbildungsinstitution. Und er kann außer dem fundamentalen Ziel Z' auch eine Reihe von Begleitzielen anstreben: höheres Prestige, Freude an der Tätigkeit, einen Mehrwert an Lebensqualität …

Dieses fundamentale Ziel kann der Handelnde im Ausnahmefall auch selbst realisieren durch die Gründung eines eigenen Unternehmens oder einer gesellschaftlichen Organisation, wenn die materiellen Rahmenbedingungen gesichert sind. Normalerweise aber muss er eine Person/Personengruppe ‚umwerben‘, die ihm Z' ermöglichen kann, ihm eine andere Stellung/die erwünschte Position in einem Unternehmen/einer gesellschaftlichen Institution anbieten kann. Der potenzielle Bewerber erfährt in der Regel über Stellenanzeigen in der Presse/im Internet von entsprechenden Angeboten und reagiert darauf normalerweise durch eine schriftliche Bewerbung.

Mit dem grundlegenden Ziel des TP ist aber auch das *Text-Thema* für das *Bewerbungsschreiben* gegeben: die Einstellung des TP in dem Unternehmen/in der Institution. Zugleich sind schon im Vorfeld auch die *situativen Rahmenbedingungen* abgesteckt: LOC = Unternehmen/Institution. TEMP: Zeitpunkt/Zeitraum der möglichen Einstellung. MOD: Brief mit (Bewerbungs-)Unterlagen, vermittelt über die Institution Post. Die durch das Bewerbungsschreiben auszulösende kommunikative Kette ist eindeutig asymmetrisch geprägt, der TP ist in der Position eines Abhängigen, der die Entscheidung des Partners akzeptieren muss. Seine Aufforderung an den TR, ihn in die erwünschte gesellschaftliche/berufliche Position zu bringen, muss daher als zurückhaltende, höfliche Bitte vorgebracht werden.

SICH BEWERBEN (TP, TR, Z')
↔ BITTEN (TP, TR, ERHALTEN (TP, Z'))

Legende: TR = Chef, leitende Mitarbeiter eines Unternehmens/einer gesellschaftlichen Institution

Die Bitte des TP ist gerichtet auf das Zur-Kenntnis-Nehmen und Akzeptieren des Anliegens des TP (die Herstellung der Kooperationsbereitschaft), eine schriftliche oder telefonische Reaktion (den Vollzug von Schreib- bzw. Sprech-Handlungen) in der Form einer Einladung zu einem Vorstellungsgespräch und letztlich auf die erstrebte Einstellung des TP in diesem Unternehmen/dieser Institution (den Vollzug einer praktischen Handlung mit sozialen Konsequenzen).

C = Globale Orientierung

Da der Partner die Bitte zumindest wohlwollend prüfen soll, reicht es normalerweise nicht aus, wenn der TP im Bewerbungsschreiben nur seine Bitte um Einstellung vorträgt. Der TR kann ja so nicht wissen, ob der TP wirklich auch für die in Frage stehende Aufgabe geeignet ist. Daher muss der Bewerber versuchen, den TR zu einer für den TP positiven Entscheidung zu veranlassen, ihn zu motivieren, sich gerade für den TP und nicht für andere Bewerber zu entscheiden. Dazu dient die Komplexion der Intentions-Komponente, die Einbringung von Stützungskomponenten:

– Das BEGRÜNDEN des Anliegens, indem der TP darstellt, dass er für Z' besonders geeignet ist, weil er alle Voraussetzungen für die Ausübung einer solchen Position erfüllt. Seine besondere Eignung für diese Stelle kann er durch Referenzen, Zeugnisse und Nachweise über seine bisherigen Tätigkeit belegen, die dem Bewerbungsschreiben als Anlagen beigefügt werden.
– Das SPEZIFIZIEREN der Begründung, indem der Bewerber zusätzliche detaillierte Angaben zu den Begründungs-Argumenten vorbringt.

Daraus ergibt sich das strategische Grundschema (vgl. Abb. 35):

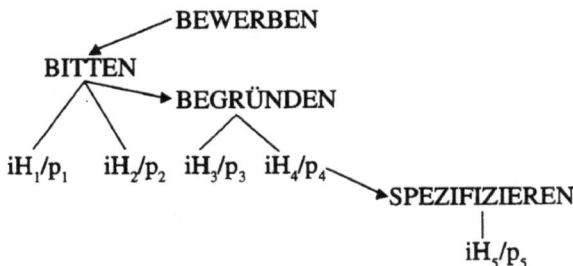

Abb. 35: Strategisches Grundmuster für Bewerbungschreiben

Alle Komponenten können je nach Situation weiter ‚entfaltet' werden. Die Spezifizierungskomponente ist oft entbehrlich; auch die Begründungskomponente kann gelegentlich reduziert werden oder sogar ganz wegfallen, die Bitten-Komponente dagegen nicht.

Auch wenn bei Bewerbungsschreiben die eigenen Fähigkeiten und Leistungen besonders hervorzuheben sind, so sollte jedoch jede Form von Aufdringlichkeit oder subjektiver Imponier-Strategie auch bei Formulierungen vermieden werden. Vielmehr sollte der Grundton der Darstellung entsprechend der grundsätzlichen Zweckorientierung sachbetont bleiben. U.U. kann es sich als zweckmäßig erweisen, im Sinne einer Aufwertungs-Strategie auszuweisen, dass die Einstellung von TP auch vorteilhaft für das Unternehmen/die Institution sein könnte.

Bewerbungsschreiben müssen in Briefform auf dem Postwege an den TR übermittelt werden. Daraus ergibt sich bei der Gesamt-Textkonstitution eine Kombination des Bewerbungsmusters i.e.S. (s.o.) mit dem allgemeinen Briefmuster.

Bewerbungsmuster:
1   BITTE um Einstellung
2   BEGRÜNDUNG 1 (Nachweis der Eignung)
3   BEGRÜNDUNG 2 (Belege für die Eignung)
4   SPEZIFIZIERUNG (fakultativ)
5   ANFRAGE mit Bitte um Antwort (Zeitpunkt der möglichen Einstellung ...)

Muster des offiziellen Briefs (Amtsbrief, Geschäftsbrief):

6   Orts- und Datumsangabe ⎫
7   Anschrift des TR   ⎬ Initialteil (= Briefkopf)
8   Betr.   ⎭

9   Anrede   ⎫
    9a Einleitung   ⎬ Briefkern
    9b Anliegen i.e.S.   ⎭

10 Schlussformel   ⎫
11 Unterschrift   ⎬ Terminalteil (= Briefschluss)
12 Anlagen   ⎭

Aus der Kombination dieser beiden Muster ergibt sich das Text-Struktur-Schema ‚Bewerbung‘:

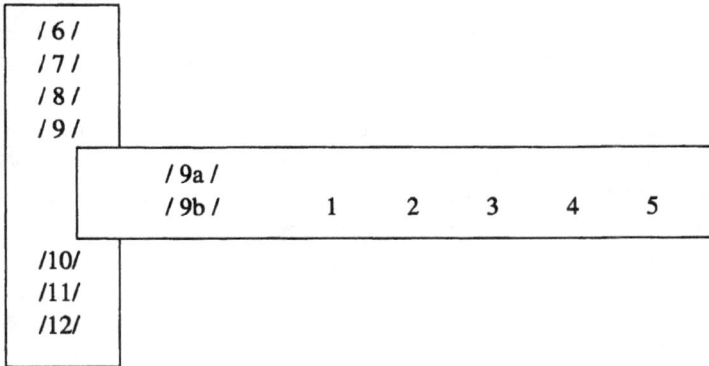

```
┌─────────────────────────────────────────────────────────┐
│ / 6 /                                                     │
│ / 7 /                                                     │
│ / 8 /                                                     │
│ / 9 /                                                     │
│        ┌──────────────────────────────────────────────┐  │
│        │ / 9a /                                        │  │
│        │ / 9b /      1      2      3      4      5      │  │
│        └──────────────────────────────────────────────┘  │
│ /10/                                                      │
│ /11/                                                      │
│ /12/                                                      │
└─────────────────────────────────────────────────────────┘
```

Die Anordnung der Teileinheiten (die Sequenzierung) des Bewerbungsmusters kann der Schreiber vielfältig variieren, dagegen ist die Abfolge der Elemente des Briefmusters konventionell weitgehend festgelegt. Die hierarchische Struktur des Textes bleibt dabei allerdings unverändert.

Zur Gesamtheit der Teil-Texte gehören auch die *Bewerbungsunterlagen*. Dazu sind zu rechnen:
- der Lebenslauf (tabellarisch oder ausführlich, je nach Anforderung)
- Zeugnisse (nur Kopien), das wichtigste obenliegend
- weitere Unterlagen: zusätzliche Abschlüsse
  Befähigungsnachweise
  Nachweis über die Teilnahme an Weiterbildungsveranstaltungen
  Referenzen
- ein Foto (bei Anforderung auch mehrere)
  (an die rechte obere Ecke des Bewerbungsschreibens heften/kleben)

D = Lokale Ausgestaltung

Dabei konzentrieren wir uns hier auf Hinweise zur Gestaltung des Bewerbungsschreibens i.e.S. Größten Wert sollten Bewerber auf die Übersichtlichkeit des Schreibens legen, auf die deutliche Abhebung der einzelnen Text-Teile voneinander.

Die *Anrede* (9) sollte allgemein und neutral formuliert werden (*Sehr geehrte Damen/ Herren! –* Es sei denn, der TR wäre namentlich bekannt, dann: *Sehr geehrter Herr X!/ Sehr geehrte Frau Y!*), Titel des TR berücksichtigen (*Sehr geehrte Frau Dr. Y!*). Übersteigerte (*Hochverehrte, hochgeehrte …*) und nivellierende (*Werte …*) Anreden vermeiden.

Die *Einleitung* (9a) sollte ohne Umschweife das Ziel thematisieren: *Hiermit bewerbe ich mich um die in der … vom 19.09.01 ausgeschriebene Stelle als …* An den Anfang kann auch das eigene Interesse an der Arbeit des Unternehmens/der Institution gestellt werden (*Ich interessiere mich schon seit langem für ...; Seit Jahren habe ich die Entwicklung Ihres Unternehmens beobachtet und festgestellt, dass ... Daher bewerbe ich mich ...*)

Beim *Anliegen i.e.S* (9b), der Bitte mit Stützkomponenten, kommt es vor allem auf den expliziten und höflichen Ausdruck der Bitte an: *Ich bitte Sie zu überprüfen, ob ...; ich erlaube mir die Anfrage, ob ...; ich bitte Sie um Unterstützung bei ...* Die Begründung sollte nicht nur angedeutet, sondern ausführlich vorgetragen werden, eingeleitet durch Konnektoren wie ‚*daher ..., weil ..., denn ...*' Bei der Darlegung der Gründe im Einzelnen kann das Prinzip der Reihung präferiert werden (*Ich habe ... eine zusätzliche Qualifikation als ... mit Abschlusszertifikat erworben; außerdem ...; darüber hinaus ...*). Der Bewerber kann aber auch argumentativ vorgehen, wenn er besondere Schwierigkeiten bzw. Probleme hervorheben will: *Obwohl ich schon ..., musste ich doch ... Als besonderes Problem ... erwies sich ...; ich konnte es nach Anfangsschwierigkeiten lösen, indem ich ... Zur Begründung für mein Anliegen führe ich an ... X war notwendig, weil ...*

Oft fassen Bewerber den Kern ihres Anliegens abschließend nochmals zusammen (*Das alles hat mich veranlasst, ... aus den genannten Gründen bitte ich ..., daher habe ich mir erlaubt, diese Bitte vorzutragen ...*) und drücken zugleich ihre Erwartung auf eine positive Antwort des TR aus: *Ich hoffe, dass Sie bald Zeit finden werden, mein Anliegen zu prüfen ... Ich hoffe sehr, dass ich mit einer positiven Antwort rechnen kann ...*

Die *Schlussformel* (10) ist nicht obligatorisch, wird aber heute in der Regel erwartet: *Mit freundlichen Grüßen!* Untergebenheitsfloskeln und übersteigerte Grußformen (*Ihr ergebener ... Hochachtungsvoll! Mit vorzüglicher Hochachtung! ...*) entsprechen nicht mehr den Konventionen einer demokratischen Gesellschaft.

5 Textlinguistik – eine species sui generis?

5.1 Quo vadis, Textlinguistik?

Am Ende eines solchen Streifzugs durch die globale Welt der Texte und der Textlinguistik stellt sich nochmals die Frage nach dem ‚Quod bonum?‘ und damit nach den Perspektiven dieser Wissenschaftsdisziplin. Die Frage ist schon 1991 (Heinemann/Viehweger 1991,83ff.) aufgeworfen worden; sie erscheint aber heute angesichts der jüngsten Entwicklung in verschiedenen Wissenschaftsdisziplinen und entsprechenden Tendenzen in der Wissenschaftsentwicklung von besonderer Brisanz und Aktualität.

Gewiss, bei einer Rückschau auf all das, was unter dem Etikett ‚Textlinguistik‘ seit etwa 1970 weltweit eruiert, analysiert und publiziert wurde, ergibt sich auf den ersten Blick und unter quantitativen Aspekten ein eindrucksvolles Bild. Es liegen Ergebnisse vor, die das Phänomen ‚Text‘ unter zahlreichen Aspekten detailliert charakterisieren, nicht nur als Zusammenspiel von Oberflächenstrukturen, sondern auch unter semantisch-thematischen Aspekten sowie in seiner Determiniertheit durch funktionale und situative Zusammenhänge und nicht zuletzt aus der Sicht der Texterzeugung und des Textverstehens. Ebenso wichtig sind die Ergebnisse textlinguistischer Untersuchungen zur Textsortenspezifik und zu didaktischen Phänomenen des Umgehens mit Texten.

Als Wissenschaftsdisziplin hat sich die Textlinguistik außerordentlich schnell entwickelt; daher ist dieses Fach heute an zahlreichen Universitäten in vielen Ländern der Welt Gegenstand von Lehre und Forschung. Darüber hinaus wurden spezifische textlinguistische Instrumentarien und Vorgehensweisen inzwischen zu fast selbstverständlichen Voraussetzungen für linguistische Untersuchungen schlechthin. Damit darf man behaupten, dass Textlinguistik heute weltweit als eigenständige Wissenschaftsdisziplin etabliert ist.

Andererseits ist nicht zu übersehen, dass charakteristische Textphänomene heute mehr und mehr im Rahmen von übergreifenderen Fragestellungen erörtert werden, ja dass sie zum Teil kaum noch als Textprobleme kenntlich sind. Und wir haben in diesen Darlegungen mehrfach darauf verwiesen, dass selbst der zentrale Begriff ‚Text‘ mehrfach uminterpretiert, in Frage gestellt oder sogar ‚aufgehoben‘ wurde.

So drängt sich die Frage auf, ob das ‚goldene Zeitalter‘ der Textlinguistik trotz der beeindruckenden Erfolgsbilanz nicht schon wieder vorbei ist. Vielleicht hat diese Disziplin ihre grundlegende Aufgabe (die Überwindung der Begrenztheit satzlinguistischer Modellierungen durch die Erschließung einer neuen, übergreifenden ganzheitlichen Dimension des Textes) im Wesentlichen bereits erfüllt? Markiert die Textlinguistik – so gesehen – nur eine Art Durchgangsstufe im breiten Strom linguistischer Forschung und Theorieentwicklung? Ist sie heute vielleicht schon ein ‚Auslaufmodell‘, aufgehoben in anderen Trends der Wissenschaftsentwicklung? Kann sie als eigenständige Disziplin überhaupt noch Bestand haben?

Die Thematisierung eines solchen In-Frage-Stellens der Textlinguistik als eigener Wissenschaftsdisziplin bezieht sich vor allem auf zwei Grundpostulate:

1. Linguistik muss Linguistik bleiben. Alles Extralinguistische sei wissenschaftlich nicht exakt fassbar und könne daher nur auf der Basis linguistischer Daten erschlossen werden. Textlinguistik vernachlässige aber das exakte und detaillierte Kennzeichnen von Lauten, Wörtern und Sätzen, obwohl doch der Satz die größte wissenschaftlich, d.h. mit Hilfe exakter Regeln definier- und erfassbare linguistische Einheit sei. Statt des ‚Ausuferns‘ nicht strikt linguistischer Forschungen, die ja durch die Textlinguistik immer weiter vorangetrieben werde, ist daher eine *Rückkehr zur ‚eigentlichen‘ Linguistik*, zur ‚harten‘ Linguistik zu fordern.

Zur gleichen Schlussfolgerung gelangen linguistische Arbeiten, die Bedeutungsaspekte von Äußerungen ins Zentrum der Darstellung rücken (vgl. Bierwisch/Lang 1989). Allerdings sind hier – wenngleich in der Regel nur vom Wort ausgehend – Ansätze zur ‚Ausweitung‘ der Domäne des Grammatischen zu registrieren (wörtliche Bedeutung, kontextuelle Bedeutung, kommunikativer Sinn).

Gegen eine grundsätzliche Rückwärts-Orientierung ist einzuwenden, dass Untersuchungen der ‚reinen Linguistik‘ immer nur zu begrenzten, auf Struktur-Zusammenhänge gerichteten Einsichten führen können (vgl. Kap. 2.2.1). Aus der Sicht der Textlinguistik wird dieses Postulat daher heute interpretiert als durchaus berechtigte Forderung nach stärkerer Berücksichtigung der Kennzeichnung von Oberflächen-Phänomenen, die in vielen textlinguistischen Arbeiten der letzten Jahre nur noch eine untergeordnete Rolle gespielt hatten.

2. Textlinguistische Forschung greife zu kurz. Sie beschränke sich immer nur auf das ‚Textuelle‘ von Einzel-Texten und vernachlässige die die Texte im Grunde determinierenden Einheiten. Textlinguistische Forschung per se sei daher gar nicht möglich; vielmehr müsse die grundsätzliche *Einbettung* dieser Untersuchungen *in übergreifendere soziale, aktionale und kognitive Zusammenhänge* gefordert werden, in die Erforschung von Prozessen der Interaktion, von Handlungen/Tätigkeiten der Menschen und von neuronalen Steuerungsprozessen.

Im Einzelnen:

2.1 Die ‚autonome‘ Größe Text, die ja den Ausgangspunkt textlinguistischer Beschreibungen bildete, war ja schon im Gefolge der ‚pragmatischen Wende‘ relativiert worden, weil sich zeigte, dass die grammatisch-semantischen Äußerungseinheiten der Texte durch ihre Einbettung in interaktionale Parameter in ihrer Bedeutung vielfach modifiziert, ja grundlegend verändert werden. Sowohl das *Warum* als auch das *Was* und das *Wie* der Erzeugung von Texten seien pragmatisch determiniert. Das impliziere, dass Teile von Texten – teils sogar vollständige Texte – durch nonverbale Entitäten substituierbar sind.

Daher erweisen sich sprachlich geprägte Texte nur als *eine*, wenn auch die wichtigste Option zur Realisierung von Zielen der Textproduzenten. In Kommunikationsmodellen komme folglich Texten grundsätzlich nur die Rolle von Variablen zu.

Dieser grundlegenden pragmatischen Restringiertheit von Texten hat die Textlinguistik in handlungs- und kommunikationsorientierten Modellen seit der Mitte der 70er Jahre Rechnung getragen (vgl. den Grundansatz dieser Darstellung). Innerhalb dieses interaktionalen Rahmens aber kommt der Größe ‚Text‘ doch eine relative Eigenständigkeit zu, so dass es legitim erscheint, Texte zum grundlegenden Bezugspunkt der Darstellung zu machen.

2.2 Gleichfalls zu kurz greifen – so behaupten einige Repräsentanten der kognitiven Psychologie und der Literaturwissenschaft – textlinguistische Darstellungen, wenn Prozesse der Produktion bzw. der Verarbeitung von Texten, also kognitive Operationen, gekennzeichnet werden. Der materialisierte Text sei doch gar nicht das entscheidende Kettenglied von Kommunikationsprozessen; er sei ja nur ‚Schnittpunkt‘ einer Vielzahl von kognitiven ‚Vor‘- und ‚Nach‘-Texten (vgl. Kap. 2.3.5), nur ein ‚Gewirr von Stimmen anderer Texte‘. Dieser flüchtigen Durchgangsstufe (= dem Text) messe die Textlinguistik zu großes Gewicht bei; entscheidend sei vielmehr die Kennzeichnung des ‚transsemiotischen Universums‘ in seiner Ganzheit. Der Einzel-Text sei gar nicht explizierbar, da er keine konstante Größe darstelle, und auch nur sekundär relevant für den Kommunikationsprozess, denn entscheidend sei nicht die Intention des Autors, sondern der Textsinn, den Rezipienten aus einem Textangebot aus dem ‚unendlichen Strom des Diskurses‘ konstituieren.

Dieser Tendenz zur ‚Auflösung‘ des tradierten Textes ist entgegenzuhalten, dass materialisierte Texte nicht auf die Sinn-Ebene reduziert und damit aus dem interaktionalen Gesamt-Zusammenhang gerissen werden dürfen. Denn (Einzel-) Texte stellen grundsätzlich den generellen und festen Bezugspunkt für jedes kommunikative Handeln dar. (Einzelheiten Kap. 2.3.5)

2.3 Auch eine bestimmte Richtung der Grammatik-Theorie (im Anschluss an Noam Chomsky) definiert sich heute als „Theorie über mentale Repräsentationen und deren Erwerb" und damit als „Teildisziplin der kognitiven Linguistik" (Fanselow/ Felix 1987,14). Den Vertretern dieses theoretisch fundierten Grammatik-Ansatzes geht es dabei primär um die Kennzeichnung der Kompetenz der Kommunizierenden zum Verstehen und Generieren von Sätzen.

Es läge nahe, das im 'human mind' der Individuen verankerte Wissen über Texte als spezifisches Teilkenntnis-System zum Verstehen und Produzieren von ganzheitlichen Textäußerungen (nicht nur von Sätzen!) zu begreifen. Allerdings stellen führende Repräsentanten der kognitiven Linguistik eben diese textlinguistische Ausweitung des Kompetenzbegriffs in Frage.

Aus der Sicht der Textlinguistik wäre das Eruieren eben dieser textuellen Kompetenzen der Individuen – etwa zur Aktivierung von Textmustern, zur Konstitution von Repräsentationsformen bestimmter Textsorten, zur Gestaltung komplexer Texte unter Berücksichtigung von Kommunikationsmaximen und Vertextungsmustern ... – ein dringliches Desiderat kognitionspsychologischer und kognitionslinguistischer Forschung.

242

(Auf weitere übergreifende Modelle der nichtlinguistischen Forschung, die textlinguistische Aspekte tangieren [z.B. die System-Theorie] gehen wir hier nicht ein)

Als *Fazit* dieser Überlegungen bleibt:
Der traditionelle Text bildet trotz aller hier vorgebrachten Einwände den wesentlichen
Festpunkt in Interaktionsprozessen, eine Orientierungsgröße sowohl für die Text-Produzenten als auch für deren Kommunikationspartner. Im Gegensatz zu allen anderen
hier apostrophierten Textphänomenen (von ‚Vor'- und ‚Nach'-Texten) sind sie konkret
fass- und konservierbar.
   Eine solche Fixierung des Textes in Interaktionsprozessen und nicht dessen ‚Aufhebung' bildet die entscheidende Voraussetzung und Legitimierung für Bemühungen um
die wissenschaftliche Eingrenzung und Kennzeichnung dieses universellen kommunikativen Gegenstands. Damit ist zugleich das spezifische Kern-Aufgabenfeld einer Wissenschaft von den Texten, der Textlinguistik, benannt. Sie greift weder als eine Art
‚Superwissenschaft' zu weit aus (das Linguistische i.e.S. bleibt zentraler Ausgangspunkt
aller textlinguistischen Untersuchungen), noch ist sie in übergreifenden Modellen auf-
hebbar. Textlinguistik ist und bleibt daher eine *species sui generis,* weil ihr Gegenstand –
der konkrete Text mit seinen Strukturen und diskursiven Vernetzungen als Ergebnis von
kognitiven Prozessen – als linguistische Größe in seiner gesellschaftlichen Relevanz
erfasst und praxiswirksam umgesetzt werden muss.

5.2 Status und Aufgaben der Textlinguistik. Ausblick

Der Gegenstand Text ist in diesen Darlegungen aus unterschiedlichen (grammatischen,
semantischen, pragmatisch-kommunikativen, kognitiven) Perspektiven gekennzeichnet
worden. Zu fragen bleibt: Welcher dieser unterschiedlichen Aspekte darf als dominant,
als entscheidend für das Wesen von Texten gelten?
   Grammatik-Theorien tun sich seit eh und je schwer mit komplexen Texten, weil deren
interaktionales Funktionieren nicht eineindeutig in Regeln zu fassen ist. Daher werden
Texte als linguistische Einheiten in den meisten Grammatikdarstellungen ignoriert. Die
relativ kleine Zahl von speziellen textgrammatischen Arbeiten konnte die Vielzahl satz-
übergreifender Phänomene nur partiell benennen; ihre systematische und detaillierte Kennzeichnung muss nach wie vor als Desiderat bezeichnet werden. Grammatisches i.w.S. ist
zwar mit jedem Text inhärent gegeben und notwendiges Element für das Textverstehen;
das Wesen von Texten ist aber nicht auf grammatische Phänomene zurückführbar.
   Wichtiger als grammatische Strukturen sind *Bedeutungen*/Informationen, die mit
Hilfe bestimmter Wörter/Sätze/Texte transportiert werden. Wortbedeutungen werden
von Rezipienten identifiziert und kontextuell interpretiert; sie spielen beim Erfassen von
Satzbedeutungen/propositionalen Bedeutungen eine wesentliche Rolle. Diese wiederum sind in spezifischer Weise unter text-thematischen Aspekten zu Teil-Text-Bedeutungen gebündelt. Und ein Text schließlich ist von Rezipienten erst dann verstanden,
wenn diese den inneren Zusammenhang der Teil-Text-Bedeutungen und damit das Text-
Thema erfasst und über Inferenzierungen den Textsinn erschlossen haben.

Kommunizieren kann man vereinfachend im Sinne des Transfer-Modells als Übermitteln von Informationen/von Bedeutungen umschreiben. Ohne das Semantische wären Texte sinn-los. Aber das Semantische allein ist letztlich noch nicht ‚der Text', da Texte von gleicher Form und Bedeutung in unterschiedlicher Weise in der praktischen Kommunikation funktionieren können.

Als grundlegend für Texte in jeder Beziehung erweisen sich daher die *pragmatisch-kommunikativen Basisfaktoren*. Texte werden ja nur auf der Basis eines kommunikativen Anlasses, einer ‚Kommunikationsaufgabe', erzeugt. Aus der Motivation des Handelnden resultiert eine spezifische Intention, die mittels eines an einen Partner gerichteten Textes realisiert werden soll. Damit ist zugleich das Text-Thema gegeben und der mögliche Weg/die Strategie der Text-Thema-Entfaltung, und selbst Selektion und Anordnung der sprachlichen und nonverbalen Mittel wird weitgehend durch die interaktionale Gesamt-Konstellation bestimmt.

Texte können folglich nicht sinnvoll allein auf der Basis der grammatischen oder der semantischen Strukturen gekennzeichnet werden; die pragmatische Eingebettetheit der Texte ist für die Textbedeutungen, aber auch für das Zustandekommen von Textstrukturen und Textformulierungen von entscheidender Bedeutung.

Und *das Kognitive*? In welchem Grade sind kognitive Operationen/Prozeduren bestimmend für das ‚Textuelle'? Natürlich sind alle neuronalen Prozesse der Individuen in ihrer Gesamtheit in irgendeiner Weise an der Konstitution und der Textinterpretation beteiligt. Aber das kann nicht heißen, dass sich die Textlinguistik auch mit den neuronalen Grundlagen der Kognition sowie mit Prozessen der Speicherung und Aktivierung von Kenntnissystemen befassen müsste. All diese Fragestellungen, wie auch die allgemeinen Grundlagen der Sprachproduktion und der Sprachrezeption sind Gegenstand der kognitiven Psychologie und der kognitiven Linguistik. Aus der Sicht der Textlinguistik relevant wird im Grunde nur jene relativ kleine Menge von kognitiven Operationen, die als spezifisch für die Konstitution und das Verstehen komplexer *Texte* angesehen werden muss. Leider aber fungieren in den Kognitionswissenschaften vor allem Laute, Wörter, Wortgruppen und Sätze als linguistische Bezugseinheiten; Textphänomene spielen eher eine marginale Rolle (vgl. Anderson 1989,335ff.). Das Feld, das hier mit Bezug auf konkrete Texte noch zu bearbeiten ist, erscheint Linguisten eher noch als eine terra incognita.

Die Grundfrage aber bleibt, ob denn die hier apostrophierten kognitiven Operationen und Prozeduren das letztlich Bestimmende sind für Texte und alle damit zusammenhängenden Phänomene. Diese Frage darf man zunächst bejahen, wenn man von der Basisthese ausgeht, dass nichts in Texten zum Tragen kommt, was nicht schon vorher in den Köpfen der Interagierenden konzipiert und verarbeitet wurde. In diesem Sinne fordert Strohner (2000,271ff.), dass die Textlinguistik „kognitiv adäquate Theorien anstreben" sollte, da sich Texte als ‚kognitiv vermittelte Entitäten' erweisen. Greift man aber weiter aus, versucht man, alle Faktoren zu berücksichtigen, die das Zustandekommen und Rezipieren von Texten bedingen, so zeigt sich, dass das Kognitive doch nicht der primäre Ausgangspunkt für die Konstitution von Texten sein kann: Denn alle Planungs-, Strukturierungs- und Formulierungsoperationen setzen ja einen ‚Auslöser'/einen Stimulus voraus, der eindeutig pragmatisch fundiert und interaktional geprägt ist: einen

Anstoß zur Auslösung solcher Ketten von kognitiven, praktisch-gegenständlichen und sprachlich-kommunikativen Handlungen/Operationen.

Summa dieser Überlegungen: Bei aller Relevanz der hier untersuchten Aspekte für die Charakterisierung von Texten im Einzelnen – das Wesen von Texten erschließt sich vor allem und grundlegend aus ihrer pragmatisch-kommunikativen Funktion in gesellschaftlichen Interaktionsprozessen, da Texte als grundlegende Bezugspunkte, als wesentliche Instrumente kommunikativen Handelns fungieren (vgl. Kap. 1.4). Die Funktion des jeweiligen Textes im Diskurs, sowie die Intentionen der Beteiligten sind daher Ausgangspunkt für alle Analysen und Beschreibungen von Texten (Kap. 4.2 und 4.3); und auch die Mustervorgaben für Textproduktionsprozesse (Kap. 4.4) gehen von diesen Prämissen aus. Das schließt nicht aus, dass andere Faktoren in bestimmten Situationen und zu bestimmten Zwecken größeres Gewicht erhalten können.

Wenn Textlinguistik somit primär als Handlungslinguistik charakterisiert wird, so ist damit zugleich der Rahmen vorgegeben für vielfältige *Integrationsprozesse*. Unter dem ‚Dach‘ der sozialen Interaktion werden aufeinander bezogen und zu komplexeren Einheiten/Größen zusammengefasst: lexikalische und syntaktische Einheiten/Strukturen; Textbedeutungen und Illokutionen; praktisch-gegenständliche und kommunikative Tätigkeiten; Tätigkeiten und Textstrukturen; Text und Kontext; Situation(stypen) und Text; soziale Institutionen und Textstrukturen; Text und Kognition; Text und Emotion; Text und Medien; Textproduktion und Textverstehen; Sprech-Texte und Schrift-Texte.

Und diese vielfältigen Integrationsprozesse bewirken, dass Textlinguistik nicht nur Handlungslinguistik sein kann, sondern immer auch Strategie-Linguistik; Einstellungs-Linguistik; Perspektiven-Linguistik, Propositions-Linguistik und vor allem Muster-Linguistik.

Offen bleibt, ob unter Zugrundelegung dieser Dominanzbestimmung und Auswertung von so vielen konstruktiven Ansätzen der Ausarbeitung einer stringenten und universellen *Text-Theorie* das Wort geredet werden sollte. Die Linguistik wird ja geradezu geprägt von theoretischen Modellen, da man seit de Saussure bemüht ist, alles Kommunikative wie Gegenstände der Naturwissenschaften zu behandeln. Daher sprechen manche Linguisten (u.a. Schmidt, S.J. 1973,10; Kummer 1975, Breuer 1974) wie selbstverständlich von einer ‚Text-Theorie‘, wie es eben eine Sprach-Theorie oder eine Grammatik-Theorie sowie Theorien grammatischer Teilsysteme gibt. Doch ist zu fragen, ob man sich diesem terminologischen Usus einfach anschließen kann.

‚Theorie‘ kann wissenschaftshistorisch zunächst allgemein verstanden werden als das Bemühen, „das Sein selbst in seinem Wesen zu begreifen" (Tosel 1990,586) und so über die von Leidenschaften geprägte Praxis hinauszuweisen. Konkreter: Theorie bedeutet „die Wendung des Geistes zu den Ideen und deren intelligiblen Strukturen", und weiter: Theorie „ist Konstruktion unabänderlicher Verhältnisse, Montage experimenteller Vorbedingungen zur (Re-)Produktion der Lebenssicherheit, Kalkül der für Operationen notwendigen Symbole und Technik der Zergliederung und Neugliederung der Elemente" (ebd.).

Ein so weit gefasster Theorie-Begriff ist ohne Frage auf sprachliche Phänomene anwendbar, vor allem, wenn es um die ‚Zergliederung und Neugliederung von Elementen‘ mit Bezug auf größere Transparenz der Gegenstände geht, um die Eruierung von

Regularitäten für das Funktionieren sprachlicher Elemente und Strukturen. Die Frage ist allerdings, ob das für alle linguistischen Einheiten in gleicher Weise gilt. Strikte Regeln für das Funktionieren elementarer sprachlicher Phänomene, etwa der Phoneme (vgl. Meinhold/Stock 1980,67ff.) sind naturgemäß leichter zu formulieren als für komplexe sprachliche Einheiten, deren Funktionieren von zahlreichen – auch nichtsprachlichen) Bedingungen abhängig ist.

Die Systemhaftigkeit des In-Beziehung-Setzens ist daher vor allem bei den Grundeinheiten der sprachlichen Kommunikation, den Texten, stark restringiert: Statt binärer Oppositionen kann man doch mit Bezug auf Texte bestenfalls multiple Oppositionen mit vielfältigen Graduierungen als eine Art ‚Regelwerk‘ eruieren, doch werden solche ‚Regeln‘ in der Praxis durch individuelle ad-hoc-Entscheidungen der Kommunizierenden immer wieder modifiziert. So erscheint es fragwürdig im ursprünglichen Sinne des Wortes, ob es heute zureichende Instrumentarien gibt, die es erlauben, die gesellschaftlichen, interaktiven und psychischen Faktoren des Kommunizierens einerseits und die ihnen entsprechenden sprachlichen Ausdrucksmöglichkeiten in Texten andererseits holistisch oder modular regelhaft aufeinander zu beziehen. Gewiss lassen sich einzelne abstrakte Aspekte von Textualität bündeln, aber sie erfahren dann einen so hohen Grad von Allgemeinheit, dass der Bezug zum eigentlichen Gegenstand der Wissenschaftsdisziplin kaum noch erkennbar ist. So gilt für eine Text-Theorie die Feststellung Kerteszs (1995,133), „dass wissenschaftstheoretische Erkenntnis mit all der Unsicherheit und Kontingenz beladen ist, die auch jede andere *A-posteriori*-Wissenschaft kennzeichnen."

Wir sprechen daher wie viele andere Linguisten ‚nur‘ von der Text-*Linguistik* und verzichten auf die Formulierung strikter ‚Regeln‘, da wir davon ausgehen, dass kommunikative Abläufe nur in Grundzügen prädiktabel sind. Und statt strikter Regeln sprechen wir bei der Charakterisierung von kommunikativen Prozessen der Interagierenden mit ausdrücklichem Bezug auf die Vielfalt und Vielschichtigkeit des Bedingungsgefüges, das jedes Kommunizieren determiniert, eher probabilistisch von ‚erwartbaren Präferenzen‘ (vgl. dazu Kap. 4.4).

Die hier skizzierte Grundsituation der Textlinguistik heute lässt zugleich Defizite der linguistischen (und interdisziplinären!) Forschung deutlich werden, oder – positiv gewendet – **Aufgaben**, denen sich textlinguistische Forschung vordringlich zuwenden sollte. Dabei beschränken wir uns auf die Kennzeichnung jener Problemfelder und Themenkreise, die neu bedacht und eruiert oder durch neue Untersuchungen systematisch erschlossen werden sollten.

Zentrum aller textlinguistischen Überlegungen bleibt natürlich der Text selbst als komplexe Ganzheit mit seiner Oberflächenstrukturierung (kohäsive Beziehungen, Strukturierungsmuster, Formulierungsmuster ...) und seiner Bedeutung (Propositionen und propositionale Integration, Grundtypen der Text-Thema-Entfaltung, Teiltext-Bedeutungen und Textbedeutung, textgeleitete Kohärenz ...), eingebettet in übergreifende Interaktionszusammenhänge (Texte in ihrer Einbindung in Diskurse, Relevanz von Diskursteilen für die Charakterisierung konkreter Texte, Text und Kommunikationsbereich, Intention und Textstruktur, Funktionstypen von Texten, Partnerorientierung,

Texte im Alltag, in den Medien ...). Aber auch die prozessualen Aspekte der Textkonstitution und der Textverarbeitung (Strategien, Einstellungen, Perspektiven, Muster,
Verständlichkeit ...) müssen in neue Überlegungen zur Begrifflichkeit des Textes und
von Merkmalen der Textualität eingehen.

Ein zweiter wichtiger Komplex, der noch längst nicht zureichend bearbeitet ist, ist
die Textmuster-/Textsortenproblematik. Hier ist das traditionelle Textsortenverständnis
(im Hinblick auf Schrift-Texte und Sprech-Texte) ebenso zu hinterfragen wie konventionelle und individuelle Text- und Stilmuster, sind vor allem sich neu herausbildende
Textsorten (u.a. in den neuen Medien) in den Kreis empirischer Detail-Untersuchungen
einzubeziehen, damit zuverlässige Aussagen über Probleme des Textsorten-Wandels –
und damit über die zentrale Frage, wie eine Gesellschaft unter dem Aspekt neuer Aufgaben den ‚kommunikativen Haushalt‘ (Luckmann 1988,27ff.) regelt – gemacht werden
können. Dazu gehört die Fixierung von Spezifika von Textsorten anderer Kulturkreise
und die damit verbundene Translations-Problematik. Außerdem gilt es, Gestaltungs-
spielräume für einzelne Textsorten zu fixieren, sind textsortenspezifische Strukturen
und Formulierungen für eine große Zahl von Textsorten zu erfassen und Grenzräume
zwischen verschiedenen Textsorten auszuloten. Nicht zuletzt fügt sich hier ein die Aufgabe der Ausarbeitung texttypologischer Modelle für je spezifische Zwecke im Rahmen
komplexer prototypischer Interaktionsereignisse.

Den dritten Hauptbereich für weiterführende Untersuchungen bilden die Prozesse
der Textproduktion und der Textverarbeitung. Dieses weite Feld sollte von textlinguistischer Seite intensiv bearbeitet werden. Dabei stehen die folgenden Fragen im Zentrum: Texte als Wissensrepräsentationen, prototypische Ziele und Intentionen der Kommunizierenden, Text und Präsupposition, komplexe Vertextungsmuster, Strategien zur
Produktion und zum Rezipieren von Textexemplaren unterschiedlicher Textsorten,
Inferenzprozesse, Fragen der Textverständlichkeit, Training von Textmuster-Aktivie-
rungen, Textmusteraneignung im Spracherwerb, Probleme des Sich-Einprägens und
Behaltens von Informationen ...

Schließlich sei in diesem Zusammenhang auf das weite Feld der angewandten Text-
forschung i.w.S. verwiesen. Dabei stehen didaktische Probleme im Vordergrund, sowohl
im Muttersprachunterricht (Herausbildung und systematische Förderung kommunikativer Fähigkeiten, u.a. auf Textganzheiten der praktischen Kommunikation gerichteter
Aufsatzunterricht!; Training der Mustererkennung und der Musteranwendung, sowohl
von Textmustern als auch von Stilmustern ...) als auch im Fremdsprachenunterricht
(Probleme der kommunikativen und semantischen Äquivalenz beim Übersetzen und
Dolmetschen, Textsortenspezifik in anderen Kulturen ...).

Nicht minder wichtig sind andere Fragen der kommunikativen Praxis: Probleme der
Effektivierung und Optimierung von Textgestaltungs- und Textverstehensprozessen.
Das gilt für das Halten von Vorträgen und das Stellen von Anträgen ebenso wie für das
Ausfüllen von Formularen oder das Umgehen mit den neuen Medien; aber auch das
kommunikative Verhalten ganzer Bereiche (Verwaltungen, Justiz ...) gehört auf den text-
linguistischen Prüfstand.

Aufgaben über Aufgaben, auch solche, die vor allem interdisziplinär gelöst werden
müssen. Der Katalog von Anforderungen, die an weiterführende Forschungen zu stel-

len sind, erhebt nicht den Anspruch auf Vollständigkeit, wohl aber den auf Repräsenta-tivität, denn die Lösung dieser Probleme liegt im Interesse unserer Informationsgesell-schaft: Textlinguistik kann auf diese Weise dazu beitragen, den Interagierenden die viel-fältigen Aufgaben des Kommunizierens zu erleichtern und damit Abläufe des gesellschaftlichen, aber auch des individuellen Lebens effektiver zu machen.

Literaturverzeichnis

Abelson, Robert P. (1976): Script processing in attitude formation and decision making. In: Caroll, J.S./Payne, J.W. (eds.): Cognition and social behavior. Hillsdale, N.J.

Adamzik, Kirsten (1995a): Textsorten – Texttypologie. Eine kommentierte Bibliographie. Münster.

- (1995b): Aspekte und Perspektiven der Textsortenlinguistik. In: Adamzik, Kirsten: (1995a), 11–40.

- (2001): Sprache: Wege zum Verstehen. Tübingen/Basel.

Agricola, Erhard (1969): Semantische Relationen im Text und im System. Halle.

- (1976): Vom Text zum Thema. In: Daneš, František/Viehweger, Dieter (eds.): Probleme der Textgrammatik. Studia grammatica XI. Berlin, 13–28.

- (1977): Text – Textaktanten – Informationskern. In: Daneš, František/Viehweger, Dieter (eds.): Probleme der Textgrammatik II. Berlin, 11–32.

- (1979): Textstruktur – Textanalyse – Informationskern. Leipzig.

- (1983): Textelemente und Textstrukturen. In: Fleischer, Wolfgang/Hartung, Wolf-Dietrich/Schmidt, Joachim/Suchsland, Peter (eds.): Kleine Enzyklopädie. Deutsche Sprache. Leipzig, 220–236.

Anderson, John R. (1989): Kognitive Psychologie. Eine Einführung. Heidelberg.

Anderson, John R./Bower, Gordon H. (1973): Human associate memory. Washington.

Antos, Gerd (1981): Formulieren als sprachliches Handeln. Ein Plädoyer für eine produktionsorientierte Textpragmatik. In: Frier, Wolfgang (ed.): Pragmatik. Theorie und Praxis. Amsterdam, 403–440.

- (1982): Grundlagen einer Theorie des Formulierens. Textherstellung in geschriebener und gesprochener Sprache. Tübingen.

- (1989): Zur Diskrepanz zwischen Musterwissen und interaktioneller Durchführung. In: Weigand, Edda/Hundsnurscher, Franz (eds.): Dialoganalyse II. Referate der 2. Arbeitstagung, Bochum 1988, 253–263.

- (2000): Ansätze zur Erforschung der Textproduktion. In: Brinker, Klaus/Antos, Gerd/Heinemann, Wolfgang/Sager, Sven F. (eds.): Text- und Gesprächslinguistik. HSK-Bd. 16.1. Berlin/New York, 105–112.

Auer, Peter (1999): Sprachliche Interaktion. Eine Einführung anhand von 22 Klassikern. Tübingen.

Austin, John L. (1962/1972): How to do things with words. Oxford.

Bachtin, Michael M. (1952/1978): Problema rečevych žanrov. In: Literaturnaja učeba I, 200–219. (engl. 1986: The problems of speech genres. In: Emerson, C./Holquist, M. (eds.): Speech genres and Other Late Essays. Austin, 60–102).

- (1979): Problema texta v lingvistike, filologii i drugix gumantiarnyx naukax. In: Estetika slovesnogo tvorčestva. Moskva, 281–307. (Zuerst 1959. / frz. 1984: Esthétique de la création verbale. Paris. / engl. 1986: The problem of the text in linguistics, philology, and other human sciences. In: Speech Genres and Other Late Essays. Austin, 103–131.)

Ballmer, Thomas/Brennenstuhl, Waltraud (1981): An Empirical Approach to Frame theory. In: Eikmeyer, Hans Joachim/Rieser, Hans: Words, Worlds and Contexts. Berlin/New York, 297–319.

Ballstaedt, Steffen Peter u.a. (1981): Texte verstehen. Texte gestalten. München/Wien/Baltimore.

Barthes, Roland (1973): Le plaisir du texte. Paris.

Bartlett, Frederic C. (1932): Remembering. A study in experimental and social psychology. Cambridge.

de Beaugrande, Robert-Alain/Dressler, Wolfgang Ulrich (1981): Einführung in Textlinguistik. Tübingen.

Beisbart, Otto u.a. (1976): Textlinguistik und ihre Didaktik. Donauwörth.

Benveniste, Emile (1956): La nature des pronoms. In: Halle, Morris (ed.): For Roman Jakobson. Den Haag, 34–37.

– (1966/1974): Problèmes de linguistique générale. Paris, Band 1/Band 2.

Berger, Peter L./Luckmann, Thomas (1966): The Social Construction of Reality. Garden City, New York. (dt. 1970: Die gesellschaftliche Konstruktion der Wirklichkeit. Frankfurt.)

Bienek, Horst (1969): Vorgefundene Gedichte. München.

Bierwisch, Manfred (1965): Rezension zu Z.S. Harris ‚Discourse Analysis'. The Hague 1963. In: Linguistics 13, 61–73.

– (1979): Wörtliche Bedeutung – eine pragmatische Gretchenfrage. In: Grewendorf, Günther (ed.): Sprechakt-Theorie und Semantik.

Bloomfield, Leonard (1933, ²1955): Language. New York/London.

Bock, Michael (1978): Wort-, Satz-, Textverarbeitung. Stuttgart.

Böttcher, Dieter (1990): Planung. In: Sandkühler, Hans Jörg (ed.): Europäische Enzyklopädie zu Philosophie und Wissenschaften. Hamburg, III,726–728.

Brandt, Margareta/Koch, Wolfgang/Motsch, Wolfgang/Rosengren, Inger/Viehweger, Dieter (1983): Der Einfluss der Kommunikationsstrategien auf Textstrukturen – dargestellt am Beispiel des Geschäftsbriefes. In: Rosengren, Inger (ed.): Sprache und Pragmatik. Lunder Symposium 1982. Stockholm, 105–135.

Breuer, Dieter (1974): Einführung in die pragmatische Text-Theorie. München.

Brinker, Klaus (1973): Zum Textbegriff in der heutigen Linguistik. In: Sitta, Horst/Brinker, Klaus (eds.): Studien zur Texttheorie und zur deutschen Grammatik. Düsseldorf, 9–41.

– (1985, 1992, 1997): Linguistische Textanalyse. Eine Einführung in Grundbegriffe und Methoden. Berlin.

– (2000): Textfunktionale Analyse. In: Brinker, Klaus/Antos, Gerd/Heinemann, Wolfgang/Sager, Sven F. (eds.): Text- und Gesprächslinguistik, HSK-Bd. 16.1. Berlin/New York, 175–186.

Brown, Penelope/Levinson, Stephen C. (1987): Politeness. Some Universals in Language Usage. Cambridge.

Bühler, Karl (1934, ²1965): Sprachtheorie. Die Darstellungsfunktion der Sprache. Jena/Stuttgart.

Burkart, Roland/Homberg, Walter (1992, eds.): Kommunikationstheorien. Ein Textbuch zur Einführung. Wien.

Busse, Dietrich (1992): Recht als Text. Tübingen.

Chafe, Wallace L. (1970): Meaning and the Structure of Language. Chicago.

Chomsky, Noam (1965): Aspects of the Theory of Syntax. Cambridge, Mass. (dt. 1970: Aspekte der Syntaxtheorie. Frankfurt).

Christmann, Ursula (2000): Aspekte der Textverarbeitungsforschung. In: Brinker, Klaus/Antos, Gerd/Heinemann, Wolfgang/Sager, Sven F. (eds.): Text- und Gesprächslinguistik. HSK-Bd. 16.1. Berlin/New York, 113–122.

Cicourel, Aaron (1967): Method and Measurement in Sociology. New York.

– (1975): Sprache in der sozialen Interaktion. München.

Clauss, Günter u.a. (1978): Wörterbuch der Psychologie. Leipzig.

Conrad, Rudi u.a. (1985): Lexikon sprachwissenschaftlicher Termini. Leipzig.

Coseriu, Eugenio (1973/1981): Textlinguistik. Eine Einführung. Tübingen.

Daneš, František (1976): Zur semantischen und thematischen Struktur des Kommunikats. In: Daneš, František/Viehweger, Dieter (eds.): Probleme der Textgrammatik. Berlin, 29–41.

– (1978): Satzglieder und Satzmuster. In: Helbig, Gerhard (ed.): Beiträge zu Problemen der Satzglieder. Leipzig, 7–28.

van Dijk, Teun A. (1971): Taal. Tekst. Teken. Amsterdam.

– (1972): Foundations for typologies of texts. In: Semiotica 6, 297–323.

– (1977): Text and Context. Explorations in the Semantics and Pragmatics of Discourse. London.

– (1980): Textwissenschaft. Eine interdisziplinäre Einführung. München.

– (1987, ed.): Handbook of Discourse Analysis. New York.

van Dijk, Teun A./Kintsch, Walter (1978): Cognitive psychology and discourse: Recalling and summarising stories. In: Dressler, Wolfgang U. (ed.): Current trends in textlinguistics. Berlin/ New York.

– (1983): Strategies of Discourse Comprehension. New York/London.

Dimter, Matthias (1981): Textklassenkonzepte heutiger Alltagssprache. Kommunikationssituation, Textfunktion und Textinhalt als Kategorien alltagssprachlicher Textklassifikation. Tübingen.

Dressler, Wolfgang (1972): Einführung in die Textlinguistik. Tübingen.

Eggs, Ekkehard (2000): Vertextungsmuster Argumentation: Logische Grundlagen. In: Brinker, Klaus/Antos, Gerd/Heinemann, Wolfgang/Sager, Sven F. (eds.): Text- und Gesprächslinguistik. HSK-Bd. 16.1. Berlin/New York, 397–414.

Ehlich, Konrad (1980): Der Alltag des Erzählens. In: Ehlich, Konrad (ed.): Erzählen im Alltag. Frankfurt/M.

– (1983): Text und sprachliches Handeln. Die Entstehung von Texten aus dem Bedürfnis nach Überlieferung. In: Assmann, Aleida/ Assmann, Jan/ Hardmeier, Christoph (eds.): Schrift und Gedächtnis. München, 24–43.

– (1986): Funktional-pragmatische Kommunikationsanalyse. Ziele und Verfahren. In: Hartung, Wolf-Dietrich (ed.): Untersuchungen zur Kommunikation. Ergebnisse und Perspektiven. Berlin, 15–40.

– (1991): Funktional-pragmatische Kommunikationsanalyse. Ziele und Verfahren. In: Flader, Dieter (ed.): Verbale Interaktion: Studien zur Empirie und Methodologie der Pragmatik. Stuttgart, 127–143.

Ehlich, Konrad/Rehbein, Jochen (1979): Sprachliche Handlungsmuster. In: Soeffner, Hans Georg (ed.): Interpretative Verfahren in den Sozial- und Textwissenschaften. Stuttgart, 243–274.

– (1986): Muster und Institution. Untersuchungen zur schulischen Kommunikation. Tübingen.

Eibl-Eibesfeld, Irenäus (1980/1999): Grundriss der vergleichenden Verhaltensforschung. Ethologie. München/Zürich.

Engelkamp, Johannes (1976): Satz und Bedeutung. Stuttgart.

– (1984, ed.): Psychologische Aspekte des Verstehens. Berlin.

Ermert, Karl (1979): Briefsorten. Untersuchungen zu Theorie und Empirie der Textklassifikation. Tübingen.

Eroms, Hans-Werner (2000): Der Beitrag der Prager Schule zur Textlinguistik. In: Brinker, Klaus/ Antos, Gerd/Heinemann, Wolfgang/Sager, Sven F. (eds.): Text- und Gesprächslinguistik. HSK-Bd. 16.1. Berlin/New York, 36–43.

Fanselow, Gisbert/Felix, Sascha W. (1987): Sprachtheorie. Band I und II. Tübingen.

Feilke, Helmuth (2000): Die pragmatische Wende in der Linguistik. In: Brinker, Klaus/Antos, Gerd/ Heinemann, Wolfgang/Sager, Sven F. (eds.): Text- und Gesprächslinguistik. HSK-Bd. 16.1. Berlin/New York, 64–82.

Figge, Udo L. (1979): Zur Konstitution der eigentlichen Textlinguistik. In: Petöfi, Janos S. (ed.): Text vs. Sentence. Hamburg, 13–23.

– (2000): Die kognitive Wende in der Textlinguistik. In: Brinker, Klaus/Antos, Gerd/Heinemann, Wolfgang/Sager, Sven F. (eds.): Text- und Gesprächslinguistik. HSK-Bd. 16.1. Berlin/New York, 96–104.

Fix, Ulla (1990): Der Wandel der Muster – Der Wandel im Umgang mit den Mustern. In: Deutsche Sprache 18, 332–347.

– (2000): Aspekte der Intertextualität. In: Brinker, Klaus/Antos, Gerd/Heinemann, Wolfgang (eds.): Text- und Gesprächslinguistik. HSK-Bd. 16.1. Berlin/New York, 449–457.

Fleischer, Wolfgang/Michel, Georg (1975, eds.): Stilistik der deutschen Gegenwartssprache. Leipzig.

Flower, Linda S. (1985): Cognition, context and theory building. In: College composition and communication 40/3, 282–311.

Foucault, Michel (1971): L'ordre du discours. Paris. (dt. 1974: Die Ordnung des Diskurses. Frankfurt.)

– (1969): L'archéologie du savoir. Paris. (dt. 1973: Archäologie des Wissens. Frankfurt.)

– (1976): La volonté de savoir. Paris. (dt. 1977: Der Wille zum Wissen. Frankfurt.)

252

Franck, Dorothea (1980): Grammatik und Konversation. Königstein/Ts.
Franke, Wilhelm (1987): Texttypen – Textsorten – Textexemplare. Ein Ansatz zu ihrer Klassifizierung und Beschreibung. In: Zeitschrift für Germanistische Linguistik 15, 263–281.
– (1990): Elementare Dialogstrukturen: Darstellung, Analyse, Diskussion. Tübingen.
– (1991): Linguistische Texttypologie. In: Brinker, Klaus (ed.): Aspekte der Textlinguistik. Hildesheim/Zürich/New York, 157–182.
Fritz, Gerd (1982): Kohärenz. Grundfragen der linguistischen Kommunikationsanalyse. Tübingen.
Garfinkel, Harold (1967/1972): Studies in ethnomethodology. Englewood/Cliffs.
– (1970): On formal structures of practical actions. In: Mc Kinney J.C./ Tiryakian A. (eds.): Theoretical Sociology. New York, 337–366. (dt. 1976: Über formale Strukturen praktischer Handlungen. In: Weingarten, E./Sack, F./Schenkein, J. (eds.): Ethnomethodologie. Frankfurt, 130–176.
Gläser, Rosemarie (1990): Fachtextsorten im Englischen. Tübingen.
Göpferich, Susanne (1995): Textsorten in Naturwissenschaft und Technik. Tübingen.
– (1998): Fachtextsorten der Naturwissenschaften und der Technik: Ein Überblick. In: Hoffmann, Lothar/Kalverkämper, Hartwig/Wiegand, Herbert Ernst (eds.): Fachsprachen. HSK-Bd. 14.1. Berlin/New York, 545–555.
Goffman, Erving (1955/1971): On face-work: An analysis of ritual elements in social interaction. In: Psychiatry 18, 213–231.
– (1959): The Presentation of Self in Everyday Life. Garden-City, New York.
– (1964): The neglected situation. In: American Anthropologist 66, 133–136.
– (1967): Interaction Ritual. New York (dt. 1971: Interaktionsrituale. Frankfurt.)
– (1974): Frame Analysis. An Essay on the Organization of Experience. New York. (dt. 1977: Rahmenanalyse. Ein Versuch über die Organisation von Alltagserfahrungen. Frankfurt.)
– (1983): The interaction order. In: American sociological review 48, 1–17.
Graustein, Gottfried/Neubert, Albrecht (1979, eds.): Trends in English textlinguistics. In: Linguistische Studien 55.
– /Thiele, Wolfgang (1983): English momologues as complex entities. In: Linguistische Arbeitsberichte 41 (Leipzig), 1–26.
Greimas, Algirdas Julien (1971): Sémantique structurale. Recherche de méthode. Paris.
Grice, H. Paul (1957): Meaning. In: The philosophical rewiew LXVI, 377–388. (dt. 1979: Intendieren, Meinen, Bedeuten. In: Meggle, Georg (ed.): Handlung. Kommunikation. Bedeutung. Frankfurt, 2–15.
– (1968): Utterer's meaning, sentence-meaning and word-meaning. In: Foundations of Language 4, 1–18. (dt. 1979: Sprecher-Bedeutung, Satz-Bedeutung. Wortbedeutung. In: Meggle, Georg [ed.]: Handlung, Kommunikation, Bedeutung. Frankfurt, 85–111).
– (1975): Logic and conversation. In: Cole, P./Morgan, J. (eds.): Syntax and Semantics 3: Speech Acts. New York, 41–58.
– (1989): Studies in the Way of Words. Cambridge, Mass.
Groeben, Norbert (1982): Leserpsychologie: Textverständnis – Textverständlichkeit. Münster.
Große, Ernst Ulrich (1974): Text-Typen. Linguistik gegenwärtiger Kommunikationsakte. Stuttgart.
– (1976): Text und Kommunikation. Eine Einführung in die Funktionen der Texte. Stuttgart/Berlin/Köln/Mainz.
Große, Rudolf (1994): Schlusswort. In: Große, Rudolf/Wellmann, Hans (eds.): Textarten im Sprachwandel – nach der Erfindung des Buchdrucks. Heidelberg.
Gülich, Elisabeth (1970): Makrosyntax. Die Gliederungssignale im gesprochenen Französisch. München.
– (1986): Textsorten in der Kommunikationspraxis. In: Kallmeyer, Werner (ed.): Kommunikationstypologie. Handlungsmuster. Textsorten. Situationstypen. In: Jahrbuch des Instituts für deutsche Sprache 1985. Düsseldorf, 15–46.
Gülich, Elisabeth/Hausendorf, Heiko (2000): Vertextungsmuster Narration. In: Brinker, Klaus/Antos, Gerd/Heinemann, Wolfgang/Sager, Sven F. (eds.): Text- und Gesprächslinguistik. HSK-Bd. 16.1. Berlin/New York, 369–385.

Gülich, Elisabeth/Kotschi, Thomas (1987): Reformulierungshandlungen als Mittel der Text-konstitution. Untersuchungen zu französischen Texten aus mündlicher Kommunikation. In: Motsch, Wolfgang (ed.): Satz, Text, sprachliche Handlung. Studia grammatica XXV. Berlin, 199–261.

Gülich, Elisabeth/Meyer-Herrmann, Reinhard (1983): Zum Konzept der Illokutionshierarchie. In: Rosengren, Inger (ed.): Sprache und Pragmatik. Lunder Symposium 1982. Malmö, 245–261.

Gülich, Elisabeth/Quasthoff, Ursula (1986): Story-telling in conversation. Cognitive and interactive aspects. In: Poetics 15, 217–241.

Gülich, Elisabeth/Raible, Wolfgang (1972, eds.): Textsorten. Differenzierungskriterien aus lingui-stischer Sicht. Frankfurt.

– (1975): Textsorten-Probleme. In: Linguistische Probleme der Textanalyse. Jahrbuch des Insti-tuts für deutsche Sprache 1973. Düsseldorf, 144–197.

– (1977/1980): Linguistische Textmodelle. München.

Gumperz, John J. (1982): Discourse Strategies. Cambridge.

Günthner, Susanne (1995): Gattungen in der sozialen Praxis. Die Analyse ‚kommunikativer Gattun-gen‘ als Textsorten mündlicher Kommunikation. In: Deutsche Sprache 23/3, 193–218.

– /Knobloch, Hubert A. (1996): Die Analyse kommunikativer Gattungen in Alltags-Interaktio-nen. In: Michaelis, Susanne/Tophinke, Doris (eds.): Texte. Konstitution. Verarbeitung. Typik. München, 35–58.

Habermas, Jürgen (1971): Theorie und Praxis. Sozialphilosophische Studien. Frankfurt.

– (1981): Theorie des kommunikativen Handelns. Frankfurt.

– (1983): Moralbewusstsein und kommunikatives Handeln. Frankfurt.

– (1985): Der philosophische Diskurs der Moderne. Frankfurt.

Halliday, Michael A.K./Hasan, R. (1976): Cohesion in English. London.

Hannappel, Hans/Melenk, Hartmut (1979/1984): Alltagssprache. Semantische Grundbegriffe und Analysebeispiele. München.

Harras, Gisela (1983): Handlungssprache und Sprechhandlung. Berlin/New York.

Hartmann, Peter (1964): Text, Texte, Klassen von Texten. In: Bogawus. Zeitschrift für Literatur, Kunst und Philosophie 2. Münster, 15–25.

– (1971): Texte als linguistisches Objekt. In: Stempel, Wolf-Dieter (ed.): Beiträge zur Textlingui-stik. München, 9–30.

Hartung, Wolf-Dietrich (1974): Sprachliche Kommunikation und Gesellschaft. Berlin.

– (1981): Beobachtungen zur Organisation kommunikativer Ziele. In: Lunder Germanistische Forschungen 50, 221–232.

– (1983): Sprache und Kommunikation. In: Fleischer, Wolfgang, u.a. (eds.): Deutsche Sprache. Kleine Enzyklopädie. Leipzig, 345–521.

– (1987): Diskussionstexte: Argumente für eine Systembetrachtung der Textorganisation. In: Rosengren, Inger (ed.): Sprache und Pragmatik. Lunder Symposium 1986. Stockholm, 7–31.

– (2000): Kommunikationsorientierte und handlungstheoretisch ausgerichtete Ansätze. In: Brinker, Klaus/Antos, Gerd/Heinemann, Wolfgang/Sager, Sven F. (eds.): Text- und Gesprächs-linguistik. HSK-Bd. 16.1. Berlin/New York, 83–96.

Harweg, Roland (1968): Pronomina und Textkonstitution. München.

Hayes, John R./Flower, Linda (1980): Identifying the organisation of writing processes. In: Gregg, Lee/Steinberg, Erwin R. (eds.): Cognitive processes in writing. Hillsdale, N.J. 3–30.

Heidolph, K.E. (1966): Kontextbeziehungen zwischen Sätzen in einer generativen Grammatik. In: Kybernetica, 274–281.

Heijnk, Stefan (1997): Textoptimierung für Printmedien. Opladen.

Heinemann, Margot (1998, ed.): Sprachliche und soziale Stereotype. Frankfurt/Berlin/Bern.

– (2000a): Textsorten des Alltags. In: Brinker, Klaus/Antos, Gerd/Heinemann, Wolfgang/Sager, Sven F. (eds.): Text- und Gesprächslinguistik. HSK-Bd. 16.1. Berlin/New York, 604–613.

– (2000b): Textsorten des Bereichs Hochschule und Wissenschaft. In: Brinker, Klaus/Antos, Gerd/ Heinemann, Wolfgang/Sager, Sven F. (eds.): Text- und Gesprächslinguistik. HSK-Bd. 16.1. Berlin/New York, 702–710.

254

Heinemann, Wolfgang (1981): Sprecherintention und Textstruktur. In: Rosengren, Inger (ed.): Sprache und Pragmatik. Lunder Germanistische Forschungen 50, 259–268.
– (1975): Das Problem der Darstellungsarten. In: Fleischer, Wolfgang/Michel, Georg (eds.): Stilistik der deutschen Gegenwartssprache. Leipzig, 268–300.
– (1982): Textlinguistik heute. Entwicklung – Probleme – Aufgaben. In: Wissenschaftliche Zeitschrift der Karl Marx-Universität Leipzig, 210–220.
– (1983): Negation und Negierung. Handlungstheoretische Aspekte einer linguistischen Kategorie, Leipzig.
– (1984): Stereotype Textkonstitutive, Textkommentare, pragmatische Formeln. In: Linguistische Arbeitsberichte 44, 35–48.
– (1989): Komponenten und Funktionen globaler Textmuster. In: Linguistische Studien 199. Berlin, 182–191.
– (1990): Ziele Intentionen, Illokutionen, In: Aktuelle Fragen der funktionalen Sprachbeschreibung. Protokollband der wiss. Konferenz am 03./04.10.1989 an der Pädagog. Hochschule Leipzig. Leipzig, 18–24.
– (1991): Textsorten/Textmuster – ein Problemaufriß. In: Mackeldey, Roger (ed.): Textsorten/Textmuster in der Sprech- und Schriftkommunikation. Wissenschaftliche Beiträge der Universität Leipzig. Leipzig, 8–16.
– (1997): Zur Eingrenzung des Intertextualitätsbegriffes aus textlinguistischer Sicht. In Klein, Josef/Fix, Ulla (eds.): Textbeziehungen. Linguistische und literaturwissenschaftliche Beiträge zur Intertextualität. Tübingen, 21–37.
– (2000a): Vertextungsmuster Deskription. In: Brinker, Klaus/Antos, Gerd/Heinemann, Wolfgang (eds.): Text- und Gesprächslinguistik. HSK-Bd. 16.1. Berlin/New York, 356–368.
– (2000b): Textsorte – Textmuster – Texttyp. In: Brinker, Klaus/Antos, Gerd/Heinemann, Wolfgang/Sager, Sven F. (eds.): Text- und Gesprächslinguistik. HSK-Bd. 16.1. Berlin/New York, 507–523.
– (2000c): Aspekte der Textsortendifferenzierung. In: Brinker, Klaus/Antos, Gerd/Heinemann, Wolfgang/Sager, Sven F. (eds.): Text- und Gesprächslinguistik. HSK-Bd. 16.1. Berlin/New York, 523–545.
– (2000e): Textsorten. Zur Diskussion um Basisklassen des Kommunizierens. Rückschau und Ausblick. In: Adamzik, Kirsten (ed.): Textsorten. Reflexionen und Analysen. Tübingen, 9–29.
Heinemann, Wolfgang/Viehweger, Dieter (1991): Textlinguistik. Eine Einführung. Tübingen.
Helbig, Gerhard (1986): Entwicklung der Sprachwissenschaft seit 1970. Leipzig.
Henne, Helmut/Rehbock, Helmut (1975/1982): Einführung in die Gesprächsanalyse. Berlin/New York.
Hennig, Jörg/Huth, Lutz (1975): Kommunikation als Problem der Linguistik. Göttingen.
Herrmann, Theo (1982/1985): Allgemeine Sprachpsychologie. Grundlagen und Probleme. München.
Herrmann, Theo/Grabowski, Joachim (1994): Sprechen – Psychologie der Sprachproduktion. Heidelberg.
Hess-Lütthich, Ernest W.B./Holly, Werner/Püschel, Ulrich (1996): Textstrukturen im Medienwandel. Frankfurt/Berlin/Bern.
Hiebsch, Hans u.a. (1986): Interpersonelle Wahrnehmung und Urteilsbildung. Psychologische Grundlagen der Beurteilung. Berlin.
Hörmann, Hans (1976): Meinen und Verstehen. Grundzüge einer psychologischen Semantik. Frankfurt.
– (1977): Psychologie der Sprache. Berlin/Heidelberg.
Hoffmann, Lothar/Kalverkämper, Hartwig/Wiegand, Herbert Ernst (eds.): Fachsprachen. Ein internationales Handbuch zur Fachsprachenforschung und Terminologiewissenschaft. HSK-Bd. 14.1/2. Berlin/New York.
Hoffmann, Ludger (2000): Thema, Themaentfaltung, Makrostruktur. In: Brinker, Klaus/Antos, Gerd/Heinemann, Wolfgang/Sager, Sven F. (eds.): Text- und Gesprächslinguistik. HSK-Bd. 16.1. Berlin/New York, 344–356.
Holly, Wener/Biere, Bernd Ulrich (1998): Medien im Wandel. Opladen.

Hundsnurscher, Franz (1986): Theorie und Praxis der Textklassifikation. In: Rosengren, Inger (ed.): Sprache und Pragmatik. Lunder Symposium 1984. Malmö/Stockholm, 75–97.

Hymes, Dell (1962): The ethnography of speaking. In: Gladwin, T./Sturtevant, W.C. (eds.): Anthropology and Human Behavior. Washington, 13–53.

– (1971): Competence and Performance in linguistic Theory. In: Huxley, R./Ingram, E. (eds.): Language Acquisition: Models and Methods. London, 3–28.

– (1972a): Models for the interaction of language and social life. In: Gumperz, John J./Hymes Dell (eds.): Directions in Sociolinguistics. New York, 35–71.

– (1972b): On communicative competence. In: Pride, J.B./Holmes, J. (eds.): Sociolinguistics. Harmondsworth, 269–293.

Isenberg, Horst (1968): Überlegungen zur Text-Theorie. In: ASG-Bericht 2. Berlin.

– (1970): Der Begriff ‚Text‘ in der Sprachtheorie. ASG-Bericht 8. Berlin.

– (1971): Überlegungen zur Texttheorie. In: Ihwe, Jens: Literaturwissenschaft und Linguistik. Ergebnisse und Perspektiven. Frankfurt, 150–173.

– (1976): Einige Grundbegriffe für eine linguistische Texttheorie. In: Daneš, František/Viehweger, Dieter (eds.): Probleme der Textgrammatik. Studia grammatica XI. Berlin, 47–146.

– (1977): Text vs. Satz. In: Daneš, František/Viehweger, Dieter (eds.): Probleme der Textgrammatik II. Berlin, 119–146.

– (1978): Probleme der Texttypologie. Variationen und Determination von Texttypen. In: Wissenschaftliche Zeitschrift der Karl Marx-Universität Leipzig, 565–579.

– (1983): Grundfragen der Texttypologie. In: Daneš, František/Viehweger, Dieter (eds.): Ebenen der Textstruktur. Linguistische Studien 112. Berlin, 303–342.

Jahr, Silke (2000): Vertextungsmuster Explikation. In: Brinker, Klaus/Antos, Gerd/Heinemann, Wolfgang/Sager, Sven F. (eds.): Text- und Gesprächslinguistik. HSK-Bd. 16.1. Berlin/New York, 385–396.

Jantzen, Wolfgang (1990): Tätigkeit. In: Sandkühler, Hans Jörg (ed.): Europäische Enzyklopädie zu Philosophie und Wissenschaften. Band 4. Hamburg, 509–516.

– (1990): Verhalten. In: Sandkühler, Hans Jörg (ed.): Europäische Enzyklopädie zu Philosophie und Wissenschaften. Band 4. Hamburg, 701–707.

Jakobson, Roman (1966ff.): Selected writings. Berlin/New York.

Johnson-Laird, Philip N. (1977): Procedural semantics. In: Cognition 5, 189–214.

– (1983): Mental models. Toward cognitive science of language. Inference, and consciousness. Cambridge.

Kadow, S. (1987): Sinnkonstituierung und kommunikative Strategie. Die Sinnklammerungsstrategie. Ein aufgabengeleiteter Beschreibungsversuch. In: Linguistische Studien 168, 96–125.

Kallmeyer, Werner, u.a. (1980): Lektürekolleg zur Textlinguistik. Bd. 1. Einführung. Königstein/Ts.

– (1986, ed.): Kommunikationstypologie. Handlungsmuster, Textsorten, Situationstypen. In: Jahrbuch des Instituts für deutsche Sprache 1985. Düsseldorf.

Kallmeyer, Werner/Meyer-Herrmann, Reinhart (1980): Textlinguistik. In: Althaus, Hans Peter/Henne, Helmut/Wiegand, Herbert Ernst (eds.): Lexikon der germanistischen Linguistik. Bd. 1. Tübingen, 242–258.

Kallmeyer, Werner/Schütze, Fritz (1976): Konversationsanalyse. In: Studium Linguistik 1, 1–28.

Kalverkämper, Hartwig (1981): Orientierung zur Textlinguistik. Tübingen.

– (1983): Gattungen, Textsorten, Fachsprachen – Textpragmatische Überlegungen zur Klassifikation. In: Hess-Lüttich, Ernest W.B. (ed.): Textproduktion – Textrezeption. Tübingen, 91–104.

Kalverkämper, Hartwig/Baurmann, Klaus-Dieter (1996, eds.): Fachliche Textsorten. Komponenten – Relationen – Strategien. Tübingen.

Keller, Rudolf E. (1978): Zur Texttypologie im Fremdsprachenstudium. In: Wissenschaftliche Zeitschrift der Karl Marx-Universität Leipzig 27,593–597.

Kempcke, Günter (1984, ed.): Handwörterbuch der deutschen Gegenwartssprache. Berlin.

Kempson, G. (1975): Presupposition and the delimitation of semantics. Cambridge, Mass.

Kertesz, A. (1995, ed.): Sprache als Kognition – Sprache als Interaktion. Berlin/Frankfurt.

Kintsch, Walter (1974): The representation of meaning in memory. Hillsdale, N.J.
- (1982): Psychological processes in discourse production. In: Dechert, H.W./Raupach, M. (eds.): Psychological models of production. Hillsdale, N.J.
- (1988): The role of knowledge in discourse comprehension: A construction-integration model. In: Psychological Review 95, 163–182.
Kintsch, Walter/van Dijk, Teun A. (1978): Toward a model of textcomprehension and production. In: Psychological Review 85/5, 363–394.
Klein, Josef (1991): Politische Textsorten. In: Brinker, Klaus (ed.): Aspekte der Textlinguistik. Hildesheim/Zürich/New York, 245–278.
- (2000): Textsorten in politischen Institutionen. In: Brinker, Klaus/Antos, Gerd/Heinemann, Wolfgang/Sager, Sven F. (eds.): Text- und Gesprächslinguistik. HSK-Bd. 16.1. Berlin/New/York, 732–756.
Klein, Wolfgang/von Sutterheim, Christiane (1992): Textstruktur und referentielle Bewegung. In: Zeitschrift für Literaturwissenschaft und Linguistik 86, 67–92.
Klix, Friedhart (1984): Gedächtnis, Wissen, Wissensnutzung. Berlin.
Klix, Friedhart/Kukla, Friedrich/Kühn, Rosemarie (1979): Zur Frage der Unterscheidbarkeit von Klassen semantischer Relationen im menschlichen Gedächtnis. In: Bierwisch, Manfred (ed.): Psychologische Effekte sprachlicher Strukturkomponenten. Berlin, 131–144.
Knobloch, Clemens (1984): Sprachpsychologie. Ein Beitrag zur Problemgeschichte und Theoriebildung. Tübingen.
- (1990): Zum Status und zur Geschichte des Textbegriffs. Eine Skizze. In: Zeitschrift für Literaturwissenschaft und Linguistik 20/77, 66–87.
Koch, Wolfgang/Rosengren, Inger/Schonebohm, Manfred (1981): Ein pragmatisch orientiertes Textanalyseprogramm. In: Rosengren, Inger (ed.): Sprache und Pragmatik. Lunder Symposium 1980. Lund, 155–203.
Kohl, Mathias (1986): Zielstrukturen und Handlungsorganisation im Rahmen von Dialogmusterbeschreibungen. In: Hundsnurscher, Franz/Weigand, Edda (eds.): Dialoganalyse. Münster, 51–68.
Kondakow, Nikolaj I. (1983): Wörterbuch der Logik. Leipzig.
Krause, Wolf-Dieter (1990): Zur Ontologie von Textsorten. In: Mackeldey, Roger (ed.): Textsorten – Textmuster in der Sprech- und Schriftkommunikation. Leipzig, 31–36.
- (2000): Text, Textsorte, Textvergleich. In: Adamzik, Kirsten (ed.): Textsorten. Reflexionen und Analysen. Tübingen, 45–76.
Kreibisch, Gernot (1986): Die kommunikative Revolution. Opladen.
Kristeva, Julia (1967): Bakhtine, le mot, le dialogue et le roman. In: Critique 239, 438–465.
- (1968): Problèmes de la structuration du texte. In: Linguistique et littérature 11, 55–64.
- (1974): La révolution du langage poétique. Paris.
Kuhn, Theodor S. (1967): Die Struktur wissenschaftlicher Revolutionen. Frankfurt.
Kummer, Werner (1975): Grundlagen der Texttheorie. Reinbek-Hamburg.
Lachman, Roy/Lachman, Janet L./Butterfield, Earl C. (1979): Cognitive psychology and information processing: An introduction. Hillsdale, N.J.
Lang, Ewald (1976): Erklärungstexte. In: Daneš, František/Vieweger, Dieter (eds.): Probleme der Textgrammatik. Berlin, 147–181.
- (1977): Semantik der koordinativen Verknüpfung. Studia grammatica XIV. Berlin.
- (1983): Die logische Form eines Satzes als Gegenstand der linguistischen Semantik. In: Motsch, Wolfgang/Viehweger, Dieter (eds.): Richtungen der modernen Semantikforschung. Berlin, 63–144.
Leont'ev, Alexej A. (1971): Sprache, Sprechen, Sprechtätigkeit. Stuttgart.
- (1975): Psycholinguistische Einheiten und die Erzeugung sprachlicher Äußerungen. Berlin.
- (1979): Vyskazyvanie kak predmet lingvistiki, psicholingvistiki i teorii kommunikacii. In: Sintaksis teksta. Moskva, 18–36.
- (1984): Der allgemeine Tätigkeitsbegriff. In: Leont'ev, A.A./Leont'ev, A.N./Judin, E.D. (eds.): Grundfragen einer Theorie der sprachlichen Tätigkeit. Stuttgart.

257

Leont'ev, A.N. (1973): Probleme der Entwicklung des Psychischen. Frankfurt.
- (1977/1979): Tätigkeit - Bewusstsein - Persönlichkeit. Berlin/Stuttgart.
Levinson, Stephen C. (1983): Pragmatics. Cambridge. (dt. 1990,³2000: Pragmatik. Tübingen.)
Linke, Angelika (1985): Gespräche im Fernsehen. Eine diskursanalytische Untersuchung. Bern.
Lötscher, Andreas (1987): Text und Thema. Tübingen.
Lomov, B.F. (1981, ed.): Problema obščenija v psichologii. Moskva.
Lorenz, Konrad (1965/1973/1984): Über tierisches und menschliches Verhalten. Aus dem Werdegang der Verhaltenslehre. I und II. München.
- (1939/1952/1990): Vergleichende Verhaltensforschung. Zoologische Anzeigen Suppl. 12, 69–122. München.
- (1957/1991): Methoden der Verhaltensforschung. In: Kükenthal: Handbuch der Zoologie 8, 1–22.
Luckmann, Thomas (1980): Lebenswelt und Gesellschaft. Stuttgart.
- (1992): Theorie des sozialen Handelns. Berlin/New York.
- (1988): Kommunikative Gattungen im kommunikativen ‚Haushalt' einer Gesellschaft. In: Smolka-Koerdt, G. u.a. (eds.): Der Ursprung von Literatur, Medien, Rollen, Kommunikationssituationen. München, 279–288.
- (1995): Der kommunikative Aufbau der sozialen Welt und die Sozialwissenschaften. In: Annali di Sociologia/Soziologisches Jahrbuch 11, I–II, 45–71.
Lüger, Heinz Helmut (1977): Journalistische Darstellungsformen aus linguistischer Sicht. Freiburg.
- (1983): Pressesprache. Tübingen.
Lumer, Christoph (1990): Handlung. In: Sandkühler, Hans Jörg (ed.): Europäische Enzyklopädie zu Philosophie und Wissenschaften. Bd. 2, 499–511.
- (1990): Handlungstheorien. In: Sandkühler, Hans Jörg (ed.): Europäische Enzyklopädie zu Philosophie und Wissenschaften. Bd. 2, 511–514.
- (1990): Normativ/deskriptiv/faktisch. In: Sandkühler, Hans Jörg (ed.): Europäische Enzyklopädie zu Philosophie und Wissenschaften. Bd. 3. Hamburg, 588–592.
Lurija, A.R. (1982): Sprache und Bewusstsein. Berlin.
Luther, Ernst (1990): Situation. In: Sandkühler, Hans Jörg (ed.): Europäische Enzyklopädie zu Philosophie und Wissenschaften. Bd. 4. Hamburg, 297–298.
Lux, Friedemann (1981): Text, Situation, Textsorte. Probleme der Textsortenanalyse. Tübingen.
Mackeldey, Roger (1987): Alltagssprachliche Dialoge. Kommunikative Funktionen und syntaktische Strukturen. Leipzig.
Mandl, Heinz (1981, ed.): Zur Psychologie der Textverarbeitung. Ansätze, Befunde, Probleme. München.
Mangasser-Wahl, Martina (2000, ed.): Prototypentheorie in der Linguistik. Anwendungsbeispiele - Methodenreflexion - Perspektiven. Tübingen.
Mead, George Herbert (1934/1967): Mind, Self and Society from the Standpoint of a Social Behaviorist. Chicago. (dt. 1968: Geist, Identität und Gesellschaft aus der Sicht des Sozialbehaviorismus. Frankfurt/Main.)
Meinhold, Gottfried/Stock, Eberhard (1980): Phonologie der deutschen Gegenwartssprache. Leipzig.
Michel, Georg u.a. (1988, eds.): Sprachliche Kommunikation. Einführung und Übungen. Leipzig.
- (1990): Textmuster und Stilmuster. In: Bahner, Werner/Schildt, Joachim/Viehweger, Dieter (eds.): Proceedings of the XIV. international congress of linguists. Berlin, 2178–2180.
Minsky, Marvin (1979): The Society Theory of Thinking. In: Winston, P./Brown, R.(eds.): Artificial intelligence. Cambridge, Mass.
Molitor-Lübbert, Sylvie (1989): Schreiben und Kognition. In: Antos, Gerd/Krings, Hans Peter (eds.): Textproduktion: Ein interdisziplinärer Forschungsüberblick. Tübingen, 278–296.
Morgenthaler, Erwin (1980): Kommunikationsorientierte Textlinguistik. Düsseldorf.
Motsch, Wolfgang (1986): Anforderungen an eine handlungsorientierte Textanalyse. In: Zeitschrift für Germanistik 3, 261–282.
- (1987): Zur Illokutionsstruktur von Feststellungstexten. In: ZPSK 40, 45–67.

Motsch, Wolfgang/Pasch, Renate (1984): Bedeutung und illokutive Funktion sprachlicher Äußerungen. In: ZPSK 37, 471–489.
– (1987): Illokutive Handlungen. In: Motsch, Wolfgang (ed.): Satz, Text, sprachliche Handlung. Berlin, 11–79.
Motsch, Wolfgang/Reis, Marga/Rosengren, Inger (eds.) (1990): Zum Verhältnis von Satz und Text. In: Deutsche Sprache 2, 97–125.
Motsch, Wolfgang/Viehweger, Dieter (1981): Sprachhandlung, Satz und Text. In: Rosengren, Inger (ed.): Sprache und Pragmatik. Lunder Symposium 1980. Malmö, 125–153.
Neisser, Ulric (1967): Cognitive psychology. New York.
– (1979): Kognition und Wirklichkeit. Prinzipien und Implikationen der kognitiven Psychologie. Stuttgart.
Neubert, Albrecht (1982): Text als linguistischer Gegenstand. In: Linguistische Arbeitsberichte 36. Leipzig, 25–42.
Nothdurft, Werner (1986): Das Muster im Kopf? Zur Rolle von Wissen und Denken bei der Konstitution interaktiver Muster. In: Kallmeyer, Werner (ed.): Kommunikationstypologie. Handlungsmuster, Textsorten, Situationstypen. Jahrbuch des Instituts für deutsche Sprache 1985. Düsseldorf, 92–116.
– (1995): Plädoyer für die Abschaffung des Verstehens. In: Spillner, Bernd (ed.): Sprache: Verstehen und Verständlichkeit. Frankfurt, 88–89.
Nussbaumer, Markus (1991): Was Texte sind und wie sie sein sollen. Ansätze zu einer sprachwissenschaftlichen Begründung eines Kriterienrasters zur Beurteilung von schriftlichen Schülertexten. Tübingen.
Nystrand, Martin (1986): The structure of written communication. Studies in reciprocity between writers and readers. Orlando.
Oomen, Ursula (1979): Texts and sentences. In: Petöfi, Janoš S. (ed.): Text vs. Sentence. Hamburg, 272–280.
Orzessek, Arno (2000): Genom sei der Herr. In: Süddeutsche Zeitung 17./18.02.2000, 20.
Parsons, Talcott (1940/1964): Ansätze zu einer analytischen Theorie der sozialen Schichtung. In: Rüschemeyer, D. (ed.): Talcott Parsons. Beiträge zur soziologischen Theorie. Neuwied, 180–205.
– (1951): The Social System. Glencoe.
– (1961): Language as a groundwork of culture. In: Parsons, Talcott/Shils, E./Naegele, K.D./ Pitts, I.R. (eds.): Theories of society. Foundations of modern sociological theory. New York.
– (1968/1977): Der Stellenwert des Identitätsbegriffs in der allgemeinen Handlungstheorie. In: Döbert, R./Habermas, Jürgen/Nummer-Winkler, G. (eds.) Entwicklung des Ichs. Köln, 68–88.
– (1982): On institutions and social evolution. In: Mayhew, Leon H. (ed.): Ausgewählte Schriften, Chicago.
– (1986): Aktor, Situation und normative Muster. Frankfurt.
Paul, Inger (2001): Der Einfluss der Gesprächslinguistik auf die Muttersprachen- und Fremdsprachendidaktik. In: Brinker, Klaus/Antos, Gerd/Heinemann, Wolfgang/Sager, Sven F. (eds.): Text- und Gesprächslinguistik. HSK-Bd. 16.2. Berlin/New York, Art. 157.
Petöfi, Janoš S. (1986, ed.): Textconnectedness from psychological point of view. Hamburg.
Pfütze, Max (1965): Satz und Kontext in der deutschen Sprache der Gegenwart. Potsdam.
– (1967): Bestimmung der Begriffsinhalte ‚Satz-‘ und ‚Kontextverflechtung‘. In: Wissenschaftliche Zeitschrift der PH Potsdam, Gesellschafts- und sprachwissenschaftliche Reihe, 155–164.
Porzig, Walter (1957): Das Wunder der Sprache. Bern.
Quasthoff, Ursula (1980a): Erzählen in Gesprächen. Tübingen.
– (1980b): Gemeinsames Erzählen als Form und Mittel im sozialen Konflikt oder: Ein Ehepaar erzählt eine Geschichte. In: Ehlich, Konrad (ed.): Erzählen im Alltag. Frankfurt, 109–141.
Raible, Wolfgang (1980): Was sind Gattungen? Eine Antwort aus semiotischer und textlinguistischer Sicht. In: Poetica 12, 320–349.
– (1996): Wie soll man Texte typisieren? In: Michaelis, Susanne/Tophinke, Doris (eds.): Texte – Konstitution, Verarbeitung, Typik. München, 59–72.

Rath, Rainer (1979): Kommunikationspraxis. Göttingen.
- (1991): Schwierigkeiten bei der Abgrenzung spontaner Alltagsgespräche. In: Mackeldey, Roger (ed.): Textsorten – Textmuster in der Sprech- und Schriftkommunikation. Wissenschaftliche Beiträge der Universität Leipzig. Leipzig,77–84.
Rehbein, Jochen (1977): Komplexes Handeln. Elemente zur Handlungstheorie der Sprache. Stuttgart.
- (1998): Die Verwendung von Institutionensprache in Ämtern und Behörden. In: Hoffmann, Lothar/Kalverkämper, Hartwig/Wiegand, Herbert Ernst (eds.): Fachsprachen. HSK-Bd. 14.1. Berlin/New York, 660–674.
- (2001): Das Konzept der Diskursanalyse. In: Brinker, Klaus/Antos, Gerd/Heinemann, Wolfgang/Sager, Sven F. (eds.): Text- und Gesprächslinguistik, HSK-Bd. 16.2 Berlin/New York, 927–941. Art. 86.
Reiger, Horst (1992): Face-to-face-Interaktion. Ein Beitrag zur Soziologie Erving Goffmans. Frankfurt/Berlin/Bern.
Reinecke, Werner (1985): Zum Verhältnis von grammatischer Paradigmatik und Syntagmatik bei der Aneignung von Fremdsprachen. In: Deutsch als Fremdsprache, 256–260.
Rickheit, Gert/Strohner, Hans (1985a): Psycholinguistik der Textverarbeitung. In: Studium Linguistik 17/18, 1–78.
- (1985b, eds.): Inference in text processing. Amsterdam.
- (1993): Grundlagen der kognitiven Sprachverarbeitung. Tübingen/Basel.
- (1998): Psycholinguistik. Tübingen.
Riehl, Claudia Maria (2001): Schreiben, Text und Mehrsprachigkeit. Zur Textproduktion in mehrsprachigen Gesellschaften. Tübingen.
Rolf, Eckard (1993): Die Funktion der Gebrauchstextsorten. Berlin/New York.
- (1994): Sagen und Meinen. Paul Grices Theorie der Konversations-Implikaturen. Opladen.
- (2000): Textuelle Grundfunktionen. In: Brinker, Klaus/Antos, Gerd/Heinemann, Wolfgang/Sager, Sven F. (eds.): Text- und Gesprächslinguistik. HSK-Bd. 16.1, 422–435.
Rolf, Eckard/Hagemann, Jörg (2001): Die Bedeutung der Sprechakt-Theorie für die Gesprächsforschung. In: Brinker, Klaus/Antos, Gerd/Heinemann, Wolfgang/Sager, Sven F. (eds.): Text- und Gesprächslinguistik. HSK-Bd. 16.2. Berlin/New York, 885–896.
Rosch, Eleonor (1977): Human categorization. In: Warren, N. (ed.): Studies in Cross-Cultural Psychology. Bd 1. New York/London/San Francisco, 1–49.
- (1978): Principles of categorization. In: Rosch, Eleonor/Lloyd, B. (eds.): Cognition and categorization. Hillsdale, 27–48.
Rosengren, Inger (1979): Die Sprachhandlung als Mittel zum Zweck. Typen und Formen. In: Rosengren, Inger (ed.): Sprache und Pragmatik. Lunder Germanistische Forschungen 48. Malmö, 188–221.
- (1983): Die Realisierung der Illokutionsstruktur auf der Vertextungsebene. In: Daneš, František/Viehweger, Dieter (eds.): Ebenen der Textstruktur. Berlin, 133–151.
- (1987): Konfliktäre Sprachhandlungen und ihre sprachliche Realisierung. In: Meibauer, Jörg (ed.): Satzmodus zwischen Grammatik und Pragmatik. Tübingen, 207–233.
Rossipal, Hans (1978): Textstrukturen in Fachtexten. Vortrag 15.3.78 in Mannheim.
Rothkegel, Annely (1984): Sprachhandlungstypen in interaktionsregelnden Texten – Texthandlungen in Abkommen. In: Rosengren, Inger (ed.): Sprache und Pragmatik. Lunder Symposium 1984. Lunder Germanistische Forschungen 53. Stockholm/Malmö, 255–278.
- (2000): Der Einfluss der Textlinguistik auf die Informatik. In: Brinker, Klaus/Antos, Gerd/Heinemann, Wolfgang/Sager, Sven F. (eds.): Text- und Gesprächslinguistik. HSK-Bd. 16.1. Berlin/New York, 847–852.
Rumelhart, David E. (1975): Notes on a schema for stories. In: Bobrow, Daniel G./Collins, Allan (eds.): Representation and understanding. Studies in cognitive science. New York/San Francisco/London, 211–236.
- (1977): Understanding and Summarizing Brief Stories. In: La Berge, D./Samuels, S.J. (eds.): Basic processes in reading, perception and comprehension. Hillsdale, N.J.

260

- (1980): Schemata. The building blocks of cognitions. In: Spiro, B./Bruce, B.C./Brewer, W.F. (eds.): Theoretical issues in reading comprehension. Hillsdale, 33–58.
Ryle, Gilbert (1949, 1969): The concept of mind. New York/Harmondsworth.
Sacks, Harvey (1974): An analysis of the course of a joke's telling in conversation. In: Bauman, R./ Sherzer, J. (eds.): Explorations in the ethnography of speaking. New York/London, 337–353.
- (1984): A Note on Methodology. In: Atkinson, M./Heritage, J. (eds.): Structures of Social Action. Cambridge, 21–27.
- (1992): Lectures on Conversation. Bd. 1 und 2. Oxford.
Sacks, Harvey/Schegloff, Emanuel/Jefferson, Gail (1974/1978): A simplest Systematics for the Organization of Turn-Taking for Conversation. In: Language 50, 696–735.
- (1977): The preference for self-correction in the organization of repair in conversation. In: Language 53, 361–382.
Sager, Sven (1995a): Verbales Verhalten. Eine semiotische Studie zur linguistischen Ethologie. Tübingen.
- (1995b): Hypertext und Kontext. In: Jakobs, Eva Maria/Knorr, Dagmar/Mollitor-Lübbert, Sylvie (eds.): Wissenschaftliche Textproduktion. Mit und ohne Computer. Frankfurt, 209–226.
- (1999): Gesprächsanalyse und Verhaltensforschung. Tübingen.
- (2000): Hypertext und Hypermedia. In: Brinker, Klaus/Antos, Gerd/Heinemann, Wolfgang/ Sager, Sven F. (eds.): Text- und Gesprächslinguistik. HSK-Bd. 16.1. Berlin/New York, 587–603.
- (2001): Bedingungen und Möglichkeiten nonverbaler Kommunikation. In: Brinker, Klaus/ Antos, Gerd/Heinemann, Wolfgang/Sager, Sven F. (eds.): Text- und Gesprächslinguistik. HSK-Bd. 16.2. Berlin/New York, Art. 109.
- (2001): Gesprächssorte – Gesprächstyp – Gesprächsmuster. In: Brinker, Klaus/Antos, Gerd/Heinemann, Wolfgang/Sager, Sven F. (eds.): Text- und Gesprächslinguistik. HSK-Bd. 16.2. Berlin/ New York, Art. 138.
Sanders, Willy (2000): Vorläufer der Textlinguistik: Die Stilistik. In: Brinker, Klaus/Antos, Gerd/ Heinemann, Wolfgang/Sager, Sven F. (eds.): Text- und Gesprächslinguistik. HSK-Bd. 16.1. Berlin/New York, 17–28.
Sandig, Barbara (1972/1975): Zur Differenzierung gebrauchssprachlicher Textsorten im Deutschen. In: Gülich, Elisabeth/Raible, Wolfgang (eds.): Textsorten. Differenzierungskriterien aus linguistischer Sicht. Frankfurt/Wiesbaden 113–124.
- (1986): Stilistik der deutschen Sprache. Berlin/New York.
- (1987): Textwissen. Beschreibungsmöglichkeiten und Realisierungen von Textmustern am Beispiel der Richtigstellung. In: Engelkamp, Johannes/Lorenz, Kuno/Sandig, Barbara (eds.): Wissensrepräsentation und Wissensaustausch. Interdisziplinäres Kolloquium der Niederländischen Tage in Saarbrücken, April 1986. St. Ingbert, 115–155.
- (1989): Stilistische Mustermischungen in der Gebrauchssprache. In: Zeitschrift für Germanistik 10/2, 133–150.
- (2000): Text als prototypisches Konzept. In: Mangasser-Wahl, Martina (ed.): Prototypentheorie in der Linguistik. Anwendungsbeispiele – Methodenreflexion – Perspektiven. Tübingen, 93–112.
Schank, Roger C. (1972): Conceptual dependency: A theory of natural language understanding. In: Cognitive psychology 3, 552–613.
Schank, Roger C./Abelson, Roger P. (1977): Scripts, plans, goals and understanding. Hillsdale.
Schegloff, Emanuel (1978): On Some Questions and Ambiguities in Conversation. In: Dressler, Wolfgang Ulrich (ed.): Current Trends in Textlinguistics. Berlin/New York, 81–102.
- (1988): Goffman and the Analysis of Conversation. In: Drew, Paul/Wootton, Anthony J. (eds.): Erving Goffman. Exploring the Interaction Order. Cambridge, 89–135.
Schegloff, Emanuel/Jefferson, Gail/Sacks, Harvey (1977): The Preference for Self-Correction in the Organization of Repair in Conversation. In: Language 53, 361–382.
Schelsky, Helmut (1970): Zur Theorie der Institution. Düsseldorf.
Scherner, Maximilian (1984): Sprache als Text. Ansätze zu einer wissenschaftlich begründeten Theorie des Textverstehens. Tübingen.

– (2000): Kognitionswissenschaftliche Methoden in der Textanalyse. In: Brinker, Klaus/Antos, Gerd/Heinemann, Wolfgang/Sager, Sven F. (eds): Text- und Gesprächslinguistik. HSK-Bd. 16.1. Berlin/New York, 186–195.

Schmidt, Siegfried Joseph (1973/1976): Texttheorie. Probleme einer Linguistik der sprachlichen Kommunikation. München.

– (1974): Pragmatik I. Interdisziplinäre Beiträge zur Erforschung der sprachlichen Kommunikation. München.

– (1976): Pragmatik II. Zur Grundlegung einer expliziten Pragmatik. München.

Schmidt, Wilhelm u.a. (1977): Thesen zur Beschreibung und Einteilung von Texten. In: Potsdamer Forschungen 27,153–171.

– (1981): Funktional-kommunikative Sprachbeschreibung. Theoretisch-methodische Grundlegung. Leipzig.

Schmitz, Ulrich (1992). Computerlinguistik. Eine Einführung. Opladen.

Schnotz, Wolfgang (1988): Textverstehen als Aufbau mentaler Modelle. In: Mandl, Heinz/Spada, Hans (eds.): Wissenspsychologie. München/Weinheim, 299–330.

– (2000): Das Verstehen schriftlicher Texte als Prozess. In: Brinker, Klaus/Antos, Gerd/Heinemann, Wolfgang/Sager, Sven F. (eds.): Text- und Gesprächslinguistik. HSK-Bd. 16.1. Berlin/New York, 497–506.

Schnotz, Wolfgang/Balstaedt, Steffen Peter/Mandl, Heinz (1981): Kognitive Prozesse beim Zusammenfassen von Lehrtexten. Forschungsbericht. Deutsches Institut für Fernstudien. Tübingen.

Schütz, Alfred (1932/1974/1984): Der sinnhafte Aufbau der sozialen Welt. Wien/Frankfurt.

– (1962/1964): The problem of social reality. The Hague. (dt. 1971: Das Problem der sozialen Wirklichkeit. Frankfurt.)

Schütz, Alfred/Luckmann, Thomas (1975/1984): Strukturen der Lebenswelt. Bd. 1/Bd. 2. Frankfurt.

Schütze, Fritz (1975): Sprache – soziologisch gesehen. Sprache als Indikator für egalitäre und nicht-egalitäre Sozialbeziehungen. München.

– (1987): Situation. In: Ammon, Ulrich/Dittmar, Norbert/Mattheier, Klaus J. (eds.): Soziolinguistik. HSK-Bd. 3.1. Berlin/New York, 157–164.

– (1987): Die Rolle der Sprache in der soziologischen Forschung. In: Ammon, Ulrich/Dittmar, Norbert/Mattheier, Klaus J. (eds.): Soziolinguistik. HSK-Bd. 3.1. Berlin/New York, 413–432

– (1987): Symbolischer Interaktionismus. In: Ammon, Ulrich/Dittmar, Norbert/Mattheier, Klaus J. (eds.): Soziolinguistik. HSK-Bd. 3.1. Berlin/New York, 520–553.

Schwarz, Christiane (1985): Bedingungen der sprachlichen Kommunikation. In: Linguistische Studien 131. Berlin.

Schwarz, Monika (1992): Einführung in die kognitive Linguistik. Tübingen.

Schweicher, Reinhard (1990): Diskurs. In: Sandkühler, Hans Jörg (ed.): Europäische Enzyklopädie zu Philosophie und Wissenschaften. Bd. 1. Hamburg, 580–582.

Searle, John R. (1969): Speech acts. Cambridge. (dt. 1971: Sprechakte. Ein sprachphilosophischer Essay. Frankfurt.)

– (1976): A classification of illocutionary acts. In: Language in Society 5.1, 1–23.

– (1979a): A taxonomy of illocutionary acts. Cambridge. In: Searle, John R. (ed.): Expression and meaning. Studies in the Theory of Speech Acts. Cambridge, 1–29.

– (1979b): Indirect speech acts. Cambridge. In: Searle, John R. (ed.): Expression and meaning. Studies in the Theory of Speech Acts. Cambridge, 30–37. (dt. 1982: Ausdruck und Bedeutung. Untersuchungen zur Sprechakttheorie. Frankfurt.)

– (1979c): Intentionalität und der Gebrauch der Sprache. In: Grewendorf, Günther (ed.): Sprechakttheorie und Semantik. Frankfurt, 149–171.

– (1980): An interview. In: Boyd, J./Ferrara, A. (eds.): Speech act theory: Ten years later. Special issue of Versus 26/27. Bompiani, 17–27.

– (1990): Epilogue to the Taxonomy of Illocutionary Acts. In: Carbaugh, D. (ed.): Cultural Communication and Intercultural Contact. Hillsdale, N.J., 409–417.

Searle, John R./Vanderveken, Daniel (1985): Foundations of Illocutionary Logic. Cambridge.

Shannon, Claude E./Weaver, Warren E. (1949): The Mathematical Theory of Communication. Urbana.

Sitta, Horst (1973): Kritische Überlegungen zur Textsortenlehre. In: Sitta, Horst/Brinker, Klaus (eds.): Studien zur Texttheorie und zur deutschen Grammatik. Festgabe für Hans Glinz zum 60. Geburtstag. Düsseldorf, 63–72.

Soeffner, Hans-Georg (1986): Handlung – Szene – Inszenierung. Zur Problematik des ‚Rahmen'-Konzepts bei der Analyse von Interaktionsprozessen. In: Kallmeyer, Werner (ed.): Kommunikationstypologie. Handlungsmuster, Textsorten, Situationstypen. Jahrbuch des Instituts für deutsche Sprache 1985. Düsseldorf, 73–91.

Sökeland, Werner (1980): Indirektheit von Sprechhandlungen. Tübingen.

Sommerfeldt, Karl-Ernst (1987): Zur Klassifizierung von Textsorten der deutschen Sprache, unter besonderer Berücksichtigung begründender Texte. In: ZPSK 40, 371–380.

Sowinski, Bernhard (1983): Textlinguistik. Eine Einführung. Stuttgart.

Sperber, Dan/Wilson, Deirdre (1986): Relevance. Cambridge, Mass.

Spillner, Bernd (1983): Textsorten im Sprachvergleich. Ansätze zu einer Kontrastiven Textologie. In: Kühlwein, Wolfgang/ Thome, Gisela/Wills, Wolfram (eds.): Kontrastive Linguistik und Übersetzungswissenschaft. München, 239–250.

Steger, Hugo (1983): Über Textsorten und andere Textklassen. In: Textsorten und literarische Gattungen. Dokumentation des Germanistentages in Hamburg. Berlin, 25–67.

Steger, Hugo/Deutrich, Helge/Schank, Gert/Schütz, Eva (1974): Redekonstellation, Redekonstellationstyp, Textexemplar, Textsorte im Rahmen eines Sprachverhaltensmodells. In: Gesprochene Sprache. Jahrbuch 72 des IDS. Düsseldorf, 39–97.

Steinitz, Renate (1968): Nominale Proformen. In: ASG-Bericht 2. Berlin.

Strauss, Gerhard/Zifonun, Gisela (1983): Schwere Wörter in der Diskussion. In: Mitteilungen 9 des Instituts für deutsche Sprache. Mannheim, 65–78.

Streek, Jürgen (1983): Konversationsanalyse. Ein Reparaturversuch. In: Zeitschrift für Sprachwissenschaft 2, 72–104.

Strohner, Hans (1988): Zentrale Planung oder dezentrale Kooperation? Adaptive Strategien des Textverstehens. In: Linguistische Berichte 118, 481–496.

– (1990): Textverstehen. Kognitive und kommunikative Grundlagen der Sprachverarbeitung. Tübingen.

– (1995): Kognitive Systeme. Eine Einführung in die Kognitionswissenschaft. Opladen.

– (2000): Kognitive Voraussetzungen: Wissenssysteme – Wissensstrukturen – Gedächtnis. In: Brinker, Klaus/Antos, Gerd/Heinemann. Wolfgang/Sager, Sven F. (eds.): Text- und Gesprächslinguistik. HSK-Bd. 16.1. Berlin/New York, 261–274.

Techtmeyer, Bärbel (1984): Das Gespräch. Berlin.

Tietz, Heike (1997): Die Zukunft der Textlinguistik. Zusammenfassende Bemerkungen zu einer Diskussion. In: Antos, Gerd/Tietz, Heike (eds.): Die Zukunft der Textlinguistik. Traditionen, Transformationen, Trends. Tübingen, 223–230.

Titscher, Stefan/Wodak, Ruth/Meyer, Michael/Vetter, Eva (1998): Methoden der Textanalyse. Leitfaden und Überblick. Opladen.

Tosel, André (1990): Theorie – Praxis – Verhältnis. In: Sandkühler, Hans Jörg (ed.): Europäische Enzyklopädie zu Philosophie und Wissenschaften. Band 4. Hamburg, 585–592.

Traufetter, Gerald (2001): Demut vor dem letzten Rätsel. In: Der Spiegel 1/2001, 148–153.

Vater, Heinz (1992): Einführung in die Textlinguistik. München.

Ventola, Eija (1987): The Structure of Social Interaction. London.

Viehweger, Dieter (1976): Semantische Merkmale und Textstrukturen. In: Daneš, František/ Viehweger, Dieter (eds.): Probleme der Textgrammatik. Berlin, 195–206.

– (1977, ed.): Probleme der semantischen Analyse. Studia grammatica XV. Berlin.

– (1983): Sprachhandlungsziele von Aufforderungstexten. In: Daneš, František/Viehweger, Dieter (eds.): Ebenen der Textstruktur. Linguistische Studien 112, 152–192.

– (1987): Grundpositionen dynamischer Textmodelle. In: Fleischer, Wolfgang (ed.): Textlinguistik und Stilistik. Berlin, 1–17.

– (1991): Die Vielfalt textlinguistischer Forschungsansätze – methodologisches Dilemma oder notwendiger Pluralismus? In: Linguistische Studien 209. Berlin, 200–211.

Wagner, Klaus R. (1978): Sprechplanung: Empirie, Theorie und Didaktik der Sprecherstrategien. Frankfurt.

Wahrig, Gerhard (1972): Deutsches Wörterbuch. Gütersloh/Berlin/München.

Warnke, Ingo (1999): Diskursivität und Intertextualität als Parameter sprachlichen Wandels. Prolegomena einer funktionalen Sprachgeschichtsschreibung. In: Warnke, Ingo (ed.): Schnittstelle Text/Diskurs. Frankfurt, 215–222.

– (2000): Kritische Bemerkungen zur Relevanz des Foucaultschen Diskursbegriffs für die Textlinguistik. Vortragsmanuskript für das Kolloquium ‚Texte über Texte‘. Genf 2000, 1–6.

Watzlawick, Paul/Beavin, Janet H./Jackson, Don D. (1967): Pragmatics of Human Communication. New York. (dt. 1972: Menschliche Kommunikation. Formen, Störungen, Paradoxien. Bern/Stuttgart).

Watzlawick, Paul/Weakland, J.H. (1977, eds.): The Interactional View. Studies at the Mental Research Institute, Palo Alto, 1965–1974. New York (dt. 1980: Interaktion. Bern/Stuttgart).

Wawrzyniak, Zbigniew (1980): Einführung in die Textwissenschaft. Probleme der Textbildung im Deutschen. Warschau.

Weaver, Warren (1949): Recent contributions to the mathematical theory of communication. Urbana, 1–28.

Weber, Max (1968): Wissenschaft als Beruf. In: Weber, Max: Gesammelte Aufsätze zur Wissenschaftslehre. Tübingen, 582–613. (zuerst 1917.)

– (1921/1975): Wirtschaft und Gesellschaft. Heidelberg/Tübingen.

– (1921/1966/1978): Soziologische Grundbegriffe. Tübingen.

Weigand, Edda (1984): Sind alle Sprechakte illokutiv? In: Rosengren, Inger (ed.): Sprache und Pragmatik. Lunder Symposium 1984. Lunder Germanistische Forschungen 53. Stockholm, 7–22.

– (1986): Dialogisches Grundprinzip und Textklassifikation. In: Hundsnurscher, Franz/Weigand, Edda (eds.): Dialoganalyse. Tübingen, 115–128.

Weinrich, Harald (1964/1973) Tempus – Besprochene und erzählte Welt. Stuttgart.

– (1969): Textlinguistik: Zur Syntax des Artikels in der deutschen Sprache. In: Jahrbuch für Internationale Germanistik. 61–74.

– (1972): Die Textpartitur als heuristische Methode. In: Der Deutschunterricht 4, 43–60.

– (1976): Sprache in Texten. Stuttgart.

– (1993): Textgrammatik der deutschen Sprache. Mannheim.

Werlen, Iwar (1979): Konversationsrituale. In: Dittmann, Jürgen (ed.): Arbeiten zur Konversationsanalyse. Tübingen, 144–175.

– (2001): Rituelle Muster in Gesprächen. In: Brinker, Klaus/Antos, Gerd/Heinemann, Wolfgang/Sager, Sven F. (eds.): Text- und Gesprächslinguistik. HSK-Bd. 16.2. Berlin/New York, Art. 121.

Werlich, Egon (1975/1979): Typologie der Texte. Entwurf eines textlinguistischen Modells zur Grundlegung einer Textgrammatik. Heidelberg.

– (1976/1982): A text Grammar of English. Heidelberg.

Wiegand, Herbert Ernst (1990): Printed Dictionaries and their Parts as Texts. In: Doleżal, Frederic F.M. u.a. (eds.): Lexicographica 6. Tübingen, 1–126.

Wittgenstein, Ludwig (1921/1963): Tractatus Logico-philosophicus. Oswalds Annalen der Naturphilosophie. Frankfurt.

– (1967/1971/1975): Philosophische Untersuchungen. Frankfurt.

Wotjak, Gerd (1971): Untersuchungen zur Struktur der Bedeutung. Berlin.

von Wright, Georg Henrik (1963): Norm and Action. A Logical Enquiry. London.

Wrobel, Arne (2000): Phasen und Verfahren der Produktion schriftlicher Texte. In: Brinker, Klaus/Antos, Gerd/Heinemann, Wolfgang/Sager, Sven F. (eds.): Text- und Gesprächslinguistik. HSK-Bd. 16.1. Berlin/New York, 458–472.

Wunderlich, Dieter (1972, ed.): Linguistische Pragmatik. Frankfurt.

– (1974): Grundlagen der Linguistik. Reinbek.

– (1976): Studien zur Sprechakttheorie. Frankfurt.

– (1981): Ein Sequenzmuster für Ratschläge – Analyse eines Beispiels. In: Metzing, Dieter (ed.): Dialogmuster und Dialogprozesse. Hamburg, 1–30.

264

Ziff, Paul (1967): On H.P. Grice's Account of Meaning. In: Analysis 28, 1–8. (1972 In: Ziff, Paul: Understanding. Ithaka/New York).

Zimmermann, Klaus (1978): Erkundungen zur Texttypologie mit einem Ausblick auf die Nutzung einer Typologie für eine Corpustheorie. Tübingen.

– (1984): Die Antizipation möglicher Rezipientenreaktionen als Prinzip der Kommunikation. In: Rosengren, Inger (ed.): Sprache und Pragmatik. Lunder Symposium 1984. Lunder Germanistische Forschungen 53. Malmö, 131–158.

Sachregister

Viele Sachhinweise begegnen nahezu auf jeder Seite (z.B. *Text, Kommunikation, Handlung...);* sie werden durch *‚passim'* gekennzeichnet.
Als Stichwörter werden Substantiva angesetzt *(Appell);* Verben und Adjektive sind implizit mit gegeben *(appellieren; appellativ).* Nur wenige Stichwörter werden als Adjektive gekennzeichnet *(repräsentativ)*
Semantisch zusammengehörige Einheiten werden unter einem Stichwort subsumiert:
(‚Aufgabe, kommunikative' steht auch für *‚kommunikative Aufgabe';* Überprüfung' findet sich unter *‚Kontrolle'; ‚Textproduktion, Textherstellung, Textdarstellung'* werden in diesem Register unter *‚Textproduktion'* zusammengefasst.

www.ingramcontent.com/pod-product-compliance
Lightning Source LLC
Chambersburg PA
CBHW070410100426
42812CB00005B/1694